SPIEGEL Edition

VICTOR KLEMPERER

Ich will Zeugnis ablegen
bis zum letzten

Tagebücher 1933–1945
Eine Auswahl

SPIEGEL-Verlag

Mit einem Nachwort von Martin Doerry

Gekürzte Lizenzausgabe des SPIEGEL-Verlags
Rudolf Augstein GmbH & Co. KG, Hamburg
für die SPIEGEL-Edition 2006/2007

Copyright © Aufbau-Verlag GmbH, Berlin 2007
(für Auswahl und Kommentierung)
Auswahl und Einleitung von Almut Giesecke
Copyright © Aufbau-Verlag GmbH, Berlin 1995
Victor Klemperer »Ich will Zeugnis ablegen
bis zum letzten. Tagebücher 1933–1945«,
herausgegeben von Walter Nowojski
unter Mitarbeit von Hadwig Klemperer.
Mit einem Nachwort von Walter Nowojski
(2 Bände in Kassette), 11.Auflage (neu durchgesehen)
Aufbau Verlag GmbH, Berlin 1999
(für die Textgrundlage)
Copyright © SPIEGEL-Verlag Rudolf Augstein
GmbH & Co.KG, Hamburg 2007 (für das Nachwort)

Typografie, Ausstattung, Herstellung
Farnschläder & Mahlstedt Typografie, Hamburg
Gesamtherstellung Clausen & Bosse, Leck

Printed in Germany
ISBN-10: 3-87763-023-5
ISBN-13: 978-3-87763-023-5

Inhalt

Zu dieser Ausgabe   7

Tagebücher 1933–1945   9

Anmerkungen   335

Lebensdaten   351

Nachwort   354

Zu dieser Ausgabe

Die Textgrundlage dieser Auswahl bildet die Edition *Victor Klemperer. Ich will Zeugnis ablegen bis zum letzten. Tagebücher 1933–1945. Herausgegeben von Walter Nowojski unter Mitarbeit von Hadwig Klemperer.* Aufbau-Verlag, 11., neu durchgesehene Auflage, Berlin 1999. Bei der Textbearbeitung dieser Edition wurden Orthographie und Interpunktion den Regeln vor der Rechtschreibreform von 1999 angeglichen. Charakteristische Eigenheiten Klemperers, wie »endgiltig« oder auch die Schreibung von Namen, bleiben erhalten.

Die Original-Tagebücher, zum überwiegenden Teil handschriftlich, befinden sich in der Sächsischen Landesbibliothek Dresden. Das Material umfaßt ca. 5000 Typoskriptseiten.

Die vorliegende Ausgabe übernimmt die Auslassungen der ersten zweibändigen Edition, die sich vor allem auf ausführliche Lektüre- und Film-Notate, Auszüge aus der Tages- und Wochenpresse sowie auf Wiederholungen beziehen. In diesem Sinne sind die Kürzungen für diese Auswahl fortgeführt. Es wurde vor allem auf die ausführliche Darstellung der wissenschaftlichen Arbeit Klemperers, seiner Lektüre und deren Analyse verzichtet. Die Auswahl konzentriert sich auf Klemperers Alltag.

Die Auslassungen, sowohl die übernommenen der zweibändigen Edition als auch die neuen, durch die Auswahl bedingten, sind nicht gekennzeichnet. Notwendige Ergänzungen sind durch [ ] kenntlich gemacht.

Für die Anmerkungen wurden die Erläuterungen der Edition übernommen, teilweise überarbeitet oder ergänzt.

A. G.

1933

10. März, Freitag abends

30. Januar: Hitler Kanzler. Was ich bis zum Wahlsonntag, 5. 3., Terror nannte, war mildes Prélude. Jetzt wiederholt sich haargenau, nur mit anderem Vorzeichen, mit Hakenkreuz, die Sache von 1918. Wieder ist es erstaunlich, wie wehrlos alles zusammenbricht. Wo ist Bayern, wo ist das Reichsbanner usw. usw.? Acht Tage vor der Wahl die plumpe Sache des Reichstagsbrandes – ich kann mir nicht denken, daß irgend jemand *wirklich* an kommunistische Täter glaubt statt an bezahlte ᛋᛋ-Arbeit. Dann die wilden Verbote und Gewaltsamkeiten. Und dazu durch Straße, Radio etc. die grenzenlose Propaganda. Am Sonnabend, 4., hörte ich ein Stück der Hitlerrede aus Königsberg. Eine Hotelfront am Bahnhof, erleuchtet, Fackelzug davor, Fackelträger und Hakenkreuz-Fahnenträger auf den Balkons und Lautsprecher. Ich verstand nur einzelne Worte. Aber der Ton! Das salbungsvolle Gebrüll, wirklich Gebrüll, eines Geistlichen. – Am Sonntag wählte ich den Demokraten, Eva Zentrum. Abends gegen neun mit Blumenfelds bei Dembers. Ich hatte zum Scherz, weil ich auf Bayern hoffte, mein bayrisches Verdienstkreuz angesteckt. Dann der ungeheure Wahlsieg der Nationalsozialisten. Die Verdoppelung in Bayern. Dazwischen das Horst-Wessel-Lied. – Eine entrüstete Zurückweisung, loyalen Juden werde nichts Übles geschehen. Gleich darauf Verbot des Zentralvereins jüdischer Bürger in Thüringen, weil er die Regierung »talmudistisch« kritisiert und herabgesetzt habe. Seitdem Tag um Tag Kommissare, zertretene Regierungen, gehißte ᛋᛋ-Fahnen, besetzte Häuser, erschossene Leute, Verbote (heute zum erstenmal auch das ganz zahme »Berliner

Tageblatt«) etc. etc. Gestern »im Auftrag der NS-Partei« – nicht
einmal mehr dem Namen nach im Regierungsauftrag – der Dramaturg Karl Wollf entlassen, heute das ganze sächsische Ministerium usw. usw. Vollkommene Revolution und Parteidiktatur.
Und alle Gegenkräfte wie vom Erdboden verschwunden. Dieser
völlige Zusammenbruch einer eben noch vorhandenen Macht,
nein, ihr gänzliches Fortsein (genau wie 1918) ist mir so erschütternd. Que sais-je? – Am Montagabend bei Frau Schaps zusammen mit Gerstles. Niemand wagt mehr, etwas zu sagen, alles ist
in Angst. Nur ganz unter uns sagte Gerstle:»Der Brandstifter im
Reichstag war nur mit Hose und kommunistischem Parteibuch
bekleidet und hat nachweislich bei einem NS-Mann gewohnt.«
Gerstle humpelte auf Krücken; er hat sich beim Skilaufen in den
Alpen ein Bein gebrochen. Seine Frau steuerte ihr Auto, in dem
wir ein Stück zurückfuhren.

   Wie lange werde ich noch im Amt sein?

17. März, Freitag früh
   Die Niederlage 1918 hat mich nicht so tief deprimiert wie
der jetzige Zustand. Es ist erschütternd, wie Tag für Tag nackte
Gewalttat, Rechtsbruch, schrecklichste Heuchelei, barbarische
Gesinnung ganz unverhüllt als Dekret hervortritt. Die sozialistischen Blätter sind dauernd verboten. Die »liberalen« zittern.
Neulich war das »Berliner Tageblatt« zwei Tage verboten; den
»Dresdener NN« kann das nicht geschehen, es ist gänzlich regie-
rungsfromm, bringt Verse auf »die alte Fahne« etc.
   Einzelberichte:»Auf Anordnung des Reichskanzlers sind die
fünf im Sommer vom Sondergericht in Beuthen wegen Tötung
eines kommunistischen polnischen Insurgenten Verurteilten
freigelassen worden.« (Die zum Tode verurteilten!) – Der sächsische Kommissar für Justiz ordnet an, daß das zersetzende Gift
der marxistischen und pazifistischen Schriften aus den Gefäng-
nisbibliotheken zu entfernen sei, daß der Strafvollzug wieder
strafend, bessernd und vergeltend wirken müsse, daß die lang-
fristigen Druckformular-Verträge mit der Firma Kaden, die auch

die »Volkszeitung« gedruckt habe, hinfällig seien. Usw. usw. –
Unter französischer Negerbesatzung würden wir eher in einem
Rechtsstaat leben als unter dieser Regierung. Es gibt eine Novelle von Ricarda Huch: Da ist ein frommer Mann hinter einem
Sünder her und wartet, daß Gott ihn strafe. Er wartet vergeblich.
Manchmal fürchte ich, daß es mir gehen wird wie diesem frommen Mann. Es ist wahrhaftig keine Phrase: Ich kann das Gefühl
des Ekels und der Scham nicht mehr loswerden. Und niemand
rührt sich; alles zittert, verkriecht sich.

Thieme erzählte mit freudiger Anerkennung von einer
»Strafexpedition« der SA-Leute im Sachsenwerk gegen »zu fre-
che Kommunisten in Okrilla«: Rizinus und Spießrutenlaufen
durch Gummiknüttel. Wenn Italiener so etwas tun – na ja, Analphabeten, südliche Kinder und Tiere … Aber Deutsche. Thieme
schwärmte von dem starken Sozialismus der Nazis, zeigte mir
ihren Aufruf zu Betriebsratswahlen im Sachsenwerk. Einen Tag
darauf waren die Wahlen vom Kommissar Killinger verboten.

Eigentlich ist es furchtbar leichtsinnig, dies alles in mein Tagebuch zu schreiben.

30. März, Donnerstag

Gestern bei Blumenfelds mit Dembers zusammen zum Abend.
Stimmung wie vor einem Pogrom im tiefsten Mittelalter oder im
innersten zaristischen Rußland. Am Tage war der Boykott-Aufruf der Nationalsozialisten herausgekommen. Wir sind Geiseln.
Es herrscht das Gefühl vor (zumal da eben der Stahlhelmaufruhr
in Braunschweig gespielt und sofort vertuscht worden), daß diese
Schreckensherrschaft kaum lange dauern, uns aber im Sturz begraben werde. Phantastisches Mittelalter: »Wir« – die bedrohte
Judenheit. Ich empfinde eigentlich mehr Scham als Angst, Scham
um Deutschland. Ich habe mich wahrhaftig immer als Deutscher
gefühlt. Und ich habe mir immer eingebildet: 20. Jahrhundert
und Mitteleuropa sei etwas anderes als 14. Jahrhundert und
Rumänien. Irrtum. – Dember malte die geschäftlichen Folgen
aus: Börse, Rückschläge auf christliche Industrie – und alles dies

würden dann »wir« mit unserem Blut bezahlen. Frau Dember erzählte durchgesickerten Mißhandlungsfall eines kommunistischen Gefangenen, Tortur durch Rizinus, Prügel, Angst – Selbstmordversuch. Frau Blumenfeld flüsterte mir zu, der zweite Sohn Dr. Salzburgs, stud. med., sei verhaftet – man habe Briefe von ihm bei einem Kommunisten gefunden. Wir gingen (nach reichlich gutem Essen) auseinander wie bei einem Abschied an die Front. –

Gestern jämmerliche Erklärung der »Dresdener NN« »in eigener Sache«. Sie seien zu 92,5 Prozent auf arisches Kapital gestützt, Herr Wolff, Besitzer der übrigen 7,5 Prozent, lege Chefredaktion nieder, ein jüdischer Redakteur sei beurlaubt (armer Fantl!), die andern zehn seien Arier. Entsetzlich! – In einem Spielzeugladen ein Kinderball mit Hakenkreuz.

31. März, Freitag abend

Immer trostloser. Morgen beginnt der Boykott. Gelbe Plakate, Wachen. Zwang, christlichen Angestellten zwei Monatsgehälter zu zahlen, jüdische zu entlassen. Auf den erschütternden Brief der Juden an den Reichspräsidenten und die Regierung keine Antwort. – Man mordet kalt oder »mit Verzögerung«. Es wird »kein Haar gekrümmt« – man läßt nur verhungern. Wenn ich meine Katzen nicht quäle, bloß ihnen nicht zu fressen gebe, bin ich dann Tierquäler? – Niemand wagt sich vor. Die Dresdener Studentenschaft hat heute Erklärung: geschlossen hinter … und es ist gegen die Ehre deutscher Studenten, mit Juden in Berührung zu kommen. Der Zutritt zum Studentenhaus ist ihnen verboten. Mit wieviel jüdischem Geld wurde vor wenigen Jahren dies Studentenhaus gebaut!

In Münster sind jüdische Dozenten bereits am Betreten der Universität verhindert worden.

Der Aufruf und Befehl des Boykottkomitees ordnet an: »Religion ist gleichgültig«, es kommt nur auf die Rasse an. Wenn bei Geschäftsinhabern der Mann Jude, die Frau Christin ist oder umgekehrt: so gilt das Geschäft als jüdisch. –

Gestern abend bei Gusti Wieghardt. Gedrückteste Stimmung. In der Nacht gegen drei – Eva schlaflos – riet mir Eva, heute die Wohnung zu kündigen, um eventuell einen Teil davon wieder zu mieten. Ich habe heute gekündigt. Die Zukunft ist ganz ungewiß. Ich habe heute Prätorius Auftrag gegeben, den Zaun um mein Terrain zu bauen. Das kostet 625 M. Meine ganzen Reserven sind etwa 1100 M (bei 2000 M Schulden an die Iduna). Alles ist aussichtslos und sinnlos.

Am Dienstag im neuen »Universum«-Kino in der Prager Straße. Neben mir ein Reichswehrsoldat, ein Knabe noch, und sein wenig sympathisches Mädchen. Es war am Abend vor der Boykottankündigung. Gespräch, als eine Alsbergreklame lief. Er: »Eigentlich sollte man nicht beim Juden kaufen.« Sie: »Es ist aber so furchtbar billig.« Er: »Dann ist es schlecht und hält nicht.« Sie, überlegend, ganz sachlich, ohne alles Pathos: »Nein, wirklich, es ist ganz genau so gut und haltbar, wirklich ganz genauso wie in christlichen Geschäften – und so viel billiger.« Er: schweigt. – Als Hitler, Hindenburg etc. erschienen, klatschte er begeistert. Nachher bei dem gänzlich amerikanisch jazzbandischen, stellenweise deutlich jüdelnden Film klatschte er noch begeisterter.

3. April, Montag abend

Am Sonnabend rote Zettel an den Geschäften: »Anerkannt deutschchristliches Unternehmen«. Dazwischen geschlossene Läden, SA-Leute davor mit dreieckigen Schildern: »Wer beim Juden kauft, fördert den Auslandboykott und zerstört die deutsche Wirtschaft.« – Die Menschen strömten durch die Prager Straße und sahen sich das an. Das war der Boykott. »Vorläufig nur Sonnabend – dann Pause bis Mittwoch.« Banken ausgenommen. Anwälte, Ärzte einbegriffen. Nach einem Tage abgeblasen – der Erfolg sei da und Deutschland »großmütig«. Aber in Wahrheit ein unsinniges Schwanken. Offenbar Widerstand im Aus- und Inland, und offenbar von der anderen Seite Druck der national-sozialistischen Straße. Ich habe den Eindruck, daß man rasch der Katastrophe zutreibt. Eine Explosion wird kommen – aber *wir* werden sie vielleicht mit dem Leben bezahlen, wir Juden. Entsetzlich ein Pronunciamento der Dresdener Studentenschaft, es sei gegen die Ehre der deutschen Studenten, mit Juden in Berührung zu treten. – Ich kann nicht an meinem »Frankreichbild« arbeiten. Ich glaube nicht mehr an die Völkerpsychologie. Alles, was ich für undeutsch gehalten habe, Brutalität, Ungerechtigkeit, Heuchelei, Massensuggestion bis zur Besoffenheit, alles das floriert hier. –

10. April, Montag
Die entsetzliche Stimmung des »Hurra, ich lebe«. Das neue Beamten-»Gesetz« läßt mich als Frontkämpfer im Amt – wahrscheinlich wenigstens und vorläufig (übrigens bleiben auch Dember und Blumenfeld verschont – wahrscheinlich wenigstens). Aber ringsum Hetze, Elend, zitternde Angst. Ein Vetter Dembers, Arzt in Berlin, aus der Sprechstunde geholt, im Hemd und schwer mißhandelt ins Humboldtkrankenhaus gebracht, dort, 45 Jahre alt, gestorben. Frau Dember erzählt es uns flüsternd bei geschlossener Tür. Sie verbreitet damit ja »Greuelnachrichten«, unwahre natürlich.

Wir sind jetzt des öftern oben. Unser »Acker« soll jetzt seinen Zaun erhalten, wir haben sieben Kirschbäume bestellt und zehn Stachelbeersträucher. Ich zwinge mich so leidenschaftlich zu tun, als ob ich an den Hausbau glaube, daß ich mir auf Couésche Art ein bißchen Glauben einzwinge und derart Evas Stimmung zu stützen vermag. Aber es geht nicht immer, und es steht schlecht um Eva, der die politische Katastrophe furchtbar nahegeht. (Manchmal, auf Augenblicke, habe ich aber fast die Empfindung, als wenn der große allgemeine Haß sie ein wenig über die Verranntheit in ihr Einzelleiden erhöbe, als wenn er ihr Momente neuen Lebenswillens gebe. Es ist etwas da, wovor sie nicht kapitulieren und das sie überleben will.)

Von meinen Angehörigen höre ich nichts, nichts von Meyerhofs. Niemand wagt zu schreiben. – Auch sonst keine Post, beruflich bin ich matt gesetzt.

Man ist artfremd oder Jude bei 25 Prozent jüdischen Blutes, wenn ein Teil der Großeltern Jude war. Wie im Spanien des 15. Jahrhunderts, aber damals ging es um den Glauben. Heute ist es Zoologie + Geschäft.

20. April, Donnerstag abend

Ist es die Suggestion der ungeheuren Propaganda – Film, Radio, Zeitungen, Flaggen, immer neue Feste (heute der Volksfeiertag, Adolfs des Führers Geburtstag)? Oder ist es die zitternde Sklavenangst ringsum? Ich glaube jetzt fast, daß ich das Ende dieser Tyrannei nicht mehr erlebe. Und ich bin fast schon an den Zustand der Rechtlosigkeit gewöhnt. Ich bin schon nicht Deutscher und Arier, sondern Jude und muß dankbar sein, wenn man mich am Leben läßt. – Genial verstehen sie sich auf die Reklame. Wir sahen vorgestern (und hörten) im Film, wie Hitler den großen Appell abhält: Die Masse der SA-Leute vor ihm, das halbe Dutzend Mikrophone vor seinem Pult, das seine Worte an 600 000 SA-Leute im ganzen Dritten Reich weitergibt – man sieht seine Allmacht und duckt sich. Und immer das Horst-Wessel-Lied. Und alles kuscht.

25. April, Dienstag

Da Telefonieren unsicher, und da alles in Not und Sorge, so haben wir ständig nervenzerrüttenden Vormittags- oder Nachmittagsbesuch. – Der preußische Unterrichtsminister hat angeordnet, daß unversetzte Schüler, wenn sie der Hitlerbewegung angehören, nach Möglichkeit – die Klassenkonferenz entscheide weitherzig! – doch noch versetzt werden. – Anschlag am Studentenhaus (ähnlich an allen Universitäten): »Wenn der Jude deutsch schreibt, lügt er«, er darf nur noch hebräisch schreiben. Jüdische Bücher in deutscher Sprache müssen als »Übersetzungen« gekennzeichnet werden. – Ich notiere nur das Gräßlichste, nur Bruchstücke des Wahnsinns, in den wir immerfort eingetaucht sind. – Ich hörte es nun schon von dem ganz christlichen, ganz nationalen jungen Köhler: Die Franzosen werden uns befreien.

Und ich glaube wirklich, sie werden bald kommen und werden von vielen, auch von »Ariern«, als Befreier begrüßt werden. –

Bei alledem wird eben in Dölzschen unser Zaun fertig, wir planen Weiteres – aber es ist ganz unmöglich, eine wirkliche Behausung zu erhoffen, es fehlt eben an Geld und Kredit. Ich weiß wirklich nicht mehr weiter. Auch in diesem Punkt drängt es zur Katastrophe.

Das Schicksal der Hitlerbewegung liegt fraglos in der Judensache. Ich begreife nicht, warum sie diesen Programmpunkt so zentral gestellt haben. An ihm gehen sie zugrunde. Wir aber wahrscheinlich mit ihnen.

15. Mai, Montag abend

Annemarie fürchtet für ihre Stellung, weil sie sich weigerte, am Festzug des 1. Mai teilzunehmen. Sie (die ganz Deutschnationale) erzählt: Einem Heidenauer Kommunisten gräbt man den Garten um, dort solle ein Maschinengewehr liegen. Er leugnet, man findet nichts; um ein Geständnis zu erpressen, prügelt man ihn zu Tode. Die Leiche ins Krankenhaus. Stiefelspuren im Bauch, faustgroße Löcher im Rücken, Wattebäusche dreingestopft. Offizieller Sektionsbefund: Todesursache Ruhr, was vorzeitige »Leichenflecke« häufig zur Folge habe. –

Greuelnachrichten sind Lügen und werden schwer bestraft. –

Von den Schand- und Wahnsinnstaten der Nationalsozialisten notiere ich bloß, was mich irgendwie persönlich tangiert. Alles andere ist ja in den Zeitungen nachzulesen. Die *Stimmung* dieser Zeit, das Warten, das Sichbesuchen, das Tagezählen, die Gehemmtheit in Telefonieren und Korrespondieren, das zwischen den Zeilen der unterdrückten Zeitungen Lesen – alles das wäre einmal in Memoiren festzuhalten. Aber mein Leben geht zu Ende, und diese Memoiren werden nie geschrieben werden.

22. Mai, Montag

Der 16. 5. ging diesmal sehr trübe vorüber. – Eva ist jetzt so völlig mit ihren Nerven zu Ende, daß auch ich kaum noch standhalte: Mein Herz versagt immer mehr.

Grausamer Witz, von Dembers kolportiert: der Palästina-Einwanderer werde gefragt: »Kommen Sie aus Überzeugung oder aus Deutschland?«

Hausangelegenheit hoffnungslos. Sie bringt Eva und mich buchstäblich ins Grab.

Seit Hitlers Friedensrede und der außenpolitischen Entspannung habe ich alle Hoffnung verloren, das Ende dieses Zustandes zu erleben.

20. Juli, Donnerstag

Politische Lage trostlos. Es wäre denn ein Trost oder eine Hoffnung, daß sich die Tyrannei immer wilder, d. h. immer selbstunsicherer äußert: die Feier am Grabe der »Rathenau-Beseitiger«; der Befehl an alle Beamten (und so auch an mich), mindestens im Dienst und an der Dienststelle den »deutschen Hitlergruß« zu benutzen. Erweiterung: »Es wird erwartet«, daß man auch sonst diesen Gruß anwende, wenn man den Verdacht bewußter Ablehnung des neuen Systems vermeiden wolle (Geßlerhut redivivus). Eine Tonfilm-Aufnahme Hitlers, wenige Sätze vor großer Versammlung – geballte Faust, verzerrtes Gesicht, wildes Schreien – »am 30. Januar haben sie noch über mich gelacht, es soll ihnen vergehen, das Lachen ...« Es scheint, vielleicht ist er im Augenblick allmächtig – das aber war Ton und Gebärde ohnmächtiger Wut. Zweifel an seiner Allmacht? Spricht man immerfort von Jahrtausenddauer und vernichteten Gegnern, wenn man dieser Dauer und Vernichtung sicher ist? – Meine beste Schülerin nach wie vor, und nach wie vor mir besonders anhänglich, Eva Theißig und immer mit dem Hakenkreuz als Schlipsnadel oder auf der Brust.

28. Juli, Freitag morgen

Ich habe gar keine Ruhe mehr zum Tagebuchschreiben. A quoi bon? Ich werde zu irgendwelchen Memoiren doch nicht kommen; ob man in vier, fünf Jahren ein Heft mehr oder weniger verbrennt – à quoi bon? Und doch reizt mich die Idee der Memoiren immer stärker.

10. August, Donnerstag

Ich will, wenn auch in Abbreviatur, mein Tagebuch so weiterführen, als ob mir noch Zeit bliebe, einmal die geplante Vita zu
schreiben. Ich will am 18ᵉ siècle so arbeiten, als ob mir noch Zeit
bliebe, es einmal zu schreiben. Vielleicht komme ich doch über
die jetzige Depression hinweg, habe ich doch noch ein Dutzend
Jahre vor mir. Vielleicht wird aus Eva doch noch einmal wieder
ein gesunder und froherer Mensch. Jedenfalls hat untätiges Verzweifeln gar keinen Zweck. Aber ich warte qualvoller von Tag zu
Tag, als ich in meinen jungen Jahren gewartet habe.

19. August, Sonnabend

Ich will mir jetzt immer kurz notieren, was mir zu meiner
Vita einfällt. Habe ich schon meine erste selbständige politische
Regung? Ich war 1899 für die Engländer, als alles, das ganze
jüdische Haus Löwenstein & Hecht, für die Buren schwärmte.
Mein erster Eindruck amerikanischer Musik: die Kapelle Sou-
sa 1903 in Paris. Wie einer nach dem andern hereinkam und zu
spielen begann. Wie sie die »Washington Post« spielten. Mein
erstes Gefühl eines großen Krieges: Ich ging mit Eva über die
Kantstraße, und man brüllte die Extrablätter vom japanischen
Torpedoangriff bei Port Arthur.

Ich kann und kann nicht glauben, daß die Stimmung der
Massen wirklich noch Hitler stützt. Zu viele Anzeichen dagegen.
Aber alles, buchstäblich alles erstirbt in Angst. Kein Brief mehr,
kein Telefongespräch, kein Wort auf der Straße ist sicher. Jeder
fürchtet im andern Verräter und Spitzel. Frau Krappmann warnt
uns vor der allzu nationalsozialistischen Frau Lehmann – und
Frau Lehmann erzählt uns mit größter Bitterkeit, ihr Bruder sei
zu einem Jahr Gefängnis verurteilt, weil er einem »echten Kommunisten« ein Exemplar der »Roten Fahne« geliehen habe, der
»echte« aber ein Spitzel gewesen sei.

6. September, Mittwoch vormittag

Am Donnerstag, 31. 8., unsere 4. Blaufahrt (wir tun alles serienweise). Ich hatte eine Schutzbrille mit und ersparte das erste Mal alle Kopfschmerzen. Landschaftlich besonders schön. Durch die Neustadt zum »Wilden Mann«. Boxdorf, Dippelsdorf – also wieder die Heide, Teiche und in der Ferne Schloß Moritzburg, Weinböhla, Niederau, Meißen.

Am Sonnabend, 2. 9., bei Köhlers. Hübsch und friedlich wie immer. Es tut wohl, mit »Ariern« zusammen zu sein, denen die gegenwärtige Tyrannei so furchtbar ist wie uns selber. Die jungen Köhlers begleiteten uns nach zwölf Uhr zu Fuß nach Hause. Wir nahmen sie zu einem Schluck Whisky zu uns hinauf, indem fing es an zu regnen. Wir saßen bis halb drei und kamen um drei ins Bett.

Ich schreibe ausführlich von Vergnügungen; sie sind die Ausnahmen, und unser Leben fließt im allgemeinen sehr unglücklich hin, ohne Phrase: sehr unglücklich. Eva ist immerfort leidend und schwer deprimiert; ich selber quäle mich ständig mit Herz- und Angstbeschwerden, mit Todesgedanken. Immerfort die sinnlose Tyrannei, Unsicherheit und Ehrlosigkeit unserer Lage im dritten Reich. Meine Hoffnung auf baldigen Umschwung schwindet. Die Straßen gestopft von SA. Jetzt eben tobte der Nürnberger Parteitag. Die Presse verhimmelt Hitler wie Gott und seine Propheten in einem. – Dazu unverändert weiterpressend das Elend der Hausaffäre. – Wenn Eva musizieren könnte, wäre alles nicht halb so schlimm und vielleicht ganz gut.

17. September, Sonntag abend

Gestern nachmittag bei Frau Schaps. Abschied von Sebbas, die nun wirklich nach Haifa auswandern. Ihre Möbel schwimmen schon, und sie selber fahren heute nach Triest, von dort zu Schiff weiter. Ich wechselte ein paar sehr herzliche Worte mit Jule Sebba. Alle Sentimentalität wurde vermieden, und sobald alles beisammen saß, sprach man vergnüglich. Aber darunter war doch in allen sehr tiefe Trauer, Bitterkeit, Liebe und Haß.

Es hat mich sehr angefaßt, es hat Eva furchtbar mitgenommen. Jule Sebba sagte, er habe sich immer als Ostjude und somit wurzellos und dem Deutschtum unverbunden gefühlt. Aber er geht doch aus Europa und aus Sicherheit in eine neue Kolonie und ins Ungewisse, er geht mit Frau und Kind und fängt als Fünfziger von neuem an. Uns beide, Eva und mich, kränkt es maßlos, daß Deutschland derart alles Recht und alle Kultur schändet. –

14. November
   Am Sonntag stimmte ich beim Plebiszit mit »Nein«, und über den Wahlzettel zum Reichstag schrieb ich auch »Nein«. Eva gab beide Zettel leer ab. Das war beinahe eine tapfere Tat, denn alle Welt rechnete mit dem Bruch des Wahlgeheimnisses. Es hat sich mancher, um entweder der Wahl überhaupt oder der Wahlkontrolle zu entgehen, einen Stimmschein geben lassen, um außerhalb zu wählen. Ich glaube nicht, daß man wirklich das Geheimnis verletzt hat. Es war ja aus doppeltem Grund unnötig: 1. genügt es, daß jedermann an den Bruch des Geheimnisses *glaubte* und also Angst hatte; 2. war garantiert für die Richtigkeit des gemeldeten Ergebnisses, da die Partei ohne Gegenkontrolle alles beherrscht. Ich will auch noch anerkennen, daß durch die wochenlange maßlose und maßlos verlogene »Friedenspropaganda«, der kein gedrucktes oder gesprochenes Wort gegenüberstand, Millionen besoffen gemacht wurden. – Trotz alledem: Als nun gestern der Triumph veröffentlicht wurde: 93 Prozent Stimmen für Hitler! 40½ Millionen »Ja«, 2 Millionen »Nein« – 39½ Millionen für den Reichstag, 3½ Millionen »ungültig« – da war ich niedergeschlagen, da glaubte ich das beinahe auch und hielt es für Wahrheit. Und seitdem heißt es in allen Tonarten: das Ausland erkennt diese »Wahl« an, es sieht »ganz Deutschland« hinter Hitler, es rechnet mit Deutschlands Einigkeit, bewundert sie, wird ihr entgegenkommen etc. etc. Das alles macht mich nun auch besoffen, ich fange auch an, an die Macht und die Dauer Hitlers zu glauben. Es ist gräßlich. – Dabei heißt es »aus London«: Man bewundere besonders, daß selbst in den

Konzentrationslagern zumeist mit »Ja« gestimmt worden sei.
Das ist doch fraglos entweder Fälschung oder Erpressung. Aber
was hilft das rationale »Fraglos«? Wenn ich etwas überall lesen
und hören muß, drängt es sich mir auf. Und wenn *ich* mich kaum
vor dem Glauben hüten kann – wie sollen sich Millionen na-
iverer Menschen davor hüten? Und wenn sie glauben, so sind sie
eben für Hitler gewonnen, und die Macht und die Herrlichkeit
ist wirklich sein.

Gusti Wieghardt erzählte mir neulich, es sei ihr ein Reklameheft für irgendwelche Elektroartikel zugeschickt worden. Zwischen dem Reklametext habe ein kommunistischer Artikel gestanden. Um eines ähnlichen Schmuggels willen – Reklameheft
für Chaplin – ist neulich einen Tag lang das »Capitol«-Kino polizeilich geschlossen gewesen. – Aber was helfen solche Nadelsti-
che? Weniger als nichts. Denn ganz Deutschland zieht Hitler den
Kommunisten vor. Und ich sehe keinen Unterschied zwischen
beiden Bewegungen; beide sind sie materialistisch und führen
in Sklaverei.

23. Dezember

Seit drei Tagen Frostende und allmähliche Erleichterung im
Hause. Aber nach wie vor ist Eva deprimiert und wenig bewe-
gungsfähig. An Arbeit vermag ich noch nicht zu denken, die
Wirtschaft verschlingt mich. Gestern wegen notwendiger Einkäufe mit Eva im Auto in die Stadt und zurück; es bekam Eva
sehr schlecht.

Zum Abend waren zum Abschied Dembers bei uns. Ihr Geld
vom Hausverkauf liegt auf Sperrkonto, 25 Prozent davon sollen sie Reichsflucht-Vermögenssteuer zahlen, ein paar Tage lang
mußten sie sich täglich zweimal bei der Polizei melden. Dann
wurde am Abend zehn Uhr Emita Anfang der Woche verhaftet:
Denunziation wegen unbedachter Äußerungen … Verhör bis
drei Uhr nachts, zwei Nächte in einer Zelle des Polizeipräsidiums,
Überführung im grünen Wagen zum Gerichtsgefängnis Münchner Platz, dort noch ein paar Stunden Ungewißheit und Zelle,

dann Entlassung. Sie schilderte die seelische Not der Gefangenschaft und Unsicherheit sehr ausführlich und anschaulich.

31. Dezember, Sonntag

Im letzten Jahr hat Gusti mehrfach ihre völlige Unzurechnungsfähigkeit und Verranntheit und Maßlosigkeit im Politischen bewiesen. Ich habe demgegenüber immer wieder betont, daß ich im letzten Nationalsozialismus und Kommunismus gleichsetze: beide sind materialistisch und tyrannisch, beide mißachten und negieren die Freiheit des Geistes und des Individuums.

Dies ist das charakteristischste Faktum des abgelaufenen Jahres, daß ich mich von zwei nahen Freunden trennen mußte, von Thieme, weil Nationalsozialist, von Gusti Wieghardt, weil sie Kommunistin wurde. Beide sind damit nicht einer politischen Partei beigetreten, sondern ihrer Menschenwürde verlustig gegangen.

Ereignisse des Jahres: das politische Unglück seit dem 30. Januar, das uns persönlich immer härter in Mitleidenschaft zog.

Evas sehr schlechter Gesundheits- und Gemütszustand.

Der verzweifelte Kampf um das Haus.

Der Fortfall aller Publikationsmöglichkeit.

Die Vereinsamung.

Im Juni schloß ich mein »Frankreichbild« ab, das nicht mehr veröffentlicht wurde. Dann noch ein paar Rezensionen, insbesondere Naigeon, nicht mehr publiziert, seit dem Juli Studien zum 18. Jahrhundert. Ich glaube nicht mehr, daß mein 18. Jahrhundert je zustande kommt. Ich habe nicht mehr den Mut, ein so Großes zu schreiben. Meine früheren Bände erscheinen mir leichtfertig und oberflächlich. Ist das Folge einer vorübergehenden Lähmung, ist es endgiltiges Fertigsein? Ich weiß es wirklich nicht.

Sehr, sehr viel vorgelesen. Amerikaner, Deutsche, in letzter Zeit auch 18. Jahrhundert.

Sehr viele Todesgedanken und Haften an den allgemeinsten Fragen. Bisher erschien mir Renans »Tout est possible, même Dieu« als ein spöttisches Witzwort. Ich nehme es jetzt für eigentliche und für *meine* Religiosität. Welch Mangel an Ehrfurcht, zu glauben und nicht zu glauben! Beides beruht auf einem frechen Zutrauen zur menschlichen Fassungsmöglichkeit.

Wir werden heute abend ganz allein sein. Ich fürchte mich ein bißchen davor. Trost und Hilfe kommt uns immer von unsern beiden Katerchen. Ich frage mich allen Ernstes tausendmal, wie es um deren unsterbliche Seelen bestellt ist.

Das historische Erlebnis dieses Jahres ist unendlich viel bitterer und verzweiflungsvoller, als es der Krieg war. Man ist tiefer gesunken.

1934

16. Januar, Dienstag

Georg schrieb aus St. Moritz. (Gehört unter die aufzubewahrenden Zeitbriefe.) Zwei seiner Söhne schon in Cambridge und Chicago. Nun ist er in Ruhe mit den beiden andern in St. Moritz zusammen. Sie gehen mit ihren Frauen nach USA, der Arzt und der Ingenieur; sie haben Aussichten und Einwanderungserlaubnis, sie werden automatisch nach fünf Jahren amerikanische Bürger. Georg rechnet also fest mit der Dauer unseres Zustandes. Von mir hofft er – in Ahnungslosigkeit über die Möglichkeiten meines Berufes –, ich könnte vielleicht eine Professur in Frankreich erhalten! (Eulen nach Athen!) Wenn ich zur Umstellung und zum Abwarten Geld brauche, will er mir ein kleines Kapital zu 4 Prozent leihen. Er selbst will sich im Sommer irgendwo in Süddeutschland niederlassen. Der Brief ist bei aller Vorsicht und erzwungenen Ruhe sehr melancholisch und etwas pathetisch. Er ist unterzeichnet: »in brüderlicher Treue und im Angedenken an den verstorbenen Vater«. Ich habe noch nicht geantwortet, weil ich nicht ins Ausland schreiben mag. –

27. Januar

Schreiben an den Prof. Klemperer: »Das Ministerium hat beschlossen, Ihre Bestellung zum Mitglied der Prüfungskommission … mit sofortiger Wirkung aufzuheben.« 17. 1. 34. Die Wirkung ist schon seit dem Frühjahr vorhanden. Fragt sich, wohin sie anwachsen wird.

Schreiben Teubners: ob ich nicht einen andern Verlag im Ausland suchen will; *er könne* für mich nicht mehr eintreten. Das

Schreiben sowie meine Antwort (Kopie) kommt in die Sammlung meiner Zeitbriefe.

Gestern nachmittag nach Monaten einmal wieder im Kino: harmlose und lustige Filmoperette »Victor und Victoria«. Der Inhalt ganz anspruchslos lustig, die Schauspielkunst, die Filmtechnik ganz hervorragend – zwei Stunden erfreulichster Ablenkung. Aber hinterher natürlich bei uns beiden große Wehmut und Bitterkeit. Mit welcher Selbstverständlichkeit waren wir früher zwei- und dreimal wöchentlich im Film, und wie leicht und erfüllt floß uns früher das Leben! Und jetzt … Wir hätten uns früher nicht vorstellen können, wie man auch nur mit einem Viertel der Sorgen und Miseren leben könnte, die jetzt beständig auf uns lasten. –

15. Februar, Donnerstag gegen Abend

Heute war die erste Sitzung der ganzen Fakultät unter dem »Führer« Beste. Aufgehobene rechte Hände, ein Studentenvertreter, der a. o. Prof. Scheffler in SA-Uniform, der a. o. Prof. Fichtner mit dem Parteiabzeichen – und alles nur Formalität und Äußerlichkeit. Aber mir wird von diesem Händeaufheben buchstäblich übel, und daß ich mich immer wieder daran vorbeidrücke, wird mir noch einmal den Hals brechen. – Wahrheit spricht für sich allein – aber Lüge spricht durch Presse und Rundfunk. –

2. März, Freitag abend

Das böse Semester schloß ich am Mittwoch. Die vorletzte Corneille-Übung hielt ich mit der »jüdischen Quote«, der kleinen Isakowitz, allein, die letzte mit ihr und einem jungen Menschen ab, der nun sein Staatsexamen bei Wengler macht. In der Montagsübung und selbst im Montagskolleg sah es nicht viel anders aus, vier bis fünf, neun bis zehn Leute. Das verleitete immer wieder zu subjektiven Abschweifungen, Intimitäten, Unvorsichtigkeiten, hatte aber auch seinen Reiz. Ich sprach halb und halb vor Gesinnungsgenossen, ich hatte immer das Gefühl, ein paar Junge sozusagen mit Schutzimpfungen zu versehen oder zu

Bazillenträgern zu machen. Den Arm habe ich nie gehoben. – Wie lange werde ich dieses Spiel fortsetzen müssen, wie lange fortsetzen können? –

19. März

Evas Zustand hat sich ein bißchen gebessert. Die durchgreifende Behandlung der Zähne wurde nach Vornahme der dringendsten Reparaturen für ein paar Monate vertagt, und mit dem beginnenden Frühling hat sie ihren Gartenbau in Dölzschen aufnehmen können. Natürlich kostet dieser Gartenbau sehr viel Geld: Autofahrten, tagelange Arbeiterbeschäftigung, die Stunde zu 70 Pf, Bestellungen bei Hauber, Dung, Instrumente … Ich habe immer wieder Augenblicke, in denen mich die Geldangst fast erstickt; aber teils durch Abstumpfung, teils durch Disziplin bin ich dahin gekommen, prinzipiell nicht über den Tag oder allenfalls den Monat hinaus zu disponieren. Eine im nächsten Monat zu bezahlende Rechnung zwinge ich aus meinen Gedanken heraus. Vielleicht werde ich doch durchkommen, vielleicht wird ein Wunder geschehen, vielleicht werde ich gepfändet werden – aber doch alles erst im übernächsten Monat. Hat Eva bis dahin ein paar Weinkrämpfe weniger, versagt mir bis dahin das Herz ein paarmal weniger: so ist doch auch etwas gewonnen. Immerhin lastet der dumpfe Druck ständig auf mir.

Ebenso, im engen Zusammenhang mit der Geldsorge, mein Verhalten zur Berufssorge. Das neue Semester beginnt erst am 7. Mai; bis dahin ist relative Sicherheit. Vielleicht werde ich dann keine Hörer mehr haben und abgebaut werden wie Blumenfeld. Es ist ja auch schon davon die Rede gewesen, die ganze Kulturwissenschaftliche Abteilung zu pensionieren. Aber warum über den 7. Mai hinaus sorgen? Ist es denn so sicher, daß am 7. Mai noch die gleiche Regierung vorhanden ist? Der Vergleich mit den Jakobinern ist jetzt beliebt. Warum sollen die deutschen Jakobiner länger leben, als die französischen lebten?

So lebe ich unter dumpfem Druck von Tag zu Tag. Das Studium zum 18. Jahrhundert schleicht weiter; manchmal sehe ich ein

Etwas davon klar vor mir; Augenblicke lang glaube ich, das Buch wird geschrieben, und es wird sogar mein bestes Buch werden; zumeist ist mir so, als würde ich nie mehr zum Schreiben kommen. Übrigens nahmen mir die Wirtschaft (heizen, Frühstück etc. machen, die Katzen), Dölzschen, der Zahnarzt, zu dem ich Eva begleitete, das viele Vorlesen unendliche Zeit fort; wenn ich ein, zwei Stunden täglich zum 18^e komme, ist es viel. Auch hier zumeist dumpfe Wurstigkeit mit einigen Momenten der Verzweiflung und einigen der Hoffnung.

13. Juni, Mittwoch

Ich habe vielerlei nachzuholen; alles Wesentliche dreht sich um dies eine, an dem man erstickt. Aber überall, oder fast überall, ist jetzt doch Hoffnungsschimmer. Es *kann* nicht mehr lange dauern.

Scherners dick, herzlich, kindlich, verfressen wie je. Dabei in schlechter Vermögenslage, voller Haß auf die Kleinstadt und die sklavische Gebundenheit an ihre Apotheke. Er ist als »Jude« verschrien. Sie kamen Pfingstsonntag mittag zu uns, unmittelbar vom Hochamt in der Hofkirche. Sein erstes Wort, vor der Begrüßung, unten am Gittertor, strahlend: »*Das* geht nicht unter, *das* siegt, *dem* können sie nichts antun! Diese Fülle von Menschen, diese Hingegebenheit, dieser Glanz! Die Kirche, das Zentrum, Victor! ...« Und Scherner ist aus dem Priesterseminar entlaufen! –

Er erzählte: In Falkenstein darf man nicht beim »Juden« kaufen. Also fahren die Falkensteiner zum Juden nach Auerbach. Und die Auerbacher ihrerseits kaufen beim Falkensteiner Juden. Zu größeren Einkäufen aber fährt man aus den Nestern nach Plauen, wo ein jüdisches Kaufhaus größeren Umfangs ist. Trifft man sich dort, so hat man sich nicht gesehen. Stillschweigende Konvention.

Am 12.6. bei Annemarie in Heidenau, genauer auf der Veranda der Assistentenwohnung Dr. Dressels. Ähnliche Gespräche, ähnliche Stimmung. Übrigens ein wunderhübscher, stark alkoholischer Abend.

Unser Volkskanzler war kürzlich zur »Reichstheaterwoche« in Dresden. Auf mehrere Tage. Vorschriftsmäßig hingen die ganze Woche über Wälder von Hakenkreuzfahnen in den Straßen, brachten die Zeitungen Artikel: »Das Erlebnis von Dresden« und so. Und: der Jubel der Hunderttausende und so. Aber die SA, soweit sie nicht aufmarschiert war, lag ständig in Bereitschaft (ich weiß es von meinem Studenten: »Die ganzen Tage im Kuglerheim!«), und der Führer erschien, verschwand, bewegte sich, schlief immerfort anderwärts und zu anderer Stunde, als offiziell angegeben war. Wie der Zar, wie ein Sultan und noch angstvoller.

14. Juli

Die eigentliche Erlösung kam durch die Hausaffäre. Vor etwa zwei Monaten sah Ellen Wengler, die Schwester meines italienischen Lektors, auf einem Spaziergang unser Grundstück. Eva zeigte ihr den Garten, den Keller, klagte unser Leid. Einige Zeit danach ergab sich dies: Wenglers haben von ihrer verstorbenen englischen Mutter her Vermögen in England liegen. Ein neues Gesetz zwingt alle Deutschen, ihre Auslandswerte zu verkaufen; die Regierung nimmt die Devisen und zahlt sie in Reichsmark aus. Ellen Wengler wollte ihr Geld nicht unsicher liegen lassen und bot es mir als langfristige Hypothek. Von Anfang an schien alles so unwahrscheinlich günstig für uns, daß wir nach all dem schweren Unglück, all den hundert Enttäuschungen gar nicht daran glauben wollten. Aber es entwickelte sich rasch und günstig.

Inzwischen war mit Prätorius geplant und gerechnet worden. Ganz wird er mit dem jetzt zur Verfügung stehenden Bargeld nicht auskommen; den Rest zahle ich in Monatsraten. Sowie ich die Miete hier und die ungeheuren Autokosten (über 100 M im Monat) los bin, bin ich sehr solvent. Es wird vorderhand der Mittelteil des Gesamthauses gebaut, immerhin ein in sich geschlossenes Häuschen mit großen drei Zimmern und sehr reichlichem »Zubehör«. Eine drollige Schwierigkeit ergab sich: Die Bauvor-

1934 | 29

schriften des Dritten Reiches verlangen »deutsche« Häuser, und flache Dächer sind »undeutsch«. Zum Glück fand Eva rasch Freude an einem Giebel, und so wird das Haus also einen »deutschen Giebel« bekommen. Wenn alles Weitere klappt – und ich bin immerfort hinter Prätorius her –, haben wir die Baugenehmigung in vierzehn Tagen und fangen dann gleich an. Am 1. Oktober soll eingezogen werden. Welch eine Erlösung! Und wie sonderbar gefügt! Alle meine geplanten Bemühungen scheiterten, und nun kommt dies ganz Unvermutete. Und kommt – höchste Ironie! – durch ein Gesetz der Nationalsozialisten. Ich sagte am Telefon zu Annemarie lachend: »Ich habe Baugeld durch den Führer bekommen, wahrhaftig durch den Führer!«

Ich werde immer fatalistischer und gewöhne es mir immer mehr ab, über die letzten Dinge nachzudenken. Aber wie gut hat es der naive Fromme. Er hätte an meiner Stelle in all der bösen Zeit auf Gott vertraut und ihm jetzt gedankt. Ich kann beides nicht.

Den zweiten mächtigen Auftrieb gab uns die »Röhmrevolte«. (Wie kommen historische Bezeichnungen zustande? Wieso Kap*putsch*? Aber Röhm*revolte*? Klanglich?) Gar kein Gefühl für die Besiegten, nur die Wonne, a) daß man sich gegenseitig auffrißt, b) daß Hitler nun wie ein Mann nach dem ersten schweren Schlaganfall ist. Als die nächsten Tage alles ruhig blieb, war ich freilich deprimiert. Aber dann sagten wir uns doch: Dieser Schlag ist nicht zu überwinden. Zumal nun auch die nackte Not der Mißernte bei völligem Staatsbankrott und Unmöglichkeit ausländischen Nahrungsbezuges vor der Tür steht.

23. Juli, Montag
Philologie der Nationalsozialisten: Göring sagte in einer Rede vor dem Berliner Rathaus: »Wir alle, vom einfachen SA-Mann bis zum Ministerpräsidenten, sind von Adolf Hitler und durch Adolf Hitler. Er ist Deutschland.« Sprache des Evangeliums. – Etwas vom enzyklopädischen Stil, abgewandelt, ist jetzt auch in den Edikten der Regierung. Sie deutet an, sie droht, sie bedroht –

wen? Das Publikum in Angst gehalten, einzelne oder Gruppen (welche?), unmittelbar bedroht.

27. Juli, Freitag

Gestern schloß ich mein Semester, wie ich es begonnen hatte: d. h., ich wartete vergeblich auf die wieder verhinderten Hörer. Ich habe also in diesem Semester meine Übungen vor ein oder zwei Leuten gehalten, ebenso mein Kolleg. Im ganzen hatte ich zwei Studentinnen, Fräulein Heyne und Fräulein Kaltofen, einen Studenten und einen SA-Mann (höchst unmilitaristischer Natur) Heintzsch. Wie nun weiter? Ich warte wie ein kleiner Angestellter, ob ich am 1. 10. Kündigung erhalte.

Auch die Studie über die Sprache des 3. Reiches bewegt mich immer mehr. Literarisch auszubauen, etwa »Mein Kampf« lesen, wo dann die (teilweise) Herkunft aus der Kriegssprache deutlich werden muß. Auf die Kriegssprache (»Arbeitsschlacht«) weist Eva hin.

4. August, Sonnabend vormittag

Zuerst hat uns das Geschehene, Eva fast noch mehr als mich, mit äußerster Bitterkeit und fast Verzweiflung erfüllt. Am 2. 8. um neun Uhr stirbt Hindenburg, eine Stunde später erscheint ein »Gesetz« der Reichsregierung vom 1. 8.: Das Amt des Präsidenten und des Kanzlers wird in Hitlers Person vereint, die Wehrmacht wird sofort auf ihn vereidigt, und um halb sieben abends leisten die Truppen in Dresden den Eid, und alles ist vollkommen ruhig, unser Schlächtermeister sagt gleichgültig: »Wozu erst wählen? Das kostet bloß einen Haufen Geld.« Der vollkommene Staatsstreich wird vom Volk kaum gemerkt, das spielt sich alles lautlos ab, übertönt von Hymnen auf den toten Hindenburg. Ich möchte schwören, daß aber Millionen gar nicht ahnen, was für ein Ungeheures geschehen ist. – Eva sagt: »Und solch einer Sklavenbande gehört man an.«

10. August, Freitag

Sprache des 3. Reiches: Befehl, Hitler anzureden: »Mein Führer!« (Mon Colonel. Ganz französisch!)

21. August, Dienstag

Die 5 Millionen Nein und Ungültig am 19. August gegen 38 Millionen Ja bedeuten ethisch sehr viel mehr als nur ein Neuntel des Ganzen. Es hat Mut und Besinnung dazu gehört. Man hat alle Wähler eingeschüchtert und betrunken mit Phrasen und Festlärm gemacht. Ein Drittel hat aus Angst, eines aus Betrunkenheit, eines aus Angst und Betrunkenheit ja gesagt. Eva und ich haben ihr Nein auch nur aus einer gewissen Verzweiflung und nicht ohne Furcht angekreuzt.

Dennoch, trotz der moralischen Niederlage: Hitler ist unumschränkter Sieger, und ein Ende ist nicht abzusehen.

4. September, Dienstag

Das Richtfest fand gestern, am 3. 9., statt. Eva sehr frisch, und ich sah doch, wie sehr ihr das am Herzen lag. Ich selber mehr beobachtend und sehr wehmütig. Neun Arbeiter, darunter der Mann unserer Aufwartefrau, diese, Frau Lehmann mit ihrem kleinen Mädel, die beiden Prätorius, Ellen Wengler, die »Blutspenderin«. Um drei kamen wir im Auto herauf mit einem Berg Kuchen und sehr vielem Kaffee.

Birke (natürlich aus dem Wald »geholt«) mit weißroten Papierwimpeln oben. Die Leute arbeiteten noch. *Keine* Fahne. Ich hatte bestimmt: Wenn eine Fahne nötig befunden würde, dann jedenfalls schwarz-weiß-rot. Wir kletterten auf dem erzwungenen »deutschen« Dach herum.

Schön geworden ist es, und das Ganze macht nun einen durchaus reputierlichen Eindruck.

11. September

Sprache des 3. Reiches: Parteitag »der Treue« in Nürnberg. Proprio der Treue nach dem Aufstand. Immer mit Stirn das

Gegenteil behaupten. Der Führer: Ordnung auf *tausend Jahre*. Wieder die phantastische Zahl. Wieder gegen »schwankenden Intellektualismus«. Rede am 10. 9.: Die Jugend »liebt die Eindeutigkeit und Entschlossenheit unsrer Führung und würde nicht verstehen, wenn plötzlich eine mumifizierte Vergangenheit mit Ansprüchen kommen wollte, die schon in der Sprache einer fremden Zeit entstammt, die heute nicht mehr geredet und verstanden wird.« (Motto meiner Studie!) – In einer andern Rede: »*Deutsch sein heißt klar sein*« als Wahlspruch herausgestellt. (Was ist ihm Klarheit? Primitivität! Ich variiere: Deutsch sein heißt *Tier* sein.)

Goebbels' Rede über *Propaganda*. Die Propaganda »darf nicht lügen«. Sie »muß schöpferisch sein«. – »Die Angst vor dem Volk ist das charakteristische Merkmal liberaler Staatsauffassung.« Wir treiben »aktive Massenbeeinflussung« und »auf längere Sicht eingestellte systematische Aufklärung eines Volkes als Ergänzung«. »Die Staatsmänner müssen zu gewissen Zeiten den Mut haben, auch Unpopuläres zu tun. Aber das Unpopuläre will rechtzeitig vorbereitet werden, und es muß in seiner Darstellung richtig formuliert sein, damit die Völker es verstehen …« (6. 9. 34). Am 8. 9.: »Wir müssen die Sprache sprechen, die das Volk versteht. Wer zum Volk reden will, muß, wie Martin Luther sagt, ›dem Volk aufs Maul schauen‹.«

Der Führer »appelliert« wieder an die »heroischen Instinkte«. Die Unterführer betonen wieder: »Adolf Hitler *ist Deutschland*.«

14. September

Sprache des 3. Reiches: Hitler sagte auch, als er zur Jugend in Nürnberg sprach: »Sie singen gemeinsame Lieder«. Alles zielt auf Übertäubung des Individuums im Kollektivismus. – Ganz allgemein Rolle des *Radio* beachten! Nicht wie andere technische Errungenschaften: neue Stoffe, neue Philosophie. Sondern: neuer *Stil*. Gedrucktes verdrängt. *Oratorisch*, mündlich. Primitiv – auf höherer Stufe!

29. September, Sonnabend abend

Seit halb sechs auf. Von halb acht bis gegen vier haben die Packer hier gehaust, und jetzt sieht es wüst aus. Montag soll dann umgezogen werden – und oben war gestern auch noch ein Chaos.

Im Januar 28 zogen wir hier ein. Die letzten Jahre waren sehr bitter. Zu Evas Geburtstag 1932 kaufte ich das Land, April 33 wurde es umgepflügt und umzäunt, März 34 bauten wir den Keller, der jetzt Möbelspeicher wird, ohne Hoffnung und Möglichkeit des Weiterbauens. Am 29. Juni, an unserm Hochzeitstag nach dreißig Jahren, schloß ich den 12 000 M-Vertrag mit Ellen Wengler, Ende Juli begann der Bau.

Gestern abend war ich so obenauf, daß ich dem Chauffeur, der sich als Fahrlehrer entpuppte, das Versprechen gab, im Frühjahr bei ihm Unterricht zu nehmen (das ist jetzt sehr billig geworden, 74 M mit Prüfung), heute morgen kamen wieder Herzbeschwerden und Depression.

Dölzschen, Am Kirschberg 19

6. Oktober, Sonnabend

Nun dauert, noch wenig gelichtet, das Chaos eine Woche. Immer noch überall donnernde Arbeit der Zimmerleute, des Maurers, Installateurs usw. Größte Abgekämpftheit. Seit einer Woche keine Arbeitsmöglichkeit mehr. Immer wieder starke Herzbeschwerden. Meist sehr mutlos. Die Glückwünsche der Leute berühren mich peinlich. Selten Momente wirklicher Freude. Aber Eva blüht in all diesem Wirrwarr trotz ständiger Ermüdung und schwerer Behinderung durch das verschwollene Handgelenk.

Dies die ersten Zeilen, die ich hier wage. Aber der »Füll« ist mir gar zu unbequem, auch ist alles in größter Unordnung und voller Lärm. Die meiste Zeit stehe ich untätig herum, zermürbt.

9. Oktober, Montag / Irrtum! 8. Oktober, Montag

Immer noch Chaos. Ich schreibe am freien Schreibtisch. Aber nicht ausgepackt, überall Kisten, unbefestigte Regale, Arbeiter – Chaos, Chaos, Chaos, keinerlei Arbeitsmöglichkeit. – Ich bin heute 53 Jahre alt. Eva hat bisher noch nicht daran gedacht, daß mein Geburtstag ist.

Sprache des dritten Reichs: Jelskis haben als geläufige Abkürzung des öfteren gehört und gelesen: Blubo – Blut und Boden. In Basel singen die Kinder: »Heil, Heil, Heil! – Hitler hängt am Seil!«

14. Oktober, Sonntag abend

Immerwährendes Räumen, Auspacken, Umpacken, Einordnen, Staub, Staub, Staub, grenzenlose Ermüdung, den ganzen Tag nicht aus dem Haus, Kisten, Kisten, Kisten. Wochentags ein Dutzend (unübertrieben!) Handwerker um uns, Sonntags allein. Gestank von Farben, neuen Geräten, Staub, Staub, Staub. Auf den Boden schleppen, vom Boden schleppen, wieder hinauf. In den Keller, vom Keller hinauf, in den Keller zurück. Er ist noch feucht, der Zucker ist ein nasser Klumpen. – Heute abend besonders müde. Aber ich denke: Übermorgen werden neun Zehntel der Bibliothek aufgestellt sein, und das letzte Zehntel wird für den Boden verstaut sein. Völlige Nichtigkeit dieses Besitzes. Nur wieder ein bißchen arbeiten können, ein bißchen Ruhe haben. Ich denke, hoffe: am Mittwoch.

Sprache des dritten Reiches: Der Propagandaminister zeichnet immer »Dr. Goebbels«. Er ist der Gebildete in der Regierung, d. h. der Viertelgebildete unter Analphabeten. Merkwürdig verbreitet ist die Meinung von seiner geistigen Potenz; man nennt ihn oft »den Kopf« der Regierung. Welche Bescheidenheit der Ansprüche. Ein besonders guter Witz: Hitler, der Katholik, habe zwei neue Feiertage kreiert: Maria Denunziata und Mariae Haussuchung.

30. Oktober, Dienstag

Ich erhielt eine Zeitschrift mit Hakenkreuz: »Das deutsche Katzenwesen.« Über seine Nützlichkeit ein Aufsatz des Reichsleiters im großen politischen Stil. Die Katzenvereine sind jetzt Reichsverband; Mitglied darf man als Arier sein. Ich zahle also nicht mehr meine monatliche Mark für den Pflegeverein hier. –

20. November, Dienstag

Am Mittwoch, 14. 11., die Vereidigung: »Treue dem Führer und Reichskanzler Adolf Hitler.« Etwa 100 Leute; die zweite Gruppe. Bei der ersten Vereidigung in den Ferien war ich »nicht anwesend« in der Hoffnung, vielleicht ganz daran vorbeizukommen. Es hat nicht sollen sein. Die Zeremonie, kalt und formell wie möglich, dauerte keine zwei Minuten. Man sprach dem Rektor im Chor nach, der vorher heruntergehaspelt hatte: »Sie schwören *ewige* Treue; ich bin verpflichtet, Sie auf die *Heiligkeit* des Eides aufmerksam zu machen.« Und hinterher: »Sie haben Ihren Eid auf Formular zu unterzeichnen.« Und: »Ich schließe mit dreifachem Sieg-Heil.« Er schrie »Sieg« – und der Chor brüllte »Heil!« und drängte zu den Formularen.

21. November, Mittwoch

Drittes Reich: Das *magische* Wort. Bollert, Direktor der Landesbibliothek, sagte mir einmal: »Ich grüße ›Heil!‹, das muß ich. ›Hitler‹ hinzuzufügen widerstrebt mir.« – Auf der Winterhilfsplakette für November steht: »Du gibst dem Führer Dein Ja.« Fräulein Roth sagt mir: »Ich hab es ihm nicht gegeben, ich habe die Plakette so an der Tür befestigt, daß das Ja überklebt ist.« Eva meint, dies sei eine Art Übergang zum Beschwören durch Messerstoß in ein Bild. Das scheint mir eine zu kühne Verbindung.

16. Dezember, Sonntag

Einen Augenblick lang schien es, als werde Hitler nicht über die Saarabstimmung (13.1.), vielleicht nicht über Weihnachten wegkommen. Jetzt ist die Saaraffäre zugunsten Deutschlands entspannt, und Hitler sitzt wieder fest im Sattel. Es ist schwer, nicht zu verzweifeln. Aber die starke allgemeine Gärung ist nach wie vor da.

Den Parkhügel, durch den ich fast täglich von der Stadt zu uns heraufsteige, nenne ich meinen katholischen Berg. Immer gehe ich langsam, immer mit schwerem Atem, oft mit Schmerzen, nie ohne die Frage: Wie oft noch?

Der Voltaire ist fertig, das übrige 18. Jahrhundert liegt dunkel vor mir. Geldsorgen, Wirtschaftsmühen unverändert. –

Sprache des 3. Reichs: Die ewigen Weinofferten sind selten »Heil Hitler« unterzeichnet, meist: »mit deutschem Gruß«. Das ist eine diskrete Art, die deutschnationale Gesinnung anzudeuten, die sie bei ihren Kunden, Professoren und höheren Beamten, voraussetzen. Am 7. Dezember war eine Offerte der »Ferd. Pieroth'schen Weingutsverwaltung Burg Lagen bei Bingen am Rhein« unterschrieben: »Mit freundlicher Empfehlung ergebenst«. Das ist eine Heldentat und eine erste Schwalbe. – Kempinski zeigt Delikateßkörbe an: »Korb Preußen 50 M, Korb Vaterland 75 M«.

30. Dezember, Sonntag

Was hat mir nun 1934 gebracht?

Das Häuschen mit vieler Freude und vielen Sorgen. – Evas im ganzen gehobene Stimmung. – Das stärkere Gefühl der eigenen Todesnähe, des schweren Gealtertseins. – Die ersten 72 Seiten meines achtzehnten Jahrhunderts, vorher die Delillestudie. – Den unsäglichen Druck und Ekel des fortdauernden Hakenkreuzregimes.

Ich habe im Sommer auch noch acht Rezensionen für die DLZ geschrieben, wovon nur eine (Loepelmann, »Diderot«) zurückgegeben wurde, weil ihr Verfasser im Ministerium sitzt und nicht gerügt werden darf.

Ich sehe: Im vorigen Jahresrésumé (das eigentlich viel trauriger ist als dieses) rühmte ich die Katerchen. Das muß auch hier geschehen.

1935

9. Januar, Mittwoch

Ich lebe ganz fatalistisch von Tag zu Tag. Mein Kolleg nach
den Ferien hielt ich vor drei Leuten (jenen drei), das Seminar
vor einem, die Dantevorlesung vor den zwei Hospitantinnen. Es
ist sehr erbärmlich. Dabei kostet mich dieser Betrieb drei volle
Tage meiner Schreiberei. Und am Mittwoch hat sich dann soviel
Müdigkeit und Kleinkram aufgesammelt, daß auch dieser vierte
Tag verlorengeht. So kriecht mein Opus lust- und hoffnungslos
schneckenartig.

Wir hatten zu Besuch hier: am 4. 1. die vier »anständigen«
Köhlers, am 5. 1. Alexis Dember, der in Prag seinen Doktor der
Physik macht, am 6. 1. nach sehr langer Pause Annemarie. Sie
sprach mit besonderer Erbitterung von den zwangsweisen Ste-
rilisierungen, die oft auch durchgeführt würden, wo sie unnötig
und unangebracht seien.

16. Januar, Mittwoch

Isakowitz – er nimmt uns schon üblicherweise nach der Behandlung in seinem Auto bis zum Bahnhof mit, wo Eva eine
Suppe ißt, heute nach abgenommener Brücke ziemlich zahn-
los – drückte wieder die Stimmung der Judenheit aus, und heute auch eigentlich die meine. Tiefste Depression, noch tiefer als
im August bei Hindenburgs Tod. Die 90 Prozent Saarstimmen
sind doch wirklich nicht nur Stimmen für Deutschland, sondern
buchstäblich für Hitlerdeutschland. Damit hat Goebbels schon
recht. Es hat ja nicht an Aufklärung, Gegenpropaganda, Freiheit
der Wahl gefehlt. Wahrscheinlich halten wir, die wir von Gärung

sprechen, unsere Wunschträume für Wahrheit und überschätzen die vorhandene Gegnerschaft aufs äußerste. Auch im Reich wollen 90 Prozent den Führer und die Knechtschaft und den Tod der Wissenschaft, des Denkens, des Geistes, der Juden. *Ich* sagte: Warten wir, ob nicht jetzt, da die Außenpolitik nicht mehr in Frage kommt, der Rechtsumschwung einsetzt. Bis Ostern gebe ich mich nicht geschlagen. Aber es fehlt mir der Glaube an meine Worte.

7. Februar, Mittwoch

Am 24. 1. waren wir einmal (höchste Seltenheit jetzt) im Kino. Ein Kiepura-Film (»Mein Herz ruft nach dir«), musikalisch und inhaltlich ärmer als seine andern Filme, dennoch sehr hübsch. Ich bin so ausgehungert nach Musik. Bei Blumenfelds hören wir jetzt immer gute Grammophonplatten; neuerdings läßt Eva auch manchmal, wenn Wieghardts bei uns sind, unsere alten Schlagerplatten laufen. Diese Tangos und Niggerlieder und anderen internationalen und exotischen Dinge aus den Jahren der Republik haben jetzt geschichtlichen Wert und erfüllen mich geradezu mit Rührung und Erbitterung. Es herrscht Freiheit in ihnen, Weltsinn. Damals waren wir frei und europäisch und menschlich. Jetzt –

23. März, Sonnabend

Hitler hat die allgemeine Wehrpflicht proklamiert, das Ausland protestiert lendenlahm und schluckt das fait accompli. Ergebnis: Hitlers Regiment ist stabiler als je. Was hilft es, daß man sagt, die Reichswehr regiere. In allen Punkten der Kulturvernichtung, Judenhetze, inneren Tyrannei regiert Hitler mit immer schlimmeren Kreaturen. Der Reichskultusminister Rust hielt heute wieder eine Erziehungsrede gegen »faden Intellektualismus«.

Ich kann mich schlecht von der Grippe erholen, meinem Herzen fällt alles schwer. –

3. April, Mittwoch abend

Inzwischen mußte ich Montag, den 1. April, mein Kolleg beginnen, obschon die Leute vom PI erst am 24. 4. anfangen. Es kam zum Französischen *ein* Student, der nach acht Leipziger Semestern vor dem Staatsexamen ein Semester hier bei seinen Eltern sein will. Für ihn die ganzen vier Montagsstunden.

17. April

An den verschiedensten Straßenecken hängt der »Stürmer« aus; er hat besondere Anschlagtafeln, und jede trägt eine große Inschrift: »Die Juden sind unser Unglück.« Oder: »Wer den Juden kennt, kennt den Teufel.« Usw. – Als neulich in Kowno deutsche Fememörder zum Tode verurteilt wurden, gab es überall Protestversammlungen. Der Dölzschener Gruppen-Aufruf hieß: »Die Welt muß sehen, daß uns die internationale Juden-Kanaille nicht zum Krieg provozieren kann, wohl aber, daß wir sind ›ein einzig (sic!) Volk von Brüdern!‹« –

Man schickt mir regelmäßig das Katzenblatt zu, obwohl ich als Nichtarier ... und immer wieder zurücksende. Hier tobt sich der Nationalsozialismus in geradezu unglaublich grotesker Weise aus. Die »deutsche Katze« :/: ausländische »Edel«-Katzen. Im Sinn unseres Führers usw. Schon die Faschingsnummer der »Münchener NN« hat darüber gespottet. –

2. Mai, Donnerstag

Am Dienstagmorgen, ohne alle vorherige Ankündigung – mit der Post zugestellt zwei Blätter: a) Ich habe auf Grund von § 6 des Gesetzes zur Wiederherstellung des Berufsbeamtentums ... Ihre Entlassung vorgeschlagen. Entlassungsurkunde anbei. Der kommissarische Leiter des Ministeriums für Volksbildung. b) »Im Namen des Reiches« die Urkunde selber, unterzeichnet mit einer Kinderhandschrift: Martin Mutschmann. Ich telefonierte die Hochschule an; dort hatte man keine Ahnung. Göpfert, der Kommissar, gibt sich nicht damit ab, das Rektorat um Rat zu fragen. Erst war mir abwechselnd ein bißchen betäubt und leicht romantisch zumut; jetzt ist nur die Bitterkeit und Trostlosigkeit fühlbar.

Meine Lage wird eine überschwere. Bis Ende Juli soll ich noch das Gehalt bekommen, die 800 M, mit denen ich mich so quäle, und danach eine Pension, die etwa 400 betragen wird.

Ich ging am Dienstag nachmittag zu Blumenfeld, der inzwischen den Ruf nach Lima endgiltig erhalten hat, und ließ mir die Adresse der Hilfsstellen geben. Mittwoch, am »Festtag der nationalen Arbeit«, in den es hineinschneite, korrespondierte ich stundenlang. Drei gleichlautende Briefe an die »Notgemeinschaft deutscher Wissenschaftler im Ausland«, Zürich, an den »Academic Assistance Council«, London, an das »Emergency Committee in aid of German Scholars«, New York City. Dazu Hilferufe (»SOS« schrieb ich) an Dember in Istanbul und an Vossler: Spitzer geht von Konstantinopel nach USA (aber er hat sich zu Dember wenig freundlich über mich geäußert). Überall betone ich, daß ich auch deutsche Literatur, auch vergleichende Literatur lesen könne (Mein Lektorat in Neapel, meine Vertretung Walzels bei den Prüfungen usw.), daß ich in französischer und italienischer Sprache sogleich (!), in spanischer Sprache in kurzem (!) vortragen könnte, daß ich das Englische »lese« und in ein paar Monaten nötigenfalls auch sprechen würde.

Aber was hilft all diese Geschäftigkeit? Einmal ist die Aussicht auf einen Posten ganz gering, da ja der deutsche Run seit reichlichen zwei Jahren im Gang und unbeliebt ist. Sodann und vor allem: Welchen Posten könnte ich annehmen? Eva, die in der letzten Zeit wieder viel leidend war – erneute Zahnbehandlung, Wurzelentzündung, allgemeiner Nervenstreik –, wäre ihrer Erklärung nach und auch faktisch in jeder Pension oder möblierter oder Stadtwohnung eine Gefangene; sie braucht Haus und Garten. Und sie würde das Haus hier um keinen Preis dauernd aufgeben. Es könnte also nur ein besonders gut dotierter Posten sein, den ich anzunehmen vermöchte. Die Chance ist nicht größer als die aufs große Los, wenn man Lotterie spielt.

Nun schrieb ich noch, sehr schweren Herzens, an Georg, der

mir im vorigen Jahr Hilfe anbot und der jetzt wahrscheinlich in England bei seinem Ältesten ist. Ich gratulierte ihm zum 70. Geburtstag und fragte ihn gleichzeitig, ob er mir auf mein Haus eine zweite Hypothek von 6000 M geben wolle, unkündbar bis 1. 1. 42; zur Sicherung würde ich ihm den entsprechenden Anteil meiner dann fälligen Lebensversicherung verpfänden. Ich glaube bestimmt, er wird ablehnen, und ich werde um eine neue Kränkung reicher sein. Aber selbst wenn er akzeptiert – wie weit ist mir geholfen? Ich würde dann Prätorius auszahlen, und ich würde meine Lebensversicherung soweit aufbessern, teils durch Schuldenrückzahlung, teils durch Vorauszahlung, daß sie für etwa zwei Jahre in einer Höhe von etwa 12 000 M sichergestellt wäre und daß sie bei späterer Unmöglichkeit des Weiterzahlens immerhin noch 6000–7000 M Wert behielte. Georg also könnte derart wirklich sicher sein, und ich säße hier unangefochten und könnte von der Pension existieren. Nur: Für die erste Hypothek wäre dann alle Rückzahlungsmöglichkeit geschwunden. Und wir säßen doch hier als Kleinbürger in Enge ohne jede Möglichkeit, wieder hochzukommen. –

4. Mai, Sonnabend vormittag

Wechselnde Stimmungen. Vorgestern abend machten wir scherzhafte Konstantinopler Pläne, am nächsten Tag sah wieder alles trostlos aus. Ich tue kaum etwas anderes als Briefe schreiben. Nach USA an Tillich und Ulich, heute an Weißberger nach Oxford.

Nachmittag

Stepun berichtet, daß mein Katheder neu besetzt wird. Also hat man mich nicht einsparungshalber hinausgeworfen. Sondern als Juden. Obschon ich im Felde war usw. usw.

Er nennt mir zwei Schweizer Adressen für Verlag und Vorträge: Vita Nova-Verlag, Luzern, und Dr. Liefschitz, Bern.

7. Mai, Dienstag

Auf meine vielen Schreiben habe ich bisher eine auszufüllende Bewerberliste aus England erhalten, die auf alle Welt der Arbeitslosen zugeschnitten ist und mir gar keine Chance bietet. Qualvoll richtet sich vor mir die Notwendigkeit des Maschinenschreibens auf. Ich habe ein Farbband besorgt und will auf unserer Remington »uralt« (03!) morgen zu üben beginnen.

20. Juni, Donnerstag

Georg hat mir die 6000 Mark geschickt. Zinsfrei. Rückzahlung nach meinem Belieben. Der Brief – die zwei Briefe – liegen hier bei. Es ist sehr nett – und ein bißchen verächtlich von ihm. Zu freuen vermag ich mich nicht, wenn ich auch ein wenig erleichtert bin. Wir werden den Baumeister auszahlen, vielleicht eine Kleinigkeit weiter ausbauen, einen Teil an die Iduna zurückzahlen. Dann mag die Misere anfangen. Ich verteidigte mein Im-Lande-Bleiben in einem Brief an Georg. Ich bin absolut gebunden.

Inzwischen rüstet sich Blumenfeld, in zwei, drei Wochen nach Lima zu reisen. Ich sehe mit bitterem Neid zu und empfinde den Neid als Verrat an Eva. Sie gräbt sich förmlich in ihren Garten ein. Tag um Tag.

Der ungeheure außenpolitische Erfolg des Flottenabkommens mit England festigt Hitlers Stellung aufs bedeutendste. Schon vorher hatte ich in letzter Zeit den Eindruck, daß viele sonst wohlmeinende Menschen, abgestumpft gegen inneres Unrecht und speziell das Judenunglück nicht recht erfassend, sich neuerdings halbwegs mit Hitler zufriedengeben. Ihr Urteil: Wenn er um den Preis innerpolitischen Rückschritts die äußere Macht Deutschlands wiederherstellt, so verlohnt sich dieser Preis. Man kann ja später im Innern wiedergutmachen – Politik ist nun einmal keine saubere Angelegenheit.

21. Juli, Sonntag

Die Judenhetze und Pogromstimmung wächst Tag für Tag. Der »Stürmer«, Goebbels' Reden (»wie Flöhe und Wanzen vertilgen!«), Gewalttätigkeiten in Berlin, Breslau, gestern auch hier in der Prager Straße. Es wächst auch der Kampf gegen Katholiken, »Staatsfeinde« reaktionärer und kommunistischer Richtung. Es ist, als seien die Nazis zum Äußersten gedrängt und bereit, als stünde eine Katastrophe bevor.

Prätorius, mit dem wir Zwist wegen Durchlässigkeit des Daches hatten und der uns jetzt die Diele erweitern und die Veranda verglasen soll – 1300 M von Georgs 6000, Gott weiß, ob ich recht tue, aber was ist sicher? –, Prätorius erzählt, der Gemeindevorsteher »sei schlecht auf mich zu sprechen«, er habe die neue Überdachung beanstandet und verächtlich von mir und meinem »Frontkämpfertum« geredet, er sei »eben ä Nazi«. Daß neulich ein Gendarm von mir wissen wollte, seit wann ich »eingebürgert« sei, schrieb ich wohl; sie müßten über die Nichtarier in ihrer Gemeinde Bescheid wissen. Ich rechne wahrhaftig, damit, daß man mir das Häuschen einmal anzündet und mich totschlägt.

Wir nahmen am 11. 7. von Blumenfelds Abschied zwischen den Kisten in ihrer schon entleerten Wohnung. Sie fuhren am 13. nach Paris, gestern ging ihr Schiff von La Rochelle ab. Sie hinterließen uns eine Menge Sachen: einen Bronzekübel, Blumen und Blumenbrett, Zigarren … Ich gab ihm die Erstausgabe von Hegels »Phänomenologie« (aus Vaters Nachlaß, mein wertvollstes Buch), ihr: die Vida del Buscón.

»Ich sagte« (wie es in Montesquieus Tagebüchern bei Aperçus heißt): Blumenfeld solle beglückt nach Lima reisen, wir säßen hier wie *in einer belagerten Festung, in der die Pest wüte.* – Geht es einmal gegen diese Regierung, so müßte ein besonderer *Professorenstoßtrupp* gebildet werden. – Meine Prinzipien über das Deutschtum und die verschiedenen Nationalitäten sind ins Wackeln geraten wie die Zähne eines alten Mannes. –

11. August, Sonntag

Die Judenhetze ist so maßlos geworden, weit schlimmer als beim ersten Boykott, Pogromanfänge gibt es da und dort, und wir rechnen damit, hier nächstens totgeschlagen zu werden. Nicht durch Nachbarn, aber durch nettoyeurs, die man da und dort als »Volksseele« einsetzt. An den Straßenbahnschildern der Prager Straße: »Wer beim Juden kauft, ist ein Volksverräter«, in den Schaufenstern der kleinen Läden in Plauen Aussprüche und Verse aus allen Zeiten, Federn und Zusammenhängen (Maria Theresia, Goethe! etc.) voller Beschimpfungen, dazu: »Wir wollen keine Juden schauen/in unsrer schönen Vorstadt Plauen«, überall der »Stürmer« mit den gräßlichsten Rasseschänderge-schichten, wilde Goebbelsrede – an verschiedensten Stellen offene Gewalttaten. – Fast ebenso wilde Hetze gegen »politischen« Katholizismus, der sich mit der »Kommune« verbinde, Kirchen besudle und behaupte, es seien die Nazis gewesen. – Überall Auflösung des Stahlhelms. Seit Wochen jeden Tag stärker das Gefühl, es könne *so* nicht mehr lange gehen. Und es geht doch immer weiter.

17. September, Dienstag

Während ich gestern schrieb, hatte der »Reichstag« in Nürnberg schon die Gesetze für das deutsche Blut und die deutsche Ehre angenommen: Zuchthaus auf Ehe und außerehelichen Verkehr zwischen Juden und »Deutschen«, Verbot »deutscher« Dienstmädchen unter 45 Jahren, Erlaubnis, die »jüdische Flagge« zu zeigen, Entziehung des Bürgerrechtes. Und mit welcher Begründung und welchen Drohungen! Der Ekel macht einen krank. Abends kam Gusti Wieghardt zu uns, sich ausklagen, sie sagte: »Schiwe sitzen«. Aber die Juden interessierten sie nicht. Hitler habe Litauen bedroht, Deutschland werde im Bunde mit England die Russen schlagen, den Kommunismus vernichten. –

5. Oktober, Sonnabend

Gott in der Geschichte: Gusti Wieghardt sagt: Hitler hat die Bewegung um mindestens dreißig Jahre beschleunigt, er arbeitet für den Sieg des Kommunismus. – Isakowitz sagt: In fünfzig Jahren wird man wohl erkennen, daß er kommen mußte, damit die Juden wieder ein Volk würden (Zion!).

Wohin gehöre ich? Zum »jüdischen Volk«, dekretiert Hitler. Und *ich* empfinde das von Isakowitz' anerkannte jüdische Volk als Komödie und bin nichts als Deutscher oder deutscher Europäer.

19. Oktober, Sonnabend

Georg schrieb – beiliegender Brief –, er wandere aus. Es koste ihn drei Viertel seines ersparten Vermögens, aber er wolle nach Nürnberg nicht »unter dem Fallbeil« leben. Was mit mir sei? – Aber er ist besser daran. Wie könnte ich in USA »praktizieren«? Das war Georgs Geburtstagsbrief.

Am 8. zum Abendessen hatten wir Wieghardts und Isakowitze hier. Er versucht jetzt eine Existenz in England zu finden. Seine Frau ist eben auf Erkundigung drüben. *Wir* sind rettungslos gefangen.

9. November, Sonnabend

Hitler sagte von den 1923 an der Feldherrnhalle Gefallenen: »Meine Apostel«. Es heißt heute bei der Triumph- und Beisetzungsfeier: »Ihr seid auferstanden im Dritten Reich«. – Es heißt weiter: Die Bauten in der »Hauptstadt der Bewegung« sind nur ein Anfang. Wir bauen: »eine Halle für 60 000 (tausend!) Menschen« und »die größte Oper des Erdballs«. Und das in einem bankrotten Staat. – Religiöser Wahnsinn und Reklamewahnsinn.

31. Dezember, Dienstag nachmittag, Silvester

Am 29. Dezember, abends sieben Uhr, habe ich den ersten Band meines 18. Jahrhunderts, Du côte de Voltaire oder Von Voltaire bis Diderot, beendet. Ich schrieb daran seit dem 11. 8. 34, ich arbeitete daran seit Frühjahr 33. In den letzten Wochen habe ich so krampfhaft jede mögliche Stunde darangesetzt, daß ich alles andere zurückdrängte. Es war ein Zustand der Besessenheit und Erschöpfung; auch wenn ich notgedrungen mit anderm beschäftigt war, hielt diese Besessenheit an. Bis in den März wird nun Maschinenschreiben und Feilen dauern. Aber das Buch ist fertig und ist wohl auch gut. Freilich – wer wird es drucken? Es dürfte 500 Druckseiten haben. –

Ich setze gleich als zweiten Hauptpunkt den Tod unseres Nikkelchens hierher, der mir wirklich nahe ging wie der Tod eines sehr lieben Menschen und mir all die »diesbezüglichen« bitteren Fragen aufsteigen ließ und mich auch heute noch damit verfolgt. Das Tier, freundlich gegen mich und jeden, hing mit einer rührend leidenschaftlichen Zärtlichkeit an Eva. Es dämmerte die letzten zehn, zwölf Tage in halber, auch ganzer Bewußtlosigkeit; wenn Eva es aufhob und vor sich auf den Tisch legte, kam es ein wenig zu sich und schmiegte sich an sie. Die letzten Wochen war es sehr unreinlich, das Musikzimmer, in dem wir es hielten roch gräßlich, sah gräßlich aus; aber wir dachten immer, das Katerchen werde sich erholen. Wir brachten es am 9. 12. zu Dr. Groß, es lag schon ganz still in seiner Kiste. Dort wurde es noch einmal untersucht, bekam dann eine Blausäurespritze. – Sentimental? Aber wo ist der Unterschied dem Sterben eines Menschen gegenüber? – Nickelchen war uns als winziges Baby am 31. Juli 32 (Tagebuch 7. 8. 32) zugelaufen. –

Sehr bitter war die Regelung meiner »Ruhestandsbezüge«. Der Schaufensterparagraph der mit vollem Gehalt zu entlassenden jüdischen Frontkämpfer wurde nicht angewendet – er ist für das Ausland da, ist Lüge, wie alles und jedes Tun dieser Regierung –, auch nicht die Emeritierung, sondern der Überflüssigkeitsparagraph 6. Man errechnete 61 Prozent und zahlte mir auf die 480 »vorläufigen« Mark im Monat für 6 Monate 59 M nach. Ich muß also mit etwa 490 M auskommen. Andere leben mit weniger Geld, und es wird gehen, aber es ist um so bitterer,

als wir uns doch etliche Wochen in Hoffnung auf das volle Gehalt wiegten. Diese Geldsache soll uns aber auf keinen Fall zur
Verzweiflung bringen.

Die trügerische Hoffnung hatte eine sehr reale Folge. Wir hatten so oft vom Autofahren gesprochen, Evas Gehemmtheit im
Gehen, die schlechte Geldlage dazu, die uns mit Autodroschken
sparen, an Reisen nicht denken läßt, Autos ringsum, die kleinen
Leute in unseren neuen Straßen haben beinahe jeder ihre Garage, freilich sind es Geschäftsleute – kurzum: Ich meldete mich
bei Strobach zu einem Fahrkurs an, zahlte 60 M für 12 Stunden,
und begann am 22. 11. nach zwei Theoriestunden zu fahren. Erst
ging es zum Verzweifeln schlecht, ich kam völlig zerschlagen
und durchnäßt nach Hause, dann viel besser – Höhepunkt des
Stolzes: eine Fahrt durch die ganze Stadt (ohne Angstgefühl!)
bis fast nach Pillnitz und zurück (Luthe, der Fahrer, Mechaniker
von 40 Jahren, biederer Mann: »Sie werden doch noch ein klee-
ner Rennfahrer, Herr Professor!«), und eine Kleinfahrt hier oben
mit Eva im Wagen (wenige Minuten), zuletzt wieder verzweif-
lungsvoll (»Ich weiß nicht, Herr Professor, Sie geben immer Gas,
wenn Sie es wegnehmen müssen, Sie fahren in jedes Hindernis
hinein, Sie können nicht lenken« … etc. etc.). Schuld an diesem
Rückfall trug a) der Fehler Luthes, mich die ganze Stunde durchs
Gewirr der Innenstadt zu jagen, Biegung um Biegung, was mich
furchtbar ermüdete, b) die Depression der Geldsache. – Der
Kurs endete, ohne daß ich in die Prüfung gehen konnte, kurz
vor Weihnachten. Dann kam der Trotz über mich. Auch hörte
ich von verschiedenster Seite, daß die Prüfung nicht sonderlich
schwer sei und daß niemand im Anfang wirklich sicher in der
City fahre, daß man nach erworbenem Führerschein erst lange
für sich übe – verschiedenste Seite, id est: Isakowitze, Zimmermann Lange, Fuhrmann, Schlackelieferant etc., Fischer, Kaufmann Vogel … Auch fühle ich bei innerer Selbstprüfung, daß das
ursprüngliche Angstgefühl eigentlich fort ist. So bin ich dieser
Tage zu Strobach gegangen (das D K W-Geschäft in der Sidoni-
enstraße, die große Werkstatt, von der aus wir fuhren, ist in der

Polierstraße) und habe mich für einen zweiten Kurs angemeldet, diesmal für 40 M. Er soll spätestens nächsten Montag beginnen, und nach diesem zweiten Kurs will ich – ich will und muß! – in die Prüfung. Und wenn ich den Führerschein bekomme, so will ich Geld von der Lebensversicherung nehmen und für ein paar hundert Mark einen gebrauchten Wagen kaufen und ihn ohne Garage unter einem Plan im Garten stehenlassen. Das Auto soll uns ein Stück Leben und die Welt wiedergeben. Ich habe 490 M Einkommen; ich setze an, es seien 400, und 90 M monatlich mag das Auto kosten. Die Belastung der Police soll mich nicht bedrücken. Ich muß dieses Jahr sowieso den Jahresbeitrag von ihr ausleihen, ich leihe also ein paar hundert Mark mehr. Welchen Zweck hat es in dieser Zeit, an nächstes Jahr zu denken? Vielleicht bin ich dann ermordet, vielleicht wieder im Amt, vielleicht ist die Versicherung wieder durch Inflation zerstört wie schon einmal, vielleicht – ich *will* leichtsinnig sein, ich will es ganz bewußt sein. Wenn ich sterbe, muß eine kleine Pension für Eva dasein, und in diesem Fall bekommt sie ja auch noch etliche 1000 aus der Versicherung. Die Hypothek von 12000? Das Haus ist durch Anbau inzwischen im Wert gestiegen. Kündigen Wenglers nach acht Jahren, mag eine andere Hypothek zu bekommen sein. Die 6000 Schulden an Georg oder seine Erben? Hat Zeit bis zur Fälligkeit der Police und wird keine Pfändungsklage bringen. Ich will leichtsinnig sein, bis zum äußersten – ich glaube, es ist in Evas Sinn gehandelt. Es ist so etwas wie eine innere Stimme in mir, die mich vorwärts treibt. –

Die *Pension*, das *Auto*, *Nickelchen*, das waren die großen Dinge dieser letzten tagebuchlosen ein, zwei Monate. Dazwischen war allerlei Kleineres oder Alltäglicheres: Menschen, Lektüre, Kino, der »Onkel« – das werde ich in einem Nachtrag morgen noch skizzieren.

Heute bloß noch das schwerwiegende Jahresresumé 1935.

Entlassen am 1. Mai 35. Auslandshoffnungen gescheitert. Hausanbau. – 18. Jahrhundert, Band I fertiggestellt (Das ganze Jahr nur dies geschrieben). Auto-Unterricht. – Tod des Katerchens. – Blumenfelds nach Lima. Arbeit an der Korrektur seiner Pubertätspsychologie. (Heute die Schreckschußmeldung, die am 19.12. abgesandte Revision sei nicht angekommen. Sofort bei der Post reklamiert.) –

Immer noch Drittes Reich und sehr gesunkene Hoffnung, das vierte zu erleben. – Überhaupt wenig Hoffnung, noch vieles zu erleben: ständige Herzbeschwerden, der Weg parkaufwärts mein tägliches Memento. Rauch-Einschränkung und sonstige précautions aufgegeben, auch hierin will ich leichtsinnig sein. Geringere Bindung an die Dauer des Lebens. Häufiges Gefühl, daß es ja doch dem Ende zugeht. Es war unser seßhaftestes Jahr, die weiteste Reise führte bis Heidenau. – Das Wichtigste eigentlich: Ich lernte Maschinenschreiben!

1936

24. Januar, Freitag abend

Vom 16. 11. ist meine erste Strobachquittung, die Anmeldung zum Fahrunterricht; am 22. 11. erstes Fahren. Dann Wochen der Verzweiflung. Am 28. 12. Anmeldung zum zweiten Kurs. Er begann am 2. Januar und dauerte dreizehn Stunden, im ganzen bin ich 25mal gefahren. Gestern vormittag habe ich die Prüfung bestanden. Diese Sache ist für mich wirklich beides, ein Sieg über meine Natur, ein sehr schwer errungener, und eine allerwichtigste Angelegenheit.

25. Januar, Sonnabend

Es war sehr komisch, wie ich da als Prüfling saß, ich ordentlicher Professor und Senator der TH, der ich 1914 mit dem Kolloquium mein letztes Examen gemacht zu haben glaubte und in den folgenden zwanzig Jahren so oft selber geprüft habe. Das »Mündliche« war also gewonnen. »Fahrschule Strobach fährt 10.30 Uhr«, hieß es dann.

Nun stand man eine Stunde vor dem Hause herum. Es war hübsches Wetter, vielleicht 1 Grad Wärme, ich fror sehr, aber unterhielt mich ganz gut mit den Leuten.

Nun endlich kam ich heran. Luthe hatte mich auf wenig Gas und immer noch weniger Gas gedrillt, auf sanftestes Anfahren. Ich fuhr so sanft an, daß der Wagen nicht von der Stelle ging. »So geht es nicht«, sagte der Ingenieur hinter mir. Dann rollte der Wagen. Postplatz, Altmarkt, Johannstraße, rechts, zur Prager hinüber, gekreuzt, noch eine Schleife, zum Bahnhof hinaus, Bismarckplatz, Werderstraße. Es ging nicht eigentlich schlecht.

Aber ich hatte Schmerzen über der Brust, und Luthe stieß mir andauernd heimlich den Fuß vom Gashebel, und Lindner rief von hinten: »Sie bleiben ja stehen, geben Sie doch Gas!« Als ich mich schon außer Gefahr glaubte, bei der Werderstraße: »Halten, wenden!« Natürlich verwechselte ich wieder rechts und links. Aber dann kam ich herum, und der Ingenieur war ganz sanft. Er schien Mitleid mit meinen hohen Jahren zu haben. Zur Kulmstraße zurück, ich hielt gut, war auch gut von einem letzten Halt an steigender Straße mit der Handbremse abgekommen. »Eine Glanzleistung war es nicht – ich gebe Ihnen den Führerschein!« – Ich war so entzwei, daß ich mich gar nicht freuen konnte. Ich fragte Luthe, warum er mir immer das Gas weggenommen. »Herr Professor – ich habe Blut geschwitzt – ich habe andauernd die Kupplung gehalten (Lernwagen mit zwei Kupplungen) – Sie fuhren durchweg zu schnell, Sie wären um keine Ecke gekommen. – Lassen Sie den Prüfenden ruhig schimpfen. Wegen langsamer Fahrt fällt man nicht durch; aber eine angestoßene Bordschwelle, und Sie sind erledigt.«

31. Januar, Freitag abend

Die Autosache bisher nur ärgerlich. Die Gemeinde schikaniert mich wegen des geplanten Garagenbaus. Ein Schuppen mit flachem Dach »verschandelt« die Gegend. Aber ringsum haben die Garagen flache Dächer! Aber dies ist eine Gelegenheit, den »Juden« zu ärgern. Also ein Dach von 45 Grad Neigung. Hundehütte, sagt Eva. Die Verhandlung oben im Gemeindeamt erregte mich aufs äußerste. Die ganze Hilflosigkeit und Rechtlosigkeit meiner Lage drang auf mich ein. – Ein passender Wagen – ein neuer kostet zuviel – ist auch noch nicht aufgetaucht. Und immer wieder zweifle ich an Sinn und Recht der ganzen Sache. Wir sind arm, unsere Zukunft ist ganz ungewiß, ich glaube immer öfter, nur noch kurzen, sehr kurzen Lebensraum vor mir zu haben, und ich will 2000 M meiner Lebensversicherung an diesen Luxus wenden. Aber vielleicht ist es doch auch nicht ganz so unsinnig, wie es mir erscheint.

Die politische Lage bedrückt mich immer mehr. Hoffnung, einen Umschwung zu erleben, ist kaum noch vorhanden. Alles duckt sich – die Gemeinheit triumphiert überall. Gestern die prunkvollen Feiern des 30. Januar. *Drei Jahre!* Es können hundert werden. –

Ich kopiere langsam und feilend Voltaire. Manches gefällt mir daran, vieles nicht. Auch im Punkte meines Buches sinkt die Hoffnung tiefer und tiefer.

11. Februar, Dienstag

Nach frühlingshaft mildem Wetter plötzlich, seit zwei Tagen, strenge Kälte, morgens 10 Grad Frost. –

Die Lage immer dunkler. In Davos hat ein jüdischer Student den deutschen Parteiagenten der NSDAP erschossen. Im Augenblick, da hier das Oympiaspiel stattfindet, wird alles totgeschwiegen. Hinterher wird man sich an die Geiseln, an die deutschen Juden halten. So liegt es im Allgemeinen. Und in meinem persönlichen Fall: Ich bin der einzige Jude in der Gemeinde Dölzschen, mindestens der einzige »Prominente«. Der Bürgermeister Kalix hat mir schon Schwierigkeiten gemacht und mich Prätorius gegenüber beschimpft, als wir im Sommer anbauten. Ich »verschandele« die Gegend mit Holzhaus und Dachpappe. Jetzt im Fall der Garage ist es schlimmer. Hier am Kirschberg wurde vor etlichen Wochen eine Garage, üblicher Schuppenbau mit Flachdach, fertig. *Mir* wird das verweigert. In »diesem« Jahr darf nicht mehr »verschandelt« werden; man verlangt ein spitzes Schmuckdach, das uns Raum und Aussicht nehmen würde. Ich sagte auf der Gemeinde einem Schreiber: »Ich verschandle nicht. Dann unterbleibt eben Bau und Arbeitsbeschaffung.« Er: »Sie könnten allenfalls mit dem Bürgermeister reden, aber ich glaube nicht ...« Ich: »Ich bitte um nichts, was mir selbstverständlich erscheint. Auf Wiedersehen.« – Anderntags gehen der Maurermeister und der Zimmermann zum Bürgermeister und bitten ihn, ihrer Arbeit wegen. Er läßt mir sagen: Ich wüßte wohl nicht, was gespielt werde, ich sei hier Gast, und er hätte Lust, mich auf eine Nacht in Schutzhaft zu nehmen.

Auf dem Postplatz spricht mich ein Herr an: »Erkennen Sie mich nicht? Dr. Kleinstück, Rektor des Vitzthum-Gymnasiums. Ich ging schon neulich an Ihnen vorbei, Sie sahen mich und sahen weg. Ich fürchtete, Sie sähen weg, weil Sie meinten, ich würde Sie nicht grüßen. Deshalb rede ich Sie heute an. Wie geht es Ihnen?« – Sein Verhalten rührte mich, ich gab Auskunft und fügte hinzu: »Übrigens ist mir erzählt worden, Sie, Herr Rektor, seien Obernazi.« Er: »Ach Gott, man macht es den Leuten nie recht, von Tag zu Tag weiß ich nicht, ob ich morgen noch im Amt bin. Meine Schwester …« Was es mit ihr auf sich habe? – »Sie war Privatsekretär des Generaldirektors Sommer, eines jüdischen Großindustriellen. Sie hat sechs Wochen in Untersuchungshaft gesessen.« – Das ist der obernazistische Leiter des Vitzthum-Gymnasiums.

6. März

Im Oktober schrieb Georg, er wandere aus, er werde mich vorher noch sehen. Ich schrieb zurück, ich gratulierte zu Neujahr, ich schrieb vor vierzehn Tagen nach Freiburg. Keine Antwort.

Am 3.3. waren nach monatelanger Pause Susi Hildebrandt und Ursula Winkler (meine letzten Studentinnen) zum Kaffee bei uns. Susi Hildebrandt erzählte, sie wisse von ihrer Tante, daß Georg in USA sei.

Gestern sprach ich Marta auf dem Bahnhof; sie fuhr zu ihrem Jungen nach Prag; er wartet noch immer auf Einreiseerlaubnis nach Rußland. Sie erzählte, Georg ist nach Boston übersiedelt, wo sein Sohn als Arzt am Hospital angestellt ist. Er war vorher mit Sußmanns in Köln zusammen, er hat an Marta wenigstens einen Abschiedsbrief geschrieben. Mir hat er ein Almosen von 6000 M im Sommer überlassen (weil er es dem Vater versprochen habe!), und dann hat er mich beiseite geschoben. Er hält mich offenbar für ehrlos, weil ich in Deutschland bleibe. Ich werde ihn wohl nicht wiedersehen. Er ist über siebzig, und ich bin mit meinem Herzen herunter. – Marta erzählte weiter: Felix' Ältester ist nach Brasilien, Betty Klemperer will nach USA, auch Sußmanns und

Jelskis selber wollen fort – noch vor der Olympiade. Ich werde der letzte von unserer Familie hier sein und werde hier zugrunde gehen. Ich kann nichts anderes tun.

Das Auto ist am 2. März gekauft worden. 850 M – aber monatlich 19 M Steuer darauf. Opel 32 PS, 6 Zylinder, 1932 gebaut, ganz offener Wagen. Der Kolonialwarenhändler hatte uns einen vertrauenswürdigen Mechaniker Michael empfohlen, der fuhr uns von Händler zu Händler. Wir sahen »unseren Wagen« zuerst durch ein Fenster hinter verschlossener Tür (bei Meyer in der Friedrichstraße). Sein Aussehen bestach uns. Am Nachmittag war er hier, am Abend gekauft. Ich habe ihn seitdem noch nicht gesehen. Er steht eingemietet bei Michael, der ihn überholen soll. Fahren kann ich ihn erst, wenn seine Papiere aus dem Brandenburgischen beschafft sind. Werde ich fahren können? Wie wird es mit meinen Nerven, wie mit meinem Geld sein? 19 M Steuern, 33 M Versicherungen monatlich! Das Ganze ein Desperado-Abenteuer. –

8. März

Ich lief gestern am Bismarckplatz mitten in die Reichstagsrede Hitlers hinein. Keine Ahnung vom »Reichstag«, wahrhaftig Krolloper. Ich kam eine Stunde nicht los. Erst am offenen Laden, dann in der Bank, dann wieder am Laden. Er sprach mit durchaus gesunder Stimme, das meiste war wohl formuliert, abgelesen, nicht allzu pathetisch. Die Rede zur Besetzung des Rheinlands (»Bruch des Locarno-Vertrages«). Vor drei Monaten wäre ich überzeugt gewesen, daß wir am selben Abend Krieg gehabt hätten. Heute, vox populi (mein Schlächter): »Die riskieren nichts«. Allgemeine Überzeugung, und auch unsere, daß alles still bleibt. Eine neue »Befreiungstat« Hitlers, die Nation jubelt – was heißt innere Freiheit, was gehen uns die Juden an? Er ist auf unabsehbare Zeit gesichert. Er hat auch den »Reichstag« aufgelöst – kein Mensch kennt die Namen der »Gewählten« – und »bittet« das Volk, ihm durch Neuwahl am 29. 3. usw. –

Ich bin unendlich bedrückt, ich erlebe keine Änderung mehr.

24. April, Freitag Abends

Wir sind bei strömendem Regen und aufgeweichtem Boden von sechs bis dreiviertel sieben durch die Gartenausstellung gewatet, die heute eröffnet wurde; ich habe meinen Willen durchgesetzt und Eva im Auto hingefahren. Auf dem Stübelplatz manövrierte ich noch miserabel und mußte in eine Seitenstraße – aber ich habe meinen Willen durchgesetzt. In der Ausstellung war bisher wenig zu sehen, in der Hauptsache Hallen – mit Bildern und Worten im Reklamesinn des 3. Reiches, für Hitler, Blut und Boden, schaffende Arbeit, Bauern etc. – aber ich habe meinen Willen durchgesetzt und Eva im Auto am ersten Tag in ihre Ausstellung gefahren.

28. April, Dienstag

Allmählich wird die Fahrerei etwas erfreulicher. Noch immer ist das Gartentor eine Qual, aber der Anlasser funktioniert, ich fahre besser, und wir benutzen den Wagen viel – Eva ist wirklich beweglicher geworden. Wir waren schon viermal in der Blumenausstellung, die ihr sehr viel gibt und mich im wesentlichen um ihretwillen freut; wir verbinden diese Besuche mit anderen Zielen, dem Zahnarzt, heute dem Bahnhof, wo wir Maria Strindberg auf der Durchreise begrüßten.

Und Trostlosigkeit der Lage. Eine Verordnung für Beamte: Sie dürfen »nicht mit Juden, auch nicht mit sogenannten anständigen Juden, und übelbeleumundeten Elementen« verkehren. Wir sind völlig isoliert. Seit Wochen hören wir nichts mehr von Annemarie Köhler, nichts mehr von Johannes Köhler.

3. Mai, Sonntag abend

Gestern, am 2. Mai, habe ich den ersten Band des 18. Jahrhunderts absolut fertiggestellt, das ganze druckbereite Manuskript verpackt und der Ruhe übergeben, ohne sonderliche Hoffnung auf seine Auferstehung. Ich begann heute, mit vieler Unlust, den »Contrat social« zu lesen. –

16. Mai, Sonnabend nachmittag

Motorisierter Hochzeitstag: Gestern abend, nach sehr langer Pause, im Kino: um Viertel neun hier fort, um halb neun am Freiberger Platz geparkt, eine Viertelstunde nach Schluß um halb zwölf zu Haus. Es war ein großer Genuß, und hier gab uns das Auto nun wirklich, was wir von ihm ersehnt hatten. Und heute am Morgen mit dem Wagen allein Besorgungen in der Stadt erledigt – in der City bewege ich mich jetzt ganz frei –, dann um halb zwölf mit Eva nach Wilsdruff zur Baumschule, fast zwei Stunden dort, acht Nadelhölzer (3 Zentner – 34 M) in den Wagen gepackt, und zurück, bisweilen schon mit 50 km. Das war hübsch und tröstlich, aber an Harlan habe ich für Durchsehen und kleine Reparaturen dieser Tage 75 M gezahlt, der Benzinverbrauch ist nach wie vor ein ungemeiner, mein Glaube an die dauernde Gesundheit des Wagens ein geringer, mein Zweifel am finanziellen Durchhalten ein sehr großer. Um so größer, als die Arbeit an Garage und – vor allem – Garagenzufahrt kein Ende nimmt: Immer wieder muß »Dreck« abgefahren werden, immer weiter geht die Abendarbeit des Ehepaares Lange, ein alter Onkel der Frau ist jetzt als Tageserdarbeiter in Daueraktion getreten – all das kostet, und auch die zweite und letzte Idunareserve ist nächstens aufgezehrt.

Stimmung des Hochzeitstages? Ich fühle mich alt, ich habe kein Zutraun zu meinem Herzen, ich glaube nicht, daß ich noch viel Zeit vor mir habe, ich glaube nicht, daß ich das Ende des dritten Reiches erlebe, und ich lasse mich doch ohne sonderliche Verzweiflung fatalistisch treiben und kann die Hoffnung nicht aufgehen. Evas starres Festhalten am Ausbau des Hauses ist mir eine Stütze. Wie ich den Druck, die Schmach, die Unsicherheit, die Verlassenheit ohne Eva aushalten sollte, ist mir unbegreiflich. Es geht wirklich immer böser zu. Gestern ein Abschiedsgruß von Betty Klemperer aus Bremen (und Felix war einer der ersten Ärzte, die das EK I erhielten, er hat die russische Hindenburgoffensive mitgemacht, hat im Schützengraben verbunden); nun verlassen auch die Frauen unserer Familie Deutschland, und manchmal kommt mir mein Bleiben ehrlos vor – aber was soll ich draußen anfangen, der ich nicht einmal Sprachlehrer sein könnte? Isakowitz, bei dem Eva wieder viel zu tun hat (weitere Finanzverschlechterung), siedelt in ein paar Wochen nach London über; Köhlers, decentes et indecentes, lassen nichts mehr von sich hören: Der Beamte darf nicht »mit Juden und übelbeleumundeten Elementen« verkehren. Die politische Außenlage ist völlig wirr, aber sie bietet fraglos der Regierung Hitler die größten Chancen: Das riesige deutsche Heer wird von jeder Partei gefürchtet und von jeder gebraucht: vielleicht wird das deutsche Geschäft mit England, vielleicht mit Italien gemacht werden, aber gemacht wird es sicherlich und zugunsten der gegenwärtigen Regierung. Und ich glaube durchaus nicht mehr, daß sie innerdeutsche Feinde hat. Die Mehrzahl des Volkes ist zufrieden, eine kleine Gruppe nimmt Hitler als das geringste Übel hin, niemand will ihn wirklich los sein, alle sehen in ihm den außenpolitischen Befreier, fürchten russische Zustände, wie ein Kind den schwarzen Mann fürchtet, halten es, soweit sie nicht ehrlich berauscht sind, für realpolitisch inopportun, sich um solcher Kleinigkeiten willen wie der Unterdrückung bürgerlicher Freiheit, der Judenverfolgung, der Fälschung aller wissenschaftlichen Wahrheit, der systematischen Zerstörung aller Sittlichkeit zu empören. Und alle haben Angst um ihr Brot, ihr Leben, alle sind so entsetzlich feige. (Darf ich es ihnen vorwerfen? Ich habe im letzten Amtsjahr auf Hitler geschworen, ich bin im Lande geblieben – ich bin nicht besser als meine arischen Mitmenschen.)

16. Juli, Donnerstag

Wir haben, da Frau Lehmann für die Ferien verreist ist, keine andere Aushilfe genommen und waschen selber ab, wir sparen an jedem Groschen und an jedem Liter Benzin; es wäre tragikomisch – ein Mann mit eigenem Haus und Auto! –, wenn es nicht so trostlos niederdrückend und damit doch tragisch wäre und wenn es nicht von Monat zu Monat schlimmer würde. Eine Art Stoizismus, zu deutsch Stumpfheit, ist über mich gekommen:

Vielleicht tritt doch irgendeine Wendung ein; und wenn nicht, so geht man eben zugrunde. Wir sind beide 54 und haben ein ganz inhaltsreiches Leben gehabt – ob es ein bißchen früher oder später endet, ist schließlich einerlei, wie viele Menschen kommen schon über die Fünfzig? Und Lächerlichkeit oder Schande? Das sind doch Begriffe vergangener Zeit. Wir waren angesehene Leute. Was sind wir jetzt? Und was werden wir in zwei Monaten sein, wenn die Judenschonzeit der Olympiade vorüber ist und wenn der Schweizer Prozeß gegen den Gustloff-Mörder verhandelt wird?

Wahrscheinlich ist der italienische Fascismus um nichts weniger verwerflich als der Nationalsozialismus und mir nur deshalb weniger ekelerregend, weil er nicht nach dem Blut fragt und die Juden unverfolgt läßt. Wir lesen eben in deutscher Übersetzung (von Gusti Wieghardt geliehen) Ignazio Silone, »Fontamara«. In Zürich erschienener anklagender und satirischer Roman. Der Betrug und die Sünden des faschistischen Regimes an den »Cafoni« im Fucino, ausgesogenen Kleinbauern und Landarbeitern in Süditalien. Mutatis mutandis eine gräßliche Ähnlichkeit mit dem Vorgehen der NSDAP. Die skrupellose Herrschaft einer Partei, die sich auf Großkapital, Kleinbürger und verbrecherische Elemente stützt und in verlogener Weise Volkszustimmung und Volksbegeisterung vortäuscht und erzwingt.

7. August, Freitag

Gestern der schwerste Schlag seit meiner Amtsentlassung: Markus, Breslau, mit dem ich in aussichtsvoller Verhandlung stand, hat den Voltaireband nun doch abgelehnt, und zwar – dies ist das eigentlich Trostlose an der Sache – mit rein buchhändlerischen Begründungen, die fraglos richtig sind und die für jeden anderen Verleger genau ebenso gelten müssen: Es hätten sich in günstigeren Zeiten für das gangbarere 19. Jahrhundert während eines Zeitraumes von elf Jahren nicht genug Käufer gefunden, um die erste Auflage zu erschöpfen – wer werde jetzt Interesse für einen gelehrten Wälzer über das 18. Jahrhundert aufbringen?

Dies sei eine geschäftlich unmögliche Sache. Vanitas vanitatum hin und her, es ist doch ein Stück meines Lebenswerkes, das um seine Wirkung und eigentliche Existenz gebracht ist, und ich komme mir nun erst recht wie lebendig begraben vor.

13. August, Donnerstag

Die Olympiade geht nächsten Sonntag zu Ende, der Parteitag der NSDAP kündigt sich an, eine Explosion steht vor der Tür, und es ist natürlich, daß man sich zuerst gegen die Juden abreagieren wird. So vieles ist aufgehäuft. Der Gustloffprozeß kommt im September; die Danziger Sache ist nur vertagt, die »verbündeten« Polen haben den französischen General Gamelin zum Marschall gemacht, Mussolini hat straflos Abessinien eingesteckt – und seit ein paar Wochen ist der spanische Bürgerkrieg im Gang. In Barcelona sind vier Deutsche als Märtyrer des Nationalsozialismus von einem Revolutionsgericht »ermordet« worden, und schon vorher hieß es, die emigrierten deutschen Juden hetzten dort gegen Deutschland. Weiß Gott, was aus alledem wird, sicherlich aber und wie auch sonst immer ein neues Vorgehen gegen die Juden.

Die Olympiade, die nun zu Ende geht, ist mir doppelt zuwider. 1. als irrsinnige Überschätzung des Sports; die Ehre eines Volkes hängt davon ab, ob ein Volksgenosse zehn Zentimeter höher springt als alle andern. Übrigens ist ein Neger aus USA am allerhöchsten gesprungen, und die silberne Fechtmedaille für Deutschland hat die Jüdin Helene Meyer gewonnen (ich weiß nicht, wo die größere Schamlosigkeit liegt, in ihrem Auftreten als Deutsche des Dritten Reichs oder darin, daß ihre Leistung für das Dritte Reich in Anspruch genommen wird). In der »Berliner Illustrierten« vom 6. 8. schreibt ein Dr. Kurt Zentner einen durchaus ernsten und sozusagen pädagogischen Artikel: »Außenseiter ohne Aussicht. (Nur hartes Training führt zum Ziel.)« Er erzählt, mit wie »kläglichen Erstlingsresultaten« viele Sporthelden begonnen haben, die dann durch äußerstes Training das Bedeutendste erreichten, so u. a. »der Welt genialster Tennisspieler, Borotra«, und er schließt seinen Artikel (Stil der moralischen Wochenschrift »Spectator«), es habe einmal ein unbekannter junger Korse auf der Kriegsschule in Brienne gesessen, habe sich täglich gesagt, er wolle Marschall werden, und sei der Kaiser Napoleon geworden. Sicherlich ist der Sport in England und USA immer ungemein und vielleicht übermäßig geschätzt worden, aber doch wohl niemals so einseitig, so unter gleichzeitiger Herabsetzung des Geistigen wie jetzt bei uns (Bewertung der Schulleistung, das Schimpfwort »intellektualistisch«); auch ist zu bedenken, daß diese Sportländer keine allgemeine Wehrpflicht haben. Und 2. ist mir die Olympiade so verhaßt, weil sie nicht eine Sache des Sports ist – bei uns meine ich –, sondern ganz und gar ein politisches Unternehmen. »Deutsche Renaissance durch Hitler« las ich neulich. Immerfort wird dem Volk und den Fremden eingetrichtert, daß man hier den Aufschwung, die Blüte, den neuen Geist, die Einigkeit, Festigkeit und Herrlichkeit, natürlich auch den friedlichen, die ganze Welt liebevoll umfassenden Geist des Dritten Reiches sehe. Die Sprechchöre sind (für die Dauer der Olympiade) verboten, Judenhetze, kriegerische Töne, alles Anrüchige ist aus den Zeitungen verschwunden, bis zum 16. August, und ebensolange hängen überall Tag und Nacht die Hakenkreuzfahnen. In englisch geschriebenen Artikeln werden »Unsere Gäste« immer wieder darauf hingewiesen, wie friedlich und freudig es bei uns zugehe, während in Spanien »kommunistische Horden« Raub und Totschlag begingen. Und alles haben wir in Hülle und Fülle. Aber der Schlächter hier und der Gemüsehändler klagen über Warennot und Teuerung, weil alles nach Berlin gesandt werden müsse. Und die »Hunderttausende« in Berlin sind durch »Kraft und Freude« herangeschafft; die Ausländer, vor denen »Deutschland wie ein offenes Buch« aufgeschlagen liegen soll – aber wer hat denn die aufgeschlagenen Stellen ausgewählt und vorbereitet? –, sind nicht sehr zahlreich, und die Berliner Zimmervermieter klagen.

29. August, Sonnabend

Am Mittwoch waren wir zum Abendbrot bei Frau Schaps und trafen dort Gerstles; er war im Begriff, eine Geschäftsreise nach Paris anzutreten. Es ist mir an Gerstles peinlich, daß sie in der Alternative Nationalsozialismus – Bolschewismus den Nationalsozialismus vorziehen. Mir sind beide zuwider, ich sehe ihre enge Verwandtschaft (das übrigens tut Gerstle auch), aber die Rassenidee des Nationalsozialismus scheint mir das Allertierischste (in buchstäblicher Wortbedeutung). – Gerstles erzählten von einem leichten Autozusammenstoß der Frau Salzburg in einer oberbayrischen Kurve. Beide Teile haben Kotflügelschaden, schieben sich die Schuld zu, beschimpfen sich heftig und angstvoll, bis sie sich gegenseitig als Nicht-Arier erkennen: sofortiges beiderseitiges Aufatmen der Erleichterung, raschester Friedensschluß ... Ein ziemlich zufriedener Luftpostbrief der Blumenfelds aus Lima wurde verlesen. Von einer uns bekannten Freundin Grete Blumenfelds wurde erzählt, daß sie in Johannesburg einen Salon de beauté aufgemacht habe. Von Erika Ballin-Dreyfuß wurde berichtet, daß sie auch schon in Südafrika ihr Auskommen finde, während ihr Mann noch in London am Nachliefern des ärztlichen Examens arbeite. So viele Leute bauen sich irgendwo eine neue Existenz auf, und wir warten hier mit gebundenen Händen. Heute spricht hier Streicher. Seit vielen Tagen wird diese »Großkundgebung« mit allen Methoden der Wahlen vorbereitet: Plakate, breite Inschriftbänder quer über die Straßen, Umzüge, Trommler und Sprechchöre. Anzeige, es werde am Königsufer »ein Wald von hundert Fahnen« aufgebaut, davor ein elf Meter hoher Turm; von ihm aus, scheinwerferbeleuchtet, spreche der Frankenführer und »Stürmer«. Die Zeitung bringt heut sein Autogramm: »Wer mit dem Juden kämpft, ringt mit dem Teufel«. Es ist mir oft sehr zweifelhaft, ob wir das dritte Reich lebendig überstehen werden. Und doch leben wir auf alte Weise weiter.

9. September, Mittwoch gegen Abend

Den ganzen Tag ergebnislos am ersten Kapitel Rousseau gesessen. Heißer Kopf und völlige Depression. Um so schlimmere, als ich mir immer wieder sagen muß, daß all diese Mühe zwecklos ist. Was liegt daran, ob ich einen Manuskriptstoß mehr oder weniger im Schreibtisch liegen habe. Das NS-Regime sitzt fester als je; eben triumphiert man in Nürnberg: »Parteitag der Ehre«, und macht Pläne für die Ewigkeit. Und alle Welt innen und außen duckt sich. Die jüdischen Kulturbünde (man sollte sie hängen) haben eine Erklärung abgegeben, sie hätten nichts mit den ausländischen Hetznachrichten über die Lage der deutschen Juden zu tun. Nächstens werden sie dem »Stürmer« bescheinigen, daß er lautere Wahrheit in liebevollster Weise veröffentlicht. – In Spanien wütet der Bolschewismus, und bei uns ist Friede, Ordnung Gerechtigkeit, wahre Demokratie.

Am Sonntag waren wir wieder auf längerer Fahrt. So schlecht der Wagen zwei Tage zuvor gelaufen war, so gut hielt er sich diesmal.

9. Oktober, Freitag

Dies mag wohl der böseste Geburtstag meines Lebens sein.

Am Morgen teilte mir Marta mit, daß Wally, die nach schwerer Operation für gerettet galt – es hieß Gallenblasenentfernung, war aber doch wohl Krebs –, für verloren gelte; man hat sie aus der Klinik nach Haus befördert, Lotte, die Ärztin, aus der Schweiz zurückgerufen, wird sie zu Ende pflegen.

Am Vormittag auf der Bibliothek teilte man mir schonend mit, daß ich als Nichtarier den Lesesaal nicht mehr benutzen dürfe. Man wolle mir alles nach Hause oder in den Katalogsaal geben, aber für den Lesesaal sei ein offizielles Verbot erlassen.

10. Oktober, Sonnabend

Vor ein paar Tagen schon ein Glückwunsch von Ilse Klemperer. Sie geht, von ihrem nervenkranken Mann geschieden, mit ihrem Sohn nach Rio de Janeiro zu ihrem Bruder Kurt und nimmt die Asche ihres Vaters Felix mit. Er »soll hier nicht allein bleiben«. Sie kann auch sein EK I mitnehmen.

Ein Brief von Georg, der sich in Newtonville zur Ruhe gesetzt hat und zwischen den wachsenden Familien seiner Söhne hin- und herreist. Sie sind alle in guten Stellungen (als junge Leute und in praktischen Berufen) und alle dem Inferno germanico entronnen. Ich antwortete heut sehr ausführlich, schrieb auch vom Auto und wie ich es kaum würde behaupten können.

8. Dezember, Dienstag

Der Krieg scheint umschichtig einen Tag in unmittelbarer Nähe und den nächsten in weitester Ferne. Heut ist so ein nächster. Und morgen beginnt der Prozeß gegen den Gustloffmörder, den »Juden Frankfurter«, in Chur.

Am 1. Dezember wurde unser Telefon entfernt. Beinahe symbolische Handlung. Gänzlich verarmt und gänzlich vereinsamt.

Silvester 1936, Donnerstag

Weihnachten verbrachten wir ganz still. Wir fuhren nach Wilsdruff und kauften in der dortigen Gärtnerei auf Abruf im Frühjahr eine Tanne, nahmen uns auch ein Weihnachtsbäumchen mit Wurzelballen im Wagen mit, das heute zum letztenmal im Zimmer brennen und nachher ausgepflanzt werden soll. Leider macht der »Bock« in letzter Zeit wieder mehr Sorgen als Vergnügen; Armut kommt eben von der Povertät; er ist alt gekauft, erfordert nun immer wieder Reparaturen, und Georgs finanzielle Hilfe hat nicht lange vorgehalten. (Fraglich, ob wir im Januar die Iduna bezahlen können.)

Es kamen Weihnachtsbriefe von Isakowitz', denen es passabel geht, von Georgs Ältestem, der vor der Naturalisation in England steht und zwei Söhne von sieben und neun Jahren in englischen Schulen hat, von Hatzfeld, der sich wie ich vergeblich um einen Auslandsposten bemüht – wer nimmt einen Romanisten aus Deutschland?

Die fünfzehnjährige Tochter des kommunistischen Zimmermanns Lange kam aus dem Arbeitslager, dem Nationalsozialismus gewonnen, den Eltern entfremdet. Die Führerin versammelte die Mädchengruppe auf dem Bahnsteig und hielt ihnen eine beschwörende Abschiedsrede: »Ihr seid selbständige Menschen, handelt nach dem, was ihr von mir gehört habt, laßt euch durch eure Eltern nicht beirren!« Als Mutter Lange der Tochter ins Gewissen reden wollte, erhielt sie zur Antwort: »Du beleidigst meine Führerin!« Ich denke mir diesen Fall verhunderttausendfach und bin sehr bedrückt.

Das Jahresrésumé kann ich sehr kurz fassen.

Auto-Freuden und Auto-Leiden, im Januar die Prüfung, im März der Wagen, 6000 km gefahren.

Ständige Verarmung und steigende Finanznot; im Oktober durch Georg aus schwerster Verlegenheit gerettet, aber nur momentan gerettet. Ständige Vereinsamung. Gar keine Hoffnung mehr auf einen Auslandsposten, sehr geringe – ich will nicht sagen gar keine, das wechselt von Stunde zu Stunde –, sehr geringe auf das Ende des dritten Reichs.

Den ersten Band des 18. Jahrhunderts ganz fertiggestellt (und nicht bei dem Breslauer Verlag untergebracht); seit dem Mai Rousseau (und noch immer nicht fertig).

Im Oktober auf ein paar Stunden zu Wallys Einäscherung in Berlin.

1937

24. Januar, Sonntag

Es wird ringsum gestorben. In diesen Tagen: zuerst Prätorius, der kleine biedere Baumeister-Handwerker mit der unausstehlichen Frau, der unser Haus gebaut hat und in besseren Zeiten zu Ende bauen sollte. Er war alt, solange wir ihn kannten, aber bis in den letzten Sommer rüstig und unverwüstlich. Dann wurde er deutlich senil. Er ist 71 geworden, wir kannten ihn wohl ein gutes Dutzend Jahre. Dann kam gestern die Nachricht, daß sich Kalix erschossen habe. Ich habe den Hund nie gesehen, aber jahrelang seine schmutzige Verfolgung gefühlt. Er war hier Bürgermeister, bekannt als verkommenes Subjekt, allgemein verhaßt und gefürchtet. Mir hat er zweimal mit Verhaftung gedroht. Todesursache dürfte venerische Krankheit oder Unterschlagung oder beides sein. Der typische kleine Würdenträger des dritten Reichs. Wir nahmen sein Ende als gutes Omen.

28. Januar, Donnerstag

In der gleichen Nummer mit dem »Abschied von Bürgermeister Kalix« wird das neue Beamtengesetz des dritten Reiches publiziert: Früher seien die Beamten auf die Verfassung von Weimar vereidigt worden; jetzt »schafft das neue Gesetz ein Treueverhältnis zum Führer im echt deutschen Sinne der persönlichen Treue und Gefolgschaft«. Außerdem »bekundet das Gesetz die unlösbare Verbundenheit von Partei und Staat im Einbau der NSDAP, der Trägerin des deutschen Staatsgedankens, in das Gesetz«.

27. März, Sonnabend – morgen Ostern, wahrscheinlich weiße.

Gestern wurde der Rousseau ganz fertig, druckfertig mit allen Anmerkungen, in allen 104 Seiten noch einmal durchgesehen, korrigiert, aufeinander abgestimmt. Nun kann er verpackt werden und modern. Es ist eine todtraurige Sache: mein bestes Buch und durchaus nutzlos, eine Donquichotterie. Wie sehr, das wurde mir gerade gestern noch einmal und verstärkt ad oculos demonstriert. Schon gleich 1919 begann die unsinnige Zurückdrängung des Französischen als Schulfach. Jetzt ist das kulturvernichtende Schulprogramm, die »Reform« des dritten Reiches, mit sofortiger Wirkung heraus. Alle höheren Schulen verlieren die Oberprima, und Französisch wird im wesentlichen wohl nur noch an etlichen Mädchenschulen gelehrt. Selbst wenn sich irgendwann einmal ein Verleger finden sollte (irreales Wenn!) – wer könnte mein Buch in Deutschland noch lesen? Es wimmelt von französischen Zitaten, und wollte ich sie alle ins Deutsche übertragen, so hingen die sämtlichen stilistischen Ausführungen in der Luft. Einerlei, ob ich an den Rousseau als eine Monographie denke oder als an einen Teil meiner viel zu langen Literaturgeschichte, er hat in beiden Fällen keine Aussicht, je ans Licht zu kommen. Wollte ich aber kürzen, den Rousseau oder das ganze 18. Jahrhundert, so bliebe ein Kompendium, wie es hundertmal von anderen schon geschrieben ist, und gerade mein Eigenstes ginge verloren. Es ist trostlos, und doch bleibt mir nichts anderes übrig, als meine Arbeit fortzusetzen, nun schon das fünfte Jahr, denn seit 33 sitze ich ja nun schon daran.

In politicis gebe ich allmählich die Hoffnung auf; Hitler ist doch wohl der Erwählte seines Volkes. Ich glaube nicht, daß er im geringsten schwankt, ich glaube allmählich wirklich, daß sein Regime noch Jahrzehnte halten kann. Es ist im deutschen Volk soviel Lethargie und soviel Unsittlichkeit und vor allem soviel Dummheit.

25. April, Sonntag

Eine psychologisch verständliche, aber saudumme Wirkung, wie sie ähnlich schon durch Georgs Geldgeschenk im Oktober hervorgerufen wurde: Mitteilung des Finanzamts über »Neuordnung meiner Ruhebezüge« mit Rückwirkung vom 1. 4. 36. Ich erhalte monatlich 12 M mehr und 173 M nachgezahlt. Statt mich über die kleine Hilfe zu freuen, bin ich aufs peinlichste an die zahllosen Löcher erinnert, die ich damit *nicht* zustopfen kann (insbesondere an die verfallende Lebensversicherung). Dennoch: Eine kleine Hilfe ist es, mindestens kann nun die Terrasse über der Garage fertig werden, und vielleicht läßt sich auch der skandalöse Kotflügel flicken, und Eva erhält ersehnte Rosen für den Garten, und die Zahnarztrechnung, gegen deren Übermaß ich protestiert habe, drückt etwas weniger.

28. Juni, Montag

Am Montag morgen, 21. Juni, waren wir bei den letzten Vorbereitungen zur Strausberg- und Nordseefahrt. Da erscheint um acht der Gemeindegärtner: Kontrolle, ob der Garten gesäubert. Ich zeige ihm, daß alles geschnitten ist; er greift irgendwo in den Boden: »Hier ist noch Unkraut – und hier und hier. Ich muß das melden, man wird Ihnen zwangsweise Arbeiter herschicken« – Forstgesetz etc. Ich: »Was verlangen Sie eigentlich?« – »Der Garten muß für ein paar hundert Mark von Fachgärtnern durchgearbeitet werden.« – Ich: »Wo soll ich das Geld hernehmen? Man hat mich doch aus dem Amt geworfen.« – Er, ein gutmütiger einfacher Mensch, dem nun die Augen aufgehen: »Ach, Sie sind wohl Nichtarier?« Jetzt war ihm der Zusammenhang und die Unausweichlichkeit der Schikane klar. Es tue ihm leid, aber wenn er anders berichte, als daß hier noch Unkraut wachse, dann komme eine Oberkontrolle, und er verliere sein Amt. – Ich habe es nicht gewagt, unter diesen Umständen zu fahren. Telegramm an Grete. Zu Weller. Der war mittags hier, und abends unterschrieb ich ihm einen Vertrag: Der Garten wird ganz durchgearbeitet und mit Rasen besät. Preis: 400 bis maximal 500 M. Raten monatlich

50 M. Das bedeutet für uns viele Monate äußerster Enge, es bedeutet zugleich die Unmöglichkeit, der Iduna das Geringste zu zahlen, damit die endgiltige Aufgabe der Lebensversicherung, einen Verlust von Tausenden, und die verlorene Hypothekdeckung (die Wenglerhypothek läuft noch vier Jahre). Und es bedeutet keineswegs, daß ich nun vor weiterer Schikane Ruhe habe. Etwas findet sich immer, wenn man finden will. Und man will. Das nächste dürfte das Dach sein. Es ist neulich ein Baugesetz gegen »hemmungslosen Liberalismus« herausgekommen, die Häuser müssen gleichartig der Straße und Landschaft angepaßt sein; man wird also statt meiner Dachpappe Schiefer fordern. Usw. usw. Es ist merkwürdig, wie stumpf ich das alles hinnehme: Vielleicht verrecken wir beizeiten, vielleicht verrecken die andern, vielleicht findet sich irgendwo ein Ausweg, wie er sich schon ein paarmal gefunden hat. Man kann nicht helfen, man kann nicht normal leben in anormaler Zeit. Ich will nicht mehr über das Morgen hinaus sorgen, es ist alles so zwecklos. – Also sind wir zu Hause geblieben, also arbeiten seit Donnerstag zwei Mann im Garten, also habe ich mit dem für die Iduna zurückgelegten Geld die ersten beiden Gärtnerraten gedeckt.

Sprache des dritten Reichs: Der Volksbildungsminister Rust auf einer Heidelberger Universitätsfeier: Jetzt sei die Wissenschaft nationalsozialistisch ausgerichtet, und die Studenten seien politische Soldaten. – Heute eine Hitlerrede in Würzburg wieder mal klarer religiöser Wahnsinn. Nur daß er nicht ich, sondern wir sagte. »Die Vorsehung führt uns, wir handeln dem Willen des Allmächtigen entsprechend. Es kann niemand Völker- und Weltgeschichte machen, wenn er nicht den Segen dieser Vorsehung hat.«

26. Juli, Montag

Ohne vorherige Ankündigung durch Georg oder die Bank (wie das erstemal) am Sonnabend Schreiben der Diskontobank, geheimnisvoll: Es liegt für Sie ein Betrag bereit gegen Ausweis usw. Ich glaubte, es sei ein Wilbrandthonorar aus Los Angeles

oder Wien – von dort habe ich ein Exemplar »Theater der Welt«
mit meinem Artikel erhalten. Es waren wieder 500 M aus Georgs
Sperrkonto und also wieder ein paar dicke und wohltätige Tropfen auf den sehr heißen Stein. Wieder kommen wir nicht eigentlich aus der Enge, die Idunafrage bleibt ungelöst, und wieder
sind wir von großen Sorgen einigermaßen befreit und wieder
beweglicher. Ich schrieb an Georg, er beschäme mich sehr, aber
mit andern Begriffen habe wohl auch der des Schamgefühls eine
Änderung erfahren, und der richtigste Dank sei wohl, wenn ich
ihm erzählte, wie sehr er mir aus der Enge helfe, und wie mein
erstes war, 25 Liter Benzin zu tanken und zu Scherners zu fahren. – Nun ist also die Gartenaffäre untragischer geworden, und
ich bestellte auch gleich fünfzig Zentner Gaskoks als Wintervor-
rat. Was mit der Lebensversicherung geschieht, ist noch nicht
beschlossen.

17. August, Dienstag

Im »Stürmer« (der an jeder Ecke aushängt) sah ich neulich
ein Bild: zwei Mädchen im Seebad, Badekostüm. Darüber: »Für
Juden verboten«, darunter: »Wie schön, daß wir jetzt wieder
unter uns sind!« Da fiel mir eine längst vergessene Kleinigkeit
ein. September 1900 oder 1901 in Landsberg. Wir waren in der
Unterprima 4 Juden unter 16, in der Oberprima 3 unter 8 Klas-
senschülern. Von Antisemitismus war weder unter den Lehrern
noch unter den Schülern Sonderliches zu spüren. Genauer rein
gar nichts. Die Ahlwardtzeit und Stoeckerei kenne ich nur als
historisches Faktum. Ich wußte nur, daß ein Jude weder Ver-
bindungsstudent noch Offizier werde. Aber die beiden Brüder
Boas, die auch in der Prima saßen, rechnete ich schon gar nicht
zu den Juden, obwohl ihr Protestantismus ganz frischgebacken
bei ihnen (nicht bei ihren Eltern) anfing. Am Versöhnungstag
nahmen also die Juden nicht am Unterricht teil. Den nächsten
Tag erzählten die Kameraden ohne alle Bösartigkeit lachend (so
wie das Wort bestimmt auch von dem durchaus humanen Lehrer
nur scherzend gesprochen wurde), Kuhfahl, der Mathematiker,

habe zu der verkleinerten Klasse gesagt: »Heut sind wir *unter uns*.« Das Wort nahm in der Erinnerung eine geradezu grausige Bedeutung für mich an: Es bestätigt mir den Anspruch der NSDAP, die wahre Meinung des deutschen Volkes auszudrükken. Und immer mehr glaube ich, daß Hitler wirklich die deutsche Volksseele verkörpert, daß er wirklich »Deutschland« bedeutet und daß er sich deshalb halten und zu Recht halten wird. Womit ich denn nicht nur äußerlich vaterlandslos geworden bin. Und auch wenn die Regierung einmal wechseln sollte: mein innerliches Zugehörigkeitsgefühl ist hin.

In der Zeitung heißt die betreffende Beilage nicht mehr »Das Auto« oder »Der Kraftverkehr« oder so, sondern »Der Kraftverkehr im dritten Reich«. Überall muß das Hakenkreuz deutlich sein. Alles ist zu ihm und nur zu ihm in Beziehung zu setzen.

27. Oktober, Dienstag gegen Abend

In den letzten Wochen war und ist die Arbeit besonders verzögert durch Evas nicht mehr ganz so schlimmen, aber genügend elenden Zustand. Ich habe manchmal buchstäblich Tag und Nacht vorgelesen (einmal des Nachts von zwei bis halb fünf), ich lese täglich vormittags an ihrem Bett vor: Das nimmt nicht nur die Stunden der Lektüre selber, sondern wirkt darüber hinaus schwer ermüdend und lähmend. Aber ich tu es nicht eigentlich ungern, der Gedanke verläßt mich nicht mehr, daß es vollkommen gleichgültig ist, womit ich den Rest meines Lebens hinbringe: Ich glaube an keine politische Änderung mehr, und ich glaube auch nicht, daß eine Änderung mir Hilfe bringen würde. Weder in meinen Verhältnissen noch in meinen Gefühlen. – Verachtung und Ekel und tiefstes Mißtrauen können mich Deutschland gegenüber nie mehr verlassen. Und ich bin doch bis 1933 so überzeugt von meinem Deutschtum gewesen.

Am 18. Oktober ist Georgs Frau Maria auf der Europareise in Meran gestorben, wohl kaum älter als Anfang der Sechzig. Es ist sehr scheußlich, wie kalt mich Todesfälle lassen – und wie schöne Kondolenzbriefe ich schreibe. Ein Brief von Georg bedeutet für mich nur noch die Frage: wird eine Geldankündigung darin sein?

28. Dezember, Dienstag

Am 24. kam nach mehreren Frosttagen plötzlich Tauwetter. So fuhren wir wie im Vorjahr nach Wilsdruff, einen lebenden Baum kaufen, der dann hier eingesetzt werden soll, ebenso wie der vorjährige. Um zwölf in der Gärtnerei keine Seele, wir saßen bis eins im »Weißen Adler«, um eins wieder niemand in der Gärtnerei. Ich holte den uns bekannten, inzwischen pensionierten alten Obergärtner Weber, er grub uns wirklich einen Baum aus. So hatten wir abends ein ganz erträgliches Weihnachten; Eva hat ein Fenster für den Eßkeller bekommen, wir tranken ein kleines Fläschchen Schnaps und fühlten uns ganz passabel. Am ersten Feiertag bei ununterbrochen strömendem Regen zu Haus, jeder bei seiner Arbeit, Eva malt das Musikzimmer aus, ich korrigiere den Abschnitt »Antike Elemente«. Abends den wildesten Wallace vorgelesen, den »Rächer« (der irrsinnige Guillotinenmörder). Am zweiten Feiertag die schöne Straße links der Elbe nach Meißen gefahren.

Ich hatte diese Tage sehr gefürchtet, denn es geht uns sehr schlecht. Die Geldsorgen sind wieder besonders drückend, wir rechnen mit dem Pfennig, wir können die Lebensversicherung nicht mehr halten. Und die Hoffnung auf politische Änderung ist kaum noch Hoffnung.

Es gab uns einen besonderen Stoß, daß nun auch Gerstle-Salzburgs auswandern. Die Fabrik »Webers Kaffeegewürz« wurde an Kathreiner verkauft. Gerstle hat sie von seinem Vater geerbt und 28 Jahre lang geleitet, er hat den Krieg als Offizier mitgemacht. Aus dem aufgelösten Haushalt bekamen wir viele Blumen (wie von Blumenfelds und Isakowitz') , darunter einen ungeheuren Gummibaum. Bücher hätte ich zu Hunderten haben können, ich nahm nicht viele, es modert ja bei mir schon so vielerlei, teils in Kisten, teils auch auf den Regalen, da ja mit der Bedienung die gründliche Reinigung fehlt. Ein hübscher alter Windhund, den Gerstles selber schon von Auswanderern übernommen hatten, wird vergiftet. Gerstles bleiben wohl auch nach dem ungeheueren Verlust der Auflösung, »Fluchtsteuer« etc., reich. Sie gehen nach England »auf dem Umweg über eine Weltreise«.

Ich vermag mich zum Tagebuch nur noch ebenso schwer zu zwingen wie zu Privatkorrespondenz. Aber oft überfällt mich irgendeine Szene aus der geplanten Vita. Aber immer meine ich, vor allem sei dem unseligen XVIIIième Treue zu halten. Und dabei werden die Herzbeschwerden beim Gehen täglich ärger.

Ein Jahresrésumé 37 ist wohl unnötig. Die famosen 95 Seiten des Rousseaubandes; die Sommerfahrt nach Berlin, zur See und ins Riesengebirge; das fürchterliche Stillstehen der Zeit, das hoffnungslose Vegetieren.

1938

31. Januar, Montag abend

Von zwei Seiten, von Berthold Meyerhof aus Berlin, von Frau Lehmann aus Dresden, hörte ich das gleiche, verbürgt und nicht etwa als Witz: Bei Prüfungen in Schulen oder bei Lehrlingen wird die weltanschauliche »Fallenfrage« gestellt: »Was kommt nach dem dritten Reich?« Die Antwort muß sein: »Nichts, es ist das ewige Deutschland.« Es ist also in den zwei mir berichteten Fällen vorgekommen, daß die armen Jungen ganz unschuldig antworteten: »Das vierte Reich.« Beide fielen ohne Berücksichtigung ihrer eigentlichen Leistung glatt durch.

Und jeden Tag von neuem und jeden Tag stärker bewegt mich die triviale Antithese: So Ungeheures wird geschaffen, Radio, Flugzeug, Tonfilm, und die irrsinnigste Dummheit, Primitivität und Bestialität sind nicht auszurotten – alles Erfinden läuft auf Mord und Krieg hinaus. Entsetzliche Geldknappheit, buchstäbliche Abgerissenheit (meine Joppe löst sich auf, meine Handschuhe sind nur noch schwach zusammenhängende Löcher, meine Strümpfe ebenso) mehr als das halbe Monatsgeld wird gleich am Ersten an laufende Rechnungen gesetzt. Trotzdem in den letzten Tagen nach sehr langer Pause zweimal im Kino. Der Opernfilm Gigli – Cebotari »Mutterlied« sehr rührselig, ganz hübsch, bißchen öde. Aber gestern nachmittag in der »Schauburg« weit draußen in der Königsbrücker Straße (zugleich eine unserer ganz seltenen Spazierfahrten, übrigens hatte der Bock auf der Fahrt zu Frau Schaps ernstlich gestreikt, wir mußten ihn auf der Tankstelle stehenlassen und mit der Elektrischen zu spät kommen) – gestern also die »Habanera« mit Zarah Leander, geradezu erschütternd gut.

23. Februar, Mittwoch

Entsetzliche Trostlosigkeit der Lage. Die Reichstagsrede Hitlers wie eine Kriegsdrohung (verstärktes Heer), über seinen Militärstaatsstreich verlor er kein Wort; in Österreich herrscht der Nationalsozialismus, und nicht nur, daß alles still bleibt, sondern die englische Politik wird herumgeworfen, Eden geht, Chamberlain verhandelt mit den triumphierenden Italienern, kündigt Verhandlungen mit Deutschland an, tritt den Völkerbund in den Hintern und bekommt für diese prouesse im Unterhaus 330 Stimmen gegen 168. Aber manchmal sage ich mir: Was würde für mich anders im vierten Reich, wie immer es beschaffen wäre? Wahrscheinlich würde die ganz große Einsamkeit erst dann für mich beginnen. Denn ich könnte nie wieder jemandem in Deutschland trauen, nie wieder mich unbefangen als Deutscher fühlen. Unendlich gern zöge ich ins Ausland, am liebsten nach USA, wo ich mit Selbstverständlichkeit Fremder wäre. Es ist unmöglich; ich bin für den Rest meines Lebens an dieses Land und dieses Haus gebunden. Neulich ein Werbebericht der »Wach- und Schließgesellschaft«. Aufzählung ihrer Taten im letzten Jahr: x Diebstähle verhindert, x Brände verhindert, x Straftaten zur Anzeige gebracht, eine Rassenschändung.

20. März, Sonntag

Die letzten Wochen sind die bisher trostlosesten unseres Lebens.

Der ungeheure Gewaltakt der Österreichannexion, der ungeheure Machtzuwachs nach außen und innen, die wehrlos zitternde Angst Englands, Frankreichs usw. Wir werden das Ende des dritten Reichs nicht erleben. Seit acht Tagen wehen die Fahnen, seit gestern klebt an jedem Pfeiler unseres Zauns ein breiter gelber Zettel mit Davidstern: *Jude*. Warnung vor der fahnenlosen Pestbaracke. »Der Stürmer« hat seinen üblichen Ritualmord ausgegraben; ich würde mich wahrhaftig nicht wundern, wenn ich nächstens eine Kinderleiche im Garten fände.

30. März, Mittwoch abend

Legendenbildung mitten im 20. Jahrhundert. Der Kaufmann Vogel erzählt mir allen Ernstes, und ernsthaft entsetzt, was »bestimmt wahr und verbürgt« sei und heimlich kursiere, weil die Verbreitung mit Gefängnis bedroht sei: In Berlin bringe ein Mann seine Frau zur Entbindung in die Klinik. Über ihrem Bett hängt ein Christusbild. Der Mann: »Schwester, das Bild muß weg, mein Kind soll nicht als erstes den Judenjungen sehen.« Die Schwester: Sie könne von sich aus nichts tun, sie werde Meldung machen. Der Mann geht. Am Abend telegraphiert ihm der Arzt: »Sie haben einen Sohn. Das Bild brauchte nicht entfernt zu werden, das Kind ist blind.«

10. April, Sonntag nachmittag

Heute die »Wahl«, der »Tag des großdeutschen Reiches«. Gestern abend Glockengeläut eine Stunde lang, hineingemischt ein Rauschen, offenbar das radioübertragene Läuten der Wiener oder Berliner Glocken. Dazu das Rauchrot der Fackelzüge über der Stadt, illuminierte Fenster selbst hier oben in unserer Einsamkeit.

Seit Tagen tritt das Gottesgnadentum immer deutlicher hervor. In der Zeitung immer wieder: *Er* ist das Werkzeug der Vorsehung – die Hand muß verdorren, die Nein schreibt – die heilige Wahl ... Überall große Faksimiles der bischöflichen Zustimmung in Österreich. Wir denken, er wird sich zum Kaiser krönen lassen. Als Gesalbter des Herrn, christlich.

3. Mai, Dienstag

Neulich fiel mir ein: Auch das beste Verhältnis zwischen Eltern und Kindern ist niemals ein ganz ehrliches. Fremdheit bleibt immer. Der Junge ist liebevoll nachsichtig gegen das rückständige Alter, der Alte liebevoll nachsichtig gegen unfertige Jugend – im letzten betrügt man sich, verheimlicht sich das Entscheidende. Wirklich verstehen kann ich meinen Vater erst jetzt, wo ich selber alt bin und ihn historisch aus dieser Zeit heraus beurteile. Die eben nicht die meine war. Denn *die* Zeit eines Menschen ist seine Entwicklungszeit. Ich verstehe natürlich auch nicht die jungen Menschen von heute.

23. Mai, Montag

Am Donnerstag abend erschien Frau Lehmann. Sie war zum Amtswalter bestellt worden: Es sei bekannt, daß sie bei einem jüdischen Professor und einem jüdischen Rechtsanwalt Aufwärterin sei. – Sie sei über 46, also berechtigt. – »Gewiß, aber Ihr Sohn kommt um seine Beförderung im Arbeitsdienst, und Ihre Tochter – Sie sollen das junge Mädchen nach Dölzschen mitgenommen haben! – um ihre Stellung, wenn Sie diese Arbeit nicht aufgeben.« – Also war die Frau von drei Arbeitsstellen zwei los, und wir sind allein. Am Freitag wuschen wir fast drei Stunden ab, und unsere Reisepläne waren begraben, da Haus und Kater nicht allein sein können. Frau Lehmann war elf Jahre in unserm Dienst – Vertrauensposten.

Eva dickköpfig wie immer. Es wird weiter gepflanzt, geplant, gehofft.

Inzwischen rückt auch die große Historie langsam weiter; die tschechische Angelegenheit ist der Explosion nahe. Deutschland wird einmarschieren, das scheint gewiß, und wahrscheinlich wird sich der österreichische Erfolg wiederholen.

25. Mai, Mittwoch

Der Tschecheikonflikt geht weiter, alle Tage werden wir provoziert, sind wir friedliebend, hetzt und lügt alle Welt gegen uns, insbesondere England. Ich warte seit fünf Jahren – aber da die deutsche Bluffrechnung bis jetzt so oft geklappt hat, wird sie ja wohl auch jetzt wieder stimmen. Neulich der Gärtner Heckmann und heute der Kaufmann Vogel ganz übereinstimmend: »Ich weiß gar nicht, was vorgeht, ich lese keine Zeitung.« Die Leute sind vollkommen abgestumpft und gleichgültig. Vogel sagte noch: »Es kommt mir immer alles wie Kino vor.« Man nimmt eben alles als theatralische Mache, nimmt nichts ernst und wird sehr verwundert sein, wenn einmal aus dem Theater blutige Wirklichkeit wird.

12. Juli, Dienstag, Evas Geburtstag

Es fällt mir sehr schwer, die nötige Festfreude zu zeigen: Der Tag bringt das Elend unserer Situation allzu stark in Erinnerung, und die Zähigkeit des Hoffens, die ich gestern im Geburtstagsbrief für Blumenfelds postulierte, fehlt mir sehr. Lissy Meyerhof schreibt, Berthold habe in USA Arbeit gefunden; Frau Schaps schreibt von der Ansiedlung ihrer Kinder in London und von aufgenommener Verbindung mit dem Zahnarzt Isakowitz: All diese Leute haben sich ein neues Leben gezimmert – und mir ist es nicht geglückt, wir sind in Schmach und Enge sitzengeblieben, einigermaßen begraben bei lebendigem Leibe, sozusagen bis an den Hals eingegraben und auf die letzten Schaufeln von Tag zu Tag wartend.

Aber der Katzenjammer und nun gar seine Tagebuch-Fixierung sind Zeitvergeudung.

27. Juli, Mittwoch

Tiefstandtage. Ich finde mich lächerlich, daß ich immer noch Hoffnung auf Umschwung hege. Sie sitzen so fest im Sattel, in Deutschland ist man zufrieden, im Ausland duckt man sich. Jetzt greift England in Tschechei zugunsten der Sudetendeutschen ein. Der »Stürmer« trägt heute die Überschrift: »Synagogen sind Räuberhöhlen.« Darunter: »Die Schande von Nürnberg« und das Bild der dortigen Synagoge. 1938 in Mitteleuropa. – Seit einigen Tagen tut sich nun auch in Italien Rassenkunde und Antisemitismus offiziell auf.

10. August, Mittwoch

Seit wohl drei Wochen anhaltend zermürbende feuchte Hitze. Seit Wochen und bei unabsehbarem Ende Geldnot, die alles erschwert. Seit Wochen wieder verschärfte Judenhetze und immer neue Gewaltmaßnahmen. Vom 1. 10. ab ist allen jüdischen

Ärzten die Approbation entzogen, sie dürfen auch nicht als »Heilkundige« tätig sein; sie können also verhungern. Vom selben Zeitpunkt an wird eine Ausweiskarte für Juden eingeführt. Damit wird man sicher in keinem Hotel aufgenommen. Also gefangen. Seit Wochen hat Italien die Rassen- und Judenhetze genau nach deutschem Muster aufgenommen. – Und in der Außenpolitik alles unverändert. Überall äußerste Spannung und überall Kriegsangst.

24. August, Mittwoch

Wie schön wäre Deutschland, wenn man sich noch als Deutscher fühlen und mit Stolz als Deutscher fühlen könnte. (Vor fünf Minuten habe ich das eben veröffentlichte Gesetz über die jüdischen Vornamen gelesen. Es wäre zum Lachen, wenn man nicht den Verstand darüber verlieren könnte. Die neuen Namen sind zum überwiegenden Teil nicht alttestamentarische, sondern komisch klingende jiddische oder Ghettonamen – Richtung Franzos, Kompert. Ich selber habe also den Standesämtern Landsberg und Berlin sowie der Gemeinde Dölzschen zu melden, daß ich Victor-Israel heiße, und habe Geschäftsbriefe derart zu unterzeichnen. Ob für Eva Eva-Sara in Frage kommt, muß ich noch feststellen.)

Ich nehme mir jetzt so selten ein paar Stunden Tagebuchzeit, daß dann alles zusammengehäuft und so knapp als möglich aufs Papier muß.

Morgen die Maschinenreinschrift des Beaumarchais. Ich arbeite am Dix-huitième weiter aus reiner Verbohrtheit und ohne alle Hoffnung und Illusion. Ich, Victor Israel Klemperer.

Die Nürnberger Synagoge, von der ich unter dem 27. Juli berichte, ist in einer »Weihestunde« unter Streichers Leitung vor ein paar Wochen feierlich demoliert worden.

Ich höre seit Wochen nichts von Marta, von Grete, von Sußmann – es ist eine beängstigende Stille um mich.

20. September, Dienstag

Wieder wird das dritte Reich siegen – durch Bluff oder wirklich durch Gewalt, die so übermächtig ist, daß sie nicht erst zu kämpfen braucht? Chamberlain fliegt morgen das zweitemal zu Hitler. England und Frankreich bleiben ruhig, in Dresden steht das sudetendeutsche »Freikorps« fast schon einmarschbereit. Und das Volk hier ist überzeugt von der alleinigen Schuld der Tschechen – neuestes Schlagwort: der *Hussiten* – und von der Friedensliebe, Gerechtigkeit und reinen Befreierabsicht Hitlers.

Nicht daran denken, darüber hinwegleben, vergraben in das ganz Private! Schöner Vorsatz, aber so schwer zu befolgen.

2. Oktober, Sonntag

Noch einmal höchste Erregung der Hoffnung auf ein Ende. Godesberg schien erfolglos, Ultimatum an Tschechei zum 1. Oktober, Kriegsspannung in Frankreich und England. Wir fuhren am 30. 9. mittags zum Zahnarzt. Auf der Elbbrücke Maschinengewehre. Ich glaubte: Heute abend der Krieg. Vielleicht unser Tod in einem Pogrom – aber das Ende. Ich setzte Eva bei Eichler ab und fuhr zu Besorgungen zum »Bismarck«, meinem üblichen Parkplatz. Ein Herr rief mich an. Aron. »Wir haben Sie neulich im Wagen gesehen, wir glaubten Sie längst fort, Sie stehen weder im Telefon- noch Adreßbuch. Meine Frau und Frau Neumann möchten Sie einmal aufsuchen.« (???) Dann natürlich Politik. Ich: Nun käme wohl das Ende mit Schrecken, für uns und *sie*. Er: Ob ich denn kein Radio hätte? –? – Auf ein zweites drohendes Telegramm Roosevelts, auf völlige Mobilisation Englands und Frankreichs habe *er* nachgegeben. Heute um drei die vier in München. Die Tschechei bleibe bestehen, Deutschland bekomme das Sudentenland, wahrscheinlich eine Kolonie dazu. – Alles weitere wird in den Geschichtsbüchern stehen. Mein Tagebuch hier interessiert nur dies: Für das Volk in der »Aufmachung« der deutschen Presse ist es natürlich der absolute Erfolg des Friedensfürsten und genialen Diplomaten Hitler. Und wirklich ist es ja auch ein unausdenkbar ungeheurer Erfolg.

Kein Schuß fällt, und seit gestern marschieren die Truppen ein. Man wechselt Friedens- und Freundschaftswünsche mit England und Frankreich, Rußland ist geduckt und still, eine Null. Hitler wird noch übermäßiger gefeiert als in der Österreichsache. Gestrige Schlagzeile der »Dresdener NN«: *Das Volk der achtzig Millionen grüßt seinen großen Führer.* Und es ist auch wirklich ein Ungeheures erreicht. Aber *wir* sind nun zur Negersklaverei, zum buchstäblichen Pariatum verurteilt bis an unser Ende. Einen halben Tag lang meinte ich, nun müßte der Mut zum Selbstmord aufgebracht werden. Dann kam wieder der alte Zustand: Stumpfheit, Wartenwollen, der Ausspruch der Krügerin: »Ihnen ist so vieles geblieben, Lebenswille und doch auch wieder Hoffnung. Jede Stunde kann Änderung bringen, jede Stunde, in der man noch lebt.« Aber wenn mich Muschelchen nachts weckt und ich kann nicht gleich wieder einschlafen, dann ist es schrecklich. Trotzdem: weiter, und nicht an das nächste Morgen gedacht.

9. Oktober, Sonntag

Mein Geburtstag. Natürlich die allerfatalste Stimmung, verstärkt durch die erhaltenen durchweg trübseligen Briefe.

Wie es auch politisch kommen mag, ich bin innerlich endgiltig verändert. Mein Deutschtum wird mir niemand nehmen, aber mein Nationalismus und Patriotismus ist hin für immer. Mein Denken ist jetzt ganz und gar das voltairisch kosmopolitische. Jede nationale Umgrenzung erscheint mir als Barbarei. Vereinigte Weltstaaten, vereinigte Weltwirtschaft. Das hat nichts mit Gleichförmigkeit der Kulturen und erst recht nichts mit Kommunismus zu tun. Voltaire und Montesquieu sind mehr als je meine eigentlichen Leute.

22. November

Erst war es wohl der Wille, ein Stückchen in der Arbeit vorwärtszukommen, ehe ich wieder eine Tagebuchnotiz machte, und dann kam Unheil über Unheil, man kann wohl sagen: Unglück. Erst Krankheit, dann der Autounfall, dann, im Anschluß an die

Pariser Grünspan-Schießaffäre, die Verfolgung, seitdem das Ringen um Auswanderung.

27. *November*

Am Vormittag des 11. zwei Gendarmen und ein »Dölzschener Einwohner«. Ob ich Waffen hätte? – Bestimmt meinen Säbel, vielleicht noch das Seitengewehr als Kriegsandenken, ich wüßte aber nicht, wo. – »Wir müssen Ihnen suchen helfen.« Stundenlange Haussuchung. Eva beging im Anfang den Fehler, dem einen Gendarm ganz harmlos zu sagen, er möge in den reinen Wäscheschrank nicht mit ungewaschenen Händen greifen. Der Mann schwer beleidigt, kaum zu beruhigen. Ein zweiter, jüngerer Gendarm benahm sich freundlicher, der Zivilist war der schlimmste. »Dreckstall« usw. Wir sagten, wir seien seit Monaten ohne Hilfe, es stünde vieles verstaubt und verpackt herum. Alles wurde durchwühlt, Kisten und von Eva gezimmerte Aufbauten wurden mit dem Beil aufgebrochen. Der Säbel wurde in einem Koffer auf dem Boden gefunden, das Seitengewehr nicht. Unter den Büchern fand man ein Exemplar der »Sozialistischen Monatshefte«, darin, zum Glück angestrichen, der Artikel eines Berliner Studienrats: »Französisch muß erste Fremdsprache sein!« Auch dies Heft wurde beschlagnahmt. Als Eva einmal ein Handwerkszeug holen wollte, lief der junge Gendarm hinter ihr her; der ältere rief: »Sie machen uns mißtrauisch, Sie verschlechtern Ihre Lage.« Um eins etwa zogen Zivilist und älterer Gendarm ab, der junge blieb und nahm ein Protokoll auf. Er war gutmütig und höflich, ich hatte das Gefühl, die Sache sei ihm selber peinlich. Übrigens klagte er über Magenbeschwerden, und wir boten ihm einen Schnaps an, den er ablehnte. Dann schien im Garten eine Konferenz der drei zu sein. Der junge erschien wieder: Sie müssen sich anziehen und zum Gericht am Münchner Platz mitkommen. Es wird nicht schlimm werden, wahrscheinlich (!) sind Sie am Abend zurück. Ich fragte, ob ich verhaftet sei. Er sagte gutmütig und ausweichend, es sei ja nur ein Kriegsandenken, wahrscheinlich käme ich gleich frei. Ich durfte mich rasieren (bei halb offener Tür), ich steckte Eva Geld zu, und wir gingen zur Elektrischen hinunter. Ich durfte allein durch den Park gehen, während der Gendarm im Abstand hinter mir sein Rad führte. Wir stiegen auf den Perron der Sechzehn, wir stiegen am Münchner Platz aus, der Gendarm kaschierte freundlich meine Abführung. Im Gerichtsgebäude ein Flügel »Staatsanwalt«. Ein Zimmer mit Schreibern und Polizisten. »Setzen Sie sich.« Der Gendarm mußte sein Protokoll kopieren. Er nahm mich in ein Zimmer mit Schreibmaschine. Er führte mich in den ersten Raum zurück. Ich saß stumpfsinnig. Der Gendarm sagte: »Vielleicht sind Sie schon zum Kaffee zu Haus.« Ein Schreiber sagte: »Die Staatsanwaltschaft entscheidet.« Der Gendarm verschwand, ich saß stumpfsinnig weiter. Dann hieß es: »Führen Sie den Mann zum Austreten«, einer führte mich zum Klosett. Dann: Nach Zimmer x. Dort: »Hier die neue Zuführung!« Wieder Warten. Nach einer Weile erschien ein junger Mann mit Parteiabzeichen, offenbar der Untersuchungsrichter. »Sie sind Professor Doktor Klemperer? Sie können gehen. Aber es muß ein Entlassungsschein ausgestellt werden, sonst meint die Gendarmerie Freital, Sie seien ausgebrochen, und verhaftet Sie wieder.« Er kam gleich darauf wieder, er habe telefoniert, ich könne gehen. Am Flügelausgang beim ersten Zimmer, in das ich gebracht worden war, stürzte mir ein Schreiber entgegen: »Wo wollen Sie hin?« Ich sagte: »Nach Hause« und blieb ruhig stehen. Man telefonierte, ob es mit meiner Entlassung seine Richtigkeit habe. Der Untersuchungsrichter hatte mir noch auf meine Anfrage gesagt, die Sache gehe nicht an die Staatsanwaltschaft weiter. Um vier stand ich wieder auf der Straße mit dem merkwürdigen Gefühl: frei – aber bis wann? Seitdem peinigt uns beide unablässig die Frage: Gehen oder bleiben? Zu früh gehen, zu lange bleiben? Ins Nichts gehen, im Verderben bleiben? Wir bemühen uns immerfort, alle subjektiven Gefühle des Ekels, des verletzten Stolzes, alles Stimmungshafte auszuscheiden und nur die Konkreta der Situation abzuwägen. Zuletzt werden wir das pro et contra buchstäblich erwürfeln können. Unter dem ersten Eindruck hielten wir ein Fortmüssen für absolut notwendig und begannen mit Vorbereitungen und Erkundigungen. Ich schrieb am Tag nach der Verhaftung, am Sonnabend, 12. 11., dringende SOS-Briefe an Frau Schaps und Georg. Der kurze Brief an Georg begann: »Sehr schweren Herzens, aus ganz veränderter Situation, ganz an den Rand gedrängt, ohne Details: Kannst Du für meine Frau und mich Bürgschaft leisten, kannst Du uns beiden für ein paar Monate drüben helfen?« In persönlicher Bemühung würde ich sicher irgendeinen Posten als Lehrer oder im Büro finden. – Ich telefonierte an Arons – der Mann hatte mich am Tage des Münchner Abkommens am Bismarck angesprochen. Herr Aron sei nicht anwesend, Frau Aron würde mich abends gegen acht empfangen. Ich fuhr hin: eine reiche Villa in der Bernhardstraße. Ich erfuhr, daß er und mit ihm überviele andere verhaftet und verschleppt seien; man weiß noch heute nicht, ob sie im Lager Weimar sind oder bei den Befestigungsarbeiten im Westen als Sträflinge und Geiseln verwendet werden.

28. November

Frau Aron riet dringend, sofort Schritte zur Auswanderung und zum Verkauf des Hauses zu tun; hier sei alles verloren, das deutsche Geld im Ausland fast entwertet, die Mark stehe auf sechseinhalb Pfennig. Auf Frau Arons Rat am nächsten Tag in der Prager Straße bei der gemeinnützigen Beratungsstelle für Auswanderer (der Leiter, ein Major Stübel, sei ein sehr humaner Herr). Im Vorzimmer eine blonde, üppige Ostjüdin zu einem Mädchen: »Sie haben uns auf dem Polizeipräsidium weggeschickt, sie wüßten nicht, wohin die Männer gebracht worden seien ...« Der alte Major sagte mir: »Sie können sich zwischen diesen vier Wänden ruhig aussprechen. Ich höre in diesen Tagen sehr viel Erschütterndes, ich laufe in meiner freien Zeit im Großen Garten spazieren, um mich zu beruhigen.« Ich setzte meine Lage auseinander. Ich sagte, eine Regierung, die sich derart offen zum Banditentum bekenne, müsse in verzweifelter Lage sein. Er: »So denkt jeder anständige Deutsche.« Was er mir rate? – Er könne nicht raten. »Ändert sich die Lage morgen (was ich nicht

glaube), dann tut es Ihnen leid, gegangen zu sein.« Aus seinen
Erklärungen ging hervor, daß man uns tatsächlich nackt und bloß
herauslassen würde, mit je sechzig Mark und mit siebeneinhalb
Prozent vom Erlös des Hauses.

2. Dezember

Am Sonntag, 13. 11., fuhren wir nach Leipzig zu Trude Öhlmann. Ob sie unsern Mujel übernehmen könne? – Nein, er würde sich doch nicht umgewöhnen, ihn töten lassen sei humaner.
Sie erzählte, wie in Leipzig die SA angetreten sei, Benzin in
die Synagoge und ein jüdisches Warenhaus gegossen habe, wie
die Feuerwehr nur die umliegenden Gebäude schützen durfte,
den Brand aber nicht zu bekämpfen hatte, wie man dann der
Warenhausbesitzer als Brandstifter und Versicherungsbetrüger
verhaftete. In Leipzig erfuhren wir auch die Milliardenbuße, das
deutsche Volk habe die Juden gerichtet ... Trude zeigte uns ein
offenes Erkerfenster ihr gegenüber. So steht es seit Tagen offen;
die Leute sind »geholt« worden. Sie weinte, als wir abfuhren.
Unterwegs gaben Evas Nerven immer mehr nach; ein Abendbrot
in Meißen half wenig, zu Haus bekam sie einen Schreikrampf.

3. Dezember, Sonnabend

Heute ist der »Tag der deutschen Solidarität«. Ausgehverbot
für Juden von zwölf bis zwanzig. Wie ich eben um halb zwölf
zum Briefkasten und zum Krämer ging, wo ich warten mußte,
hatte ich richtige Herzbeklemmungen. Ich ertrage es nicht mehr.
Gestern abend Anordnung des Innenministers, die Ortsbehör-
den könnten fortan von sich aus den Juden zeitliche und örtliche
Beschränkungen im Straßenverkehr auflegen. Gestern nachmittag auf der Bibliothek der Ausleihbeamte, Striege oder Striegel,
Mann mittlerer Stellung und Jahre, Stahlhelmer, derselbe, dem
Gerstles auf meine Vermittlung Bücher hinterließen: Ich solle
doch mit ihm in das hintere Zimmer kommen. So hatte er mir
vor einem Jahr das Verbot des Lesesaals angezeigt, so zeigte er
mir jetzt das gänzliche Verbot der Bibliothek, also die absolu-

te Mattsetzung an. Aber es war anders als vor einem Jahr. Der Mann war in fassungsloser Erregung, ich mußte ihn beruhigen. Er streichelte mir immerfort die Hand, er konnte die Tränen nicht unterdrücken, er stammelte: Es kocht in mir ... Wenn doch morgen etwas passierte ... – Wieso morgen? – Es ist doch der Tag der Solidarität ... Sie sammeln ... Man könnte an sie heran ... Aber nicht einfach töten – foltern, foltern, foltern ... Sie sollen erst merken, was sie angerichtet haben ... Ob ich meine Manuskripte nicht bei irgendeinem Konsulat in Verwahrung bringen könnte ... Ob ich nicht heraus könnte ... Ob ich ihm auch wirklich eine Zeile schreiben würde. – Vorher schon (von dem Verbot wußte ich noch nichts) hatte mir im Katalogsaal die Rothin sehr blaß die Hand gedrückt: ob ich denn nicht fort könnte, es gehe hier zu Ende, »auch mit uns – vor der Synagoge noch wurde die Markuskirche angezündet und die Zionskirche bedroht, wenn sie nicht den Namen ändere ...« Sie sprach mit mir wie zu einem Sterbenden, sie nahm Abschied von mir wie für immer ... Aber diese Teilnehmenden und Verzweifelten sind Vereinzelte, und auch sie haben Angst. Die Entwicklung der letzten Tage hat uns wenigstens die innere Unsicherheit genommen; es gibt nicht mehr zu wählen: Wir *müssen* fort. Aber ich habe in meinem Bericht vorgegriffen. Das wichtigste Ereignis war Georgs Kabel am 26. »Übernehme Bürgschaft Hilfe Brief unterwegs George.« Der Brief ist etwa am 10. Dezember zu erwarten und wird entscheidend sein. Aber bei der ständigen Zuspitzung der Situation will ich Montag (übermorgen) mit dem Telegramm bereits zum amerikanischen Konsulat.

6. Dezember, Dienstag

Das gesunde Rechtsempfinden des deutschen Menschen ist gestern in einer sofort wirksamen Verfügung des Polizeiministers Himmler zutage getreten: Entziehung der Autofahrerlaubnis bei allen Juden. Begründung: Wegen des Grünspanmordes seien die Juden »unzuverlässig«, dürften also nicht am Steuer sitzen, auch beleidige ihr Fahren die deutsche Verkehrsgemeinschaft, zumal sie anmaßlicherweise sogar die von deutschen Arbeiterfäusten gebauten Reichsautostraßen benutzt hätten. Dies Verbot trifft uns überaus hart. Es ist jetzt gerade drei Jahre her, daß ich fahren lernte, mein Führerschein datiert vom 26. 1. 36.

Von dem Verbot hatte ich schon vorgestern nachmittag durch Arons gehört, die es ihrerseits vom Schweizer Rundfunk als unmittelbar bevorstehend melden hörten. Ich war ein zweites Mal bei Arons, um Auskünfte über Emigrationsmöglichkeiten und über meine Vermögensabgabe zu holen (über die mich im Finanzamt niemand aufklären konnte). Es heißt: Am 15. 12. ohne Aufforderung die erste Rate zahlen, und niemand kann mir sagen, wie hoch mein Vermögen – purtroppo! – ist. Aron, mehrere Wochen mit 11 000 andern in Buchenwald festgehalten, krank zurückgekehrt, am Auswandern nach Palästina im letzten Augenblick verhindert, die Möbel sind schon unter Zollsiegel, und er kann die 1000 geforderten englischen Pfund nicht aufbringen, trotzdem er in deutschem Geld 175 000 M dafür bietet, ist maßlos überreizt und pessimistisch. Er sagt, mir würde Georgs Bürgschaft gar nichts nützen, Abertausende bewürben sich um die Einwanderung, seien vorgemerkt, ich könnte drei Jahre warten. Vor dem amerikanischen Konsulat lagerten in Berlin die Bewerber in Haufen täglich von sechs Uhr früh bis zum Abend, um nur vorgelassen zu werden. – Wir müssen nun Georgs Brief abwarten, aber unsere Stimmung ist noch weiter gesunken, und da beinahe, nein wirklich jeden Tag neue Judengesetze herauskommen, so sind wir mit den Nerven total auf dem Hund.

Die angstvollen Andeutungen und bruchstückhaften Erzählungen aus Buchenwald – Schweigepflicht, und: ein zweites Mal kommt man von dort nicht zurück, es sterben eh schon zehn bis zwanzig Leute täglich – sind greulich.

Mit dem Bibliotheksverbot bin ich nun buchstäblich arbeitslos geworden. Ich habe mir vorgenommen, nun wirklich einen Vita-Versuch zu wagen. Denn den ganzen Tag bloß den Little Yankee pauken geht auch nicht. Aber vorderhand fehlt alle Ruhe: Gänge, Korrespondenzen, Vorlesen, Brüten und wieder Vorlesen.

15. Dezember, Donnerstag

Ich nehme es jetzt ernster und sehr ernst mit dem Englischlernen. Mal ein Kapitel im Little Yankee und mal ein Abschnitt Grammatik. Und eben von halb vier bis fünf hatte ich meine erste anstrengende und nicht ganz erfolglose Lektion bei Mrs. Meyer. Natscheff hat sie mir empfohlen. Seine Frau ist Amerikanerin und mit ihr befreundet. Siebenundfünfzig Jahre, eigentlich Musikerin und Organistin an der Amerikanischen Kirche. Aber die Kirche ist deutsche Stiftung, und die Meyer ist jüdischer Abstammung, und also hat sie ihren Posten verloren und darf auch Ariern keinen Unterricht geben. Sie ist Engländerin, ihr Mann ein unglaublich rüstiger Zweiundachtzigjähriger, sieht aus wie höchstens fünfundsechzig, Deutscher, pensionierter Opernchorsänger. Ich war bei den Leuten im vierten Stock eines guten Hauses in der Feldherrenstraße, wurde freundlich in der Wohnküche aufgenommen; ein großer Vogelkäfig und Zärtlichkeit gegen die kleinen Sittiche mit Herausnehmen und Küssen, dazu Tränen über die Situation und Emigrationsgedanken und Angst um die Pension und Angst, bei sich zu Haus zu unterrichten. So kam sie heut heraus. Je anderthalb Stunden für 3 M und 30 Pf Fahrgeld dazu. Ich will das brav betreiben.

Erschütternde Briefe – genauer und ehrlicher: Briefe, die erschüttern wären ohne die vorhandene Abstumpfung und die Dasselbigkeit des eigenen Schicksals – von Sußmann und Jelskis. In beiden Briefen teilweise wörtlich das gleiche: Wir gehen als Bettler heraus, auf die Hilfe unserer Kinder angewiesen. Sußmann nach Stockholm, zu seiner dort verheirateten Jüngsten. Jelskis zu Lilly nach Montevideo. Die Reformgemeinde ist aufgelöst, die Pension fällt weg, es wird eine Abfindungssumme gezahlt, mit der sich die Passage bestreiten läßt.

25. Dezember, Sonntag

Eva schnitt ein paar Zweige von einer Tanne in unserm Garten und ordnete sie zum Bäumchen auf dem Gestell einer Tischlampe; wir tranken eine Flasche Graves zur Zunge, und der gefürchtete Weihnachtsabend verlief vergnüglicher, als ich zu hoffen gewagt.

Gestern zum erstenmal im dritten Reich ist die Weihnachtsbetrachtung der Zeitung gänzlich dechristianisiert. Großdeutsche Weihnacht – der deutschen Seele die Neugeburt des Lichtes, die Auferstehung des deutschen Reiches bedeutend. Der Jude Jesus und alles Geistliche und allgemein Menschliche ausgeschaltet. Das ist fraglos Ordre für *alle* Zeitungen.

Silvester 38, Sonnabend

Ich las gestern flüchtig das Tagebuch 1938 durch. Das Résumé von 37 behauptet, der Gipfel der Trostlosigkeit und des Unerträglichen sei erreicht. Und doch enthält das Jahr, mit dem heutigen Zustand verglichen, noch soviel Gutes, soviel (alles ist relativ!) Freiheit.

Bis Anfang Dezember hatte ich die Bibliotheksbenutzung, und bis zu dieser Zeit habe ich hundert und ein Dutzend guter Seiten am Dix-huitième geschrieben (vom Retour à l'antique bis zu Rétif). Und bis zum Dezember etwa hatte ich noch den Wagen zur Verfügung, und wir konnten uns bewegen. Piskowitz, Leipzig, der Schwartenberg, Rochlitz, Augustusburg, Bautzen, Hinterhermsdorf, Strausberg und Frankfurt a. O. im April. Das schöne Breslau am 16. Mai, noch einmal Strausberg am 6. Oktober zu Gretes 70. Geburtstag, die Berliner Fahrt mit der Krankheit und dem Unfall, noch einmal Leipzig. Und so viele kleine Fahrten und die Freiheit der Besorgungen. – Und dann von Zeit zu Zeit das Kino, das Auswärtsessen. Es war doch ein Stückchen Freiheit und Leben – mag es auch jämmerlich gewesen sein und uns mit Recht schon als Gefangenschaft gegolten haben.

Gewiß ging es im Lauf des Jahres immer deutlicher abwärts. Erst der österreichische Triumph. Dann vom Ende Mai ab das Fortbleiben der Lehmann. (Für uns persönlich empfindlicher als der Großdeutschlandrummel.) Dann im September die gescheiterte Hoffnung auf den erlösenden Krieg. Und dann eben der entscheidende Schlag. Seit der Grünspan-Affäre das Inferno.

Aber ich will nicht voreilig behaupten, daß wir bereits im letzten Höllenkreis angelangt sind. Sofern nicht die Ungewißheit das Schlimmste ist. Und sie ist es wohl nicht, denn in ihr ist immer noch Hoffnung. Auch haben wir ja noch Pension und Haus. Aber schon sind die Pensionen angetastet (keine »Sonderabmachungen« mehr, d. h. Streichung der zugesagten, nur mir nie gezahlten Vollgehälter), und schon habe ich dem Amt »zur Abwicklung der jüdischen Vermögen« alle Angaben über das Haus machen müssen. Die relative Ruhe der letzten Wochen darf nicht täuschen: In ein paar Monaten sind wir hier zu Ende oder die andern.

In der letzten Zeit habe ich nun wirklich alles Menschenmögliche versucht, um hier herauszukommen: Das Verzeichnis meiner Schriften und meine SOS-Rufe sind überallhin gegangen: nach Lima, nach Jerusalem, nach Sidney, an die Quäkerin Livingstone. Das von Georgs Jüngstem überschickte Affidavit gab ich an das Berliner USA-Konsulat, stellte telefonisch fest, daß der von Georg genannte Mr. Geist noch im Amt und nach Neujahr erreichbar ist, und bat schriftlich um persönliche Audienz. Aber daß irgend etwas von alledem irgend etwas helfen wird, ist mehr als zweifelhaft.

1939

8. Januar, Sonntag

Ich lese ungemein viel vor, teils Evas Augen, teils meiner Leere und Unruhe halber. Englisch treibe ich viel zuwenig. Vielleicht weil ich nicht recht daran glaube, hier fortzukommen (und immer noch auf das Wunder warte, wir möchten eines Tages ohne den Führer aufwachen).

Etwas von der Lingua tertii imperii dringt in die neutralsten Übersetzungen: *Stur* und *Einsatz* z. B. sind gang und gäbe Wörter geworden.

10. Januar, Dienstag

Marta schickte mir das »Jüdische Nachrichtenblatt«, und mir kamen oder es befestigten sich mir etliche längst vorhandene prinzipielle Gedanken.

Es gibt keine deutsche oder westeuropäische Judenfrage. Wer sie anerkennt, übernimmt oder bestätigt nur die falsche These der NSDAP und stellt sich in ihren Dienst. Bis 1933 und mindestens ein volles Jahrhundert hindurch sind die deutschen Juden durchaus Deutsche gewesen und sonst gar nichts. Beweis: die Abertausende von »Halb-, Viertel-« etc. Juden und »Judenstämmlinge«, Beweis für gänzlich reibungsloses Leben und Mitarbeiten in allen Bezirken deutschen Lebens. Der immer vorhandene Antisemitismus ist *gar kein Gegenbeweis.* Denn die Fremdheit zwischen Juden und »Ariern«, die Reibung zwischen ihnen war nicht halb so groß wie etwa zwischen Protestanten und Katholiken, oder zwischen Arbeitgebern und -nehmern, oder zwischen Ostpreußen etwa und Südbayern, oder Rheinländern und Berlinern. Die deutschen Juden waren ein Teil des deutschen Volkes, wie die französischen Juden ein Teil des französischen Volkes waren etc. Sie füllten ihren Platz innerhalb des deutschen Lebens aus, dem Ganzen keineswegs zur Last. Ihr Platz war zum allerkleinsten Teil der des Arbeiters und nun gar Landarbeiters. Sie waren und bleiben (auch wenn sie es jetzt nicht mehr bleiben wollen) Deutsche, in der Mehrzahl deutsche Intellektuelle und Gebildete. Will man sie jetzt massenweise expatriieren und in landwirtschaftliche Berufe verpflanzen, so *muß* das scheitern und überall Unruhe hervorrufen. Denn überall werden sie Deutsche und Intellektuelle bleiben. Es gibt nur *eine* Lösung der deutschen oder westeuropäischen Judenfrage: die Mattsetzung ihrer Erfinder. – Zu trennen hiervon ist die Ostjudensache, die ich aber auch wieder nicht als eine spezifische Judenfrage ansehe. Denn seit langem strömt aus dem Osten, was entweder zu arm oder zu kulturgierig oder beides ist, nach westlichen Ländern und bildet dort eine Unterschicht, aus der Kräfte nach oben strömen. Keinem Volk zum Schaden, denn »völkisch« im Sinn der Reinblütigkeit ist ein zoologischer Begriff und ein Begriff, dem längst keine Realität mehr entspricht, jedenfalls noch weniger Realität als der alten strikten Unterscheidung zwischen den Sphären des Mannes und »Weibes«. – Die reine oder die religiöse zionistische Sache ist eine Sektiererangelegenheit, der keine Bedeutung für die Allgemeinheit zukommt, etwas sehr Privates und Rückständiges wie alle Sektiererangelegenheiten, eine Art Freiluftmuseum, wie das altholländische Dorf bei Amsterdam. – Es erscheint mir geradezu als Wahnsinn, wenn jetzt in Rhodesia oder sonstwo spezifische Judenstaaten aufgemacht werden sollen. Man läßt sich von den Nazis um Jahrtausende zurückwerfen. Die betroffenen deutschen Juden begehen ein Verbrechen – freilich muß man ihnen mildernde Umstände zubilligen –, wenn sie auf dieses Spiel eingehen. Es gehört zur Lingua tertii imperii, daß in den »Jüdischen Nachrichten« immer wieder der Ausdruck *jüdische Menschen* auftaucht, immer wieder von zu gründenden Judenstaaten oder Judenkolonien die Rede ist als von größeren

Dependenzen des idealen Palästina. Und es ist eine Sinnlosigkeit und ein Verbrechen wider die Natur und Kultur, wenn die westeuropäischen Emigranten nun durchaus in Landarbeiter umgewandelt werden sollen. Das Zurück zur Natur erweist sich tausendmal als eine Naturwidrigkeit, weil Entwicklung in der Natur liegt und Zurückdrängung gegen die Natur ist. Lösung der Judenfrage kann nur in der Erlösung von denen gefunden werden, die sie erfunden haben. Und die Welt – denn nun ist ja wirklich die Welt davon betroffen – wird dazu gezwungen sein.

5. Februar, Sonntag

In vierzehn Tagen nicht die leiseste Änderung in Situation und Stimmung. Die gleiche scheußliche Leere des Tages, das gleiche fruchtlose Bemühen um das Englische, Unterricht, Lektüre, Grammatik – nichts fördert. Evas Nerven sehr schlecht, ich lese viele Nacht- und Tagesstunden vor. Augenbeschwerden, Herzbeschwerden. Stücke der Vita gehen mir durch den Kopf – ich schreibe nichts. – Auf die vielen Bewerbungen keine Antwort. – Politisch immer das gleiche. Deutschland allmächtig, mit Spanien geht es zu Ende. Judenhetze immer verstärkt: In seiner »Reichstagsrede« vom 30. Januar machte Hitler wieder aus allen Gegnern Juden und drohte mit der »Vernichtung« der Juden in Europa, wenn »sie« den Krieg gegen Deutschland heraufbeschwören würden. Er gab sich als Mann des Friedens, und in den nächsten Tagen wurde die Vermehrung der U-Boote und der Luftflotte angekündigt.

24. Februar, Freitag

Nachdem ich vorher ein paarmal zögernd zur Einleitung (»Papiersoldaten«) angesetzt hatte, ohne sie durchzuführen, begann ich am 12. 2. – Vaters Todestag –, um mich vom eigentlichen Erzählenkönnen oder Nichtkönnen zu überzeugen, das erste Kapitel der Vita, verbiß mich darein und schrieb es bis gestern zu Ende. Ich will es nun in die Maschine bringen und danach Eva vorlesen; sie mag entscheiden, ob sich die Fortsetzung lohnt. Natürlich litt unter dieser mich sehr okkupierenden Beschäftigung das Englische, wurde aber nicht ganz stillgelegt. Übrigens tat mir das Schreiben wohl, der entsetzliche Leerlauf war unterbrochen. Sonst keinerlei Veränderung; die Aussichten hinauszukommen sind gleich null, und da sich in den letzten Wochen für uns persönlich nichts zum Schlechteren gewandt hat – ich unterzeichne jetzt auf der Bank: Victor Israel Klemperer, aber ich bekomme doch noch meine Pension, es ist mir auch noch kein Termin für die Aufgabe des Hauses gestellt worden –, so leben wir eben fatalistisch weiter. Nur daß Evas Nerven immer mehr nachlassen.

6. März, Montag

Zur Sprache: In allen Übersetzungen stößt man immer wieder auf *stur.* Hitlers entschiedenster Beitrag zur Sprache. – Das Wort *Marxist.* Sozialisten sind, wenn echt, Nationalsozialisten; die andern sind Marx' Judenknechte.

14. März, Dienstag

Die letzten Tage setzte ich einige Hoffnung auf die slowakische Angelegenheit. Sie ist so offensichtlich von Berlin aus inszeniert, um die Tschechei ganz zu vernichten und den Weg zur Ukraine zu öffnen. Ich sagte mir, selbst wenn England und Frankreich wieder untätig zusähen, so bedeute das doch einen Schritt weiter in Deutschlands Gewaltpolitik und damit einen weiteren Schritt der Katastrophe entgegen. Aber wie nun nach der heutigen Abendzeitung das abgekartete Spiel so ganz rasch und glatt und völlig von Deutschland gewonnen scheint, während England und Frankreich die Schwänze einklemmen, ist mir doch wieder hundeelend zumut.

Am 10. holte ich meine Kennkarte vom Landratsamt, wie die Amtshauptmannschaft jetzt heißt: großes J auf der Vorderseite, Abdrücke beider Zeigefinger, Victor Israel.

9. April, Ostersonntag

Heute morgen, als Antwort auf unseren Ostergruß mit Einladung zum Mittwoch, ein Brief von Moral: ebenso trostlos; er sei einsam, ohne Hoffnung, er komme gern, wenn er am Mittwoch noch lebe – anders könne man ja jetzt keine Zusage fassen. So schreibt dieser Mann der zeremoniellsten Form! Auch von Lissy Meyerhof ein viel bedrückterer Brief, als sonst in ihrer Art liegt. (Es geht Berthold Meyerhof in New York sehr schlecht; er ist Handarbeiter in der Brauerei seiner reichen Verwandten). – Überall diese abscheuliche Hoffnungslosigkeit. Und ich glaube, bei den ausländischen Regierungen auch. Sie zittern alle, sie *halten* Hitler für unbesieglich – und deshalb *ist* er unbesieglich.

20. April, Führers Geburtstag

Der Schöpfer Großdeutschlands 50 Jahre. Zwei Tage Fahnen, Prunk- und Sonderausgaben der Zeitungen, Vergottung sich überschlagend. In der »Berliner Illustrierten« ein halbseitiges Bild: »Die Hände des Führers«. Überall Thema: »Wir feiern in Frieden, um uns tobt die Welt.« – Sie scheint nun wirklich zu toben, nach Böhmen und Albanien. Aber bleibt es wieder beim »angehaltnen stillen Wüten«, bei der Flottenkonzentration vor Malta, bei der Botschaft Roosevelts, auf die Hitler am 28. im Krolltheaterreichstag antworten will? Und was bringt der Krieg uns, *uns*? – Ein Tag so zermürbend wie der andere. Man ist vor lauter Gespanntheit stumpf. So wie gestern in der Festzeitung zwischen lauter Friedens-, Glücks-, Jubelhymnen, Verachtung der »armen Irren«, die an der allgemeinen »Führer, wir folgen dir!«- Stimmung zweifeln, ganz klein gedruckt die beinahe tägliche Notiz steht: »Zwei Landesverräter hingerichtet« (es sind meist zwei arme Teufel, Arbeiter, 20, 30 Jahre alt) – so geht mir kleingedruckt täglich durch den Kopf: Werden sie uns totschlagen? Aber wirklich nur kleingedruckt und nebenbei.

3. Mai, Mittwoch, gegen Abend

Eben war Gusti Wieghardt bei uns; es ist ihr ganz unvermutet plötzlich gelungen, herauszukommen; sie fährt morgen nach London, wo sie ihren (fiktiven oder halbfiktiven) Salonküchenposten antritt. Man hat sie seltsamerweise nicht als Auswanderin behandelt, sondern als Witwe eines deutschen Professors, die auf ein Jahr ins Ausland geht und während dieser Zeit ihr Witwengehalt auf ein Sonderkonto weiter erhält – innerhalb Deutschlands darf sie darüber verfügen. Merkwürdige und eigentlich doch selbstverständliche psychologische Betrachtung: Bisher war Gusti leidenschaftlich an der politischen Entwicklung interessiert, fieberte nach dem endlichen Ausbruch des Krieges, war randvoll von Radioberichten etc. Heute war das alles wie fortgeblasen, sie hatte kein Radio mehr gehört, die Lage war ihr gleichgültig – mag aus Deutschland werden, was will; mag aus den hier Gefangenen werden, was will: das alles liegt hinter mir, ist mir gleichgültig, ich komme heraus! Sie sagte das natürlich nicht wörtlich so, aber doch ähnlich, und es sprang einem förmlich aus ihrem ganzen Verhalten entgegen. Ihr letztes Wort: Ich brauche mich nicht mehr zu ärgern, wenn ich an einem Kino vorbeigehe! In London darf ich hinein! (Sie geht übrigens nicht nach London, sondern in ein Nest bei Bristol zu irgendwelchen wohltätigen alten Damen, die schon verschiedene Emigrantinnen »engagiert« haben.) In den Jamben André Chéniers ist es so ergreifend, wie er im Gefängnis sagt: Wenn die Tür des Schlachthauses hinter unsereinem geschlossen ist, dann sind wir der übrigen Herde draußen gleichgültig. Hier liegt es umgekehrt: Wenn einer aus dem Schlachthaus heraus ist, dann fragt er nicht mehr nach denen drin. Zähne aufeinander und am Curriculum, Kapitel 3, weitergeschrieben. Morgen mag es wieder gehen, heute brach ich mitten im Wort ab.

7. Juni, Mittwoch abend

Seit Wochen kann ich mich zu keiner Tagebuchnotiz entschließen. Immer in mein drittes Kapitel vergraben.

Ich weiß nicht, ob die Zeit stillsteht oder fortschreitet. Manchmal, eigentlich täglich, scheint es mir, diesmal renne *er* in sein Verderben: Die polnische Sache entwickelt sich analog der tschechischen, die »Einkreisung« schreitet fort. Aber ich habe mich so oft getäuscht.

Für wie perfide das Volk *ihn* hält: Allgemein heißt es, er werde Polen zwischen *sich* und Rußland aufteilen. Und wie wenig *ihm* daran liegt, die eigenen Unwahrheiten preiszugeben: Nie hatten wir Spanien (Franco) unterstützt, und jetzt wird seit Tagen in ganzen Zeitungsseiten die spanische Legion Condor gefeiert, mit ihren Geschützen und Flugzeugen. Und jeden Tag eine Rede und eine Parade oder Gefechtsübung zum Beweis unserer Unbesiegbarkeit und unseres »Friedenswillens«. Und bei der Straßenbahn werden Schaffnerinnen eingestellt. Und in den Fleischläden und bei den Gemüsehändlern größte Knappheit, weil alles fürs Heer aufgespeichert wird. – Aber das Volk glaubt wirklich an Frieden. *Er* wird Polen nehmen (oder aufteilen), die »Demokratien« werden nicht einzugreifen wagen.

14. August, Montag

Seit Wochen immer wachsend und immer gleichbleibend dieselbe Spannung. Vox populi: *Er* greift im September an, teilt Polen mit Rußland, England-Frankreich ohnmächtig. Natscheff und etliche andere: *Er* wagt keinen Angriff, hält Frieden und hält sich noch jahrelang. Jüdische Meinung: blutiger Pogrom am ersten Kriegstage. Was von diesen drei Dingen auch eintritt: Für uns steht es verzweifelt.

Wir leben, lesen, arbeiten weiter, aber immer bedrückter.

29. August, Dienstag

Es ist mir ungeheuer schwer geworden, den Abschnitt Paris 1903 zu beenden, diese letzten Tage rissen und reißen zu sehr an den Nerven. Die offene Mobilisierung ohne Ankündigung der Mobilisation (Menschen, Autos, Pferde), der Russenpakt und die ungeheure Umkehr, Wirrnis, Unabsehbarkeit der Lage, der Kräfteverhältnisse *nach* diesem Umschwung. (Wo steht? wie wirkt? wie ist Volksstimmung? etc. etc. Endlose, quälerische Gespräche.) Unabsehbarkeit der Gefahr für alle Juden hier. Vom Freitag bis Montag immerfort gesteigerte Spannung. Leute massenhaft in der Nacht zum Militärdienst geholt, Pferde von der Markthalle weg. Am Sonntag vormittag kam Moral unvermutet: Er wolle in Berlin bei einem arischen Freund »untertauchen«, er rechne mit Kriegsausbruch und für diesen Fall mit Abgeschossenwerden, vielleicht nicht in wildem Pogrom, sondern regulär zusammengetrieben und an eine Kasernenwand gestellt. Dann am Nachmittag wurden Lebensmittelkarten verteilt; damit war das Fortfahren und Untertauchen verhindert. Ich fuhr abends zum Bahnhof, das Publikum sah recht bedrückt aus (Eva erzählte nachher, auch hier habe alles, was vom Luftbad heimströmte, leise gesprochen, nicht gelacht und gealbert wie sonst). Man umdrängte den Anschlag, der die Verminderung des Zugverkehrs anzeigte. Die zehntägige Postsperre für alle Truppen »außerhalb ihrer Standorte« war schon am Sonnabend erschienen.

Von Stunde zu Stunde scheinen die Aussichten zwischen Krieg und Frieden, die Aussichten und Gruppierungen des etwaigen Krieges zu schwanken. Jeder rätselt, wartet, schon geht die allzu große Spannung wieder in Stumpfheit über. Im Augenblick scheint mir das Wahrscheinlichste, daß Hitler noch einmal das Spiel gewinnt, durch bloßen Druck ohne Schlacht. Aber wie lange kann er dann als Bundesgenosse der Bolschewisten ... usw. usw.?

3. September, Sonntag vormittag
Die Nervenfolter immer unerträglicher. Am Freitag morgen dauernde Verdunkelung befohlen. Wir sitzen eng im Keller, die furchtbare nasse Schwüle, das ewige Schwitzen und Frösteln, der Schimmelgeruch, die Lebensmittelknappheit macht alles noch qualvoller. (Ich suche Butter und Fleisch für Eva und Muschel zu bewahren, mir mit dem noch freien Brot und Fisch nach Möglichkeit durchzuhelfen.) Dies alles wäre an sich Bagatelle, aber

es ist nur das Nebenbei. Was wird? Von Stunde zu Stunde sagen wir uns, jetzt muß es sich entscheiden, ob Hitler allmächtig, ob seine Herrschaft eine unabsehbar dauernde ist, oder ob sie jetzt, *jetzt* fällt.

Am Freitagmorgen, 1. 9., kam der junge Schlächtergeselle und berichtete: Rundfunk erkläre, wir hielten bereits Danzig und Korridor besetzt, der Krieg mit Polen sei im Gang, England und Frankreich blieben neutral. Ich sagte zu Eva, dann sei für uns eine Morphiumspritze oder etwas Entsprechendes das Beste, unser Leben sei zu Ende. Dann wieder sagten wir uns beide, *so* könnten die Dinge unmöglich liegen, der Junge habe schon oft tolles Zeug berichtet (er ist ein Musterbeispiel für die Art, wie das Volk Berichte auffaßt). Eine Weile später hörte man Hitlers gehetzte Stimme, dann das übliche Gebrüll, verstand aber nichts. Wir sagten uns, es müßten schon Fahnen erscheinen, wenn der Bericht auch nur halbwegs stimmte. Dann unten die Depesche vom Kriegsbeginn. Ich fragte den und jenen, ob die englische Neutralität schon erklärt sei. Nur eine intelligente Verkäuferin im Zigarrenladen am Chemnitzer Platz sagte: »Nein – das wäre ja auch ein Witz!« Beim Bäcker, bei Vogel hieß es, »so gut als erklärt, in wenigen Tagen alles erledigt!« Ein junger Mensch vor dem Zeitungsaushang: »Die Engländer sind viel zu feige, die tun nichts!«, und so in Variationen die allgemeine Stimmung, vox populi (Buttermann, Journalmann, Kassenbote der Gasgesellschaft etc. etc.). Nachmittags die Rede des Führers gelesen: Sie schien mir durchaus pessimistisch, nach außen *und nach innen*. Auch alle Bestimmungen deuteten und deuten auf mehr als eine bloße Strafexpedition gegen Polen. Und nun geht das heute den dritten Tag so weiter, es ist, als ginge es seit drei Jahren: das Warten, das Verzweifeln, Hoffen, Abwägen, Nichtwissen. Die Zeitung gestern, Sonnabend, verschwommen und eigentlich mit allgemeinem Krieg rechnend: »England, der Angreifer – englische Mobilmachung, französische Mobilmachung, sie werden verbluten!« etc. etc. Aber *noch* keine Kriegserklärung von dort. Kommt sie oder gibt man den Widerstand auf und demonstriert bloß schwach?

Auch der Heeresbericht unklar. Spricht von Erfolgen überall, meldet nirgends ernsthaften Widerstand und zeigt doch, daß die deutschen Truppen noch nirgends weit über die Grenzen sind. Wie reimt es zusammen? – Alles in allem: Nachrichten und Maßnahmen ernst, Volksstimmung absolut siegesgewiß, zehntausendmal überheblicher als 14. Dies gibt entweder einen überwältigenden, fast kampflosen Sieg, und England und France sind kastrierte Kleinstaaten, oder aber eine Katastrophe, zehntausendmal schlimmer als 1918. Und wir mitteninne, hilflos und wahrscheinlich in beiden Fällen verloren ... Und doch zwingen wir uns, und es gelingt auch auf Stunden, unsern Alltag weiterzuleben: vorlesen, essen (so gut es geht), schreiben, Garten. Aber im Hinlegen denke ich: Ob sie mich diese Nacht holen? Werde ich erschossen, komme ich ins Konzentrationslager?

Das Warten im friedlichen, ganz weltabgeschiedenen Dölzschen ist besonders schlimm. Man achtet auf jeden Laut, auf jede Miene, auf alles. Man erfährt nichts. Man wartet auf die Zeitung und liest nichts heraus. Im Augenblick neige ich doch zu der Meinung, der Krieg mit den Großmächten kommt.

Ein Mütterchen beim Schlächter legt mir die Hand auf die Schulter und sagt mit tränengerührter Stimme: *Er* hat gesagt, er will den bunten Rock wieder anziehen und selber Soldat sein, und wenn er fällt, dann soll Göring ...« Eine junge Dame bringt mir die Lebensmittelkarte, sieht mich freundlich an: »Kennen Sie mich noch? Ich habe bei Ihnen studiert, ich bin jetzt hier verheiratet.« – Ein alter Herr, sehr freundlich, bringt den Verdunkelungsbefehl: »Schrecklich, daß nun wieder Krieg ist – aber man ist doch so patriotisch, als ich gestern eine Batterie herausgehen sah, ich wäre am liebsten mit!« Das Russenbündnis entrüstet niemanden, man nimmt es für genial oder für einen ausgezeichneten Witz. –

Die israelitische Gemeinde Dresden fragt an, ob ich ihr beitrete, da sie die Reichsvereinigung der Juden örtlich vertrete; die Bekenntnischristen fragen an, ob ich bei ihnen bleibe. Ich habe den Grüberleuten geantwortet, ich sei und bliebe Prostestant, ich würde der Jüdischen Gemeinde gar keine Antwort geben.

10. September, Sonntag vormittag

Eva sagt: »Der Krieg wird zugescharrt.« Das stimmt in allen Punkten. *Und ist ein Fehler.* Man hat nicht mobilisiert, sondern einzeln aus den Betten geholt. Man gibt keine Verlustlisten aus. Man flaggt nicht, trotzdem in dieser ersten Woche schon Warschau erreicht. Man verschweigt die Westfront. Man läßt die Schlächterläden nach der Straße zu schließen: Schlange wird im Hof gestanden. – Es soll die Meinung aufrechterhalten werden: Nur mit Polen Krieg und raschester Sieg. Aber gleichzeitig ständig verschärfte Maßnahmen, die auf langen Krieg deuten. Einkommensteuern um 50 Prozent erhöht, Verdunkelung in Permanenz, gestern Strafanwarnung, da die Disziplin des Verdunkelns nachließe. Gestern trat zu den gesperrten Lebensmitteln das *Mehl.* Da in den Fischgeschäften immer weniger zu haben, da von Fleisch vielfach auch die Markenmenge nicht ganz geliefert wird, so *muß* sich alles der Mehlspeise zuwenden. Es *muß* sich also jeder fragen, wie lange noch das Brot frei bleibe. Und jeder *muß* sich fragen, wie all diese Verordnungen zu der Meinung von kurzem Krieg mit Polen allein stimmen. Die ganze Affäre ist louche und muß louche wirken – Alle Universitäten geschlossen bis auf Berlin, Wien, München, Leipzig, Jena, alle TH's bis auf Berlin, München. –

14. September, Donnerstag

Gestern nachmittag eine Dame, unbekannt, Frl. Kayser. Auftrag Grüber-Richter. Befehl der Regierung *von Mund zu Mund* zu verbreiten an alle Juden: Verbot, nach acht Uhr das Haus zu verlassen, Verbot, jüdische Verwandte als Besuch bei sich aufzunehmen. Außerdem Fragebogen für *Gestapo* ausfüllen, wie weit Stand der Auswanderung. Ob man uns abschieben und austauschen will? Ob man die nichtarisch Christlichen zwingen will, der Jüdischen Gemeinde beizutreten?

Vox populi Meister Haubold, der das rostige Ofenrohr ersetzen soll. Mannigfache Anwendung von »Scheißdreck« auf die Situation. Aber Schuld an allem England. Es will alles für sich, es hat das große Maul, unsere U-Boote werden es ihm geben, es wird im Westen nicht schlimm kommen. Polen ist von England »verarscht« worden. Andrerseits: Es wird den Winter dauern und noch länger, wir haben bestimmt mehr Tote, als offiziell angegeben (vier auf 10 000 Mann, Verlustlisten erscheinen nicht, Todesanzeigen nur im ausnahmsweisesten Fall, hier in Dresden bisher ein Motorstaffelführer und ein Redakteur der »NN«, sonst niemand!).Und ausbaden muß den Scheißdreck das arme Volk.

20. September, Mittwoch

Unsere Situation wird täglich katastrophaler. Gestern Befehl: Sicherungskonto mit beschränkter Verfügung, Ablieferung alles Bargeldes; heute polizeiliche Anfrage nach unsern Lieferanten. Es scheint also, als sollten wir strenger rationiert werden als die Allgemeinheit. Ich war am Vormittag in Pirna.

Gestern nachmittag hörte ich den größten Teil der Führertriumphrede am Lautsprecher des »Freiheitskampfes« beim Bismarck. Einiges rhetorisch sehr wirksam. »Die polnischen Soldaten kämpften tapfer, ihre Unterführung war brav, der mittleren Führung fehlte die Intelligenz, die Oberführung war vollkommen schlecht, die Organisation polnisch« ... »Wir haben keine ausgehaltene Regierung wie 1918, wir sind eine friderizianische Nation, wir werden auch nach drei, auch nach fünf, auch nach sechs Jahren nicht kapitulieren.« Etc. etc. Zugleich Werben um Frankreich, es möge England im Stich lassen. »In der Propaganda sind die Engländer Stümper, sie müßten bei uns in die Lehre gehen.« Friede mit Rußland, sie bleiben Bolschewisten und wir Nationalsozialisten! ... Ich hatte den Eindruck, als seien alle Umstehenden vollkommen zufrieden, siegesgewiß, sogar des nahen Friedens gewiß.

29. September, Freitag

Kaufmann Vogel: »Ich glaube nicht, daß es drei Jahre dauert; entweder die Engländer geben nach, oder sie werden vernichtet.« Vox populi communis opinio. Sie hat mit dem Russenbündnis und der Teilung Polens recht behalten, sie könnte auch jetzt recht behalten. Es herrscht hier überall absolute Zuversicht und Siegestaumel. Es scheint gar kein Krieg mehr zu sein. Im Westen geschieht nichts. Im Osten haben sich nun auch Modlin und Warschau ergeben, Gefangenenzahl schon 600 000. In Moskau verhandeln Ribbentrop und Molotow mit Balten und Türken. Der ungeheure Sieg läßt alle inneren Unzufriedenheiten zurücktreten; Deutschland regiert die Welt – was kommt es da auf ein paar Schönheitsfehler an.

9. Oktober, Montag

Moral †. Selbstmord Nacht 1.–2. 10. Am Morgen des 2. kam eine Karte von uns zu ihm, und wir warteten auf Antwort. Gestern der Brief seiner Emma, den ich aufbewahre. Gestern vormittag – ich war unrasiert und ohne Kragen – macht uns das Ehepaar Feder (Landgerichtsrat, »Betreuer«) Besuch. Ihm war der »Fall Moral« schon seit Tagen bekannt. Dem Mann war trotz seines Protestantismus das Begräbnis auf einem evangelischen Friedhof verweigert worden, weil er »Volljude« sei. Cf. den Brief der Emma. – Ja und im übrigen habe ich heute Geburtstag. Wir bemühen uns, froh zu sein. Und auf den nächsten Geburtstag zu hoffen.

12. November, Sonntag

Am 8. November im Bürgerbräu München das Bombenattentat auf Hitler.

In der Nacht nach dem Bekanntwerden des Attentats (Wir kennen die Täter: England und hinter ihm Juda) rechnete ich mit Verhaftung, Konzentrationslager, auch wohl Kugel. Als mir am Vormittag des 9. der Zigarettenhändler als erster davon erzählte, hatte ich trotz aller Philosophie böse Herzbeschwerden und Brustschmerzen. Bis jetzt unbehelligt. Was natürlich nichts besagen will.

Rundschreiben der Jüdischen Gemeinde: Dem neuen Telefonbuch ist bei Strafe sofort der Zusatzname Israel anzugeben. – Ich habe Gott sei Dank längst kein Telefon mehr. Die jüdische Vermögensabgabe ist von 20 auf 25 Prozent erhöht worden (doch nur für Vermögen über 10 000 M). Trifft mich sowenig wie das Telefon. Auch Armut hat Vorzüge. Die Erhöhung geschah übrigens mehrere Wochen vor dem Attentat.

9. Dezember, Sonnabend

Gleich nach der ersten Zahnarztfahrt bekam Eva einen bösen Kiefernabszeß. Die schlimmsten Schmerzen gingen bald vorüber, aber dann war und blieb sie sehr mitgenommen, ist noch heute am Kauen sehr gehindert, und durch das Guaio körperlich geschwächt. In dieses Elend hinein traf uns der lang erwartete und nun doch abscheulich wirkende Schlag.

Ich war am Montag im jüdischen Gemeindehaus, Zeughausstraße 3, neben der abgebrannten und abgetragenen Synagoge, um meine Steuer und Winterhilfe zu zahlen. Großes Treiben: Von den Lebensmittelkarten wurden die Marken für Pfefferkuchen und Schokolade abgeschnitten: »zugunsten derer, die Angehörige im Felde haben«. Auch mußten die Kleiderkarten abgegeben werden: Juden erhalten Kleidung nur auf Sonderantrag bei der Gemeinde. Das waren so die kleinen Unannehmlichkeiten, die nicht mehr zählen. Dann wollte mich der anwesende Parteibeamte sprechen: »Wir hätten Sie sowieso dieser Tage benachrichtigt, bis zum 1. April müssen Sie Ihr Haus verlassen; Sie können es verkaufen, vermieten, leerstehen lassen: Ihre Sache, nur müssen Sie heraus; es steht Ihnen ein Zimmer zu. Da Ihre Frau arisch ist, wird man Ihnen nach Möglichkeit zwei Zimmer zuweisen.« Der Mann war gar nicht unhöflich, er sah auch durchaus ein, in welche Not wir gebracht werden, ohne daß irgendeiner einen Vorteil davon hat – die sadistische Maschine geht eben über uns weg. Am Donnerstag war er dann mit dem zuständigen Gemeindebeamten Estreicher zur Besichtigung hier. Wieder durchaus freundlich und zuredend: Sie können sich hier doch nicht halten, vom 1. 1. an müssen Sie alle Lebensmittel aus einer bestimmten Stelle in der Stadt holen. Estreicher sagte mir, ich möge das Nähere mit ihm besprechen. Eva ungleich gefaßter als ich, obwohl sie ja ungleich härter betroffen wird. *Ihr* Haus, *ihr* Garten, *ihre* Tätigkeit. Sie wird wie gefangen sein. Auch verlieren wir den letzten Besitz, denn das Haus zu vermieten würde uns Schikanen eintragen, und wenn wir es verkaufen, bleibt uns nach Abzug der Hypothek ein winziger Betrag, der auf Sicherungskonto kommt und von dort her nie wieder in unsere Hände. Und was mit unsern Möbeln etc. anfangen? Auch muß das Katerchen vergiftet werden. Aber Eva bleibt aufrecht und macht schon Zukunftspläne. Ein Blockhaus in Lebbin! – Gestern im Gemeindehaus Besprechung mit Estreicher, der mir sehr freundlich entgegenkam. Ich ging ermutigt fort, freilich hat der Auftrieb nicht lange angehalten. Estreicher sagte im wesentlichen: Keinen Finger krumm machen, abwarten. Er halte die Sache in Händen, schiebe sie so lange als möglich hinaus, fast sicher bis Mai, vielleicht bis Juni, zwei Zimmer könne er uns dann in jedem Augenblick verschaffen – und *bis Mai ist noch so lange Zeit. Wir alle hoffen …* Diese Stimmung auf dem Gemeindehaus ist es, die mir Mut macht. Alle dort Beschäftigten haben schon schwerer gelitten als wir. Die meisten waren schon im Konzentrationslager, und alle tun mit ruhigster Zähigkeit ihre Pflicht, und alle sind zuversichtlich. Ich muß nächstens über die Leute genauere Notizen machen, ich bin nur zu müde. Heute und in den letzten Tagen öfter war ich zweimal auf Einkauf, das Wirtschaften wird immer schwerer, füllt immer mehr meinen Tag. Poor Curriculum.

16. Dezember, Sonnabend

Letzten Sonntagabend kam Berger zu uns, der seinen Kramladen um die Ecke hat, sehr braver Mann, kein Nazi, im Weltkrieg Soldat und Unteroffizier. Ich hatte seiner Frau erzählt, daß wir das Haus aufgeben müßten. Er wolle es mieten, für 100 Mark – soviel kostet es uns monatlich, und das ist sein steuerlicher Mietswert –, seinen Laden in unserm Musikzimmer einrichten. Ich sagte in nuce: Einverstanden, wenn sich bis zum 1. April nichts ändert, und wenn er es *nur* auf den Zeitraum mietet, in dem sich das Regime hält – (Er: »vielleicht bis morgen, die Empörung ist überall groß – vielleicht auch noch 20 Jahre«) – und wenn er den Garten brav instand hält. So verblieben wir.

Aus den neuen Lebensmittelkarten hat man uns alle Sondergaben herausgeschnitten. Diese Sondergaben an Fleisch und Fett etc. sind aber durchweg durch Kürzung anderer Rationen ausgeglichen. (Z. B. mehr Butter = weniger Margarine). So sind wir also sehr tief herabgedrückt. Erfolg: Vogel steckt mir eine Tafel Schokolade nach der andern zu, und der Schlächter schreibt auf die Rückseite eines Zahlzettels: »Zu Weihnachten haben wir Ihnen eine Zunge zurückgelegt.«

24. Dezember, Sonntag nachmittag

Eva schmückt den Baum, den ich mit sehr großer Mühe gestern – drei Besorgungen an einem Tag! – herangeschleppt habe. Sie ist aber noch deprimierter als ich. Wir sind eben sozusagen in extremis. Wenn kein Umschwung kommt, ehe man uns aus der Wohnung drängt, sind wir ja doch ziemlich verloren. Und ob vor dem 1. April …? Trotzdem ist diese Weihnacht nicht so trostlos wie die vorige. Damals war Friede, der Westen schien endgiltig kapituliert zu haben, Hitler für unabsehbare Zeit gesichert zu sein. Und jetzt ist die Entscheidung im Gange und *muß* gegen Hitler fallen. Bleibt für uns nur die Frage des Wann. Die letzten Wochen für Hitler trotz ständiger Zeitungssiege offenbar sehr böse. Erst der »Seesieg« und gleich danach die Selbstvernichtung der »Admiral Spee«, dann die Selbstversenkung der »Columbus« vom Lloyd. Vor allem aber: die große Warnung, nicht das »zersetzende Lügengift« der Auslandssender zu hören, mit den abschreckenden Urteilen: 2½ Jahre Zuchthaus für eine ganze Familie in Danzig, 1¼ Jahre Zuchthaus für Leute in Württemberg und im Rheinland. Und die entsetzliche Schmach des Hitlerschen Glückwunschtelegramms zu Stalins 60. Geburtstag. Und die Ausfälle und Proteste gegen neutrale Länder, die vorher uns befreundet und von uns gegen England beschützt werden sollten.

Silvester 39, Sonntag abend

Wir sind diese Weihnacht und dieses Silvester entschieden in böserer Lage als voriges Jahr, die Fortnahme des Hauses droht. Trotzdem ist mir wohler zumut als damals; es herrscht jetzt Bewegung, und damals stagnierte alles. Ich bin jetzt überzeugt, daß der Nationalsozialismus im kommenden Jahr zusammenbricht. Vielleicht werden wir dabei zugrunde gehen – er aber wird bestimmt enden, und mit ihm, so oder so, der Schrecken. Ob wir freilich das Haus und den Kater retten? – Wir haben in diesen Tagen allabendlich unsern hübschen Weihnachtsbaum angezündet und wollen es auch heute tun.

Schriftstellerisch kann ich mit 1939 eigentlich zufrieden sein: an 200 engste Maschinenseiten des Curriculum sind fertig, 6¾ Kapitel.

Ich zwinge mich zu einer Mischung aus Hoffnung und Nichtdaran-Denken. Tag um Tag ist in seiner Einzelheit zu erledigen: die Wirtschaft, das Essen für uns und den Kater, vorlesen und ein bißchen schreiben.

Die Pogrome im November 38 haben, glaube ich, weniger Eindruck auf das Volk gemacht als der Abstrich der Tafel Schokolade zu Weihnachten.

1940

17. März, Sonntag abend

Über einen Monat ohne Tagebuchnotiz, ich kann mich nicht
mehr dazu aufraffen. Was mir die Wirtschaft an Zeit läßt, ver-
wende ich auf die Reinschrift (und Durcharbeitung) des Curriculums. Das Stück heißt jetzt Buch II und wird allmählich fertig.

Im übrigen das zermürbende Warten. Es scheint (keine Sicherheit), daß man uns bis Mai oder Juni hier wohnen läßt. Gestern mußte ich zum Bürgermeister: junger Mann in SA-Uniform, nicht unhöflich, nicht einmal übermäßig unsympathisch.
Ein Mieter sei an meinem Hause interessiert, wenn es ihm nicht
zusage, werde man mich vielleicht nicht drängen. Der Interes-
sent kam und fand das Haus nicht geeignet. Also wohl wieder
Galgenfrist. Also keine Stunde Gewißheit.

Absolutes Dunkel der Lage. Greift Hitler an? Manchmal meine ich: Er muß. Die Eßnot wird immer drückender. Der Frost hat
seit kurzem nachgelassen, es ist aber immer noch sehr kalt, man
muß heizen, Kohlen fehlen, Kartoffeln fehlen, Fett fehlt, Fische
fehlen usw. usw. Eine Weile schien alles auf Offensive hinzudeu-
ten; jetzt scheint man abzuwiegeln: Wir haben schon sooo große
Erfolge, wir warten ab, wir können es sieben Jahre aushalten. Das
unlösbarste und dabei entscheidende Rätsel ist die Stimmung im
Volk. Was glaubt es? Klagen und schimpfen tut alle Welt. Aber
ich glaube, die meisten sind geduldig und setzen Vertrauen in
das, was ihnen eingetrichtert wird.

Hitlers Reden werden neuerdings fromm. Erst sprach er von
seinem Glauben an die Vorsehung. Am Heldengedenktage hoffte
er »demütig auf die Gnade der Vorsehung«.

10. April, Mittwoch

Ständig trostlosere Situation. Das Haus zwangsweise zum 1. Juni vermietet, an Berger, der seinen Laden in unserem Musikzimmer aufmacht, unser eigenes Wohnen noch unbestimmt. – Besprechung mit dem Auswanderungsberater der Jüdischen Gemeinde, Ergebnis unter Null: Sie *müßten* heraus – wir sehen *keine Möglichkeit.* Amerikanisch-jüdische Komitees setzen sich nur für Glaubensjuden ein. Ihre zuständige Stelle Pfarrer Grüber, dem es an Mitteln fehlt.

Gestern, 9. 4., Besetzung Dänemarks und Norwegens. Estreicher: »Glauben Sie nicht, daß sie in vier Wochen in England landen?« Ich tat so, als wenn ich es nicht glaubte; aber in Wahrheit fange ich an, den erst für unmöglich gehaltenen deutschen Endsieg für wahrscheinlich zu halten.

19. April

Ich verabredete mit Berger einen kurzen Mietvertrag; die Gemeinde Dölzschen zwang mir durch die Kreisleitung der NSDAP einen andern Vertrag auf. Danach ist das Haus auf zwei Jahre vermietet, ich darf es nicht ohne die Genehmigung der Gemeinde betreten, ich darf keine Forderung an den Mieter stellen ohne ihre Genehmigung, ich überlasse ihm das Vorkaufsrecht zum festgesetzten Preis von 16 600 durch Eintragung dieses Paragraphen ins Grundbuch. Der Vertrag ist so sehr Erpressung und Instrument künftiger Schikane, daß wir das Haus gleich an Berger verkaufen wollten. Aber damit verlören wir alles: 4600 M kämen auf unser Sicherungskonto, und selbst wenn wir sie je wiedersähen – die Mark habe noch 3 Pfennig Wert, sagte mir Estreicher. So habe ich unterzeichnet (Reservatio nicht nur mentalis, sondern auch oralis Berger gegenüber: »Erpressung«, Anfechtung vorbehalten), den Grundbuchantrag gestellt, die eventuelle Schikane in Kauf genommen, eine letzte kleine Hoffnung behalten, ein wenig Geld zu retten. Eva sagt, Dölzschen sei nun auch ihr verekelt, sie spinnt Pläne eines künftigen Neuanfangs irgendwo an der Ostsee.

Im Augenblick völligste Ungewißheit. Estreicher sagt, er werde uns etwas möglichst Gutes beschaffen, vielleicht zwei Zimmer mit Küche; aber noch hat er nicht, und am 25. Mai müssen wir hier alles geräumt haben. Auch die Kostenfrage drückt: der Umzug, die Speichermiete, und der Vertrag zwingt mich sogar, noch den Zaun hier streichen zu lassen. Alles von den jetzt 400 M Pension ohne jede Reserve. Die Angst befällt mich aber nur intermittierend: Mehr als das Haus und den letzten Pfennig verlieren kann ich nicht; und als Bettler nehme ich wie zahllose andere zu Bettlern Gewordene öffentliche Hilfe, d. h. Hilfe der Jüdischen Gemeinde, in Anspruch.

Estreicher ist ein merkwürdiger Mensch. Jude und Leiter der Wohnungsvermittlung. Feder, Neumann usw. warnen vor ihm: Spion, Denunziant, nehme Schmiergelder. Zu mir ist der Mann aber bisher von allergrößter Freundlichkeit, und sein Rat, das Haus *nicht* zu verkaufen, widerspricht bestimmt seiner Nazi-Instruktion; denn man will die jüdischen Privathäuser »freiwillig« verkauft sehen, um an dem Odium der Enteignung vorbeizukommen. Vielleicht werde ich auch von Estreicher betrogen werden; aber was macht es schon aus? Ich bin auf alle Fälle hilf- und rechtlos.

Politisch sehe ich die Lage nicht mehr so trostlos an wie am Tag der Norwegen-Besetzung. »Israel« scheint wirklich aufgestanden, und Norwegen scheint ein allzu großer und schlecht verdaulicher Bissen. Wir folgen den Kämpfen um Narvik mit verzweifeltem Anteil. Große deutsche Siegesberichte, darunter verklausulierte Eingeständnisse schwieriger Lage und schwerer Verluste; dazu die Nachrichten via Natscheff. (Gestern wieder eine Reihe Zuchthausurteile gegen Abhörer des Auslandrundfunks!) Am meisten grübeln wir über die Rolle der deutschen Luftwaffe; manches spricht für ihre große Wirksamkeit und Überlegenheit, manches auch dagegen. Man kann sich kein Bild machen. Der Heeresbericht weiß immer von vernichteten englischen Kreuzern und nie von eignen Verlusten zu erzählen. Drei Kreuzer an einem Tag: das ist enorm; aber wenn die deutschen

Bomber so absolut unwiderstehlich sind, wieso hält überhaupt noch eine Flotte Narvik blockiert, wie konnten englische Truppen nach Norwegen gelangen, wieso gibt es noch ein unversehrtes Schiff in Scapa Flow??? Ich kann gar nicht genug Fragezeichen tippen. –

29. April
Abscheulichkeit der Wohnungsaffäre. Estreicher, soweit ganz höflich, zeigte uns am Sonnabend zwei Zimmer in einer Villa der Caspar-David-Friedrich-Straße (già Josephstraße). Sehr hübsch, aber auch naturgemäß mit großen Nachteilen. Am Montag in seinem Bureau sollte ich mit der Mitmieterin, einer Frau Voß, zusammenkommen, und dann sollte weiter besprochen werden. Die Zimmer sah ich mit Eva zusammen (Autodroschke, seit Monaten ihr erstes Zur Stadt, die furchtbare Mähne geschnitten). Es verstand sich von selbst, daß am Montag noch verschiedene Fragen mit der Frau Voß etc. zu regeln waren; auch hatten wir noch *nichts* anderes gesehen als eben diese Zimmer. Bei meiner ersten Frage wurde Estreicher im höchsten Grade anmaßend, ich sei undankbar, ich müßte ihm um den Hals fallen, ich hätte mich sofort zu entscheiden etc. etc. Dabei verfiel er ins Schreien und drohte mit seiner Allmacht, mir ein unmögliches Einzelzimmer zuzuweisen. Mich packte die Wut, ich sprang auf, hieb die Faust auf den Schreibtisch und brüllte ihn an, er hätte sich anständig zu benehmen. Es war eine greuliche Szene, ich zahlte sie mit einem richtigen Herzanfall und bin noch heute zerschlagen. Nach langem gegenseitigem Toben habe ich die Zimmer angenommen, um zwölf will Frau Voß herkommen zur weiteren gegenseitigen Besprechung.

3. Mai, Freitag
Sehr traurige Tage, und mein Herz macht mir solche Beschwerden, daß ich mir keine lange Frist mehr setze. Ich bin überzeugt, an den Anfängen der Angina pectoris zu leiden. Halbwegs beruhigend war vorgestern der Besuch der Frau Voß, mit

der wir fortan zusammenhausen müssen. Unaffektiert, eher, wie Eva richtig sagt, berlinisch-ruppig, scheinbar vernünftig und nicht ungebildet. Vedremo – es wird noch über sie zu reden sein. Vorderhand: Sie ist tierlieb und erhebt keinen Einspruch gegen Muschel. Inzwischen ist aber die Fleischration so tief gesunken, daß wir ihn doch nicht werden retten können. Das ist heute unser Hauptkummer. Dazu kommt die schwere Niederlage der Engländer bei Andalsnes. Was wird aus der Welt, wenn Deutschland siegt? Und aus uns?

8. Mai, Mittwoch

Heute vormittag zu der Auswanderungsberatung in die Jüdische Gemeinde gerufen. Ein leicht anmaßlicher, nicht unhöflicher Herr aus Leipzig. Ganz aussichtslos. Einzige »Realität« Shanghai, dort kann man auf Einlaß in USA warten, wenn ein Angehöriger die Reise und 400 Dollar vorstreckt, und solange eben die 400 Dollar reichen. Seit April 39 aber bin ich ohne Nachricht von Georg. Zu diesem 10. Mai schrieb ich ihm einen Kartengruß als eine Art »Flaschenpost«.

Der Krämer Berger, der unser Haus bekommt und einen Stufenzugang zur Terrasse baut, ist täglich mindestens einmal hier. Ein ganz gutartiger Mensch, hilft uns mit Kunsthonig usw. aus, ist gänzlich antihitlerisch, freut sich aber natürlich des guten Tausches.

11. Mai, Sonnabend früh

Gestern, am 10. Mai (Georgs 75. Geburtstag) hat »im Morgengrauen« die Offensive durch Holland und Belgien begonnen. Natürlich der »Gegenstoß« zum »Auffangen des feindlichen Einbruchs in letzter Stunde«. Die gesamte »Aufmachung«, Hitlers Aufruf mit den famosen »tausend Jahren«, seine Übernahme der Operationsleitung (!) zeigt, daß nun *alles* entschieden wird. Wenn er nicht siegt (selbst wenn er Remis macht), fällt er. Geschichtsphilosophisch stimmt Montesquieus »Auch wenn Caesar *nicht* den Rubikon überschritten hätte, wäre die Republik gefallen.« Gewiß – aber *wann* wäre sie dann gefallen? Geschichts-entwicklung läßt sich mehr Zeit, als der einzelne Mensch besitzt. Und ich fürchte Hitlers Nimbus der Unbesieglichkeit.

16. Mai, Donnerstag abend

Vielleicht der trübste Hochzeitstag, den wir je gefeiert haben. Das Chaos des Umzugs hat begonnen, neun Zehntel der Möbel müssen auf den Speicher, wir vernichten viel Schriftliches und Gedrucktes als Ballast, was wir solange bewahrt hatten. Im Garten legt Berger seine Ladenstufen an und zerstört, was Eva in Jahren aufgebaut hat. Und bei alledem das trostlose Gefühl, daß eine günstige Änderung unserer Lage auf keine Weise anzunehmen ist. Die Erfolge im Westen sind ungeheure, und das Volk ist berauscht. Ganz Holland, halb Belgien genommen, die Überlegenheit der Flieger usw. Berger heute: In der Markthalle sagen sie: »Am 26. Mai spricht Hitler in London.« Und weiter: »Und dann fallen Gibraltar und Suez.« Auch die sittlichen Begriffe sind verwirrt: »Hitler will ja nur, was Deutschland gehört, und im übrigen hat er immer versprochen, Frieden zu halten.« Und Polen? – »Das meiste davon lassen wir Rußland und nehmen eigentlich nur, was deutsch war, höchstens noch Warschau dazu.« Und die Tschechei? – »Die ist doch nun mal nicht lebensfähig als eigener Staat.« Hitlers Umschwung vom Antibolschewismus zum Russenfreund und alles andere ist vergessen: »Er will nur Frieden, er hat das immer versprochen.« – Es ist fast bis zur Unmöglichkeit schwer, sich der allgemeinen Suggestion zu entziehen und nicht mit dem »Blitzsieg« (*Blitzsieg* und *Gegenschlag* für Sprache tertii imperii notieren!) und der phantastischen Landung in England zu rechnen. Und doch können und können wir nicht glauben, daß England und Frankreich sich vernichten lassen. Heute der erste kleine Ruhepunkt, die erste kleine Dämpfung in den Triumphberichten seit dem 10. Mai: »Der Feind hat sich zwischen Namur und Antwerpen zum Kampf gestellt.« Hitler ist wie ein Boxer, der in der ersten Runde siegen will und muß; für zwei Runden reicht es nicht aus. Werden England und Frankreich hart genug sein im Nehmen?

21. Mai, Dienstag

Seit Freitag ganz und gar im Chaos des Umzugs und selbst stärker aktiv daran beteiligt als je zuvor. Es handelt sich um das Abstoßen allen Ballasts. Das wenigste kann mit uns, das meiste muß auf den Speicher. In die Arbeit hinein trifft täglich vergrößert der französische Zusammenbruch. Der Sieg Hitlerdeutschlands scheint gewiß. Und weil damit jede Aussicht für uns schwindet, noch einmal in unser altes Esse zurückzugelangen, so möchte ich den Begriff Ballast beinahe auf meinen ganzen Besitz ausdehnen und wüte geradezu gegen meine Vergangenheit.

Beide sind wir durch den unfaßbaren Verlauf der Dinge aufs tiefste deprimiert. Er vernichtet unsere Zukunft. Eva, allein schon durch die Umzugsarbeit mitgenommen, ist in diesen Tagen völlig verfallen. Ich selbst leide viel an Herz- und Blasenbeschwerden, bin sehr stumpf. Immer wieder geht mir Vaters Lieblingszitat durch den Kopf: »Während hoch zu Roß als Sieger ...«

Auch die ungeordnete, aber fraglos wertvolle Markensammlung geht an Annemarie zusammen mit einem Wäschekoffer. Angabe zu meinen Manuskripten: Falls mir etwas zustoßen sollte, *nach* veränderter Lage an die Dresdener Staatsbibliothek.

Judenhaus, Caspar-David-Friedrich-Straße 15b

26. Mai, Sonntag morgen

Eine hübsche Villa, zu eng, zu »modern« gebaut, gepfropft voll mit Leuten, die alle das gleiche Schicksal haben. Wunderschön im Grünen gelegen. Parzellierter alter Parkbestand, hinter dem Baum- und Gartenstreifen Wiese und Ackerland; wenn wir auf dem der Straße abgekehrten Balkon stehen, zur Rechten als Blickgrenze eine Geröllwand, zur Linken eine Klinik. Die Straße ziemlich schmal, drüben auch Villen, Gärten, Sanatorien, Villen.

Der größte Zeitverlust ist das ständige Hineinwusseln fremder Humanitas. Frau Voß, Fünfzigerin, sehr wohlhabende nichtarische Witwe des arischen Direktors der ÖVA (ehemaligen, eines katholischen Geistlichen), ist eine etwas kindliche, kaum gebildete, ein bißchen kleinbürgerliche Frau, gutartig, hilfsbereit, sehr anschlußbedürftig, ungeheuer gesprächig. Sie erscheint schon, wenn Eva noch im Bett liegt, sie frühstückt auf dem Balkon. Sie hat uns am Einzugstag zweimal zum echten Tee eingeladen, sie hat gestern unsere Schollen bearbeitet – wir wiederum mußten ihr Geschirr mit abwaschen. So herrscht eine große Promiskuität, die hoffentlich reibungslos bleibt, aber natürlich auch reibungslos auf die Nerven fällt. Das beste an Frau Voß ist ihre große Freundschaft für Muschel, eine sofort erwiderte Freundschaft. Das erleichtert vieles. Es fällt dem armen Tier nicht leicht, sich an den engen Raum zu gewöhnen, und für uns ist die Kästchenaffäre natürlich eine sehr große Schwierigkeit. – Frau Voß ist nicht die einzige, wenn auch die hauptsächlich wusselnde. Das Haus ist wirklich eine Schicksalsgemeinschaft, und wir werden Besuche machen müssen. Über uns wohnt der Besitzer Kreidl, Anfang sechzig, ursprünglich Bankprokurist, unter uns seine verwitwete Schwägerin, die auch aus eigenem Haus heraus mußte, bei ihr noch allerlei Volk. Bisher nur Gespräche auf Treppenabsatz. Thema natürlich immer: was war und hatte ich *vorher*; dazu: was wird aus dem Krieg?

Ich fand hier als erstes ein Schreiben der Jüdischen Gemeinde vor: Personalangaben für den Arbeitsdienst; an alle Juden von sechzehn bis sechzig Jahren. Wenn ich zum Schippen herangezogen werde, ist es mein Herztod.

Seit der Umzug im Gang, herrscht nach der vorangegangenen Kälte schwere, schwüle Hitze. Einmal hat es gewittert, Wiederholung droht stündlich.

An diesen Notizen mitten im Chaos und öden Herumstehen habe ich ein klein bißchen Kraft zurückgewonnen.

30. Mai, Donnerstag

Statt sich zu lichten, wird das Chaos immer ärger. Dabei die immer trostlosere Lage der Entente, der fast sichere Endsieg tertii imperii. Hundertmal am Tage beneide ich Moral. Ich vergeude nun schon eine Woche in Dreck und geschäftigen Untätigkeiten. Zweimal vergeblicher Ansatz, im Curriculum weiterzukommen. Herumstehen, Einkaufen mit »Umsteiger« am Chemnitzer Platz – hier, wenn man eine Schachtel Streichhölzer braucht: »Sind Sie mein eingetragener Kunde?« –, immer und immer wieder Abwaschen des viel zu gering vorhandenen und nirgends abstellbaren Geschirrs. Und der Kater. Mit seinem Kästchen, mit seiner Gefangenschaft. Und Frau Voß, von morgens bis Mitternacht Frau Voß. Sie sitzt früh an Evas Bett, sie ist bei allen Mahlzeiten da, sie redet immerfort.

31. Mai, Freitag

Das Judenhaus: Über uns Besitzer Kreidl, Protektoratsbürger, insofern etwas freier. Seine Frau, Anfang vierzig, wohl fünfzehn Jahre jünger als er, arisch. Unten seine verwitwete Schwägerin.

Ihr Mann besaß ein großes Sportgeschäft, das dann der Sohn (fünfunddreißig Jahre) leitete. Sportfechter mit Florettpreisen. Hat drei Wochen im KZ gesessen, seine Mutter eine Woche in Untersuchungshaft. Man fand hinter ihrem Ofen Florette ohne Spitze. Staatsanwalt entschied: Sportgerät, nicht Waffe. Permit für England. Frau Kreidl jun. kam fünf Tage vor Kriegsausbruch hinüber, Kreidl jun. hier festgehalten. *Alle* im Haus deutschen Endsieges *absolut gewiß.* Dann ist da unten irgendwie angeheiratetverwandt ein dicker, brutal aussehender Herr Katz, Kaufmann. hat den Krieg als Offizier mitgemacht, ist Monomane des deutschen Soldatentums, gebärdet sich nationalistischer als jeder Nazi, freut sich der deutschen Siege, verachtet Entente. »Wir« werden England aushungern, »wir sind unwiderstehlich, unbesiegbar«. – Die englische Blockade? »Nebbich die Blockade!« – Bei den anderen natürlich in allem Pessimismus immer wieder Hoffnungen, Gerüchte, geheime Nachrichten. (Amerikas Eingreifen scheint wahrscheinlicher, vor etlichen Tagen Sturz deutscher Börsenpapiere.)

Gestern abend brachte uns Kreidl jun. die Lebensmittelkarten, die er für das ganze Haus von der Gemeinde holt, und erzählte. Er tut jetzt neun Stunden täglich Arbeitsdienst mit dem Spaten. –

6. Juli, Sonnabend

Neues Verbot für Juden, den Großen Garten und andere Parks zu betreten. Wirkung im Judenhaus. Katz, der dicke alte Mann mit der Offiziersmonomanie, bringt es uns zur Unterzeichnung. Er hat eine merkwürdige Liebe zu uns gefaßt, obwohl ich ihm opponiere. Weil ich ihm gern zuhöre. Weil er wünscht, daß ich recht behielte. Weil er neuerdings nicht mehr so siegesgewiß ist – die Schwierigkeiten des Landens! Er hat eine besondere Vorliebe für Eva. Weil sie an einer »Judenkarte« keinen Anstoß nahm, die ihr durch Verwechslung statt der ihr zustehenden »arischen« heraufgeschickt wurde. (Karten werden jetzt für das ganze Haus abgeholt.) Es gibt Unterschiede im Haus.

Frau Kreidl sen. ist auch »arisch« und erbittert, in dem jüdischen Schlamassel zu sitzen. Sie hat in Evas Fall eine Szene um das J gemacht. Sie sagt: »Was geht mich das an?« »Soll sie sich scheiden lassen«, sagt Katz. Auch Kreidl sen. ist Klasse für sich. Hat das J, darf aber als Protektoratsdeutscher (geborener Böhme) nach neun auf der Straße sein, darf durch den Großen Garten gehen. Seine Frau geht in die Oper. Darf. Spannungen aus alledem. – Ich prüfe mein eigenes Herz. Immer erkläre ich: »Das J wird einmal mein Alibi sein.« Aber immer ist es mir grauenhaft, die J-Karte vorzuweisen. Es gibt Läden (ich bin noch an keinen geraten, aber z. B. der Schokoladen-Kraus), die Belieferung der Karten ablehnen. Es stehen immer Leute neben mir, die das J sehen. Wenn möglich, benutze ich im fremden Laden Evas »arische«. Übrigens ist Eva jetzt auf mühseliger Jagd (via Kennkarte und etliche Amtsstellen) auf Kleiderpunktkarte, um im Tauschweg etwas für meine Abgerissenheit zu bekommen.

18. Juli, Donnerstag

Während Kreidl sen. neulich die Nachricht vom Ostwärts brachte – noch immer spricht jedermann in Dresden davon, und niemand weiß genau, was dahintersteckt, und die Zeitung tut jeden Tag so, als sei die Landung im *wehrlosen* und *verzweifelten* England täglich zu erwarten –, lag unten im Parterre eine alte

Frau, die Mutter der Frau Katz, am Schlaganfall im Sterben und starb, während wir uns hier unterhielten. Die Gestapo hatte der jüdischen Pflegeschwester die Erlaubnis zum Nachtdienst nur mit Schwierigkeit gegeben. Ich hatte den Eindruck, als sei dem ganzen Hause, die nächsten, übrigens dick erbenden Angehörigen einbegriffen, der Todesfall unwichtiger als die politische Lage. Wir fuhren am Dienstag nachmittag zu dritt zur Leichenfeier. Ich war das erste Mal hier auf dem jüdischen Friedhof (Fiedlerstraße), wohl das erste Mal im Leben bei einer orthodoxen jüdischen Begräbnisfeier. Ein Lehrer im Talar sprach kurz. Dann wurde der Sarg aus der Halle in den Nebenraum getragen, die Männer traten vor, der Rebbe las ein langes hebräisches Gebet, die Männer fielen mit vielen Omein ein, die Frauen standen in ihren Bänken. Vorher Händewaschen derer, die den Sarg hinaufgetragen. Keine Musik. Die Verstorbene, die übrigens in Berlin verbrannt wird, soll sehr reich gewesen sein. Es fiel auf, wie armselig der männliche Teil des ziemlich zahlreichen Gefolges gekleidet war. – Meine eigene Kleidungsnot wird allmählich grotesk. Den »guten« Anzug muß ich schonen und laufe buchstäblich ausgefranst, ich könnte höchstens aus der Kleiderkammer der Jüdischen Gemeinde Abgetragenes zu kaufen suchen. Feder erzählte neulich, ehe ein Verstorbener noch kalt sei, bitte die Jüdische Gemeinde schon um seine Sachen. Frau Voß spinnt einen Plan, mir einen Anzug Morals zu verschaffen. Der Mann war aber viel schmaler als ich. Strümpfe von dem gefallenen Haeselbarth, ein Anzug vielleicht von dem Selbstmörder Moral – jüdische Bekleidung im 3. Reich.

26. Juli, Freitag

Gestern nachmittag in Pirna. Annemarie – Manuskripte, auch Tagebuch, abgeliefert, etwas Geld entliehen – stark und bedrücklichst verändert. Verquollenes Gesicht, beide Augen infiltriert wie die einer Bulldogge, ständiger Husten. Sie ist offenbar schwer herzkrank.

11. August, Sonntag nachmittag

Judenhaus: Fürchterlicher Zusammenstoß mit Kreidl sen., der uns zu großen Wasserverbrauchs bezichtigt und Sonderzahlung verlangt. Lappalie von 1,50 M, aber charakteristische Heftigkeit, ich muß schon sagen, beiderseits. Die Nerven gehen in dieser gräßlichen Situation jedem durch.

Heute Frau Voß in tiefster Depression. Das Telefon (sie telefoniert täglich endlos mit Freunden und Angehörigen) ist allen Juden gekündigt und verboten worden. Wir sitzen immer enger gefangen. – Judenmaßnahmen in Rumänien und Slowakei, engerer Anschluß an Deutschland. Triumphaler Einmarsch rückkehrender Truppen (inmitten des Krieges). Aktuellstes Schlagwort (auch auf Begrüßungsschild verwendet): Unser Führer »Schöpfer eines neuen Europas«. – Im Generalgouvernement Polen ist ein Ghetto eingerichtet und den Juden die Zionsbinde vorgeschrieben worden; sie tun Zwangsarbeit. – Mutschman bei der Truppenbegrüßung: Am Krieg sind die Juden schuld.

30. August, Sonnabend

Zwei enge Bogen von Sußmann. Er beschreibt, wie er den ganzen Tag rodet. Sein Schwiegersohn hat ein Sommerhäuschen mit Waldstück bei Stockholm gekauft; daraus soll Ackerland werden. Lotte Sußmann arztet in der Schweiz, in demselben Irrenhaus, in dem sie Jahr und Tag fast hoffnungslose Patientin war; die tuberkulöse Käte ist wiederhergestellt und von der Näherin zur »Ansteckerin« avanciert; sie lädt den Vater ein, ihr Auskommen lange für zwei – ich glaube in New York. Georg scheint alle Verbindung mit Europa aufgegeben zu haben, auch Sußmann ist seit Januar ohne direkte Nachricht, Betty Klemperer habe an Änny Klemperer geschrieben, daß es ihm nach einer Operation besser gehe als je zuvor. Über Marta kein Wort. Ich bin rettungsloser isoliert als alle andern Glieder des Judenhauses und der Jüdischen Gemeinde: Jeder hat eine Stütze, eine Verbindung, eine Hoffnung im Ausland – wir sind allein, absolut allein.

Jeden Tag tauchen Gerüchte über neue Torturen auf, und bisher sind die meisten in Erfüllung gegangen. Jetzt heißt es: Es seien gelbe Binden zur Kennzeichnung der Juden in Aussicht (in den Betrieben sind sie bereits eingeführt), ferner eine Beschlagnahme der jüdischen Näh- und Schreibmaschinen. Aber es taucht auch immer wieder ein Gerücht auf, das sehr viel Wahrscheinlichkeit für sich hat: Es sei ein Landungsversuch abgeschlagen und ein Transport mit vielen Soldaten versenkt worden. – Keine Not leide ich bisher trotz aller Steuern am Geld; die Reserve bei Annemarie Köhler ist noch wenig angegriffen und nur durch den abzustotternden Umzug. Aber ich trage nun die unmodisch enge schwarze Hose eines Anzugs von etwa 1922, meine Filzschuhe gehen dem Ende entgegen, um Strümpfe steht es sehr schlecht – Frau Voß hat einige aus dem Nachlaß ihres Seligen hergegeben, dafür benutzt sie die arische Kleiderkarte, die Eva endlich herausbekommen hat –, es ist nicht abzusehen, wie ich im Punkt der Bekleidung durch die Zeit kommen soll. Doch haben wir uns strikte angewöhnt, nicht über das Morgen nachzudenken. Auch läßt es uns kalt, wenn das Judenhaus immer wieder mit Abschlachtung im Fall einer deutschen Niederlage rechnet.

27. September
  Frau Voß hat seit einer Woche Besuch ihres Schwagers, mit dem auch wir gelegentlich zusammen sind. Oberstudiendirektor a. D., Ende sechzig, aus Köln, war hauptsächlich in Verwaltungsposten, sehr katholisch, päpstlichen Orden im Knopfloch, Schwester im Kloster, 33 gegangen worden. Ein ausgeglichener, ruhiger, gebildeter Mann, entschiedenster Gegner Hitlers, aber auch Gegner Englands. Er möchte den Sturz Hitlers, aber er möchte auch den Sieg Deutschlands über England, nennt sich selber zwiespältig, glaubt übrigens an Deutschlands Sieg und hält Hitlers Stellung auf lange hinaus (nicht für die Dauer) unerschütterlich. Hatte keine Ahnung von all den Beschränkungen der Nichtarier.
  Diese Ahnungslosigkeit sah ich gestern an anderer Stelle ebenso. Ein freundlich zutunlicher Beamter des Ruhegeldamts,

wo ich wegen der Kirchen- und Judensteuer komplizierte Auskünfte einholen mußte. Der Mann trug das Amtswalterzeichen.
Wir kamen ins Gespräch, ich packte ein bißchen unvorsichtig
aus, bat nachher um Diskretion. Daß man mein Haus genommen, daß ich Dresden nicht verlassen kann, daß ich verhaftet war
usw. usw. – All das wußte er nicht.»Ich dachte, Sie als Frontsol-
dat ... Können Sie nicht an einem andern Ort wohnen, wo Sie
besser vergessen können? ... Können Sie Ihre Pension nicht im
Ausland erhalten?« Er war ehrlich entsetzt. Dabei nationalsozialistisch geeicht:»Daß es Sie so trifft! Aber Sie müssen doch
zugeben, daß uns *der* Jude ungeheuer geschadet hat ... Wir hatten Ihre Steuer erst falsch berechnet, wir wußten nicht, daß Sie
Jude – entschuldigen Sie! – sind.« Ich sagte ihm, ich könnte selbst
dann nicht im Ausland leben, wenn ich meine Pension dorthin
erhielte, denn die Mark stünde auf vier Pfennigen.»Aber das
wird ja jetzt anders. Sie können doch unmöglich an unserm Sieg
zweifeln.« Ich deutete leisen Zweifel an, auch das wirkte offenbar
erschütternd und war sehr unvorsichtig von mir.

14. Oktober, Montag
Ich nahm mich zusammen und kam ohne Eruption über den
9. 10. weg. Abends im »Bräustübl« des »Monopol« am Bahnhof
ein Grießpudding, als Zusatz und Geburtstagsfeier – 50 Gramm
Brotmarken.
Die Tage werden in jeder Beziehung kürzer. Sommerzeit ist
geblieben, und so wirkt die frühe Dunkelheit um so störender.
Dazu wieder von acht Uhr ab Hausarrest. Seit dem 1. 10. Wir
wußten das nicht, bis vorgestern um Viertel neun Polizeikontrolle kam; die letzten Tage vorher waren wir ahnungslos später nach
Haus gekommen; es hätte mich ins KZ bringen können. Erbitterung über die Gefangenschaft führte hinterher noch zu Zusammenstoß mit Eva. Die Nerven versagen. So muß Eva jetzt wieder
öfter und sehr bald dauernd zu Haus kochen. Da sie am langen
Nachmittagsspaziergang hängt – immer wieder betonend, dies sei
»das einzige, was ihr geblieben« (was mindestens subjektiv rich-

tig, und hier kommt ja alles auf das Subjektive an), so übermüdet sie sich schwer, und das führt zu elenden Abenden und unfrohen Vormittagen. Und da morgens schlechtes Licht im Bett, so lese ich viel vor. Auf solche Weise stockt das Curriculum tagelang gänzlich. Bald bedrückt mich dies Stocken, bald bedrückt mich mein Egoismus, bald finde ich meine Trauer um das Curriculum sinnlos. Die paar Leute, denen ich bisher daraus vorlas, Moral, Feder, Lissy, hat es jedenfalls nicht interessiert, und manchmal glaube ich fast: Eva auch nicht.

Einen ganzen Tag kostete mich ein Angebot Reichenbachs, des Rechtsanwalts bei der jüdischen Wirtschaftshilfe, den ich bei Frau Breit näher kennenlernte, um eine Stelle für mich nach Chile zu schreiben. Ich werde diese Stelle nie bekommen, wir beide *wollen* sie nicht haben, und doch fühle ich mich verpflichtet, das Meinige dazu zu tun. Dies Meinige bestand in der Hispanisierung der Vita-Notiz. Ohne alle Kenntnisse und ohne Hilfsmittel außer dem spanisch-deutschen Tolhausen-Band eine peinliche Qual. Auch photographieren muß ich mich noch lassen. Ich sage mir immer wieder: Entweder ich überlebe den Krieg, dann brauche ich nicht fort; oder ich überlebe ihn nicht, dann brauche ich auch nicht fort, und während des Krieges kann ich nicht heraus. Also wozu die Qual? Aber andererseits: Ist es nicht doch vielleicht Autosuggestion, wenn ich mir einhämmere: Hitler verliert die Partie?

Am 9. wurde mir nicht nur mein Alter, sondern auch meine furchtbare Einsamkeit bewußt. Kühle Zeilen von Annemarie Köhler, die seit mindestens anderthalb Jahren nicht mehr zu uns kommt. Johannes Köhler, die Carlo, meine einstigen Kollegen – wo sind sie? »Wenn alle untreu werden«, müßte man an einen bon Dieu glauben können. Georg schweigt seit April 39 rätselhaft, Grete ist geisteskrank. *Nur* Sußmann schrieb einen hübschen Brief. Er wünschte mir »Freiheit«. Er gab Auskunft über Leo Brunner, woraus ersichtlich, daß der Mann doch weniger verschollen, als ich angenommen hatte. Wir wandern auch im Lockwitzgrund (Kleinborthen! Burgstädteler Linde!) mit seinen schönen Herbstfarben.

21. Oktober

Abnutzung des Superlativs: London wird alle Tage zerstört, alle Tage sitzen die Londoner länger im Keller. Aber mehr als vierundzwanzig Stunden hat der Tag nicht, mehr als zerstört sein kann eine Stadt nicht. Vor drei Tagen war es »das größte Bombardement der Weltgeschichte«, vor zwei »Bartholomäusnacht für London«. Nun muß man pausieren, die »pausenlosen Vergeltungsangriffe« stehen secundo loco im Bericht, U-Boot-Erfolge rücken wieder an den ersten Platz. Inzwischen ist England jeden Tag über Deutschland, jeden zweiten oder dritten über Berlin. Gestern, schon um halb elf, hatten wir *hier* zum drittenmal Alarm, es fielen auch ein paar Flakschüsse, aber ehe wir noch den Keller aufgesucht hatten, gab es schon Entwarnung. Von Dresden will man (vorläufig) in England nichts wissen.

Neue Zwangsmaßregel in judaeos: Benutzung auch der Leihbibliotheken verboten. Zwei Jahre nach dem Verbot der öffentlichen Bibliotheken. Wieso eigentlich? Ich glaube: aus Angst, um jede Berührung des Volkes mit kritischen Köpfen zu unterbinden. Von jetzt ab muß Eva, die arische, zu Natscheff.

10. Dezember, Dienstag

Am Sonntag zum Tee unten bei Katz/Kreidl. Die halbe Jüdische Gemeinde. Ein Apotheker, der im Arbeitsdienst in Donaths Kellerei Lasten trägt, ein alter Sanitätsrat, den man von seinem Gutachterposten in einer Versicherung entfernt hat, und ihre Frauen. Jeder sagt: Hinüber, auch ins Ungewisseste! Man läßt dort niemanden verhungern, und hier ist wachsende Lebensgefahr. Übrigens waren alle gehobener Stimmung, weil es den Italienern in Albanien schlecht geht und offenbar die Engländer Herren der Adriapassage und des Mittelmeers sind. Aber immer die Angst: Uns wird man verschleppen oder schlachten. – Die öffentliche Judenhetze ist wieder im Anschwellen. Die Filmpropaganda »Jud Süß« und der »Ewige Jude«. Dieser zweite offenbar schlimmste und mit größtem Tamtam »aufgezogene« Film ist übrigens nach knapp einer Woche hier wieder verschwunden. Weshalb? Müdigkeit und Ekel des Publikums?

Ständiges Dilemma: Ich finde so überaus wenig Zeit zum Curriculum, daß ich mir gar keine Zeit zum Tagebuch nehme. Aber dies ist doch Fundament eines allerwichtigsten Kapitels des Curriculum. Ich notiere bisweilen ein Stichwort. Aber am nächsten Tag erscheint es unwichtig, in Tatsache und Stimmung überholt. Aber die wechselnden Details des Alltags sind doch gerade das Wichtigste. – Jeden Abend, wenn Frau Voß von ihren vielen Wegen und Besuchen zurück: »Erzählen Sie, was haben Sie gehört?« Ich weiß, sie quasselt halt- und sinnlos, und [ich] will doch immer wieder hören, was es für Gerüchte und Stimmungen gibt, wer von Evakuation redet, wer Hoffnungen auf England setzt, ob ein Arbeiter geschimpft hat usw.

20. Dezember, Freitag
Seit Tagen schwerer Frost, nachts 15 bis 18 Grad. Wohnung unheizbar, 9 bis 12 Grad im Zimmer. Zwist mit dem Wirt, ein Loch in der Esse gefunden, es »soll« jetzt besser werden – soll. Ich habe Frost an den Fingern bekommen, natürlich auch aufgesprungene Hände und Füße. Eva leidet sehr, auch unter der verminderten Möglichkeit, ins Freie zu kommen, ist blaß, schmal, tief deprimiert.
Neue Verschärfung der Judenschikane: Nach acht Uhr in der Wohnung selber fixiert. Besuch bei Mitbewohnern des Hauses, Aufenthalt im Treppenhaus verboten.
Zur Sprache tertii imperii: Einmalig. Mir fiel es zuerst auf in Hitlers Rede der Marschallcreierung: »Görings *einmaliges* Verdienst« (sprachlich absolut irreführend). Seitdem gehört es zum Nazideutsch.

26. Dezember, Donnerstag, gegen Abend
Weihnachten, wenigstens der 24., verlief passabler als befürchtet. Ein Bäumchen für 60 Pf aus Leubnitz (Evas Lieblingsort), Frau Voß umgänglich, reichlicher Alkohol, vorher im Bahnhof ein richtiges fleischmarkenfreies Hirschgulasch (für mich die ersten Fleischbrocken seit Monaten). Ein Paket mit ungeahnten

Schätzen von Lissy Meyerhof: Kaffee, Tee, Kakao. (Tags darauf noch ein weiteres armseliges Päckchen der Frau Haeselbarth, ein paar Pfefferkuchen und Äpfel, ein paar Gräupchen, ein Puddingpulver. Die beiliegende Karte »Weihnachtsgruß vom Kirschberg« ohne Unterschrift!) Bei Vogel hatte ich markenfrei ein Pfund Quark erhalten, bei Janik noch ein bißchen Wurst erbettelt: wir waren reich. Ich freute mich auch, daß Seidel & Naumann am Vormittag meine Schreibmaschine abgeholt hatten. »Nur noch ein Lieferwagen, wenig Benzin, vom 1. Januar ab noch weniger. Wenn es nicht zufällig morgen, dem 24., klappt, geht es bestimmt nicht – wir versprechen nichts.« Es klappte, und das war um so erfreulicher, als inzwischen der junge Kreidl gutartig und großschnäuzig – »Ich kann das!« – daran herumgedoktert und den Schaden vergrößert hatte. – Der 24. also verlief leidlich. Aber am 25. sank die Stimmung. Eva übermüdete sich auf einem Weg zur »Moreauschänke« – der Frost hat nachgelassen, aber Schnee und Glätte draußen und zu Hause wenig gemildertes fortgesetztes Frieren – und klappte sehr zusammen. Auch heute auf einem kürzeren Weg zum Friedhof der Leubnitzer Kirche das gleiche Versagen Evas. Sie ist gesundheitlich total herunter. Sehr lange hält sie die Situation nicht mehr aus. –

Zur Sprache tertii imperii. Kurve eines Wortes. *Sippe.* Im Mittelalter normal gebräuchlich für Familie. In der Neuzeit pejorativ. Jetzt mit affektischer Gloriole. »Weihnachten das Fest der Sippe.« (In Leubnitz haben sie Straßennamen, wie Römchenstraße, unter denen steht dann: Ratsherr oder Ratsherrngeschlecht im 14. Jahrhundert. Oder: Schreiber einer Ortschronik im 15. Jahrhundert.) – Ich finde im »Stechlin«, Kapitel 33 (Seite 342): »Jetzt hat man statt des wirklichen Menschen den sogenannten Übermenschen etabliert; eigentlich aber gibt es bloß noch Untermenschen ...« Man wird die meisten neuen Worte vereinzelt schon lange vor ihrer Neuheit finden. (Ich nehme an, daß auch Fontane den »Untermenschen« nicht erfunden hat, das Gegenstück zu Übermensch lag in der Luft.) Aber das tut ihrer Neuheit keinen Abbruch. Sie sind neu in dem Augenblick, wo

sie als Ausdruck einer neuen Gesinnung oder neuen Sache auftauchen und in Mode kommen. Insofern ist der *Untermensch*
doch ein spezifisches und neues Wort in der Sprache des dritten
Reichs.

31. Dezember, Dienstag nachmittag

Résumé 1940 kurz zu fassen: Am 24. Mai ins Judenhaus
vertrieben. Ein Gutes war dabei: Eva lernte nach Jahren wieder
gehen, sogar wandern. Im Sommer bei Frankreichs Zusammenbruch hoffnungslos. Dann allmählich ein bißchen neuen Mut ge-
schöpft. Täglich ein wenig am Curriculum weitergearbeitet. Der
zweite Band bis fast zum 15. Juli, zum Eintritt ins Heer, gelangt,
rund 175 Druckseiten im Format meiner Literaturgeschichte.
Wenig, aber rebus sic stantibus immerhin ein bißchen. – Das Jahr
der Sommerwanderungen.

Sprache tertii imperii: Im Neujahrsbefehl Hitlers an das Heer
wieder die »Siege von *einmaliger Größe*«, wieder der *amerikanische Superlativ*: »*Das Jahr 1941 wird die Vollendung des größten Sieges unserer Geschichte bringen.*«

1941

12. Februar, Mittwoch nachmittag

Vaters Todestag, und gerade heute vor zwei Jahren mit dem Curriculum begonnen. Gestern nacht Lektüre zum Frontkapitel beendet, heute erste Zeile daran geschrieben.

Seit gestern Vorfrühlingswetter. Für jede Minute Tageszunahme, für jeden Wärmegrad, für jeden Meter begehbaren Bodens (dies besonders um Evas willen) dankbar. Eva ist so sehr verfallen, abgemagert, gealtert – und dabei liebe ich sie, während meine eigene Physis verfällt, immer leidenschaftlicher, fou d'amour sagen die Franzosen. – Gestern seit langer Zeit das erstemal ein etwas weiterer Spazierweg: Südhöhe, »Einnehmerhäuschen«, von dort E-Bus zum Bahnhofsfraß. Heute wollen wir nach Lockwitz.

Hoffnungsfreudig, obwohl von Katastrophe bedroht. Anzeige wegen nicht verdunkelten Zimmers. Das kann so viele 100 M Strafe kosten, daß ich zum Hausverkauf gezwungen bin; es kann auch mit 20 M erledigt sein. Für beides gibt es Exempla; einen Tag lang nahm ich das Schlimmste an, jetzt bin ich ruhiger.

Es war ein wirklicher Unglücksfall, fahrlässige Verschuldung, wie sie beim Auto vorkommen kann. Beide sind wir sonst ungemein vorsichtig im Verdunkeln, schelten auf unsern Abendwegen oft über erleuchtete Fenster, sagen, die Polizei müßte einmal durchgreifen. Und sind nun selbst der Sünde bloß. Es wirkte am Montag (10. 2.) allerhand zusammen, was mich aus dem Konzept brachte. Ich pflege übertäglich gegen halb fünf vom Einkauf zu kommen. Auspacken, Kohlenschleppen, ein Blick in die Zeitung, *verdunkeln*, Weggehen zum Abendessen. Am Montag fand ich

133

die uns sehr unsympathische Frau Ernst Kreidl hier. Sie wollte getröstet sein: Das ganze Haus war von Gestapo besichtigt worden – neue Mieter? Wegnahme des Hauses? (Bei uns auch Schränke geöffnet – es sei etwas viel Tabak im Hause! Sie sahen aber nur fünf Päckchen, vier andere liegen schon vorsichtshalber bei Frau Voß.) Darüber wurde es spät. Also Verdunklung nach dem Essen. Im »Monopol« so schlechter Fraß, daß Eva ihn stehenließ. Ich wollte ihr Ersatz auf dem Bahnhof schaffen. Auch nichts. So kam ich sehr verstimmt und abgelenkt zurück, eilte gleich in die Küche, um Tee zu machen. Gegen den Nachthimmel ist nach eingeschaltetem Licht keineswegs zu erkennen, ob die Läden geschlossen sind. Als der Schutzmann um neun klingelte, waren wir ahnungslos, führten ihn ans Fenster, daß er sich von der Verdunklung selber überzeuge. Der Mann war höflich und mitleidig; er müsse Anzeige machen, da Nachbarn den Lichtschein gemeldet hätten. Ich mußte Einkommen und Vermögen angeben: Danach bestimmt »der Polizeipräsident« die Höhe der Strafe. Bis gestern abend rechnete ich *nur* mit dem Schlimmsten; gestern erzählte Frau Voß von einem Fall, in dem jemand nur 12 M gezahlt habe; freilich war der Jemand arische Generalswitwe, und ich habe das J auf dem Paß. Nun muß ich bei wechselnder Stimmung warten.

4. März, Dienstag abend

Seit gestern – Einmarsch in Bulgarien – wieder sehr deprimiert. Gestern Nachricht von Änny Klemperer, die es auch nur auf Umwegen unpräzis erfuhr, von einem Schlaganfall Georgs. Gemütsbewegung? Kaum. Folgen für mich? Einwanderung nach USA *noch* unmöglicher als zuvor. Aber wollte ich denn von seiner Gnade dort leben? Cf. meinen beiliegenden Brief von gestern an Änny Klemperer.

Heute soll in den »Dresdener NN« stehen: »Jud Klemperer, der die Berliner Oper verjüdelte,« sei in Hollywood aus dem Irrenhaus entwichen und wieder eingefangen worden. In einem seiner letzten Briefe vor etwa zwei Jahren schrieb Georg, er habe Otto Klemperer an einer schweren Gehirnerkrankung behandelt. – Die ich beneidet, gefürchtet, bisweilen gehaßt habe, überlebe ich nun – aber in welchem Zustand und auf wie lange? Dummes, gemeines, sinnloses Triumphgefühl und doch bei aller Selbsterkenntnis fraglos vorhanden. Vielleicht ein Gefühl der Erleichterung. Niemand mehr da, dessen etwaiges Achselzucken über mich mir Kränkung verursachen könnte.

13. März, abends
Amtliche Zeitungsnotiz: »Karten von Kriegsgefangenen und J-Karten dürfen nicht mit Apfelsinen beliefert werden.« Wir und die Kriegsgefangenen. Von der jüngsten Nährmittelkarte ist uns fast die Hälfte weggeschnitten.
Sprache: Unbändiger Wille.

14. März, abends
Wegen des Nichtverdunkelns am 15. 2. befürchtete ich lange eine hohe Geldstrafe. Als nichts erfolgte, glaubte ich, nicht angezeigt worden zu sein. Heute früh Zustellung einer *Haftstrafe* von acht Tagen, binnen vierzehn Tagen im Polizeipräsidium anzutreten. Mir graut entsetzlich davor, und es ist mir sehr, sehr schwer ums Herz, Eva allein zu lassen. Ich muß mich aber zur Ruhe zwingen, schon um ihretwillen.
Daneben scheinen die aufgespeicherten kleinen Notizen nichtig.
Ich hole jetzt unsere Milch vom Chemnitzer Platz. Es darf nichts mehr in Judenhäuser geliefert werden, unsere Handlung lag entfernt, und die nahen Geschäfte nehmen keine neuen Kunden an. Am Chemnitzer Platz habe ich alte Freunde. Da muß nun Eva hin.
Mir graut weniger vor Enge, Schmutz, schlechter Kost usw. dieser Tage als vor der anzunehmenden gänzlichen Beschäftigungslosigkeit und Leere dieser 192 Stunden.

24. April

Keine Möglichkeit, eine Zeile zu arbeiten. Eva liegt viel, ich lese viel vor, der Rest ist Wirtschaft und Einkauf. Und immer noch Kohlenschleppen.

Die 3000 M von Georg, die ich jetzt sehr nötig habe, noch nicht da. Wenn die Devisenstelle Überweisung verbietet, werde ich mein Haus vor dem Herbst los.

Lissy Meyerhof erzählte diesen Witz: Hitler habe Molotow das Buch »Mein Kampf« »mit eigenen Radierungen« geschenkt.

25. April

Vom Neffen George E. Klemperer, Chicago, schon heute das erbetene erneuerte Affidavit. Es wurde mir wenige Tage zuvor in einem Briefe von »Georg Klemperer sr.« angekündigt. Wie sich Georgs Stil unbewußt immer der jeweiligen Konvention anpaßt (Cf. seinen Kriegsbrief an mich nach Driburg. Curriculum, »Front und Lazarett«): Er selber sei nur noch »ein abgetakelter alter Kasten im stillen Hafen, kein Mann von Einfluß. Gog aber ist ein sehr angesehener Bürger, der sich bereits Geltung verschafft hat.«

24. Mai, Sonnabend

Gestern im Abendrundfunk – er kommt um acht, wir hören ihn beim Essen (»Pschorr« vel Tögel, »Monopol« ist unbrauchbar geworden) – Warnung vor Schwarz*senden*, nicht -hören. Landesverrat, Zuchthaus oder Todesstrafe! Es muß also mancherlei gesendet worden sein, ich denke im Zusammenhang mit Heß. So ist der Witz verbreitet – man spricht auch von angeklebten Zetteln in Löbtau –: »Brauner Wellensittich entflogen. Abzugeben Reichskanzlei.«

27. Mai, Dienstag

Ich arbeite jetzt in erster Lektüre die Tagebuchblätter Wilna November 18 durch. Wie vieles war mir entfallen, wie ungemein wichtig sind gerade die Einzelheiten solcher Zeit! Um meines

Curriculums willen muß ich auch jetzt notieren, ich *muß*, so gefährlich es auch ist. Das ist mein Berufsmut. Freilich bringe ich viele Menschen in Gefahr. Aber ich kann ihnen nicht helfen.

14. Juni, Sonnabend

Wider alles Erwarten ist nun doch vorgestern nach fast drei Monaten mein Gesuch vom 18. 3. abgelehnt worden, und es bleibt bei einer Haft von vollen acht Tagen, die ich am 23. 6. anzutreten habe. Lektüre und *Bleistift*schreiben soll gestattet sein. Keep smiling – ich bemühe mich.

22. Juni, Sonntag nachmittag

Das Schlimmste, das Herankommenlassen, ist nun fast vorüber. Morgen.

Heute gewaltigste Ablenkung. *Rußland.* Am Morgen kam Kreidl sen. »Es geht los mit Rußland. Fräulein Ludwig (Friedheims Wirtschafterin) hat Goebbels im Rundfunk gehört, ›Verrat Rußlands‹, des jüdisch-bolschewistischen.« Ich ging dann zu Dr. Friedheim hinunter, der mir für die Gefangenschaft »Dichtung und Wahrheit« lieh, ein Päckchen teuren Pfeifentabak als Trost schenkte. Der Mann ist geschwätzig, eitel. Bankdirektor, stolz auf seine Erfolge, über 60 Jahre. »Zu 90 Prozent Nationalsozialist – die 10 Prozent Schlechten aber verderben alles«, Antidemokrat, Monarchist – sonst sehr nett. Glaubt an Hitlers Untergang. Inzwischen ging in der Klinik nebenan das Radio. Eva erfaßte: Um halb eins Wiederholung der Goebbelsrede. Wir fuhren in die Stadt, aßen beim »Pschorr« einen »Stamm«, hörten den Funk, so gut es beim allgemeinen Lärm ging. Die Rede lag auch schon im Extrablatt gedruckt vor, eine gebückte, halbblinde alte Dame reichte sie uns und sagte: »Unser Führer! Das alles hat er allein tragen müssen, um sein Volk nicht zu beunruhigen!« Unser sehr guter, tüchtiger Kellner sagte: »Ich war im Weltkrieg Gefangener in Sibirien.« – »Was meinen Sie nun?« – Zuversichtlich: »Der Krieg wird nun rascher zu Ende gehen.« Was ist Volksstimmung? Immer meine alte Frage. Wie viele denken wie die Alte und der Kellner? Wie vielen ist es ein Debakel? Wie viele werden sagen, nun sei nach einer Pause von zwei Jahren die jüdisch-bolschewistische Walze wieder aufgelegt? Nun sei der vor drei oder vier Tagen geschlossene Freundschaftsvertrag mit den Türken problematisch?

6. Juli, Sonntag

Ich versuche, die furchtbare Gefängniswoche, nein acht Tage, 23.6. bis 1.7., nach Stichworten in Maschine auszuarbeiten. Seit der Rückkehr am Dienstag erschöpft, benommen, selig, unfähig, etwas zu tun. Vielleicht war dies das Gute an der Leidenszeit, daß wir uns unserer Zusammengehörigkeit, unseres Glücks, der absoluten Unwichtigkeit aller Dinge außerhalb dieses Beisammenseins neu bewußt wurden. Kleine Spaziergänge – ein abendlicher Apfelsaft im »Einnehmerhaus«, abends Plaudern mit Kätchen Sara, das ist alles. Und Wirtschaft natürlich, die mir jetzt nach dem Nichts erfreulich scheint.

Zelle 89, 23. Juni – 1. Juli 1941

Im Juni kam meine langschwebende Polizeistrafe zur Vollstreckung: Ich hatte geglaubt, es würde wieder etwas Halbes werden wie die meisten meiner Erlebnisse; aber es wurde etwas grauenhaft Ganzes.

Einen Augenblick lang dachte ich: »Kino«. Eine riesige rechteckige Halle; Glasdach, sechs Galerien mit Glasböden, mit Geländern aus Stahlstangen, Drahtnetze zwischen den einzelnen Stockwerken, wie zum Auffangen eines abstürzenden Trapezkünstlers, aber hinter all der lichten Durchsichtigkeit die gleichförmigen Reihen dunkler Stellen, die klinkenlosen Zellentüren. Ich saß auf einer Bank, ein paar Menschen in Anstaltskleidung neben mir; einer flüsterte mir etwas in fremder Sprache zu. (Hinterher erfuhr ich, daß hier viele Polen untergebracht waren.) In der Mitte der Halle in einem Schalter schrieb ein Beamter unter ständigem Schimpfen und Rufen. Von oben her kamen schallende Rufe, Gefangene und Schließer liefen, bewegten sich die

Gänge entlang und treppauf und -ab, überall war grober Lärm. Mir gegenüber befand sich eine Tür mit der Aufschrift »Polizeiarzt«, neben ihr saßen drei anständig aussehende junge Frauen, hinter mir schien ein Garderobenraum. Das alles nahm ich in den ersten Sekunden in mich auf, etwas betäubt durch das rasselnde Schließen der mächtigen eisernen Außentür und durch den hallenden Lärm, aber noch nicht eigentlich entsetzt: Ich hatte ja noch das Empfinden, Zuschauer zu sein, und wenn der Lärm im Hause auch grob war, so unterschied er sich doch kaum von dem mir unvergeßlichen Kasernengetöse. Dann stand ich in der Garderobe vor einem jungen Polizisten. Ob ich ihn baden lasse? Wohl nicht nötig. »Binden Sie die Krawatte ab, knöpfen Sie die Hosenträger los. Schneller. Eh Sie den Schlips wegmachen, bin ich ganz ausgezogen.« Es klang nicht übermäßig brutal, aber es war schroff befohlen. Jetzt erst wußte ich, daß ich nicht nur Zuschauer eines Filmstücks war. »Wie soll ich die Hose festhalten?« – »Mit den Händen. In der Zelle können Sie sie irgendwie zusammenziehn. Ihre Mappe. Nachthemd und Zahnbürste können Sie behalten, Kopfbürste ist überflüssig, Bücher und Brille bleiben hier.« – »Aber es ist mir gesagt worden …« – »Hier bestimmen wir.« – »Aber …« – »Es müßte ein Antrag gestellt werden. Fragen Sie am Schalter.« Der Mann am Schalter, halb aufsehend, machte eine Bewegung mit dem Ellbogen, als wollte er mich wegstoßen und schrie: »Scher dich davon.« Jemand drückte mir einen Zettel in die Hand, darauf stand »Zelle 89« und sagte: »Drei Treppen – Los!« Oben wurde eine der dunklen Türen geöffnet, hinter mir das Doppelgeräusch des umgedrehten Schlüssels und eines schweren Überwurfhakens. Dann war ich allein, und die lauten Stimmen draußen flossen zusammen und ließen sich nicht mehr entwirren. Noch einmal kam mir das Empfinden »Kino« und dazu die Erinnerung an zahllose Bilder, komische und tragische, des Gefangenen in seiner Zelle. Dann überwältigte mich die trostlose Neuigkeit des Ganzen, die triviale Erkenntnis – alle tiefsten Erkenntnisse sind trivial, höchstens findet der eine einen etwas originelleren Ausdruck für sie als der andere –, daß wir gar nichts wissen außerhalb des unmittelbar selbst Erlebten. Mitleid ist eine so schäbige Sache. Ich kann mich zermartern in dem Willen, mitleiden zu wollen, und es gelingt mir doch nicht. Wie war es, Ev, wenn du krank lagst, wenn ich dich nebenan auf dem Operationstisch wußte? Ich wollte mitleiden, und meine Gedanken schweiften ab, ich hätte mich schlagen mögen wegen meiner Fühllosigkeit, und meine Gedanken griffen da- und dorthin ins Nebensächliche, ins Egoistische – ich litt nicht wirklich mit. Wie konnte ich vorher wissen, was Gefangenschaft, was eine Zelle ist? Erst in der Sekunde der zufallenden Tür, des zufallenden Hakens wußte ich es mit einer namenlosen Beängstigung. In diesem Augenblick verwandelten sich die acht Tage in 192 Stunden, leere Käfigstunden. Und von da an verließ mich das Gefühl der drückenden Stunden nicht mehr und wurde die eigentliche Qual dieser Tage.

Ich kam aus dem Schock der zufallenden Tür zu mir durch ein lautes, regelmäßiges, anhaltendes Hämmergeräusch über meinem Kopf, tap-tap-tap-tap. Sofort registrierte ich: Der Gefangene über mir mißt seine Zelle aus. Altbekannt und doch vollkommen neu, erst jetzt Wirklichkeit, von der Oberfläche ins Innere gedrungen. Ich hing mich in den Rhythmus des Mannes ein: vier kräftige Schritte von der Tür bis unter das hohe Klappfenster. In der Breite kamen nur drei kleine Schritte heraus, und sie ließen sich nirgends ganz ausschreiten, denn man stieß auf das Mobiliar der Längsseiten. Immerhin kein allzu winziger Raum. Auch nicht drückend niedrig, bis zum Ansatz der gewölbten Decke waren es bestimmt reichliche drei Meter, auch hell und nicht – nicht unsauber wäre wohl übertrieben, aber bestimmt nicht schmutzstarrend, kein schreckensvolles mittelalterliches Verlies. Nur eben ein Käfig, ein nüchterner Käfig mit kahlen graugrünen Wänden und weißlicher Decke, mit undurchsichtiger Fensterscheibe, mit einem vergitterten und von außen durch eine Klappe geschlossenen Guckloch in der Tür. Es ging eine Bedrückung von alledem aus, eine aufsteigende zunehmende Angst, vor der ich mich fürchtete. Ob die Romantik des mittelalterlichen Kerkers wirklich grausamer war? Vielleicht war sie weniger quälend, weil sie quälerischer war. Stroh und raschelnde Ratten und Spinnen, die man beobachten konnte, es war doch Ablenkung vom Ich, doch Außenwelt und nicht die reine Kahlheit, der abstrakte Zellenraum, die nackte Idee der Gefangenschaft. Ich mußte dieser Vorstellung der Leere entkommen. Die Zelle war ja mein mit allem Notwendigen ausgestattetes Zimmer, ich mußte es nur in allen Einzelheiten studieren. Links auf der Wanderung zum Fenster hatte ich das Bett. Aufgeklappt hing es an der Wand mit zwei Füßen, in Krampen eingehakten Füßen wie eine Fledermaus, der Bettsack, die Wolldecke, das Laken waren über die Kante gebreitet, darüber lehnte das Keilkissen mit den aufschablonierten Buchstaben PPD, Polizeipräsident Dresden. Ich prägte mir die Anordnung genau ein, ich würde sie ja achtmal auseinandernehmen und wiederherstellen. Rechts gegenüber, ebenfalls an der Wand befestigt, ein winziger roher Klapptisch mit einem Bein, eine winzige Bank mit einem Bein. Vor dem Tisch beim Fenster ein kleines Regal, darauf ein brauner Wasserkrug, genauer eine Kaffeekanne, eine braune Waschschüssel, ein brauner irdener Becher, ein halbes Stück Kriegsseife, ein blecherner Löffel, eine Blechbüchse mit Salz, darunter ein Kleiderrechen mit drei Knöpfen, zwei leer, am dritten ein sauberes Handtuch mit den schwarzen Buchstaben PPD. Hinter dem Bänkchen neben der Tür, höchstens zwei Meter vom Eßtisch entfernt, ein Klosett. Dies war die einzige Abweichung von dem meiner Oberfläche bekannten Zellenbild. Eigentlich mußte hier der Eimer stehen, statt dessen war es ein neuzeitlich hygienisches WC. Freilich merkte ich bald auch dem WC gegenüber meine Gefangenschaft: Die Spülung konnte nur von außen her betätigt werden, und sie wurde es morgens und abends. Dazwischen lag der warme Sommertag, die warme Sommernacht, und das Klappfenster war nur mit seiner obere Hälfte geöffnet. Zum mittelalterlichen Verließ gehört stereotyp der pestilenzialische Gestank. Auch in diesem Punkt fehlte das Exaltierende und Betäubende, die Luft ließ sich atmen, sie war nur dumpf und gemein. Was gab es in Zelle 89 noch zu sehen? Ich mußte die Leere sorgfältig mit allem anfüllen, das sich irgend bot. Dem Klosett gegenüber an der Tür die drei hohen Rohre der Dampfheizung, genau über der Tür, unter der Decke eine elektrische Birne; sie steckte in einem Gitterkäfig – das war wie ein verkleinertes Abbild, wie ein Symbol meiner selbst und meiner Behausung. Lieber nicht dorthin sehen! Was noch? In die Wand hinter dem Klosett war, sehr schief und ungeschickt, ein Hakenkreuz gekratzt, in den Tisch, sehr regelmäßig und geschickt, ein Sowjetstern gegraben. Par nobile. Noch etwas? Ja, allerhand verwischtes Namengekritzel an den Mauern – ich konnte es ohne Brille nicht entziffern. Und über dem Tisch auf einem Pappkarton die Hausordnung des Polizeigefängnisses – ich konnte sie ohne Brille nicht entziffern. Oder vielleicht doch, sie ließ sich ja abnehmen, ich konnte das Blatt in richtige Stellung bringen, ich konnte mir Zeit lassen; wenn es lange dauerte, um so besser, wenn ich Augenschmerzen bekam von dem verschwimmenden Flirren – ich würde ja die Augen lange genug ausruhen. Das Dechiffrieren muß mir über mehrere Stunden geholfen haben, ich bewegte mich mit dem Blatt hin und her, immer pausierend, immer den günstigsten Lichteinfall suchend, jeden Satz gewissermaßen durch genaues Überdenken streckend. Der erste lautete: »Den Gefangenen ist die Anwendung des deutschen Grußes untersagt.« Dann folgte das Tagesprogramm. Um sechs Uhr Wecken. Bis sieben muß die Zelle gesäubert sein. Morgenverpflegung. Um 11.30 Uhr Mittagsverpflegung, um 5.30 Uhr Abendverpflegung. Das Bett darf nur zwischen neunzehn und sechs Uhr benutzt werden. Dann: Bei der Bewegung im Freien ist jede Unterhaltung verboten. Tröstlich: Ich würde im Freien bewegt werden – eine Unterbrechung, ein Atmen in reinerer Luft. Dann: Anträge an den Hausinspektor sind durch die Aufseher zu stellen. Tröstlich: Ich würde beantragen, daß man mir Brille und Buch freigebe, ich war ja nur in Haft, nicht im Gefängnis, es lag ein Irrtum der Subalternen vor. Beide Hoffnungen haben mich enttäuscht, aber beide haben doch ein Weilchen vorgehalten und so über den Anfang fortgeholfen. Bewegt bin ich die ganzen 192

Stunden nicht worden, und einen Antrag über den Aufseher zu stellen war unmöglich. »Der Aufseher« – das waren zwei-, dreimal wechselnde Polizeiwachtmeister, alte und junge, mürrische, grobe, gleichgültige, beinah höfliche, und dabei war es doch immer im wesentlichen der Aufseher. Keiner war brutal oder gar unmenschlich, aber jeder hatte das Bestreben der Unnahbarkeit, das Bemühen, so wenig als möglich mit dem Gefangenen sich abzugeben, um keinen Preis von dem abzuweichen, was er vorschriftsmäßig als sein Minimum zu leisten hatte. Die Tür wurde spaltbreit geöffnet und sofort wieder zugeworfen. Nur ein paarmal gelang mir rechtzeitig der Anruf: »Herr Wachtmeister.« Die Antworten auf meine Bitte lauteten: Das erste Mal: »Muß schriftlich geschehen, fragen Sie den Beamten morgen früh, jetzt ist es zu spät.« Das zweite Mal: »Schreibtag ist Montag.« Das dritte Mal: »Wenn sie Ihnen unten weggenommen ist, kann ich sie Ihnen nicht wiedergeben.« Das vierte Mal (ein Mann mit sehr gutmütigem und intelligentem Gesicht): »Ich will mir's überlegen.« Nach einer Weile kam er wieder und hielt mir den »Freiheitskampf« hin: »Wollen Sie lesen?« – »Ich kann doch nicht ohne Brille, Herr Wachtmeister.« Da zog er das Blatt zurück und schloß die Tür. Das fünfte Mal (ein besonders mürrischer): »Statt Ihre Zelle auszufegen, äußern Sie Wünsche; man äußert keine Wünsche im Gefängnis.« – »Aber Herr Wachtmeister, ich bin doch in Haft.« – »Das ist ganz gleichgültig, Sie sind im Gefängnis, da brauchen Sie keine Brille.« Diesen Versuch machte ich am Donnerstag, und sein Scheitern hatte eine böse Folge.

Die einzige wirkliche Qual, die gar nicht zu betäubende und immer zunehmende, bestand in der völligen Beschäftigungslosigkeit, in der entsetzlichen Leere und Unbeweglichkeit der 192 Stunden. Da über mir ging es immerfort tap-tap-tap-tap. Vier Schritte in diesem Tempo, das waren noch nicht einmal vier Sekunden. Wie viele Schritte kamen auf nur eine Stunde?

Am Montag nach dem Essen, als zum erstenmal der Napf herausgestellt und der Wasserkrug hereingenommen war, als die erste Nacht bei hellichtem Tage für mich begonnen hatte, stieg die bis dahin zurückgedrängte Verzweiflung hoch. Jetzt war ich schon eine Endlosigkeit hier, eine wirkliche Endlosigkeit. Das läßt sich ja nicht beschreiben. Womit denn? Wiedergeben kann man, was geschehen ist, das kleinste Ereignis, den kleinsten Gedanken. Aber die Endlosigkeit besteht in dem, was dazwischen liegt, in dem bloßen Gefühl des Käfigs und der Leere, in dem Nichts der vier Schritte zum Fenster und der vier Schritte zur Tür, in der bewußten Abgestorbenheit.

Nur das Siebenuhrschlagen nicht überhören! Nur ins Bett und schlafen, sobald es erlaubt ist, nur mich nachher in neuen Schlaf kratzen! Ich wachte mit einem schlimmeren Druck auf der Seele auf als den Tag zuvor. Ich würde mich heute nicht gegen das Nichts wehren, ich würde froh sein, wenn ich ganz gedankenlos hindämmerte. Und dann kam gänzlich unvermutet der Trost, der Umschlag meiner ganzen Situation und Stimmung. Hinter dem Kaffeepott-Träger stand als Schließer derselbe Beamte, der mir neulich am Schalter das »Scher dich« zugeschrien, der einzige, der mich in diesen Tagen brutal behandelt hatte. »Wollen Sie rasiert sein?« fragte er. »Ja, gern«, antwortete ich, und schon die Aussicht, den Bart loszuwerden, war eine kleine Erfreulichkeit. Aber merkwürdigerweise warf der Wachtmeister die Tür nicht zu, sondern sah mich ein paar Sekunden nachdenklich an. »Sie sind, Sie waren Professor an der TH – weshalb sitzen Sie eigentlich hier?« – »Verdunklung.« – »Da haben Sie wohl als zerstreuter Professor vorher ein halbes dutzend Mal Strafe zahlen müssen?« – »Nein, nie, es war das erste Versehen nach anderthalb Jahren.« – »Nicht möglich.« Pause. »Ach, Sie sind wohl Nichtarier?« Er sah beinahe betrübt aus. Ich nutzte spontan die Chance: »Herr Wachtmeister, es ist für einen Professor scheußlich hart, hier so ohne jede Beschäftigung herumzuwandern. Ich tu's nun schon vier Tage. Man hat mir Buch und Brille weggenommen. Aber wenn ich nur einen Bleistift und ein bißchen Papier hätte.« – »Sie sollen doch über Ihre Sünden nachdenken«, sagte er lachend. Dann holte er ein Bleistiftchen aus der Tasche hervor und besah es. »Ich will es noch spitzen und ein Blatt Papier dazutun.« Wirklich brachte er beides gleich darauf. Im gleichen Augenblick war meine Welt ebensostark verändert wie neulich, als die Gefängnistür zuschlug. Alles war wieder lichter, ja fast schon licht geworden. Plötzlich war mir bewußt, daß ich am heutigen Freitagmittag die ganze erste Hälfte meiner Strafzeit hinter mir haben würde. Nur noch vier Tage, und was hatten sie so Schreckliches an sich, nun ich mich beinahe auf gewohnte Art beschäftigen konnte. Ein paar Stichworte brachte ich auch ohne Brille aufs Papier, da ließ sich vieles festhalten. Und wenn mir nichts mehr einfiel – da waren doch die Spiele der Leipziger Zeit, das Wortebilden aus einem Grundwort, die geographischen Namen. Den ganzen Vormittag über brauchte ich den Bleistift gar nicht anzuwenden, das bloße Plänemachen, das bloße Bewußtsein seines Besitzes füllte mich aus. Die Gewissensnot des vorigen Tages war viel leichter geworden, ja eigentlich war sie ganz verschwunden; in vier Tagen würden wir wieder beisammen sein – vieles ließ sich doch besser machen, mildernde Umstände und Verzeihung waren doch nicht wertlos, und vielleicht hatte ich mich gestern doch allzuschwarz gezeichnet. Auch nach dem Mittagessen blieb der Bleistift noch eine Zeitlang unbenutzt, das Rasieren war eine große Angelegenheit, von der sich zehren ließ. Nicht nur die Befreiung von den quälenden Stoppeln erfreute, der ganze Vorgang war eine Bereicherung. Ich mußte zur Eingangshalle hinunter, mir die 15 Pf für den Friseur aus meinem abgelieferten Portemonnaie geben lassen, ich mußte dann in den vierten Stock hinauf, wo der Meister und ein Geselle auf der Galerie arbeiteten. Soviel war ich lange nicht herumgekommen, so ausführlich hatte ich das Gefängnis noch nie betrachtet. Wir Klienten und Sträflinge (wenige in Gefängnistracht, alle ohne Hosenträger und Kragen – nur ich hatte meinen und mich an ihm festgehalten) standen in je zwei Meter Abstand an die Wand zwischen den Zellentüren gelehnt; es war verboten, miteinander zu sprechen, es war verboten, an das Geländer zu treten, aber man konnte der ständigen Bewegung des Hauses folgen, ganz oben der Frauenstock mit den robusten Wärterinnen zog die meisten Blicke auf sich, man konnte die Nebenmänner abschätzen (ich entdeckte kein Verbrechergesicht, ich hatte den Eindruck, in keiner üblen Gesellschaft zu sein), das alles war Abwechslung, war Leben. Ich hätte gern mehr Vordermänner gehabt. Wieder, wie neulich, dachte ich »Kino«. Aber jetzt fiel mir Addisons Lehre ein, der Genuß am Drama bestehe darin, daß man Schreckliches erlebe und sich selber dabei in Sicherheit wisse. Ich hatte das früher als eine komisch-platte Verkennung der Katharsis abgelehnt, die gerade im wirklichen, sich identifizierenden Miterleben bestehe; ich fand jetzt, der Mann habe doch wohl nicht so ganz unrecht. Erst am spätern Nachmittag holte ich den Bleistift hervor – meine erste Notiz, pathetischer und länger als alle folgenden, lautete: An meinem Bleistift klettere ich aus der Hölle der letzten vier Tage zur Erde zurück. Nachher beschränkte ich mich auf Einzelworte. Das vom Wachtmeister geschenkte weiße Blatt hielt nur den Freitag über vor. Dann nahm ich von dem vorhandenen Klosettpapier; es war dünn und gelb und trank die Bleischrift bis zur (mindestens provisorischen) Unleserlichkeit ein. Das bedeutete eine starke Beeinträchtigung des Zeitvertreibs. Aber auch davon abgesehen war es mir bald nicht mehr so ganz gewiß, ob der Bleistift wirklich meine Zeit zu rascherem Ablauf stachle. Und auch heute im Zurückdenken kann ich nicht mit Bestimmtheit sagen, ob ich rascher durch die zweite Hälfte meiner Haft kam als durch die erste. Gewiß, den Freitag und auch noch ein paar Stunden des Sonnabends hielt das Gefühl der Erlöstheit halbwegs vor. Ich notierte, so genau und so knapp als es mir möglich war, immer sorgfältig nach dem prägnantesten und umfassendsten Stichwort suchend, ehe ich den kostbaren Stummel ansetzte, denn es war ja nicht gewiß, ob mir ein Schließer die stumpf geschriebene Spitze schärfen würde, er konnte mir ebensogut das verbotene Schreibzeug fortnehmen – ich notierte den Inhalt der verflossenen Tage; schon konnte ich mir nicht mehr über alles Auskunft geben, eine ungegliederte, qualvolle Ewigkeit lag hinter mir.

Wie ich all diesen Zeitvertreib jetzt fixiere, meine ich, es könne gar kein Zweifel daran bestehen, daß mir die Bleistifthälfte meiner Haft leichter gefallen sei, als was voranging. Und ich habe diese Erleichterung auch immer wieder empfunden. Und doch weiß ich bestimmt, daß die Minuten der letzten Tage auf fast noch schleimigeren Beinen krochen und fast noch drückender auf mir lasteten als die des Anfangs. Ich mochte mir hundertmal Unbescheidenheit vorwerfen, ich mochte mich hundertmal trösten, nur noch 80 Stunden, nur noch 79, es half nichts. Ich war oft so zermürbt, daß ich mich elender fühlte als im Beginn.

Aus der Hölle war ich wohl an meinem Bleistift hochgeklettert – aber doch nicht bis zur richtigen Erde, nur bis zum Limbo. Ich war nur soweit befreit worden, daß ich das Fehlen der ganzen Freiheit stärker empfand als unter der gänzlichen Einschnürung. Waren einige Stunden angefüllter, so gähnten die Pausen zwischen ihnen um so leerer. Ich hatte gehofft, das Bewußtsein, die zweite Hälfte, den bloßen Rest der Strafzeit vor mir zu haben, werde helfen. Es half gar nichts. Nur noch drei Tage, nur noch zwei? Aber das waren ja noch drei, noch zwei Ewigkeiten. Auch mit der Gewöhnung war es nichts, im Gegenteil. Besonders die Länge des Nachmittags dehnte sich von Mal zu Mal schlimmer. Mein altes Thema: Phantasie und Wissen. Weil ich um die Länge dieses Nachmittags weiß, sie im voraus kenne und fürchte, wird er jedesmal grauenvoller.

Endlich war der Dienstag da. Ich erwachte mit einem Angstgefühl, das sich nicht weglachen ließ und nur immer wuchs. Wenn man mich nicht freigab … Wenn man mich in dem großen Getriebe vergessen, wenn man in den Listen irgendeinen Fehler gemacht hatte! Bis die Subalternen solch einen Fehler ordnungsgemäß richtigstellen – du lieber Gott! Oder wenn ich in die Hände der Gestapo übergehe … Mit meiner J-Karte unterstehe ich ja einem besondern Dezernat. Oder wenn man inzwischen Haussuchung bei uns gehalten hat (die wievielte?), und diesmal hat sich einer für meine Manuskripte interessiert? Nicht fortlachen und nicht wegargumentieren ließ sich diese Angst. Sie war so stark, daß mir der Bleistift gar nichts half. Ich zählte nur immer den Ablauf der Sekunden und Minuten an den vier Schritten ab,

ich war zu gar nichts anderem fähig, es war fast schlimmer als
der ferne Anfang. Um 11.30 Uhr mußte ich entlassen werden.
Ich hörte draußen die Schritte und das Zellenöffnen und -schlie-
ßen der Mittagsverpflegung. 11.30 Uhr also. Ob ich noch meinen Napf erhalte, ob ich gleich heraus darf? Die Tür wurde einen
Spaltbreit geöffnet wie an den andern Tagen, der Napf herein-
gereicht, die Tür wieder geschlossen, doppelt mit Schlüssel und
Haken. Ich brüllte: »Herr Wachtmeister, Herr Wachtmeister!«
Gleichmütige Stimme von draußen: »Was ist denn los?« – »Herr
Wachtmeister, um 11.30 Uhr werde ich entlassen.« – »Es ist noch
lange nicht 11.30 Uhr.« – Der Mann hatte sich nicht entrüstet,
nicht verwundert, ich brauchte keine Furcht zu haben, nur noch
ein Weilchen warten. Ich aß meinen Brei mit einem Gefühl der
Seligkeit. Aber jetzt mußte es wirklich 11.30 Uhr sein, niemand
kam, und meine Angst kam wieder und steigerte sich zum heftigen Herzklopfen. Und dann endlich, ich hatte keine Schritte gehört, wieder das Auf des Hakens, das Zurück des Schlosses – ich
werde nie mehr gefühllos, klischeehaft »hinter Schloß und Rie-
gel« sagen: »Nehmen Sie Ihr Zeug mit, gehen Sie herunter.« Von
diesem Augenblick an war alles für mich wieder und jetzt auch
völlig Kino. Wie ich die Hosenträger und die Krawatte zurück-
erhielt und anlegte, wie ich auf derselben Bank saß wie vor acht
Tagen und alles um mich beobachtete, während ich auf den Entlassungsschein wartete. Ich erhielt meinen Schein, die Außentür öffnete sich. Ich trat auf die Straße, sie lag im Sonnenschein.
Drüben stand wartend meine Frau.

Ein paar Tage des absoluten Glücksgefühls. Was war mir der
Krieg, was die übliche Unterdrückung? Ich war frei, wir waren
zusammen. Ich ließ mich im Judenhaus ein bißchen als eine Art
Märtyrer feiern, ich ließ mich ein bißchen pflegen, es tat not,
ich war ein wenig eingefallen, und meine Nerven waren nicht
ganz in Ordnung. Dann begann ich, meine Stichworte ausbrei-
tend, diese Niederschrift. Je weiter ich darin kam, um so mehr
schrumpfte mir mein Erlebnis, mein Erleiden zusammen. Nichts
Halbes, ein fürchterlich Ganzes hab ich es wohl im Eingang ge-

nannt. Und was war es denn nun, von welchen Qualen hab ich
Bericht erstattet? Wie läßt es sich mit dem vergleichen, was heute
von Abertausenden in deutschen Gefängnissen erlebt wird? Alltag der Gefangenschaft, mehr nicht, ein wenig Langeweile, mehr
nicht. Und doch fühle ich, daß es mir selber eine der schlimmsten
Qualen meines Lebens bedeutete.

20. Juli 41

14. Juli, Montag morgen

Die gefürchtete Sondermeldung des Sonntags kam und über-
traf alle Erwartung. Stalinlinie genommen, im Süden von Rumänien aus (von Rumänien, vom Ölzentrum fort, das für bedroht galt) weit vor. Betonung, und offenbar mit Recht, daß der
Krieg gegen Rußland entschieden sei. Damit aber ist nun auch
entschieden, daß Hitler den Krieg jahrelang weiterführen kann,
daß er unbesiegbarer Herr des gesamten Festlandes ist. Zu Europa wird Asien kommen. Für uns im intimen Sinn bedeutet das
Knechtschaft bis zum Lebensende. Sehr deprimierter Abend. Zur
katastrophalen Nachricht trat die äußerste Schwüle und die am
Sonntag meist besonders grausige Eßmisere. »Pschorr« ohne
Eßbares, andere Lokale geschlossen, schließlich der Neustädter
Bahnhof überfüllt und erstickend heiß. –

LTI: Bewegung. Neben neuen Worten Sparte der *gestempel-
ten* Worte.

23. Juli, Mittwoch vormittag

LTI: »Juden unerwünscht – Für Juden verboten.« In allen
Restaurants. Formel 1: de rigueur und milder. Formel 2: strikte
Observanz, ihre Mißachtung hat Strafe zur Folge. An Formel 1
stoßen wir uns nicht mehr, sie ist unvermeidlich und abgegriff-
fen. – Gestern auf der Suche nach einem abendlichen Apfelsaft:
»Einnehmerhaus«: »Am Dienstag Betriebsruhe.« Café Wein-
berg: »Wegen Einberufung geschlossen.« (Steht an immer mehr
Läden, Restaurants etc.) Moreauschänke: »Für Juden verboten.«
(Scheint neues Schild, wir waren früher ein paarmal dort.)

Situation Rußland und USA gegenüber rätselhaft. Schimpfen auf Juden maßloser, widerwärtiger als je.

27. Juli, Sonntag

Vordringen in Rußland scheint zu stocken; alles weiß oder klatscht von schweren deutschen Verlusten, der *Wehrmachtsbericht* (LTI) ist sparsam und nicht triumphal. –

Neue Bestimmungen über Einwanderung in USA. Unser Affidavit (das zweimal erhaltene!) damit hinfällig – das neue Verfahren bedeutet faktisch Unmöglichkeit, in irgendwie absehbarer Zeit herauszukommen. Uns sehr recht. Alles Schwanken hat nun ein Ende. Das Schicksal wird entscheiden. Während des Krieges *können* wir nicht mehr heraus, *nach* dem Krieg brauchen wir es nicht mehr, so oder so, tot oder lebendig. –

Bekanntmachung über Beschlagnahme von Schreibmaschinen. Das *scheint* vorderhand Betrieben, nicht Privaten zu gelten. Aber jüdisch Private ... Es wird werden wie mit dem seligen Wagen. Irgendwer sieht die Maschine bei mir, und am nächsten Tag bin ich sie los. Es würde oder wird einen schweren Verlust bedeuten. Wer liest meine Handschrift?

7. August, Donnerstag

In der Judenheit herrscht überall größter Optimismus; ich kann ihn nicht teilen, während ich früher, als alle verzweifelten, zuversichtlich war. Die doppelseitige Frage ist: Wie viele solcher Offensiven halten die Russen aus? Wie viele solcher Siege hält Deutschland aus? Der jüdische Optimismus sickert aus hundert Quellen. Kreidl sen.: »Mein Bruder schreibt aus Prag ... (Ich bekam das Kuvert mit dem V-Stempel »Deutschland siegt an allen Fronten für Europa«.) Frau Voß: Herr Kussy war aus Holland hier und erzählte Frau Aronade, die Deutschen seien vor Petersburg gestoppt, ihre Verluste ... usw. usw.

15. August, Freitag

Seit Wochen dieselbe Situation. Nach den Heeresberichten ungeheure Erfolge im Osten, eine Million Gefangene etc., Schlacht bei Smolensk, jetzt Ukraine, Odessa – nichts als Vernichtung der Russen. Nach dem, was man sonst hört, von den Juden, aber auch arischerseits (so Zahnarzt Eichler), prekärste Lage Deutschlands, totaler Sieg über Rußland vor Wintereintritt unmöglich, Durchhalten des Winters bei Rohstoffmangel so gut als unmöglich. Wer hat recht? Für meinen Teil vermag ich mich nicht zu großen Hoffnungen aufzuschwingen. Woran wohl das sehr mäßige Gesundheitsbefinden Hauptschuld trägt. Müdigkeit und Herzbeschwerden. Auch mein Alters- und Blasenleiden. Und die Geldsorgen. – Langsamstes Korrigieren, sonst nichts.

2. September, Dienstag vormittag

Unsere eigene Lage sehr düster: Die absolut notwendigen Zuschüsse zur Freigrenze reichen noch bis zum 1. November. Was dann? Mit dieser Sorge lebe ich Tag für Tag. – Das Essen in den Restaurants immer kärglicher und teurer; das Zu-Hause-Kochen kaum ein-, zweimal in der Woche möglich. – Ich suche das Grauen zu unterdrücken. Die Stimmung bei mir und im Judenhaus wechselt täglich, fast stündlich. England hat Iran besetzt: Hoch. Geht die Türkei mit Deutschland? Tief. Man zählt, wie viele Leute in den Geschäften »Heil Hitler«, wie viele »Guten Tag« sagen. Das »Guten Tag« soll zunehmen. »Beim Bäcker Zscheischler sagten fünf Frauen ›Guten Tag‹, zwei ›Heil Hitler‹.« Hoch. – Beim Ölsner sagten alle »Heil Hitler«. Tief. Gestern Kätchen Sara beglückt. Eine NSV-Schwester sagte ihr an der Tramhaltestelle: »Die Russen haben das Dnjepr-Kraftwerk gesprengt, die Südukraine steht unter Wasser, Tausende von Deutschen sind ersoffen. Das steht nicht in der Zeitung, die schreibt nur von russischen Gefangenen … Der Krieg ist verloren … Ich kenne doch die Stimmung, ich komme herum. Auf Wiedersehen, gnädige Frau.« – »Auf Wiedersehen«, nicht »Heil Hitler« – eine NSV-Schwester! Hoch. Aber dann kommt die Zeitung: Vormarsch »in Richtung Leningrad«. Tief. Usw. usw. –

15. September, Montag

Die Judenbinde, als Davidsstern wahr geworden, tritt am 19. 9. in Kraft. Dazu das Verbot, das Weichbild der Stadt zu verlassen. Frau Kreidl sen. war in Tränen, Frau Voß hatte Herzanfall. Friedheim sagte, dies sei der bisher schlimmste Schlag, schlimmer als die Vermögensabgabe. Ich selber fühle mich zerschlagen, finde keine Fassung. Eva, jetzt gut zu Fuß, will mir alle Besorgungen abnehmen, ich will das Haus nur bei Dunkelheit auf ein paar Minuten verlassen. (Und wenn Schnee und Glatteis kommt? Bis dahin ist das Publikum vielleicht gleichgültig geworden, oder che so io?) Die Zeitung begründet: Nachdem das Heer die Grausamkeit etc. *des* Juden am Bolschewismus kennengelernt, müsse den Juden hier jede Tarnungsmöglichkeit genommen werden, um den Volksgenossen jede Berührung mit ihnen zu ersparen. – Der wahre Grund: Angst vor jüdischer Kritik, weil es im Osten schlecht steht oder mindestens stockt. Und: Regiment der Terrorleute, Himmlers, weil es im Osten schlecht steht. Wilde Gerüchte: Göring sitze gefangen nach Zwist mit Hitler. – Hitler sei von einem General in den Bauch geschossen. Er habe den General beschimpft, er habe tobend auf dem Teppich gelegen und »die Fransen gefressen«.

18. September, Donnerstag abend

Der »Judenstern« schwarz auf gelbem Stoff, darin mit hebraisierenden Buchstaben »Jude«, auf der linken Brust zu tragen, handtellergroß, gegen 10 Pf uns gestern ausgefolgt, von morgen, 19. 9., ab zu tragen. Der Omnibus darf *nicht* mehr, die Tram *nur* auf dem Vorderperron benutzt werden. – Eva wird, wenigstens vorläufig, alles Besorgen übernehmen, ich will nur im Schutz der Dunkelheit ein bißchen Luft schöpfen.

Heute unser letztes gemeinsames Bei-Tage-draußen-Sein. Erst Zigarettenjagd, dann mit der Tram (Sitzplatz!) nach Loschwitz über die Hängebrücke, von dort am rechten Ufer unten am Fluß stadtwärts bis zum Waldschlößchen. Diesen Weg sind wir in 21 Jahren *nie* gegangen. Die Elbe sehr angefüllt, breit, still und stark strömend, viel Nebeldunst, die Parkgärten hinter den hohen Mauern herbstlich in Blätterfall und Blumen. Eine erste Kastanie fiel uns platzend zu Füßen. Es war wie ein letzter Ausgang, ein letztes bißchen Freiheit vor langer (wie langer?) Gefangenschaft. Dasselbe Gefühl, als wir im »Löwenbräu« in der Moritzstraße aßen.

Wenn ein Hausbewohner hier zum andern kommt, klingelt er dreimal. Das ist so ausgemacht, damit niemand erschrickt. Einfaches Klingeln könnte ja Polizei sein.

20. September, Sonnabend

Gestern, als Eva den Judenstern annähte, tobsüchtiger Verzweiflungsanfall bei mir. Auch Evas Nerven zu Ende. Sie ist blaß, hat ein eingefallenes Gesicht. (Wir ließen uns vorgestern nach Jahren einmal wiegen. Eva in leichter Kleidung 56 Kilogramm, drei weniger als im Kohlrübenwinter 1917 – ihr gutes Gewicht war 70 Kilogramm. Ich immer noch 67 Kilogramm – es waren früher 75.) Ich sagte mir, ich müsse mich verhalten wie nach dem Autounfall: gleich wieder ans Steuer! Gestern nur bei völliger Dunkelheit nach dem Abendessen ein paar Schritte mit Eva. Heute um mittag ging ich wirklich zum Kaufmann Ölsner am Wasaplatz und holte Selters. Es kostete mich furchtbare Überwindung. Inzwischen ist Eva immerfort auf Besorgungswegen und beim Kochen. Unser ganzes Leben ist umgewälzt, und alles lastet auf Eva. Wie lange werden es ihre Füße aushalten? – Sie besuchte Frau Kronheim. Die fuhr gestern mit der Tram – Vorderperron. Der Fahrer: Warum sie nicht im Wagen sitze. Frau Kronheim ist klein, schmächtig, gebückt, ganz weißhaarig. Es sei ihr als Jüdin verboten. Der Fahrer schlug mit der Faust auf das Schaltbrett: »Solch eine Gemeinheit!« Schlechter Trost.

9. Oktober, Donnerstag, gegen Abend

60 Jahre. Vieillard. Ich habe nie so recht geglaubt, den Tag zu erleben, seit Berthold und Wally es auf nur 59 gebracht. Ich erlebe ihn in sehr bedrückter Stimmung. In normalen Zeiten wären

mir Ehrungen zuteil geworden, jetzt trage ich den Davidsstern. Und gerade heute ist die Zeitung ein einziges Triumphgeschrei: Der Durchbruch durch die russische Mitte auf Moskau zu sei die eigentliche, wirkliche und völlige Vernichtung der Sowjetrussen.

Ich bin froh, daß dieser Sechzigste zu Ende geht, morgen ist wieder Alltag. Ich will es als günstige Schicksalsfügung, als Stoff für mein Curriculum, als Bereicherung nehmen, daß ich all diese Schmach an Ort und Stelle erlebe.

Was habe ich zwischen Fünfzig und Sechzig geschrieben? Den Corneille, eindreiviertel Bände Dix-huitième, einfünfsechstel Bände Curriculum, 1881– Ostern 1917. C'est bien peu pour un sergeant.

25. Oktober, Sonnabend

Immer erschütterndere Nachrichten über Judenverschickungen nach Polen. Sie müssen fast buchstäblich nackt und bloß hinaus. Tausende aus Berlin nach Lodz (»Litzmannstadt«). Darüber Brief Lissy Meyerhofs. Und viele Erzählungen Kätchen Saras. Gestern grotesk in ihrer sprunghaften Art. Tränen, Herzschwäche und Vergnüglichkeit durcheinander. Ein jüdischer Geburtstagskaffee. Achtzehn Damen.

Wird und wann wird Dresden betroffen? Es schwebt immer über uns. – In Rußland noch immer deutscher Vormarsch, trotzdem der Winter begonnen habe.

27. Oktober, Montag

Die neuesten Schläge: *Raucherkarten,* nur für Männer, nicht für Juden. Damit sind wir ganz matt gesetzt. Es trifft Eva noch mehr als mich. Ich bin schon seit Wochen an Brombeertee gewöhnt, Zigarillos waren seltene Ausnahme. Sie hat ihre Zigaretten bisher noch immer *halb* mit Tabak und nur halb mit Tee gestopft. Auch die letzten Päckchen Pfeifentabak gab ich ihr. – Dann, gestern, Sonntag, nachdem mir Eva eben die Haare geschnitten, Schreiben der Jüdischen Gemeinde, die Schreibmaschinen seien

Montag und Donnerstag abzuliefern. Erregte Debatten hier, wieweit die Maschine Evas Eigentum sei, wieweit sie Privatbesitz
habe, ob wir in Gütertrennung oder -gemeinschaft lebten. Ich
lief zu Reichenbachs um juristischen Rat – er arbeitete auf der
Gemeinde, sie war tief deprimiert. (Die Verschickungen!) Heute,
auf der Gemeinde, sagte mir der louche Estreicher, ich solle wegen der Maschine Antrag stellen, der aber kaum durchgehe.

31. Oktober, Freitag

Die Schreibmaschine wurde schon am Dienstag abgeholt.
Das hat mich schwer gekränkt, sie ist kaum ersetzlich. Ich will
nun Band II des Curriculum mit der Hand im Brouillon fertigmachen – vielleicht gelingt es bis Neujahr, vielleicht bis zum
12. 2. 42 (am 12. 2. 39 fing ich an) – und dann versuchen, eine
Maschine zu leihen. – Es kränkte mich auch, daß Eva wieder
meiner Geschäftstüchtigkeit mißtraute und selber noch einmal
zur Gemeinde ging, um die Maschine als ihr persönliches und
arisches Eigentum zu reklamieren.

1. November

Vorgestern das erstemal leicht angepöbelt. Am Chemnitzer
Platz eine Riege Pimpfe. »Ä Jude, ä Jude!« Sie laufen johlend auf
das Milchgeschäft zu, in das ich eintrete, ich höre sie noch draußen rufen und lachen. Als ich herauskomme, stehen sie in Reih
und Glied. Ich sehe ihren Führer ruhig an, es fällt kein Wort.
Nachdem ich vorbei bin, hinter mir, aber nicht laut gerufen, ein,
zwei Stimmen: »Ä Jude!« – Ein paar Stunden später beim Gärtner Lange, ich hole Sand für Muschel, ein älterer Arbeiter: »Du,
Kamerad, kennst du einen Herrschmann? – Nein? – Der ist auch
Jude, Hausmann wie ich – ich wollte dir bloß sagen: Mach dir
nichts aus dem Stern, wir sind alle Menschen, und ich kenne so
gute Juden.« Solche Tröstung ist auch nicht sehr erfreulich. Welches aber ist nun die wahre Vox populi?

Heute dringende Mahnkarte von Sußmann, er muß Alarmie-
rendes über die Verschickungen gelesen haben, ich solle mich so-

fort weiter um USA bemühen, er selber könne dahin wirken, daß ich Interimsaufenthalt in Schweden bekäme, »wenn alle Bedingungen für USA erfüllt wären.« Ich schrieb sofort zurück, es sei jetzt jeder Weg verriegelt. Wir hörten tatsächlich von mehreren Seiten, daß eben jetzt deutscherseits absolute Auswanderungssperre verfügt ist. Übrigens würde Jahr und Tag vergehen, ehe die neuen amerikanischen Bedingungen erfüllt wären. Nein, wir müssen hier unser Schicksal abwarten.

18. November

Die Nachrichten über Judenverschickungen nach Polen und Rußland lauten von verschiedenen Seiten katastrophal. Brief von Lissy Meyerhof an uns, von dem Kölner Voß an Kätchen Sara, mündliche Berichte. Wir hören manches. Neumanns besuchten uns. Frau Voß steht im Arbeitsdienst bei Zeiss-Ikon – »freiwillig«, denn das soll Sicherung gegen Deportation sein, auch freiwillig ohne Anführungsstriche, denn das ist wie Bridge, da arbeiten all ihre Freunde und Freundinnen. Man durchlöchert oder setzt zusammen irgendwelche Teilchen, wahrscheinlich für irgendwelche Meßapparate der U-Boote und Flugzeuge. (Die Judenabteilung soll es sehr gut haben.) –

24. November, Montag abend

Frau Reichenbach erzählte – Reichenbachs waren gestern unsere und Kätchens Gäste –, ein Herr habe sie in der Ladentür gegrüßt. Ob er sich nicht in der Person geirrt habe? – »Nein, ich kenne Sie nicht, aber Sie werden jetzt öfter gegrüßt werden. Wir sind eine Gruppe, *die den Judenstern grüßt.*«

28. November, Freitag

Die Beunruhigung im Ausland über die Deportationen muß sehr groß sein: Lissy Meyerhof und Caroli Stern erhielten, ohne darum gebeten zu haben, telegraphisch von Verwandten in USA Kubavisum und -passage. Hilft ihnen aber nichts; Pässe werden deutscherseits nicht erteilt. (Andere Aussage: nur an über Sechzigjährige erteilt. Alles ungewiß, täglich wechselnd.) Cf. auch Sußmanns Karte an mich. Wir erwogen wieder. Ergebnis wie immer: bleiben. Gehen wir, so retten wir das Leben und sind zeitlebens abhängige Bettler. Bleiben wir, so sind wir in Lebensgefahr, behalten aber die Chance, hinterher ein lebenswertes Dasein zu führen. Trost bei alledem: Das Gehen hängt kaum noch von uns ab. Alles ist Schicksal, man könnte auch gerade in sein Verderben laufen. Wenn wir z. B. im Frühjahr nach Berlin übersiedelt wären, säße ich jetzt wahrscheinlich schon in Polen. –

4. Dezember, Donnerstag morgen

Das Tagebuch muß aus dem Hause. Gestern brachte Paul Kreidl Nachricht, daß Rundschreiben unterwegs sei: *Bestandsaufnahme des Hausrats*. Das bedeutet Beschlagnahme, vielleicht auch Verschickung. Gleich nach Abgabe der Inventarerklärung ist Haussuchung zu erwarten. Also soll Eva meine Tagebücher und Manuskripte zu Annemarie schaffen. Eventuell muß ich danach die Tagebuchnotizen überhaupt stoppen. – Auch will ich heute Photokopie meiner Urkunden in Auftrag geben, da alle Urkunden konfisziert werden sollen. (Man wird zum Peter Schlemihl sozusagen.)

12. Dezember, Freitag vormittag

Gestern, 11. 12. 41 ist der Krieg deutscherseits an USA erklärt worden. Wir erfuhren es genau erst heute früh (im Kohlenkeller durch Frau Ludwig, die katholisch-arische Wirtschafterin Dr. Friedheims). Wir sagten es uns schon gestern, da Hitler den »Reichstag« einberufen hatte »zur Entgegennahme einer Regierungserklärung«, und da im Abendblatt die wechselseitige Verhaftung der Deutschen in USA und der USA-Leute in Deutschland stand.

22. Dezember, Montag

Gestern Verfügungen – Paul Kreidl bringt sie herauf, Rundschreiben der Gemeinde, Unterschrift nötig: 1) *Verbot, von öf-*

fentlichen Fernsprechstellen zu telefonieren. (Privates Telefon ist uns längst genommen.) 2) *Ausgehverbot* für alle Juden am Morgen des 24. Dezember bis zum 1. Januar, »da ein herausforderndes Verhalten eines Juden in der Öffentlichkeit Empörung hervorgerufen hat.« Freigegeben ist nur die Einkaufsstunde drei bis vier (Sonnabend zwölf bis eins); vier von den acht Tagen (die Weihnachtstage, Neujahr und Sonntag) sind also vollkommene Hafttage.

25. Dezember, mittags

Weihnacht und Hausarrest, und das erstemal in 38 Jahren kein Geschenk für Eva. Trotzdem zuversichtliche Stimmung, denn ein Ende scheint nun abzusehen. Die Nachrichten aus dem Osten und aus Afrika täglich bedrohlicher. Gestern das stark verbürgte Gerücht, die hiesige Garnison sei in der Nacht vom 23. zum 24. alarmiert gewesen – Unruhen befürchtet. Heute berichtet Paul Kreidl, in der »Frankfurter Zeitung« stehe der Abdruck eines italienischen Artikels, darin heiße es, die Lage im Osten sei »ernst«, in Afrika »sehr ernst«. –

LTI. Paul Kreidl sagt mit Recht: Wenn im Bericht »Helden«, »heldenhaft«, »heldenmütig« auftauchen, so »klingt das immer wie Nachruf« (»Heldenmütiger Widerstand in Afrika«).

31. Dezember, Mittwoch

Résumé. Arbeit: das Kriegsstück des Curriculi Alphonsschule bis Kriegsende, zur Hälfte nur im Manuskript (cf. 27.12.), das Gefängnisstück. – Das ganze Jahr über wie gefangen, nicht einmal größere Sommerspaziergänge möglich, die Situation immer beengter und gefahrvoller. Georgs 3000-M-Geschenk zum größten Teil verloren. (200-M-Raten, bei 1400 Beschlagnahme der Auswandererkonten; von diesen 1400 mindestens 600 fortgesteuert.)

Schwerster Schlag, schwerer als die Gefängniswoche im Sommer: der Judenstern seit 19. 9. 41. Seitdem vollkommen abgeschlossen. Eva macht alle Besorgungen, ißt mittags häufig allein in der Stadt, kocht jeden Abend für uns. Mir fällt viel Innenarbeit, Abwaschen, Töpfescheuern zu. Beschränkung auf wenigste Einkaufwege am Chemnitzer Platz. Tagelanges Zuhausesitzen. – Seit etwa einem Monat deutlicher Umschwung der Kriegslage und steigende Hoffnung.

1942

12. Januar, Montag
(Neuestes »Postschließfach«: Enveloppe V. Hugo Lyrik)
Es war ein solcher Schock, daß ich erst heute zur Notiz fähig
bin; ich habe bisher am Curriculum mein Gleichgewicht zurück-
zugewinnen versucht.
Donnerstag nachmittag, vier Uhr, den 8. Januar, ich komme
vom Einkauf am Chemnitzer Platz im Kopf der 16. Am Landgericht wie immer Gedränge der Einsteigenden. Kurz vor dem
Bahnhof dreht sich ein junger Mann nach mir um, ganz gut ge-
schnittenes Gesicht, kalte graue Augen, und sagt leise: »Nächste
Haltestelle aussteigen.« Ich, ganz mechanisch, da ich ja dort die
Bahn wechsle: »Ja«. Erst im Aussteigen fällt mir das Merkwürdige auf. Ich warte auf die 14, da steht er schon neben mir: »Wo
kommen Sie her? Wo wollen Sie hin? Sie kommen mit mir.«
Ich fragte erst gar nicht nach seinem Ausweis. Im Gehen sagt er:
»Staatspolizei. Wollen Sie meine Legitimation sehen?« – »Nicht
hier.« Dem Bahnhof gegenüber, an der Hohen-Straße-Seite,
dort, wo ich zu parken pflegte, zwischen den Hotels ein großes
Bureaugebäude. Das also das Haus der Gestapo, von dem Schrek-
kensgeschichten erzählt werden. Mein Hundefänger zu einem
Kameraden, der ihm entgegenkommt: »Der latscht in der Ver-
kehrszeit auf der Elektrischen rum; ich will ihn flöhen.« Zu mir,
übrigens ohne Schreien: »Sie warten hier, hinter der Freitrep-
pe.« Ich stand ein paar Minuten. Sehr kurzatmig. Immer mit
dem Gefühl: »Wann kommst du frei?« Jemand, der vorbeikam,
brüllte mich an: »Umkehren!« (Von diesem: Gesicht zur Wand!
hatte ich schon gehört.) Nach einiger Zeit erschien mein Hun-

defänger wieder und winkte mir heraufzukommen. Oben ein sehr großer Bureauraum, man sieht in ein anderes Zimmer, Art Wohnzimmer mit gedecktem Tisch. Meine Brieftasche, meine Mappe werden durchgesehen. »Was tun Sie?« – »Ich schreibe ein Buch.« – »Das können Sie ja doch nie veröffentlichen. – Sie kommen morgen in Arbeit. Goehle-Werk (Zeiss-Ikon). – Sind Sie herzkrank?« – Ich war wohl sehr bleich und sprach mühselig ohne Luft. Soweit war die Behandlung noch beinahe anständig. Indem erscheint ein anderer Polizeimann, vielleicht einen Grad höher, mittelgroß, braune, höhnische Augen. Er duzt mich: »Nimm deinen Mist (Mappe und Hut) vom Tisch. Setz den Hut auf. Das ist doch bei euch so. Da wo du stehst, ist geheiligter Boden.« – »Ich bin Protestant.« – »Was bist du? Getäuft? Das ist doch bloß getarnt. Du als Professor mußt doch das Buch kennen von ... von einem Levysohn, da steht das alles drin. Bist du beschnitten? Es ist nicht wahr, daß das eine hygienische Vorschrift ist. Das steht alles in dem Buch. – Wie alt? – Was, erst sechzig? Mensch, mußt du in deine Gesundheit hereingewütet haben. – Was war das für eine Bewegung mit deinen Pfoten? Du hast doch eben was gemaust. Pack die Mappe aus.« – Ich mußte noch einmal alles öffnen. Ein Brot, eine Flasche mit einem halben Liter Milch. »Gute Milch.« – »Aber nein, Magermilch.« – »Gute Milch!« – »Aber es ist doch Magermilch.« – Drei Stückchen Kuchen. – »Sieht gut aus!« – Ein halbes Pfund Brombeertee. (Zum Rauchen!) – »Wozu soviel auf einmal, das kannst du doch täglich kaufen.« – »Wer wird nun den Krieg gewinnen? Wir oder ihr?« – »Wie meinen Sie das?« – »Nu, ihr betet doch täglich um unsere Niederlage – zu Jahwe, so heißt es ja wohl. Das ist doch der jüdische Krieg. Adolf Hitler hat's gesagt – (pathetisch schreiend:) Und was Adolf Hitler sagt, das ist auch so. – Warum kaufst du am Chemnitzer Platz?« – »Wir wohnten früher dort.« – »Du kaufst da, weil man dir da mehr gibt. Das hört auf. Du meldest morgen deine Marken beim nächsten Kaufmann an. Du läßt dich hier nicht mehr auf der Elektrischen sehen. Du kannst zu Fuß laufen. Und wenn wir dich noch mal hier treffen, fliegst du heraus. Du

weißt schon, wohin. Verstanden?« Ich sagte bloß: »Ja«. Der Du-
zer ging. Der Hundefänger stand still und düster in einer Ecke. –
»Darf ich jetzt gehen?« Er kam mit bis an die Treppe und sagte
als Schlußwort: »Und wenn Sie nicht so alt und klapprig wären,
würden Sie in Arbeit gesteckt.« Als ich draußen war, merkte ich
erst, wie sehr Brust und linker Arm schmerzten. Immerhin, ich
war frei (was man hier so nennt, ich hätte ja auch verschwinden
können, für lange, Ernst Kreidl sitzt seit siebeneinhalb Wochen,
für immer mit Hilfe einer Spritze). Ich ging ganz langsam nach
Hause. Ganz erholt bin ich noch immer nicht. Ich habe meine
J-Marken am Wasaplatz gemeldet, ich bin seitdem nur ganz wenige Schritte an der Luft gewesen, habe die hiesige Gegend nicht
verlassen und werde sie auch nicht mehr verlassen. Die Sache
mit ihrer märchenhaften Tyrannei, Brutalität, höhnischen Demütigung hat mich allzuhart angepackt. Ich bin seitdem nicht
mehr den Todesgedanken losgeworden.

Nach dem, was ich von Kreidls und Kätchen Sara höre, kommen ähnliche Fälle da und dort vor. Das Ganze soll darauf hin-
auslaufen, die Leute zum Arbeitsdienst einzufangen. Aber das
ginge doch auch über die Gemeinde. Ich denke, man will ein-
schüchtern und von der Straße vertreiben, vielleicht auch Ju-
denfreunde unter den Kaufleuten ausspüren. – Einziger Trost:
Der Rückschlag in Rußland läßt sich nicht mehr bemänteln. Paul
Kreidl las einen sehr ernsten Artikel aus dem »Reich« vor – mit
einem Male sind die eben noch vernichteten Russen furchtbare
und ganz unerschöpfte Gegner. Kätchen Sara erzählt, wie ihr ein
Fahrer morgens das Herz ausschüttete. Sie solle Mut haben, es
gehe mit den Bluthunden bald zu Ende, er kenne die Stimmung
der Soldaten, so viele Urlauber führen ja morgens auf seinem
Perron, sie wollten nicht mehr mitmachen etc. etc. –

Wer aber kann abschätzen, wie weit die innere Spannung,
die äußere Niederlage fortgeschritten sind. Sehr lange kann *ich*
nicht mehr warten. Und das ist wohl die Grundstimmung aller
Sternträger.

Es ist sehr kalt geworden, und unsere Heizung kommt wieder

nicht gegen den Frost auf, wie im vorigen Winter, und wir sind schlechter genährt und mit den Nerven mehr herunter als im vorigen Winter.

17. Januar, Sonnabend

Seit vorgestern mittag (Donnerstag, 15.1.) schwere Aufregung oder eigentlich Stumpfheit, vermischt mit »Hurra, ich lebe«, das wiederum mit cras tibi und der Frage abwechselt, wer das bessere Teil erwählt. Evakuierung hiesiger Juden am kommenden Mittwoch, ausgenommen, wer über fünfundsechzig, wer das EK I besitzt, wer in Mischehe, auch kinderloser, lebt. Punkt 3 schützt mich – wie lange? (EK-I-Träger gibt es drei oder vier in Dresden). Eine Arbeitskameradin aus dem Goehle-Werk brachte Kätchen die Nachricht. Seitdem fürchterliche Aufregung im Haus, unten Paul Kreidl, hier Kätchen.

Das Curriculum schleicht. Aber ich halte zäh daran fest. Und ich möchte auch gar zu gern der Kulturgeschichtsschreiber der gegenwärtigen Katastrophe werden. Beobachten bis zum letzten, notieren, ohne zu fragen, ob die Ausnutzung der Notizen noch einmal glückt.

Ich habe durchaus den Eindruck, als sei die Lage des 3. Reichs außen- und innenpolitisch explosiv gespannt. Aber vielleicht täusche ich mich, und alles geht noch zwei Jahre weiter.

18. Januar, Sonntag vormittag

Gestern dramatischster Umschwung der Evakuierungssache. Am Nachmittag sickerte die erste Nachricht ins Judenhaus. Es hatte erbitterten Streit zwischen Partei einer-, Werk und Wehrmacht andrerseits gegeben, vielstündige Unterhandlungen, Drohung, das Werk zu schließen, sich an Göring zu wenden, falls die Judenabteilung tangiert werde – schließlich vollster Sieg des Werks: Nicht nur seine gesamte Belegschaft bleibt, sondern wahrscheinlich zieht es auch alle übrigen Juden, die in Dresdener Betrieben arbeiten, an sich, so daß der Transport überhaupt unterbleibt. Damit wäre dann auch Paul Kreidl gerettet. Es sollen sich im Werk die pathetischsten Szenen abgespielt haben.

19. Januar, Montag

Die Machtprobe: Gestapo hat von den Reklamierten des Goehle-Werkes zwanzig gestrichen, sie hat Arbeitseinstellungen von anderen Firmen zu Zeiss-Ikon hinüber sistieren lassen: Im ganzen gehen am Mittwoch doch 250 Leute von hier fort. Unter ihnen Paul Kreidl, schwerster Schlag für die Mutter. Unter ihnen soll auch eine Frau mit drei kleinen Kindern sein, das jüngste Säugling, zwei Monate alt. Auch aus Berlin ging gestern ein Transport ab. Namenloses Elend, durch den anhaltenden sehr schweren Frost (zwischen 15 und 20 Grad) gesteigert. Unendliche Willkür und Unsicherheit. Kätchen Sara glaubte einen Augenblick unter den zwanzig zu sein und kippte fast um. Auch für meine Person fühle ich mich nicht mehr sicher. –

20. Januar, abends

Gestern bis Mitternacht bei Kreidls unten. Eva half Gurte für Paul Kreidl nähen, an denen er seinen Koffer auf dem Rücken schleppt. Dann wurde ein Bettsack gestopft, den man aufgibt (und nicht immer wiedersehen soll). Ihn karrte Paul Kreidl heute auf einem Handwägelchen zum vorgeschriebenen Spediteur.

21. Januar, Mittwoch vormittag

Vor dem Weggehen des Deportierten versiegelt Gestapo seine ganze Hinterlassenschaft. Alles verfällt. Paul Kreidl brachte mir gestern abend ein Paar Schuhe, die mir genau passen und bei dem furchtbaren Zustand der meinigen höchst willkommen sind. Auch ein bißchen Tabak, den Eva mit Brombeertee mischt und in Zigaretten stopft. Ich bin schon seit vielen Wochen bei purem Brombeertee. – Heute vormittag Art Kondolenzbesuch bei der Mutter. – Der Transport umfaßt jetzt 240 Personen, es sollen so Alte, Schwache und Kranke darunter sein, daß kaum alle lebend ankommen. (Immerfort schwere Kälte.)

6. Februar, Freitag abend

Bei der heutigen Neuausgabe der Seifenkarte (immer für vier Monate) fällt zum erstenmal für Juden die Rasierseife fort. Herrscht solche Knappheit – will man den mittelalterlichen Judenbart zwangsweise wiedereinführen? Ich habe noch ein bißchen gehamsterte Reserve. Hoffentlich entgeht sie der Haussuchung. Hoffentlich macht man sich nicht durch Rasiertheit verdächtig.

Notierte ich, daß Lissy Meyerhof in ihrem letzten Berliner Brief schrieb, es fehle in den Ghettospitälern an Typhus-Impfstoff?

8. Februar, Sonntag

Immer das gleiche Auf und Ab. Die Angst, meine Schreiberei könnte mich ins Konzentrationslager bringen. Das Gefühl der Pflicht zu schreiben, es ist meine Lebensaufgabe, mein Beruf. Das Gefühl der Vanitas vanitatum, des Unwertes meiner Schreiberei. Zum Schluß schreibe ich doch weiter, am Tagebuch, am Curriculum. –

Seit gestern besonders deprimiert. Eva erschöpft vom Vormittagsweg in Frost, Schnee und Glätte; so war ich allein bei Neumanns. Die ganze Zeit wurde von der namenlosen Haussuchung bei ihnen (wie bei andern) gesprochen. »Rollkommando« von acht Mann. »Da setzt euch auf die Bundeslade« (eine Truhe), gemeinste Beschimpfungen, Stöße, Schläge, Frau Neumann erhielt fünf Ohrfeigen. *Alles* durchwühlt, wahlloser Raub: Lichte, Seife, eine Heizsonne, ein Koffer, Bücher, ein halbes Pfund Margarine (legitim auf Marken gekauft), Schreibpapier, alle Art Tabak, Schirm, die Militärorden (»Du kannst sie ja doch nicht mehr brauchen«). – »Wo läßt du waschen?« – »Zu Haus.« – »Daß du dich nicht unterstehst, deine Wäsche außerhalb waschen zu lassen!« – »Warum werdet ihr alle so alt? – Hängt euch doch auf, macht doch den Gashahn auf.« Leider auch Briefe, Adressen, Schriftstücke überhaupt mitgenommen. – Zum Schluß unterschreibt man, alles freiwillig dem Deutschen Roten Kreuz zur

Verfügung gestellt zu haben. – Zur Verhaftung genügt, daß Beziehung zu einem Arier festgestellt wird.

9. Februar, Montag

Immer neue Nachrichten über Haussuchungen, über Diebstahl jeder Art, Mißhandlungen … Ich komme aus der Sorge um meine Manuskripte nicht mehr heraus. *Alles* kann ich nicht fortschaffen. Gestern brachte Kätchen von einem Besuch bei Verwandten diese Nachricht: ein quidam Stern, etwa sechzig Jahre, vor etlichen Wochen verhaftet, weil bei Haussuchung ein *Hirtenbrief* gefunden. PPD – dann KZ – jetzt Urne zurückgekommen. – Es fällt mir schwer, die Sammlung zum Curriculum aufzutreiben. Die meiste Zeit des Tages freilich Küchenarbeit. Neuerdings auch Vorlesen am frühen Morgen. Ich mag es nicht, wenn Eva wach liegt, ihren Gedanken überlassen.

Kätchen gab mir die Schriftstücke zu lesen, die den zum Transport Bestimmten ausgeliefert werden. Ihr Vermögen ist beschlagnahmt, sie haben auf Vordrucken Aufstellung davon zu machen. Diese Vordrucke gehen bis ins jämmerlichste Einzelne: »Krawatten … Hemden … Schlafanzüge … Blusen …«

10. Februar

Unter dem Druck drohender Haussuchung fährt Eva wieder nach P. – Manuskript Curriculum fort. – Wahrscheinlich völlige Unterbrechung.

13. Februar, Freitag abend

Um sechs Uhr kam ein Bote der Jüdischen Gemeinde, ich hätte morgen früh, acht Uhr, in Räcknitz zum *Schneeschippen* anzutreten. Das ist genau *die* Arbeit, bei der mein Herz nach fünf Minuten streikt. Sie soll »bis zum frühen Nachmittag« dauern. Es fehlt mir auch an gutbesohlten Stiefeln. Zu irgendeinem Einspruch oder einem Versuch, Stiefel zu beschaffen, war es zu spät. Ich muß die Sache hinnehmen. Mehr als krepieren kann ich nicht.

15. Februar, Sonntag vormittag

Der erste Schneeschippertag gestern, 14. 2., von acht bis zwei, aber die kommende Woche soll es von acht oder halb neun bis fünf Uhr gehen, zuzüglich je einer Stunde An- und Rückmarsch. Gestern nach sieben bei Dämmerung, fast Dunkelheit, mit Dr. Friedheim fort. Unkenntlichkeit verschneiter Straßen. An der alten Ziegelei vorbei nach Zschertnitz, dann geradeaus die Moreau bis zum »Elysium«, einem großen Gasthaus genau am Anfang der Langemarck-, già Bergstraße in Räcknitz. Dr. Friedheim fiel zweimal unterwegs, einmal sehr schwer, wies nachher ein Attest von Rostoski vor: Galle, Leber, Bruch, Zucker ... ging nach Hause. In der Einfahrt des Hauses sammelte sich eine jämmerliche Gruppe. Ein Bruch ohne Bruchband, ein Lahmer, ein Verwachsener ... Siebzehn »ältere« Männer hatten kommen sollen, zwei waren ausgeblieben, drei wurden fortgeschickt, von den zwölf verbleibenden waren *mehrere* über siebzig, ich mit sechzig buchstäblich der jüngste.

Es wehte furchtbar, bisweilen hatte man Schneesturm. Die Schmerzen hatten rasch aufgehört, ich hielt merkwürdig gut durch. Es wurde in sehr mäßigem Tempo gearbeitet, man stand viel umanand, plauderte – dennoch war es sehr anstrengend. Und ob ich morgen bis fünf Uhr aushalten werde, ist zweifelhaft. Umanandstehen gehört fraglos zu all solchen militärähnlichen Kollektivarbeiten, Umanandstehen, Stumpfsinn, Langeweile und Schleichen der Stunden. Hier oben hatte ein gemütlicher grauhaariger Vorarbeiter in Zivil die Führung. Er sagte »Herr« (!) und zu mir: »Sie müssen sich nicht überanstrengen, das verlangt der Staat nicht.«

»Freitag, der dreizehnte« – soll ich abergläubisch sein? Nicht nur der Schipperbefehl traf mich, sondern unter dem Schock vergaß ich die Verdunklung meines Zimmers. Fast genau ein Jahr, nachdem mir das zuerst zugestoßen. Erst gegen neun Uhr abends fiel mir das unvermittelt ein. Wir knipsten sofort das Licht aus und verdunkelten. Da sich niemand gemeldet hat, ist die Sache glimpflich abgegangen. Sie hätte mich mindestens viele Wochen

Gefängnis gekostet, wenn nicht gar KZ. So ist der dreizehnte mir doch noch gnädig gewesen. –

Gestern mit Frau Ida Kreidl ihre neue Mieterin bei uns, Frau Pick, Dame (wirkliche Dame) von 76, ehedem millionenschwer (irgendeine sehr große Malzfabrik), jetzt verarmt, Familie im Ausland. Ungemein rüstig, lebensfroh (stark österreichisch), dabei ein ebenso herzliches wie würdiges Betragen. Mich streichelte sie: »Sie könnten mein Sohn sein, zu meiner Zeit heirateten die Mädels mit 16 Jahren.«

1. März, Sonntag

Schwere Müdigkeit, Muskelschmerzen in den Waden, wunde Füße, die Hand unfähig, die Feder zu führen. Zur geistigen Arbeit unfähig. Dabei wird das Schippen sehr sachte betrieben. Aber von halb acht bis halb sechs immerfort im Freien, in physischer Anstrengung. Zuwenig Schlaf. Wenn ich am Sonntag mich ausführlich abseife, ein wenig Eva spielen höre, eine kümmerliche Tagebuchnotiz mache, ein paar Seiten vorlese (Meißinger), so ist das sehr viel. Ich kämpfe immer mit Schlafbedürfnis. –

Vor etwa vierzehn Tagen hieß es: der Zigarettenfabrikant Müller, 72 Jahre alt, mit Estreicher zusammen ins KZ. Vor drei Tagen: Er ist der Gemeinde als verstorben gemeldet. Es liegt jetzt so, daß KZ offenbar identisch mit Todesurteil ist. Der Tod der Überführten wird nach wenigen Tagen gemeldet.

Anfrage der Devisenstelle »zwecks Neufestsetzung Ihres monatlichen Freibetrages«. Es soll sich um sehr starke Abstriche handeln. Ständige Angst vor Haussuchung. Gestapo soll gräßlich hausen.

Im Osten Tag für Tag Angriffe der Russen.

6. März, Freitag

Gestern, nach zwanzig Tagen Dienst (wovon einer für mich ausfiel), ist die Gruppe entlassen worden. Abrechnung im dritten »Lohnbeutel«: 121 Arbeitsstunden je 70 Pf = 84,70, wovon 12,07 Lohnsteuer, bleiben 72,63 – ich glaube aber, davon gehen noch

15 Prozent Juden-»Sozialausgleich« ab. Schon hat mich die Devisenstelle angefragt, wieviel ich »monatlich« im Arbeitseinsatz verdiene. Den Lohn mußte ich jedesmal meinem Sicherungskonto übergeben, ich durfte ihn nicht etwa auf den Freigrenzenbetrag verrechnen.

Das Schlimmste dieser letzten Zeit ist die ständige Erwartung der Haussuchung. Immer wieder wird von den Rollkommandos Grausiges erzählt. –

Heute kam das Verbot der Straßenbahnbenutzung »mit Rücksicht auf das wiederholte undisziplinierte Verhalten von Juden auf der Straßenbahn«. Voran ging in den letzten Monaten: Beschränkung auf den Vorderperron, Verbot der Hechtwagen, Verbot der Autobusse. Wenn man hört, was Kätchen Sara von Fahreräußerungen erzählt, so scheint hinter dem Verbot der Wille zur Isolierung, die Angst zu stehen. Aber die Fahrten zur Arbeit und von der Arbeit nach Hause sind erlaubt. Gestern Rundschreiben »zur strengsten Beachtung«: keinen »unnötigen Briefwechsel«, »Ankauf und Vorratshaltung von Medikamenten … auf das äußerste einzuschränken«, »die Benutzung von elektrischen Apparaten ist ebenfalls auf das äußerste einzuschränken«, Verbot, illustrierte und Wochenzeitschriften zu kaufen oder zu abonnieren. Verbot, Lebensmittelmarken ohne J zu verwenden.

16. März, Montag

Fräulein Ludwig schickte für Muschel einen Fischkopf – sie hatte den Fisch als Arierin von Freunden bekommen. Fisch ist ungemein selten und dem jüdischen Haushalt ganz verboten. Anweisung: den Kopf sofort auskochen, die Gräten verbrennen! Die Angst vor der Gestapo. 90 Prozent aller Gespräche der Juden kreisen um die Haussuchungen. Jeder weiß von neuen Grausamkeiten und Räubereien. – Der neulich verhaftete Friedmann – man soll ein größeres Quantum Wein und Obstkonserven bei ihm gefunden haben – ist jetzt im KZ.

Als furchtbarstes KZ hörte ich in diesen Tagen Auschwitz (oder so ähnlich) bei Königshütte in Oberschlesien nennen. Bergwerksarbeit, Tod nach wenigen Tagen. Hier Kornblum, der Vater der Frau Seliksohn, ebenso – mir unbekannt – Stern und Müller gestorben, bei denen man den verbotenen Hirtenbrief gefunden hatte. – Nicht unbedingt und sofort tödlich, aber »schlimmer als Zuchthaus« soll Buchenwald bei Weimar sein. Hierhin kam Estreicher. »Zwölf Stunden Arbeit unter ⚡⚡«, sagt Seliksohn. –

Ein allgemein jüdischer Trost sind die *Todesanzeigen mit dem Hakenkreuz*. Jeder zählt: Wie viele? Jeder zählt, wie viele noch »für den Führer« fallen.

Die Eßnot wird immer qualvoller. Ich benasche das besser versehene Kätchen Sara (sie ißt weniger und erhält vieles von ihrer Mutter), wo etwas offen und angebrochen herumsteht. Ein Löffel Honig, ein Löffel Marmelade, ein Stückchen Zucker oder Brot. Gestern stand ein angeschnittenes dickes Würstchen auf dem Tisch. Ich säbelte einen winzigen Brocken herunter. Bald danach hörte ich, wie Eva den Muschel aus der Küche vertrieb: Auch er hatte von dem Würstchen stehlen wollen. –

Vor wenigen Tagen in der Zeitung: Die siebentausend (7000) Dresdener Gärtnereien stellen die Hälfte ihrer Betriebsfläche auf Gemüsezucht um: stellt ihnen Blumentöpfe für Anzucht zur Verfügung und kauft weniger Blumen! Jetzt ist ein *Verbot des Blumenkaufes für Juden* herausgekommen. Kein Tag ohne eine neue Bestimmung gegen Juden.

Wir sind in großer Brot-, Kartoffel- und Kohlenbedrängnis.

20. März, Freitag abend

Heute in der Zeitung die Verkürzung der Brot-, Fleisch- und Fettrationen (½ Pfund Brot, 100 Gramm Fleisch wöchentlich, 250 Gramm Fett in vier Wochen). Das im Moment des größten Mangels an Gemüse und Kartoffeln! Auch beginnt es eben, nach ein paar milden Tagen, wieder zu schneien. Wir wissen nicht, ob wir uns freuen sollen oder verzweifeln. Wir sind in großer Not: Brot für die nächsten zehn Tage etwa ungedeckt, Kartoffeln noch etwa für vier Mahlzeiten, Kohlen für eine knappe Woche. – Aber der Eindruck auf das Volk muß desaströs sein.

Ich habe nicht mehr die rechte Ruhe zum Lesen. Ich möchte so gern im Curriculum weiter. Aber ich habe alle Unterlagen aus [den] Händen geben müssen. Und es ist auch notwendig, daß ich ein bißchen unterbaue. Auch rechne ich jeden Tag mit neuem »Arbeitseinsatz«.

22. März, Sonntag

LTI. Notierte ich schon einmal unter Mechanistischem: *Ankurbeln?*

Was trägt Eva in der Handtasche bei sich, aus Furcht vor der Haussuchung? Cebion, Rasierseife, Zigarettentabak, Süßstoff.

Eva war gestern aus größter Not in Pirna betteln. Sie kam schwer schleppend heim: einen Korb Kartoffeln, etwa zwei Pfund Brot in natura, eine Konservenbüchse Schnittbohnen. Nachfolgen sollen Brotmarken; bleiben sie aus, sind wir Dienstag am buchstäblichen Hungern.

24. März, Dienstag

Bisher hat uns Annemarie mit Brotmarken im Stich gelassen; Eva hat Margarinemarken gegen ein Vierpfundbrot eingetauscht, wie wir aber durch die anderthalb Wochen bis zur nächsten Markenausgabe kommen sollen, ist ein Rätsel. Dazu die völlige Kartoffelnot. Heute gab mir Eva Unterricht im Zurechtmachen von Kohlrüben. Es geht ganz gut. Am schwersten fällt mir der Vormittag. Frieren (im ungeheizten Zimmer), hungern und vor Abspannung am Schreibtisch einschlafen ist üblich. Ich suche dann in der Küche Kätchen Sara einen Löffel Marmelade oder ein Stück Brot zu stehlen, das läßt sich aber nur machen, wenn soviel da ist, daß sie bestimmt nichts merkt. Und immer bin ich in Sorge, sie könnte doch einmal stutzig werden. Ich bewahre mein jämmerliches Geheimnis auch vor Eva. Die meist mit schmerzendem Fuß, schwerbeladen und doch ergebnislos, gegen zwei Uhr vom Einkaufsweg zurückkommt.

Der Versuch, mir das Haus abzunehmen, ist jetzt in ein sehr ernstes Stadium getreten. Von Berger, der so freundschaftlich und antinazistisch war, bin ich betrogen worden. Wahrscheinlich ist er nachträglich der Versuchung unterlegen. Er ist jetzt, wie ich von meinem »arischen Verwalter«, dem Rechtsanwalt Heise, weiß, »politischer Leiter« geworden, er hat neulich versucht, das Haus für 12 000 M an sich zu bringen (die übrigen 4400 M würden für Reparaturen gebraucht!), er hat jetzt einen Paragraphen ausgegraben, wonach ein »gewerblichen Zwecken dienendes« Judenhaus enteignet werden kann. Sein Antrag ist von der Gemeinde Dölzschen unterstützt. (»Der Mann hat das einzige Lebensmittelgeschäft in Dölzschen,« sagt Eva, »wie sollte er da nicht mit den Ortsbonzen gut stehen!«) Heise schreibt, die Rechtslage werde »viel Kopfzerbrechen machen«, da mein Eigenheim erst nachträglich von dem jetzigen Mieter dem gewerblichen Zweck zugeführt sei. Zugleich fordert das Finanzamt nachträgliche Grundsteuer für die Zeit, in der ich das Eigenheim nicht mehr selber bewohnt habe.

27. März, Freitag, gegen Abend

Neueste Einengung: »Es ist darauf hinzuweisen, daß Juden Lebensmittel nicht aufsparen dürfen, sondern nur soviel kaufen, als sie zum jeweiligen Verzehr gebrauchen.« Ich fragte Neumark, wieviel man danach im Hause haben dürfe (z. B. die ganze Zuckerration eines Vierwochenabschnitts?). Er erwiderte, das komme bei jeder Haussuchung auf die Gestapo an. – Das Grauen vor dieser Haussuchung verfolgt mich Tag für Tag. Kritischste Stunde scheint acht Uhr abends.

LTI. Todesanzeigen unter dem Hakenkreuz: »Sonnig«, das in den ersten beiden Jahren florierte, erscheint auch jetzt, aber seltener. »Lebensfroh« steht in mindestens vier von fünf Anzeigen, und ebensooft ist die Nachricht, die man tieferschüttert erhält, »unfaßbar«. Alle drei Ausdrücke sind lebensbejahend und in diesem Zusammenhang betont unchristlich. Religiöse Formel (»es hat Gott gefallen« und dergleichen) ist *sehr selten*, aber auch das Runenzeichen (⅄) bildet nur die Ausnahme. Selten geworden, nein, nur seltener, keineswegs vereinzelt: »Für Führer und Vaterland« und »in stolzer Trauer«.

31. März, Dienstag

LTI. Die Sprache bringt es an den Tag. Bisweilen will jemand durch Sprechen die Wahrheit verbergen. Aber die Sprache lügt nicht. Bisweilen will jemand die Wahrheit aussprechen. Aber die Sprache ist wahrer als er. Gegen die Wahrheit der Sprache gibt es kein Mittel. Ärztliche Forscher können eine Krankheit bekämpfen, sobald sie ihr Wesen erkannt haben. Philologen und Dichter erkennen das Wesen der Sprache; aber sie können die Sprache nicht daran hindern, die Wahrheit auszusagen.

5. April, Ostersonntag, abends

Zum erstenmal frühlingshaftes Wetter. – Am Nachmittag bei Neumanns; dort auch Glaser mit seiner tonlosen Geige (Frau Glaser sagte ab, die gemütskranke Tochter brauchte Pflege). »Wenn Besuch kommt, hat Frau Professor (die arische!) den Kuchen mitgebracht.« Bilanz der Feiertage: bisher vier Selbstmorde unter den Juden. Ein Ehepaar nach der Haussuchung zur Gestapo bestellt, nahm Veronal. Ein Schneider und ein Kaufmann erhängten sich im Gefängnis vor dem Abtransport ins KZ. – Neue Evakuierungstransporte aus Berlin und mehreren andern Städten abgegangen. – Dem steht gegenüber: Vom 15. April ab erhalten die Amtswalter Revolver. Stimmungssymptom. Die Gespanntheit der Situation und, dementsprechend, die Grausamkeit in judaeos nehmen täglich zu. Neueste Verordnung: Ein Judenstern ist an den Wohnungen der Juden anzubringen.

Vor einigen Wochen brachte mir Ida Kreidl einen mächtigen Stoß Schreibpapier, den sie in Pauls Nachlaß gefunden. Wurde im Keller versteckt. Jetzt nehme ich einen kleinen Teil davon in Gebrauch – der Rest kam wieder ins bergende Dunkel. Nichts, wirklich gar nichts ist sicher. Alles kann geraubt werden, alles bietet Anlaß zu maßlosen Quälereien.

12. April, Sonntag

Wovon reden wir *seit Monaten* mit Ida Kreidl und Frau Pick am Sonnabend? (Gestern übrigens wieder unten, statt bei uns: dort ist geheizt, und dort gibt es immer noch ein bißchen Gebäck – wir sind die Bettler des Hauses, und Kätchen ist im Dienst.) Von den letzten Haussuchungen und Selbstmorden. Wann und wie wird die Haussuchung bei uns sein? Von den Evakuierten. Leben sie noch? Seit Monaten keine Nachricht. Werden wir hinaus müssen? Wie lange noch? Wird man uns vorher morden? – Gestern ein Novum. Nach fünf Monaten ein Lebenszeichen von Ernst Kreidl: *Karte aus Buchenwald.* Erschütternd war die Freude darüber. Er lebt, er ist nicht in Auschwitz, er darf alle vierzehn Tage schreiben und Post empfangen, er darf monatlich 15 M haben – man kann hoffen, daß er überlebt!

19. April, Sonntag

Eva wurde an der Tramhaltestelle vom Zimmermann Lange (in Gefreitenuniform) angesprochen. Sie ging mit ihm in ein Lokal, und er erzählte bei einem Glase Bier. Er ist als Fahrer bei der Polizeitruppe mehrere Wintermonate (bis Weihnachten) in Rußland gewesen. Grauenhafte Massenmorde an Juden in Kiew. Kleine Kinder mit dem Kopf an die Wand gehauen, Männer, Frauen, Halbwüchsige zu Tausenden auf einem Haufen zusammengeschossen, ein Hügel gesprengt und die Leichenmasse unter der explodierenden Erde begraben. – Wütender Flecktyphus – gesprengte Automobile bei eiligem Rückzug. – Er ist auch durch Holland gekommen: Feindseligkeit der Bevölkerung, verschlossene Türen, kein Glas Wasser zu bekommen.

Mein gesamtes Schuhzeug ist mehr oder weniger in Fetzen. Der jüdische Schuster bei der Kleiderkammer ist evakuiert worden. Nun gibt es noch einen jüdischen Schuster in der Holbeinstraße; zu dem muß ich nächster Tage wandern. – Unsere Wäsche ist seit Dezember nicht mehr gewaschen. Einige nötigste Stücke wäscht Eva im Badezimmer aus.

Jeden Tag (nicht mehr nur nachts) englische Bombenflieger über Deutschland. Aber Dresden den ganzen Winter in Ruhe gelassen.

26. April, Sonntag nachmittag

Neueste Verordnung: Juden dürfen nicht Schlange stehn. – Juden haben abzuliefern: »Haarschneidemaschinen – Haarschneidescheren, Haarkämme, ungebraucht.« Juden werden *bei strenger Strafe* erinnert, den Stern fest aufgenäht zu tragen, weil angesteckte oder mit Druckknöpfen gehaltene Sterne zeitweilig entfernt werden könnten. Die Kämme sind tröstlich, sie enthüllen äußersten Mangel – man schreckt vor keiner Jämmerlichkeit zurück.

28. April, Dienstag

Hitlers Reichstagsrede am Sonntag, 26. 4. Danach ist es nicht mehr fünf Minuten vor zwölf, sondern 11.59 Uhr. Er spricht von der Katastrophennähe im vergangenen Winter. Er sagt, auf den nächsten sei er besser vorbereitet. Wann also das Ende? Er sagt, die Entscheidung falle im *Osten.* Aber England? Aber USA? Ungleich wichtiger: Er sagt, er habe nur selten »hart« durchgreifen müssen, wo der Gehorsam versagte. (Also hat er versagt!) Das wichtigste: Er fordert das Recht, unmittelbar, ohne Verfahren, Offiziere, Beamten, *Richter* unschädlich machen zu dürfen. Wesentlich hierbei die Ausdrücke: »zur gemeinen Kassation verurteilen« oder »aus Amt und Stellung entfernen« »ohne Rücksicht auf ›wohlerworbene Rechte‹« (dreimal, danach noch einmal von Göring gebraucht). Kassation > Offiziere, »wohlerworbene Rechte« sehr altes, festgeprägtes Wort der Beamtengesetzgebung. – Es ist toll, es ist sich überschlagende Tyrannei, es ist äußerste Unsicherheit, wenn ein längst mit aller Diktatorgewalt Ausgestatteter noch einmal fordert, was er schon besitzt, wenn ein Sultan ausdrücklich erklärt, er werde selber in die Justiz seiner Richter eingreifen, wenn sie bloß »formales Recht« übten. Sprachlich amüsant wieder das Verhältnis zur Zahl. »Napoleon hat mit minus 25 Grad zu kämpfen gehabt, ich mit minus 45 und einmal mit minus 52 Grad. Sogar meine Winter sind um das Doppelte grandioser als anderer Leute Winter! Und ich siege doch.«

3. Mai, Sonntag nachmittag
Allmählich geht mir das ununterbrochene Kartoffelschleppen, -bürsten, -essen auf die Nerven. Ich muß froh sein, daß einige Marken freigegeben sind, daß uns Bekannte ihren Anteil überlassen; denn sonst würden wir hungern. Aber Nichts-als-Kartoffel ist auf die Dauer sehr schlimm. Eva ist nicht ganz so übel daran, weil sie mittags irgendwo einen, wenn auch jämmerlichen, »Stamm« auftreibt und da sie geringere Quanten braucht als ich. –

8. Mai, Freitag mittag
»Du Judensau wirfst ja doch nur Junge, um sie zu Hetzern großzuziehen!« Ausspruch der Gestapo zu der »hinbestellten« siebzigjährigen Frau Kronheim, wie uns deren Tochter gestern erzählte. (»Hinbestellen« – auf stundenlange Spaziergänge schikken, sich immer wieder zu immer neuen Beschimpfungen und Püffen melden lassen ist die übliche Tortur im Anschluß an die Haussuchung.)
Aber gestern auch dies. Auf dem Wasaplatz zwei grauhaarige Damen, etwa sechzigjährige Lehrerinnen, wie ich sie oft in meinen Vorlesungen und Vorträgen antraf. Sie bleiben stehn, die eine kommt mit ausgestreckter Hand auf mich zu, ich denke: eine alte Hörerin, und lüfte den Hut. Ich kenne sie aber doch nicht, und sie stellt sich auch nicht vor. Sie schüttelt mir nur lächelnd die Hand, sagt: »Sie wissen schon, warum!« und geht fort, ehe ich ein Wort finde. Solche Demonstrationen (gefährlich für beide Teile!) sollen des öftern stattfinden. Gegenstück zum neulichen: »Warum lebst du noch, du Lump?!« Und dies beides in Deutschland, und mitten im 20. Jahrhundert. –
Was gehen mir für Wünsche durch den Kopf? Nicht Angst haben vor jedem Klingeln! Eine Schreibmaschine. Meine Manuskripte und Tagebücher im Hause haben. Bibliotheksbenutzung. Essen! Kino. Auto. –
Der vorige Krieg war eine so anständige Angelegenheit.

11. Mai, Montag

Die Tyrannei verstärkt sich täglich – wohl auch ein Trost, so wie das verschlechterte Brot einer ist. Haussuchung im Altersheim Güntzstraße. Frauen von 70 bis 85 Jahren bespuckt, mit dem Gesicht an die Wand gestellt und von hinten mit kaltem Wasser übergossen, ihnen die Lebensmittel fortgenommen, die sie auf ihre Marken als Wochenration gekauft, unflätigste Schimpfworte. – Eva wollte schwarze Nähseide kaufen. Wird nur für Trauerkleidung abgegeben, wenn der Todesfall beglaubigt nachzuweisen ist. – In der Zeitung ein Artikel, »Erfolgreiche Judenrazzia im Kreise Magdeburg-Anhalt«. Es treibe den darbenden Volksgenossen die Schamröte ins Gesicht: Man habe bei Juden ganze Kisten voller Lebensmittel gefunden, und die verbrecherischen Juden hätten sich der Polizei gegenüber noch frech benommen. Weshalb lügt man so schamlos? Es wissen doch schon so viele Arier, wie grausam den Juden gegenüber verfahren wird. Will man sich rechtfertigen, will man neuen »Sühnemaßnahmen« vorarbeiten?

Den schwersten Kampf um mein Deutschtum kämpfe ich jetzt. Ich muß daran festhalten: Ich bin deutsch, die andern sind undeutsch; ich muß daran festhalten: Der Geist entscheidet, nicht das Blut. Ich muß daran festhalten: Komödie wäre von meiner Seite der Zionismus – die Taufe ist *nicht* Komödie gewesen.

14. Mai, Donnerstag (Himmelfahrt, nicht Feiertag)

Zwei Jungen, wohl zwölf und sechs, nicht proletarisch, kommen mir auf engem Bürgersteig entgegen. Der ältere schleudert den kleinen Bruder beim Passieren rangelnd gegen mich und ruft: »Jude!« – Es wird immer schwerer, all diese Schmach zu ertragen. Und immer die Angst vor der Gestapo, das Verstecken und Fortschaffen der Manuskripte, des unbeschriebenen Papiers, das eilige Vernichten aller Korrespondenz ... Die Widerstandskraft läßt täglich nach, die Herzbeschwerden wachsen täglich

15. Mai, Freitag, gegen Abend

Frau Ida Kreidl, die ich auf dem Einkaufsweg traf, berichtete die neueste Verordnung, gab sie uns dann im jüdischen Gemeindeblatt zu lesen: Sternjuden und jedem, der mit ihnen zusammenwohnt, ist mit sofortiger Wirkung das Halten von Haustieren (Hunden, Katzen, Vögeln) verboten, die Tiere dürfen auch nicht in fremde Pflege gegeben werden. Das ist das Todesurteil für Muschel, den wir über elf Jahre gehabt und an dem Eva sehr hängt. Er soll morgen zum Tierarzt geschafft werden, damit ihm die Angst des Abgeholtwerdens und gemeinsamer Tötung erspart bleibt. Welch eine niedrige und abgefeimte Grausamkeit gegen die paar Juden. Es ist mir um Evas willen sehr bitter zumute. Wir haben uns so oft gesagt: Der erhobene Katerschwanz ist unsere Flagge, wir streichen sie nicht, wir behalten die Nasen hoch, wir bringen das Tier durch, und zum Siegesfest bekommt der Muschel »Schnitzel von Kamm« (dem feinsten Kalbschlächter hier). Es macht mich beinahe abergläubisch, daß die Flagge nun niedergeht. Das Tier mit seinen mehr als elf Jahren war in letzter Zeit besonders frisch und jugendlich. Für Eva war es immer ein Halt und ein Trost. Sie wird nun geringere Widerstandskraft haben als bisher.

19. Mai, Dienstag gegen Abend

Muschel †. Schon vorige Woche hatte Eva Erkundigung eingezogen. In der Grunaer Straße hat jemand die Praxis des guten Dr. Groß übernommen, der unsere Kater kastriert und Nickelchen getötet hat und im vorigen Jahr mit höchstens fünfzig Jahren am Herzschlag starb. Wir schwankten tagelang. Heute kamen Nachrichten, es sei ein Ablieferungsbefehl der Gemeinde unterwegs, nach dessen Empfang ich nicht mehr das Recht haben würde, selber über das Tier zu verfügen. Wir schwankten bis vier Uhr – um fünf endete die Sprechstunde des Mannes. Wenn nicht gerade bis morgen das Regime zusammenbrach, mußten wir den Kater einem grausameren Tod aussetzen oder mich in dringende Gefahr bringen. (Ein wenig gefährlich für mich ist schon die heutige Tötung.) Ich überließ die Entscheidung Eva. Sie trug das Tier in dem nun schon traditionellen Katzenkarton fort, sie war dann bei der Tötung, die in einer raschen Narkose geschah, anwesend – das Tier hat nicht gelitten. Aber *sie* leidet.

Ich schleppte mit schweren Schlundschmerzen 30 Pfund Kartoffeln von unserm Wagenhändler am Wasaplatz her. Als dort der Mann meine Karte schon in der Hand hatte, trat von hinten ein junges Weibsbild, blondgefärbt, mit gefährlich borniertem Gesicht, heran, etwa die Frau eines Kramhändlers: »Ich war eher hier – der Jude soll warten.« Jentzsch bediente sie gehorsam, und der Jude wartete. Jetzt ist es gegen sieben Uhr, und die nächsten zwei Stunden wartet der Jude wieder auf die (meist am Abend stattfindende) Haussuchung.

23. Mai, Sonnabend nachmittag

Gestern vormittag die Nachricht vom Tode Ernst Kreidls, nachmittags die längst erwartete Haussuchung. Im wesentlichen war ich wieder einmal der Innocente. Ich ging um dreiviertel fünf (sehr ungern) wieder einmal zu Steinitz – die üblichen Gespräche –, in Torgau sollen täglich Mannschaften und Offiziere, die wegen Meuterei hingeschafft sind, standrechtlich erschossen werden –, die gefürchtete Frau benahm sich passabel –, um halb acht kam ich zurück: Das Rollkommando war hier um fünf erschienen und kurz vor meiner Rückkehr abgezogen. Ich sah zuerst durch die offene Entreetür das Chaos im Parterre. Friedheim zeigte mir die von Schlägen blutig unterlaufene Hals- und Kinnseite, er klagte über einen Fußtritt in den Leib gegen eine Bruchnarbe. Frau Kreidl und Frau Pick waren auch geschlagen worden. Bei uns fand ich Eva in voller Fassung: Es sei alles programmgemäß verlaufen. »Du bist arisch? – Du Judenhure, warum hast du den Juden geheiratet? Im Talmud steht: ›Jede nichtjüdische Frau ist für uns eine Hure‹…« Sie wurde heruntergeschickt. Sie erhielt unten ein paar Ohrfeigen – »mehr Bühnenohrfeigen als ernste«, sagte sie, während Ida Kreidl ihrerseits über Ohrensausen klagte. Aber Eva wurde mehrfach ins Gesicht und auf den Kopf gespuckt. In unserer Wohnung – und ebenso bei Frau Voß, die wie ich erst post festum eintraf, fand ich genau das Chaos, die viehische Verwüstung durch grausame und besoffene Affen, die ich schon oft habe beschreiben hören und die in ihrer Realität doch ungeheuerlich wirkte. Auch jetzt noch sitzen wir in diesem kaum gelichteten Chaos. Inhalt der Schränke, Kommoden, Regale, des Schreibtischs auf dem Boden. Zerrissene Spielkarten, Puder, Zuckerstücke, einzelne Medikamente, Inhalt von Nähkästen dazwischengestreut und eingetreten: Nadeln, Knöpfe, Scherben zerschlagenen Weihnachtsschmucks, Pastillen, Tabletten, Zigarettenhülsen, Evas Kleidung, saubere Wäsche, Hüte, Papierfetzen – inextrikabel. Im Schlafzimmer der Gang zwischen Betten und Schränken, die Betten selber übersät. Was gestohlen, was vernichtet, was willkürlich versteckt, was übersehen, ist nicht recht festzustellen. Von den Medikamenten und Chemikalien ist Pyramidon ganz, Süßstoff zum großen Teil verschwunden, braunes Tannalbin und irgendwelche rosa Hustenpastillen treiben sich überall herum. An Lebensmitteln hat man alles genommen, was auf Marken eingekauft war, Butter, Speck, Zucker (soweit er nicht am Boden in den Teppich getreten knirscht – ja, auch mein Brombeer-Rauchtee liegt da unten) – sodann, was wir noch an kümmerlichen Vorräten an Soßenpulver besaßen – dagegen blieben ein paar Eier verschont – dagegen ging fermentierter Brombeertee mit. Mein Schreibpapier ließ man teils hier, teils fand man es nicht, d'altra parte sind verschwunden alle Kuverts, alle meine Visitenkarten, von denen ich noch hundert besaß – ohne Titel, Privatdozent – Professor – Professor und Frau. Evas Visitenkarten lagen im Schlafzimmer. Dort suchte ein anderer, der hat sie auf den Boden gestreut. Die Flasche Schaumwein, von Frau Schaps 34 zur Hauseinweihung gestiftet, von uns für den Tag der Erlösung aufbewahrt, ging mit. Mein Verdienstkreuz fehlt, einige ausländische Münzen (ein Gulden z. B.) fehlen. Von meinen Büchern scheint keines zu fehlen, obwohl doch Lexika beliebt sein sollen. Meine Manuskripte waren kaum aus ihren Hüllen, nur die Kriegsbriefe durcheinandergeraten. Ein paar Bücher waren aus dem Regal genommen, lagen auf dem Schreibtisch. Aber das griechische Lexikon mit den letzten Tagebuchseiten war unangetastet, Evas Notenschrank mit einigen Manuskripten von mir und mit großem Papierpaket unberührt. Das Tagebuchmanuskript hätte mich fraglos das Leben gekostet. Offen auf Evas Notenschrank lag ein Heft Mendelssohn. Da ist das Titelblatt der Länge nach durchgerissen. – Außer dem Brombeertee, dem Zucker, den Zigarettenhülsen liegt auf und im Teppich eine Unmenge kleiner Stückchen Markenpapier; ich sammelte diese Klebstreifen immer in einer Zigarrenkiste und benutzte sie zum Anfügen von Anmerkungen und Korrekturen an das Druckmanuskript. Ein Glück, daß unser Staubsauger repariert und in Ordnung ist. – So sind wir alles in allem für diesmal noch leidlich davongekommen und haben uns wieder gegenseitig zugeschworen, die Nerven zu behalten. Aber welch eine unausdenkbare Schmach für Deutschland.

24. Mai, Sonntag, Pfingsten
  Abends
  Ernst Kreidl ist »bei einem Fluchtversuch erschossen« worden, um 14.55 Uhr, also am hellen Tage. Eva sah oben bei Elsa Kreidl das vorgedruckte Formular mit Maschinenschrift ausgefüllt. »Einäscherung im Krematorium Weimar-Buchenwald«, die Urne steht zur Verfügung. Schamloser kann man nicht lügen. Der Mann hat an die absolut unmögliche Flucht bestimmt mit keinem Hauch gedacht. 63 Jahre, geschwächt, Anstaltskleidung, ohne Geld … Und am hellen Tage … Unverhüllter Mord. Einer von Abertausenden.

27. Mai, Mittwoch mittag
  Heute nachmittag fährt Eva nach Pirna etwas Geld holen. Ich gebe ihr die Tagebuchblätter der letzten Wochen mit. Ich fand nach der Haussuchung einige Bücher aus dem Regal genommen auf dem Schreibtisch: Wäre das griechische Lexikon darunter gewesen, wären die darin liegenden Manuskriptblätter heraus-

gefallen und hätten dadurch Verdacht erregt, so war das fraglos
mein Tod. Man wird um geringerer Verfehlungen willen gemordet. – Ein Notizzettel auf dem Schreibtisch enthielt die Chiffre
KDF. Nicht »Kraft durch Freude«, sondern »Kunst der Fingerfertigkeit«. In diesem Notenband liegen weitere Tagebuchblätter. – Diese Teile also gehen heute fort. Aber ich schreibe weiter.
Das ist *mein* Heldentum. Ich will Zeugnis ablegen, und exaktes
Zeugnis!

29. Mai, Freitag vormittag
    Nach dem Tee zu Haus war ich beim »Kartoffeln«, als ich ein
sehr großes und sehr elegantes Auto vor dem Haus stehen sah.
Sofort in Angst. Etwa eine Stunde später Sturmklingeln bei uns.
Ich öffnete und erhielt sofort eine klatschende Ohrfeige, weil ich
zu spät geöffnet hätte. Zwei junge Leute. Es war, genau wie Eva
neulich gesagt, eine Bühnenohrfeige, und ebenso war nachher
auf der Treppe der Fußtritt in den Hintern nur skizziert, aber
mein Herz setzte aus, ich litt an schwerer Atemnot und Schmerzen, ich hatte wieder das Gefühl, dem Tod nahe zu sein. Ich sah,
wie der eine der beiden Kerle nach Eva im Wohnzimmer spuck-
te, wie sie ganz ruhig blieb. »Wir brauchen einen kleinen Koffer.« – »Im Keller – ich gehe mit Ihnen hinunter.« Eva sagte, sie
werde es tun. Ich wollte ihr das ersparen, aber unten fiel mir
ein, daß sie in *einem* unserer Koffer Sachen verwahrt habe und
ich wußte nicht, in welchem. Also mußte ich sie doch herunter-
rufen. Nach einiger Zeit kam sie mit einem kleinen Korbkoffer
wieder, der Mann unten habe ihr nichts weiter angetan. Die Bestien verschwanden, wir waren nur gestreift worden. Außer dem
Koffer hatten sie diesmal bloß – aber zum zweitenmal in wenigen Tagen! – die angerissene Butter vom Teller gestohlen. (Bis
zum Montag werden wir kein Gramm Fett haben.) Nach einer
Weile kamen Elsa und Ida Kreidl und Fräulein Ludwig zu uns
herauf. Der Überfall hatte Friedheim gegolten. Ida Kreidl und
Frau Pick waren diesmal leichter mißhandelt worden (immerhin hatte Frau Pick zwei Stunden lang stehen müssen und einen

Ohnmachtsanfall gehabt, immerhin waren ein paar Mark aus Ida Kreidls Portemonnaie gestohlen, sämtliche Butter und Brot- – Brot! – Vorräte fortgenommen, die Milch ausgeschüttet.)

Von Montag an, Beginn der nächsten Kartenphase, erhalten Juden keine Milch mehr. – Das Brot ist so naß und sauer (Kohlrüben? Kartoffeln?), daß ich es kaum schlucken kann. Aber bei Charkow haben wir drei russische Armeen vernichtet und »bisher« 165 000 Gefangene [gemacht].

Frau Ida Kreidl muß heute ihren Kanari in einer zoologischen Handlung abliefern, weit, weit draußen in der Bautzener Straße, zu Fuß. Gut, daß unser Muschel in Frieden ruht.

30. Mai, Sonnabend vormittag

Wir sprachen heute beim Frühstück über die unglaubliche Fähigkeit des menschlichen Aushaltens und Sichgewöhnens. Diese märchenhafte Gräßlichkeit unserer Existenz: Angst vor jedem Klingeln, Mißhandlungen, Schmach, Lebensgefahr, Hunger (wirklicher Hunger), immer neue Verbote, immer grausigere Versklavung, tägliches Näherrücken der Todesgefahr, täglich neue Opfer rings um uns, absolute Hilflosigkeit – und doch immer noch Stunden des Behagens, beim Vorlesen, bei der Arbeit, beim mehr als kümmerlichen Essen, und immer wieder weitervegetiert, und immer wieder gehofft. –

Gestern nachmittag bei Marckwald. Das große Elend des gelähmten Kranken. Er bekam, während wir plauderten, eine Morphiumspritzung. Er erzählte, sein Vater, Landwirt, habe sich 1873 taufen lassen, »der Beruf forderte es«, er selber sei bei der Geburt getauft worden, bei Ausbruch des Krieges Oberleutnant d. R. (aber schon leidend und nicht mehr frontfähig) gewesen. Ich fragte ihn nach den Berliner »Spaziergängen« seines Vetters. Er sagte, er besäße sie nicht mehr, es sei ein »schnoddriges Feuilletonbuch« gewesen. Der Mann sei jetzt Mitte der Siebzig. Mutatis mutandis das Problem Arthur Eloessers, auch mein Problem. Die Umkehr der Assimilierten-Generation – Umkehr wohin? Man kann nicht zurück, man kann nicht nach Zion. Vielleicht ist es

überhaupt nicht an uns *zu gehen, sondern zu warten: Ich* bin
deutsch und warte, daß die Deutschen zurückkommen; sie sind
irgendwo untergetaucht.

2. Juni, Dienstag gegen Abend
Neue Verordnungen in judaeos. Der Würger wird immer enger angezogen, die Zermürbung mit immer neuen Schikanen
betrieben. Was ist in diesen letzten Jahren alles an Großem und
Kleinem zusammengekommen! Und der kleine Nadelstich ist
manchmal quälender als der Keulenschlag. Ich stelle einmal die
Verordnungen zusammen: 1) Nach acht oder neun Uhr abends
zu Hause sein. Kontrolle! 2) Aus dem eigenen Haus vertrieben.
3) Radioverbot, Telefonverbot. 4) Theater-, Kino-, Konzert-, Mu-
seumsverbot. 5) Verbot, Zeitschriften zu abonnieren oder zu
kaufen. 6) Verbot zu fahren; (dreiphasig: a) Autobusse verboten,
nur Vorderperron der Tram erlaubt, b) alles Fahren verboten, außer zur Arbeit, c) auch zur Arbeit zu Fuß, sofern man nicht 7 km
entfernt wohnt oder krank ist (aber um ein Krankheitsattest wird
schwer gekämpft). Natürlich auch Verbot der Autodroschke.) 7)
Verbot, »Mangelware« zu kaufen. 8) Verbot, Zigarren zu kaufen
oder irgendwelche Rauchstoffe. 9) Verbot, Blumen zu kaufen. 10)
Entziehung der *Milch*karte. 11) Verbot, zum Barbier zu gehen.
12) Jede Art Handwerker nur nach Antrag bei der Gemeinde be-
stellbar. 13) Zwangsablieferung von Schreibmaschinen, 14) von
Pelzen und Wolldecken, 15) von Fahrrädern – zur Arbeit darf ge-
radelt werden (Sonntagsausflug und Besuch zu Rad verboten),
16) von Liegestühlen, 17) von Hunden, Katzen, Vögeln. 18) Verbot, die Bannmeile Dresdens zu verlassen, 19) den Bahnhof zu
betreten. 20) das Ministeriumsufer, die Parks zu betreten, 21) die
Bürgerwiese und die Randstraßen des Großen Gartens (Park- und
Lennéstraße, Karcherallee) zu benutzen. Auch das Betreten der
Markthallen seit vorgestern verboten. Diese letzte Verschärfung
seit gestern erst. 22) Seit dem 19. September der *Judenstern*. 23)
Verbot, Vorräte an Eßwaren im Hause zu haben. (Gestapo nimmt
auch mit, was auf Marken gekauft ist.) 24) Verbot der Leihbiblio-

theken. 25) Durch den Stern sind uns alle Restaurants verschlossen. Und in den Restaurants bekommt man immer noch etwas zu essen, irgendeinen »Stamm«, wenn man zu Haus gar nichts mehr hat. Eva sagt, die Restaurants seien übervoll. 26) Keine Kleiderkarte. 27) Keine Fischkarte. 28) Keine Sonderzuteilung wie Kaffee, Schokolade, Obst, Kondensmilch. 29) Die Sondersteuern. 30) Die ständig verengte Freigrenze. Meine zuerst 600, dann 320, jetzt 185 Mark. 31) Einkaufsbeschränkung auf *eine* Stunde (drei bis vier, Sonnabend zwölf bis eins). Ich glaube, diese 31 Punkte sind alles. Sie sind aber alle zusammen gar nichts gegen die ständige Gefahr der Haussuchung, der Mißhandlung, des Gefängnisses, Konzentrationslagers und gewaltsamen Todes. –

Wir leben jetzt buchstäblich von milden Gaben. Gestern schenkte uns Ida Kreidl zwei Pfund Kartoffeln, heute brachte sie mir einen Teller gekochter Kartoffeln und eine Tasche voll von Fräulein Ludwig gestifteter Kartoffeln. Von ihren Einkaufswegen kommt Eva mit ziemlich leeren oder ganz leeren Händen zurück. Es gebe nur Spinat – auch den nur in winzigen Mengen –, und den kann *sie* nicht essen, und zur Zubereitung fehlt uns auch ein Wiegemesser. (Und mir widerstrebt sowieso, was *nur* für mich auf den Tisch kommt.) Von Brot und Kartoffeln hier zu Haus esse ich mindestens fünf Sechstel; der Teller Gemüse, den Eva bei ihren Einkaufswegen in irgendeinem Restaurant schluckt, ist geringes Gegengewicht. Auch ist sie ungleich stärker abgemagert als ich. –

5. Juni, Freitag vormittag
Der gestrige Nachmittag, die Nacht zum Heute vollkommen verstört, weil *das Haus endgültig verloren schien.* Daran hängt Eva mit äußerster Leidenschaft, sie ist auch immer der Meinung, *ich* hätte es beizeiten sichern müssen (durch Überschreibung an sie), *ich* hätte fahrlässig gehandelt, ich sei widerwillig dem ganzen Hausproblem gegenübergestanden. (Darin hat sie recht, ich habe mich der Sache nie gewachsen gefühlt.) Die letzten Tage waren auch besonders hart, zweimal Gestapo, der tote Ka-

ter, nun das Haus. Es war sehr bitter. – Frau Ida Kreidl rief mich herein: Ihr Schwager Arndt war bei ihr gewesen, er und noch mehrere Juden seien zur Gestapo bestellt worden, hätten dort »unterschreiben« müssen, daß ihnen Vermögen und das Haus *beschlagnahmt* seien. Ich solle also wenigstens nicht allzusehr erschrecken, wenn ich Vorladung auf die Gestapo erhielte. Die Leute seien dort nicht mißhandelt und auch nicht verhaftet worden. Es wurden nur gerade Kohlen abgeladen, und daran mußten sie sich beteiligen – ohne Schaufeln, mit bloßen Händen!

6. Juni, Sonnabend gegen Abend

Immer neue Grausamkeiten der Gestapo. Besonders gegen alte Leute. Jetzt ist eine Gruppe in *Wintermänteln* hinbestellt (bei 26 °C). So müssen die Leute stundenlang durch die Stadt wandern, zwischendurch sich immer wieder am Bismarckplatz melden, wo sie geschlagen werden. – Aber es vergeht jetzt auch nicht ein Tag, wo nicht von irgendeiner Seite berichtet wird: »Der und der Arier hat mir gesagt: ›Aushalten – es brennt an allen Ecken, innen und außen – vor dem Winter ist es zu Ende.‹« – Unten die Frauen Ida Kreidl und Julia Pick sind völlig verstört vor Ängsten; Frau Pick hält sich besser, schüttet uns aber täglich ihr Herz aus; Ida Kreidl ist oft in aufgelöstem Zustand. – Von den fünf Männern hier im Haus: Ernst Kreidl, Paul Kreidl, Dr. Friedheim, Richard Katz, ich – bin ich nun der einzige Übriggebliebene: Katz am Krebs gestorben, Ernst Kreidl erschossen, Paul Kreidl deportiert, Friedheim hoffnungslos gefangen.

Das jämmerliche Hungern: Wie oft stehle ich Kätchen eine Schnitte Brot aus ihrer Brotbüchse, ein paar Kartoffeln aus ihrem Eimer, einen Löffel Honig oder Marmelade. Ich tue es mit gutem Gewissen, denn sie braucht wenig, läßt vieles verkommen, erhält manches von ihrer alten Mutter – aber ich komme mir so erniedrigt vor.

11. Juni, Donnerstag nachmittag

Nach einem gipfelhaft furchtbaren Tag eine dauernde weitere Verschlimmerung der Situation. Gestern mittag gegen halb zwei – ich hatte die Kartoffeln auf dem Feuer – wieder Gestapo, das vierte Mal in vierzehn Tagen. Erst schien hier oben alles sich über Kätchen zu entladen, die im Bade saß und als Monna Vanna im Schlafrock erschien. Sie hatte am Morgen von ihrem Schwager Voß einen langen Maschinenschriftbericht über den Bomberangriff auf Köln und die großen Zerstörungen erhalten. An sich nichts Strafbares, da der Angriff in den Zeitungen geschildert worden und da Ludwig Voß durchaus patriotisch schreibt. Aber an eine Jüdin. »Ihr freut euch darüber! Ihr hetzt damit!« Auf Kätchens Tisch lag das Kuvert neben einer Postkarte ihrer Mutter, die ihr Speiseöl von ihrer Karte versprach (auch das ein Verbrechen). Der Brief wurde in ein Fauteuil geknautscht (»versteckt«!) gefunden. Alles durchstöbert, Kätchen mußte den Teppich aufrollen, erhielt Fußtritte dabei, jammerte, wurde bedroht, mußte die Adresse des Schwagers aufschreiben. In ihren Zimmern entstand das gleiche Chaos wie beim ersten Überfall. Die Reihe der unflätigen Schimpfworte war eigentlich eng. Immer wieder »Schwein«, »Judenschwein«, »Judenhure«, »Säue«, »Miststück« – mehr fällt ihnen nicht ein. Ich war auf einen Stuhl in der Diele gezwungen worden, mußte alles mitansehen und -hören und zitterte immer um mein Tagebuch. Ich mußte beim Abhängen der schweren Gemälde helfen. Bisher war mir wenig Übles geschehen. »Warum hat deine Alte soviel Wollzeug und Stoff herumliegen? Weiß sie nicht, daß Spinnstoffsammlung ist?« – »Doch, sie ist gerade beim Heraussuchen für diese Sammlung.« Ich glaubte schon, aus der Gefahr zu sein, als »Der Mythus des 20. Jahrhunderts« und mein Notizblatt daneben zur Katastrophe führten. Das vorige Mal, bei einem offenbar etwas höheren Beamten, hatten Buch und Notizen kaum Widerspruch erregt. Diesmal wurde mir *diese* Lektüre als furchtbares Verbrechen angerechnet. Das Buch wurde mir auf den Schädel gehauen, ich wurde geohrfeigt, man drückte mir einen lächerlichen Stroh-

hut Kätchens auf: »Schön siehst du aus!« Als ich auf Befragen
angab, bis 1935 im Amt gewesen zu sein, wurde ich von zwei mir
schon bekannten Kerlen zwischen die Augen gespuckt. Indem
erschien Eva vom Einkauf. Die Tasche wurde ihr sofort abgenommen, man schimpfte auch auf sie wegen des Buches ein. Ich
wollte ihr zu Hilfe kommen, wurde geohrfeigt und mit Fußtrit-
ten in die Küche gestoßen. (Ohrfeigen und Tritte waren auch
diesmal erträglich – aber mein armes Herz und die Angst um die
weitere Entwicklung!) Eva verteidigte sich sehr ruhig. »Das Buch
habe *ich* entliehen, mich interessiert Ihre Methode, ich schreibe
darüber an meinen Vetter, den Oberbürgermeist von Potsdam,
Arno Rauscher.« – Einer der Kerle brüllte: »Damit wollen Sie
uns drohen, das werden Sie büßen!« (Aus »du« war »Sie« geworden, und sie wurde diesmal nicht geschlagen und »nur einmal ein klein bißchen« angespuckt.) Sie sagte sehr ruhig, von
Drohung sei keine Rede, sie wisse gar nicht, ob ihr Vetter heute
noch im Amt sei, sie habe ihres Ahnenpasses wegen sich vor einiger Zeit an ihn wenden müssen, sie habe ihn jetzt genannt, um
ihr Interesse für ein Buch des dritten Reiches zu motivieren. –
»Wenn ich eine Verwandte hätte, die sich mit einem Juden ab-
gibt, die würde ich aufs tiefste verachten, Sie artvergessenes
Weib!« So ging das noch ein Weilchen weiter, aber es erfolgten
gegen Eva keine Tätlichkeiten. Nur wurde unter heftigsten Drohungen darauf gedrungen, das Buch abzugeben und uns nicht zu
unterstehen, weiter eine Leihbibliothek zu benutzen. (Ich sagte
Eva nachher, ihre Verteidigung sei ein sehr gewagter Schritt gewesen und könne üble Folgen haben. Sie erwiderte: »Die Bestien
sind feige.« – Sie hat vor wenigen Jahren Namen und Bild dieses
Vetters, mit dem sie als Mädchen viel verkehrte, im »Illustrierten
Beobachter« gefunden. Sie stellte heute im Potsdamer Adreßka-
lender fest, daß er inzwischen »i. R.« geworden, aber in Potsdam,
Schloß Sanssouci, wohnt. Vielleicht wirklich eine allerletzte Hilfe.) Die Bilanz dieser gestrigen Haussuchung für uns: Es fehlte
alles Brot, ein unangerissener Zweipfünder, ein Pack Streichhölzer, alle Seife im Badezimmer, fast aller Zucker, ein Fünfmark-

1942 | 189

schein aus der Brieftasche. Jämmerlich! *Aber die eigentliche irreparable Schädigung besteht doch im Fortfall der Leihbibliothek.* Nun ist meine Studienmöglichkeit noch mehr eingeschränkt als bisher. Ich werde in allen jüdischen Familien und bei Annemarie herumbitten und -betteln; aber fraglos bin ich sozusagen noch matter gesetzt als zuvor. Es kommt die Angst, die immer stärkere Angst hinzu, Manuskripte im Hause zu haben. Das 18ième, das Curriculum, die LTI – alles stockt. Ich kann nicht mehr arbeiten, nur noch mich beschäftigen. Und die wieder gesteigerte Unsicherheit. – Die eigentliche Katastrophe aber hatte sich gar nicht bei Kätchen und mir abgespielt. – (Ich habe vergessen, am Fußboden sah es ähnlich, aber nicht ganz so schlimm aus wie beim ersten Aufräumen. Immerhin war das Notizblatt zum »Mythus«, eine Arbeit von zwei Tagen, zerfetzt, und Evas Zigarettenhülsen waren zertreten und verstreut, ebenso wieder ihre Patiencekarten.) – Die Katastrophe also entlud sich über Frau Pick, die Siebenundsiebzigjährige. Sie ist wieder furchtbar geschlagen und gestoßen worden. »Dein Mann hat die Malzfabrik gehabt? Der Blutsauger! Dein *Wurf* ist im Ausland und hetzt gegen uns, aber dich haben wir, und du kommst uns nicht davon. – Du bist morgen früh um sieben auf der Gestapo – du gehst allein – wer dich begleitet, fliegt ins KZ.« Frau Pick erzählte uns das, als wir danach bei ihr unten waren. Sie setzte etwas Merkwürdiges hinzu. Drei Kerle hatten sie gepeinigt; ein vierter, einen Augenblick allein mit ihr, habe ihr aufs freundlichste zugeflüstert: »Lassen Sie sich gut raten, gehen Sie morgen früh nicht hin.« (Wir hörten neulich einen ähnlichen Fall von Kätchen: eine Arbeitskameradin kam nach Haus, der Chauffeur eines Gestapoautos vor der Haustür rief sie an: »Fräuleinchen, gehen Sie noch eine Weile spazieren – die sind oben!« Selbst unter diesen Leuten also »Verräter«.) Frau Pick sagte, sie sei körperlich unfähig, den weiten Weg zu machen, sich noch weiter mißhandeln zu lassen, sie habe ein schönes Leben gehabt, und nun sei es zu Ende. Frau Pick ist im Gegensatz zu Ida Kreidl durchaus nicht sentimental und weichlich, sie hatte vordem immer ihre Lebensfreude und ihren

Lebenswillen betont. Wir waren ernstlich besorgt um sie. Um neun kam sie zu uns herauf, brachte 55 M, etwas Schmuck und ein paar Kleinigkeiten, darüber sollten wir verfügen, wenn sie morgen verhaftet würde. Kurz vor zehn ging ich noch einmal zu ihr hinunter, sie saß ruhig im Fauteuil, eine Decke über sich, sehr ruhig, aber sehr blaß, und es zuckte immerfort zwischen ihren Augen. Ich sagte ihr: »Wir wollen uns nichts vormachen; Sie haben die Absicht, sich zu töten. Denken Sie an Ihre Kinder, denken Sie, daß beim Lebenden Hoffnung, daß die Sache der Nazis hoffnungs*los* ist, bleiben Sie tapfer …« usw. usw. Ich suchte sie auf alle Weise zu stärken, zu beschwören. Ich sagte: »Geben Sie mir Ihr Wort, sich nichts anzutun.« – »Ich kann es nicht versprechen, ich will noch einmal überlegen.« – »Geben Sie mir doch Ihr Veronal.« (Wo haben all die Leute das Veronal her?) – »Das würde nichts helfen, lieber Herr Professor, ich habe noch andere Mittel da. Ich bin jetzt so müde, und mir ist so übel.« – Ich ging herauf, wir waren alle überzeugt, sie würde sich töten. – Um sechs, wir lagen noch im Bett, öffnete Kätchen – sie floh ins Werk – unsere Schlafzimmertür, hinter ihr stand verstört Frau Ida Kreidl. Frau Pick schlafe sehr tief, atme sehr schwach, wir sollten sie ansehen. Die Frau schien ruhig zu schlafen, aber ihr Atem ging sehr leise, sehr flach und schnell, und sie bewegte sich nicht, trotzdem wir an ihrem Bett sprachen, die Tür öffneten und schlossen. Wir zögerten bis gegen acht Uhr, dann rief ich von der Gärtnerei gegenüber – sehr freundliche, mitfühlende, antinazistische Leute – den Dr. Katz an. Ich sei nicht Arzt, hätte aber den Eindruck einer Veronalvergiftung. Er sagte, er habe wenig Bewegungsfreiheit – Auto sei ihm *nur nachts* in schwersten Fällen erlaubt – er werde *gleich* eine Krankenschwester schicken und im Lauf des Vormittags kommen. Als die Schwester, eine ruhige, reife Frau, kam, war Frau Pick noch bewußtlos, atmete aber besser, bewegte sich auch gelegentlich. Eine schwere Vergiftung schien nicht vorzuliegen. Wir hatten für acht Uhr mit dem Erscheinen der Gestapo gerechnet, sie war aber von Dr. Katz benachrichtigt worden. Wir waren mehrfach bei Frau Pick unten; man plauderte und hörte immer angstvoll auf jedes Auto. (Die gesteigerte Angst und Unsicherheit ist das Schlimmste.) Katz kam gegen Mittag und war gewissermaßen entsetzt, einen leichten Fall zu finden. Nach dem Durchsuchen ihrer Medikamente, und später nach ihrer Aussage, hat Frau Pick *nur* Adalin genommen, freilich acht Stück. Katz sagte, die Gestapo betrachte derartiges als »Tarnung« und »Sabotage«, die Leute wollten sich nur an der Ordre des Kommens vorbeidrücken. Er, Katz, werde den Fall etwas ernsthafter hinstellen, schon um sich selber und mich zu decken. Aber Frau Pick werde in zwei Tagen hergestellt sein und nach drei, vier Tagen erneut Ordre von der Gestapo erhalten, wo man sie dann erst recht malträtieren werde. – So sehe ich neues Unheil voraus Der Selbstmordversuch wird sich wiederholen, die Aufmerksamkeit der Gestapo auf unserm Haus haftenbleiben. (Man hat gestern auch in den versiegelten Zimmern Friedheims gewühlt und geplündert und sie dann neu versiegelt.) Ich sah und hörte manches von dem allmählichen Zusichkommen Frau Picks mit an. Jammervoll. Sie ist eine feine, schön wirkende, schlanke alte Dame, eine wirkliche Dame. Wie sie da hilflos und betäubt auf einen Nachttopf gesetzt wurde, wie die nackten Schenkel gelbe Knochen mit wenig Umhüllung waren, wie der Topf durch irgendeine Ungeschicklichkeit zerbrach ... Nachher, wie sie ein paar Worte zu sprechen begann: sonst eine lebhafte, geistvolle Stimme, jetzt ein wehleidiger, undeutlicher Singsang. Und ich hatte weniger Mitleid als Grauen. – Gestern, und heute tagüber, war ich sehr zerschlagen, der verstärkte Druck der Lebensgefahr, die weitere Drosselung, die grausame Unsicherheit lasteten sehr. Jetzt, gegen Abend, bin ich schon wieder beruhigter. Es muß auch so weitergehen. Irgendwelche bereichernde Lektüre wird sich schon finden, und das Tagebuch werde ich weiter wagen. Ich will Zeugnis ablegen bis zum letzten. – Ein tragikomischer Zwischenfall. Beim Kaufmann Hähne am Wasaplatz sprach mich eine besternte Dame mit zwei netten kleinen Jungen an. »Herr Professor Klemperer, nicht wahr?« Wie es Frau Pick gehe. Sie selber: Frau Hirschel, ihr Mann Vorsteher der Gemeinde, war schon im

Bilde. Ich berichtete, sie begleitete mich, die Jungen liefen voraus und klingelten, ehe ich ihnen unser Haussignal (dreimal kurz) mitteilen konnte, zum Unglück blieb auch noch der Klingelknopf stecken, und sie hatten den mittleren, den zu uns führenden, erwischt. Natürlich glaubte Eva, die Gestapo sei da. Sie war gerade damit beschäftigt, für die zwei gestern zerrissenen Patiencekarten Ersatz zu malen, sie hatte das ganze Kartenspiel und eine Tabakschachtel und Zigarettenhülsen neben sich. Also besonders gefährdete Sachen. Sie warf alles unter den Ofen in der Küche, ehe sie zum Fenster stürzte. Irgendwo ist immer noch ein bißchen Komik im Spiel – Frau Ida weint um ihren Nachttopf –, interessant ist auch alles: Aber über das unfaßbar Grausige der Situation hilft das nicht hinweg, und jeden Tag fühlen wir uns schlimmer gehetzt und dem Tod näher. Wir glaubten vorgestern, die Lage sei unüberbietbar schlimm, sie ist seit gestern hundertmal schlimmer. Sie wird morgen wieder noch schlimmer als heute sein.

13. Juni, Sonnabend vormittag

Die Gestapo beanstandete neulich freiliegende Wollsachen Evas. »Weiß deine Alte nichts von der Spinnstoffsammlung?« Ich sagte, sie suche gerade zur Abgabe Geeignetes heraus. Heute kam die Verordnung von der Jüdischen Gemeinde: Für Besternte und ihre Ehegatten Zwangsabgabe von Wäsche, Kleidung etc. Eva ist mit großen Packen ihres Zeuges soeben zur arischen Sammelstelle, ›freiwillig‹. Ich selbst habe weniges der Gemeinde abzugeben. Vielleicht läßt sich einiges von Evas Sachen nach Pirna retten. Fährt sie heute nachmittag hinüber, dann sollen wieder Manuskriptblätter mit. Aber ich bin seit Evas Zusammenstoß mit der Gestapo um sie fast besorgter als um meine Person.

19. Juni, Freitag vormittag

In Shaws »Saint Joan« gibt es einen wilden Ketzerjäger, der verzweifelt zusammenbricht, als er Johanna brennen sieht. »Ich habe ja nicht gewußt …!« Er hat sich das Entsetzliche nicht vorstellen können. *So buchstäblich unvorstellbar* ist mir bisher unsere Situation gewesen: Man hat mir immer berichtet vom Geschlagen- und Bespucktwerden, vom Zittern vor jedem Autogeräusch, jedem Klingeln, vom Verschwinden und Nicht-Wiederkommen – ich hab es doch nicht gewußt. Ich habe Ernst Kreidels Schicksal aus nächster Nähe miterlebt, und ich hab' es doch nicht gewußt. Jetzt weiß ich, jetzt ist das Grauen immer in mir, auf ein paar Stunden übertäubt oder zur Gewohnheit geworden oder paralysiert vom »Es hat noch immer gut jegangen« und dann wieder als Würgeanfall lebendig. Das ist ein Streitfall zwischen Eva und mir. *Sie* sagt, es sei ihr nichts Neues und Überraschendes, sie habe das alles doch hundertmal gehört. Ich: Aber jetzt erst erlebe ich's, meine Phantasie oder mein Altruismus waren nicht stark genug, um es *so*, so ganz bei andern mitzuerleben. – Ich vergleiche dies Todesgrauen mit dem im Felde. Dies hier ist tausendmal gräßlicher. Dort war es schlimmstenfalls das »Feld der Ehre«, dort war mir bei Verwundung jede Hilfe gewiß. Jetzt – dies gräßliche Verschwinden. Was ist aus Friedheim geworden? Was geschah ihm, als man ihn hier fortschleppte? Was im Gefängnis? Wie war sein Ende? Ausgelöscht; nach Qualen im Schmutz ertrunken. Tausend-, tausendmal gräßlicher ist das als alle Furcht 1915. – Und immer die Angst, immer das Zum-Fenster-Laufen, ob auch kein Auto …

23. Juni, Dienstag
   Nachmittag
   Jüngste Verfügung: Vom 30. Juni ab werden die jüdischen Schulen geschlossen, es darf den Kindern auch kein Privatunterricht erteilt werden. Geistiges Todesurteil, Analphabetismus erzwungen. Es wird ihnen nicht gelingen. Ein Lastauto, hoch mit Koffern und Packen beladen, fuhr vor: allgemeine Abholung der beschlagnahmten Spinnstoffe. (Von den Ariern wird einiges freiwillig abgegeben; den Juden wird *alles* abgezwungen. Zurückbehalten werden darf, was zu »bescheidenem Gebrauch« nötig ist. Wie wird die Gestapo das auslegen?) Die ganz jüdischen Ehen

liefern auch alles elektrische Gerät und Grammophone ab. Davon sind wir – vorläufig – befreit.

24. Juni, Mittwoch vormittag

Wir sprachen von der Verschlechterung unserer Situation. Wie glimpflich waren die Haussuchungen in Dölzschen. Und jetzt ... Eva sagte: »*Das* sind keine Haussuchungen mehr. Es sind *Pogrome*.« Sie hat damit völlig recht.

Heute nachmittag also gehen diese Blätter nach Pirna. Meine neueste Furcht ist, daß sie auch da nicht in absoluter Sicherheit sind. Annemarie ist ja anrüchig. Dort entdeckt, würden diese Manuskripte (und das übrige) Annemarie, Eva und mich vernichten. Es ist, als seien die Geister Ernst Kreidls und Dr. Friedheims jetzt immer um mich. Aber die Gefahr ist so groß und so allgegenwärtig, daß sie mich zum Fatalisten macht. Dies Manuskript ist meine Pflicht und meine letzte Ausfüllung.

7. Juli, Dienstag

Abends

Kätchen berichtet: Das Henriettenstift, an fünfzig alte Leute, wird evakuiert. Da muß ihre Mutter, die unverwüstliche Achtzigerin, mit nach Theresienstadt; Kätchens Bruder ist verhaftet und also ein toter Mann. Dieser Joachimsthal ist ein übles Subjekt, mit dem sie schon viel Zwist gehabt und der sie erpreßt hat – aber weswegen wird er jetzt gemordet? Er soll »den Stern verdeckt haben« oder nach neun unterwegs gewesen sein. Dafür in den Tod. – Es graut mir so, ich sehe immer die kleinen Urnenlöcher vor mir. Cras mihi. –

12. Juli, Sonntag vormittag

Eva sechzig Jahre alt. Keinen ihrer Geburtstage, auch nicht während des vorigen Krieges, in so furchtbarer Lage gefeiert. Mit ganz leeren Händen, hungrig und in ständiger Lebensgefahr. Ich kann nicht einmal sagen: Wir holen die Feier nach; denn wie hoch ist die Chance, den Zeitpunkt des Nachholens zu erleben?

Kätchen, für die Geburtstagsfeiern etwas Rituales und Unerläßliches sind, brachte ein Primeltöpfchen – heroische Tat, die das KZ [bedeuten] und also das Leben kosten kann. Typisch kleinbürgerlicher Heroismus. Sie brachte auch als Hinterlassenschaft ihrer Mutter ein Handtäschchen. Wir wollen die Mutter gegen Mittag im Henriettenstift aufsuchen. Ich bin neugierig, dies Altersheim vierundzwanzig Stunden vor der Evakuierung kennenzulernen. Mehr Neugier und eine Art Pflichtgefühl des Chronisten als Mitleid. –

14. Juli, Dienstag gegen Abend
Kätchen hatte sich polizeilichen Urlaub genommen, um die letzte Nacht bei der Mutter zu verbringen. Die alten Leute wurden gestern nachmittag aus dem Henriettenstift in das ziemlich nahe Gemeindehaus (Zeughausstraße) gebracht und übernachteten dort in einem Saal auf Liegestühlen. Sie wurden dann um fünf auf einen Lastwagen (mit hineingestellten Bänken, darübergespannter Plane) gesetzt, ein Anhängerwagen beförderte ihr Gepäck. Kätchen erzählt, es hätten mehrere Leute, Arier, zugesehen und ihr starkes Mißfallen ausgedrückt. »So gehen *die* mit den Juden um! Verladen sie wie das Vieh.« Dr. Katz habe den Transport wieder begleitet. Durchweg sei er unbeliebt. Dagegen spreche alles von dem (unbesoldeten) Gemeindevorsteher Hirschel mit größter Liebe und Bewunderung. Der Mann reibe sich auf. Er hatte heute nacht um drei den Polentransport verabschiedet, war dann zu den alten Frauen herübergekommen, war nach ihrer Abfahrt gleich wieder in sein Bureau gegangen. Alle Arbeit und alles Leid werde auf ihn abgeladen.

19. Juli, Sonntag abend
Der erste Tag wahrhaft grausamen Hungers Ein winziger Rest Kartoffeln, so schwarz und stinkend, daß er den Magen umdreht, ein winziger Rest Brot. Auch für Eva nichts aufzutreiben, da ihr Marken fehlen. Sie wird morgen bei der Frau Fleischer betteln *müssen*. – Am Nachmittag Kronheims die jetzt in der

Altenzeller Straße wohnen, die wir neulich nach langer Zeit bei
Friedheims Beisetzung sahen, die Eva zum sechzigsten Geburts-
tag schrieb und dringend um unsern Besuch bat. Die Frau ist ein
Nichts geworden und spielt nach schweren Mißhandlungen und
nun von Theresienstadt bedroht mit Veronalgedanken (ich sagte,
Veronal seien jetzt »jüdische Drops«).

Neueste Judenbeschränkung (II, 5?): Verbot, Zeitungen zu
abonnieren oder zu kaufen; auch darf die arische Ehefrau, falls
der Mann Stern trägt, kein Blatt auf ihren Namen halten oder
kaufen.

21. Juli, Dienstag
  Gegen Abend
  Die Hausbesitzerin Elsa Kreidl zeigte uns den Brief der
NSDAP, in dem nun auch über unsere Etage, »die Judenwoh-
nung Voß«, zum 1. September verfügt ist. Eva steht diesem
neuen Umzug sehr kalt gegenüber: Seitdem sich das Schicksal
des Katerchens erfüllt hat, ist es ziemlich einerlei, wohin wir
kommen. Mich selber bedrückt nur dies: Als wir im Mai 40 hier
einzogen, sagten wir uns, dies sei ein Provisorium. Und nun nach
zweieinviertel Jahren wird ein neues »Provisorium« beginnen,
und unter welch verschlechterten Verhältnissen. Allein die Sommer! Im Sommer 40 die weiten Ausflüge, im Sommer 41 immer
noch Spaziergänge und Sattessen, im Sommer 42 ist Eva an die
Stadteinkäufe gebunden, und ich lebe wie ein Gefangener, und
beide hungern wir. Und täglich lege ich mir die Frage vor, ob ich
den Sommer 43 erlebe. Die andern Männer des Judenhauses sind
alle hin, nach dem gestrigen Gerücht auch Paul Kreidl.

25. Juli, Sonnabend gegen Abend
  Schon ist der nächste Mordfall zu verzeichnen. Es klingelte
vor einer halben Stunde, ich öffnete unten einer Frau, die ich
nicht erkannte, die zu »Frau Voß« wollte und heraufstürzte. Wir
hörten dann in Kätchens Zimmer laut und zweistimmig weinen
und schreien. Ihre Schwägerin brachte die Nachricht vom Tod des

vor etwa vierzehn Tagen verhafteten Joachimsthal. – Verhaftet
werden, gleichgültig um welcher Nichtigkeit willen – der Bruder Joachimsthal hat nach einer Version »den Stern verdeckt«,
nach einer andern über die Ausgehzeit hinaus in dem Restaurant
gesessen, in dem seine Frau tätig ist –, Verhaftetwerden ist jetzt
identisch mit Getötetwerden, gleich hier an Ort und Stelle, die
Konzentrationslager werden erst gar nicht mehr in Anspruch
genommen.

26. Juli, Sonntag morgen
Ich bin all diesen Ereignissen und Szenen gegenüber in al-
truistischer Hinsicht eiskalt, gemein kalt. Ich bemühe mich nur
immer, um den Schauer der Todesangst herumzukommen. Immer wieder schüttelt es mich: Sie werden auch mich holen. Es
geht nicht mehr nach Besitz – jeder ist dem Mord ausgesetzt.
Dieser Joachimsthal lebte in Mischehe, war vermögenslos, war
Kriegsteilnehmer, war Arbeiter im Rüstungsbetrieb, stand auf
der Liste des letzten (am Montag herausgehenden) Transports
(wieso?) und wurde inzwischen gekillt. (Wieso?) Wenn sie mich
töten, sparen sie eine Beamtenpension. Sooft ich an den Briefkasten gehe, denke ich, eine Karte könnte mich auf die Gestapo bestellen. Gestern abend beim Abschied an der Korridortür
murmelt Frau Ida Kreidl rekapitulierend vor sich hin: »Den
Ernst, den Professor, den Bruder der Frau Voß … Alle ermorden
sie.« – Den »Professor«. Sie meinte den »Doktor« (Friedheim),
sie sprach von uns immer als von »dem Doktor«, »dem Professor«, sie verwechselte nur die Titel. Eine höchst natürliche Sache
und lief mir doch mit grausigem Schauder über. – Ich möchte so
unendlich gern noch ein paar Jahre leben, ich habe vor gerade
diesem Tod, dem vielleicht tagelangen Warten mit der Gewißheit
des Sterbens, dem vielleicht Gefoltertwerden, dem Auslöschen in
absoluter Einsamkeit ein solches Grauen. Ich rette mich immer
wieder in das, was jetzt meine Arbeit ist, in diese Notizen, in meine Lektüre. Ich bin nicht nur kalt bei all den Gräßlichkeiten, ich
habe immer auch eine gewisse Wonne der Neugier und Befriedi-

gung: »Also auch davon kannst du persönliches Zeugnis ablegen, auch das erlebst du, wieder eine Bereicherung des Curriculum oder der LTI!« Und dann komme ich mir mutig vor, daß ich alles zu notieren wage. Im allertiefsten kauert natürlich das Gefühl: Ich bin schon so oft davongekommen – warum soll es nicht auch diesmal glücken? Aber die langen Momente der gräßlichen Angst häufen sich. –

Hinter der Tragik dieses jüngsten Mordes steckt eine abscheuliche Komik. Kätchen hat mir vor wenigen Monaten eine Szene gemacht, weil ich in ihrer Abwesenheit ihren Bruder in ihrem Zimmer warten ließ. Dieser Verbrecher, der sie erpressen wolle, dürfe nicht in ihren Sachen kramen. Noch schlimmer war sie auf die Schwägerin zu sprechen. Jetzt ist eine zärtliche Gemeinsamkeit zwischen den Frauen, und der Bruder wird beklagt wie der geliebteste Angehörige. Eva sagt, in Kätchens Schmerz sei viel Konvention: *Man* trauert um einen Bruder. Wiederum trauert sie wirklich: Die Tränen sind echt, die graue Gesichtsfarbe ist es, die Aufregung ist es. Und sie ist wirklich herzleidend, eben hat sie wieder ein Arzt wegen Herzangina und Herzerweiterung krank geschrieben. Wiederum: Ihr Geist erscheint mir immer wieder wie eine Schiefertafel: nichts Aufgeschriebenes haftet, in der nächsten Sekunde geht der Schwamm einer neuen Impression darüber. Wiederum: In den Minuten, in denen die üble Aufschrift erscheint, leidet sie doch wirklich. –

6. August, Donnerstag vormittag

Gewöhnung: Ein paar Wochen sind seit dem Mord an Joachimsthal, ein paar Monate seit den Haussuchungen bei uns vergangen. Und schon lebe ich in einer gewissen stumpfsinnigen Ruhe. Gewöhnung: Am Dienstag geht wieder ein Transport von hier nach Theresienstadt; und schon scheint mir, scheint es der Judenheit hier eine Selbstverständlichkeit. –

Seit einigen Wochen geht Kätchen, »krank geschrieben«, nicht mehr ins Zeiss-Ikon. Ihr Eifer ist doppelt abgekühlt, seit ihr das Fahren verboten, und seit es sich herausgestellt hat, daß auch

Zeiss-Ikon keine Sicherheit vor der Deportation bedeutet. Aber sie ist mit ihren Leuten dort in ständiger Verbindung und hört, was vorgeht. Man hat einen Schub ganz junger, halbkindlicher Russinnen eingestellt und hält sie von den jüdischen Arbeiterinnen fern. Aber man hat vergessen, daß unter den Juden viele russisch sprechen, und so besteht Konnex. Die Mädchen sind zum Dienst gepreßt und fühlen sich als verschleppte Gefangene. Sie hungern in ihrem Massenquartier, morgens und abends ein Topf Kaffee mit *einer* Schnitte Brot, mittags nur eine dünne Suppe. Sie hungern so, daß ihnen die jüdischen Kameraden zu Hilfe kommen. Das ist verboten; aber man läßt eine Schnitte unter den Tisch fallen, nach einer Weile bückt sich die Russin und verschwindet dann mit dem Brot aufs Klosett. (Die Juden erhalten eine Hauptmahlzeit in der Kantine.) – Zeiss-Ikon soll »ein Völkergemisch« beschäftigen; polnische, französische, dänische etc. Arbeiterinnen.

10. August, Montag vormittag

Ich hatte wieder Gelegenheit, das grenzenlose Elend anzusehen, das wissentlich von den Regierenden verschuldet worden ist. Gestern zum drittenmal auf dem jüdischen Friedhof: Feier für den Joachimsthal. Es waren ziemlich viele Teilnehmer da: durchweg diese entsetzliche Abgezehrtheit, die Schwierigkeit, eine Person wiederzuerkennen, die ich ein paar Monate nicht gesehen habe. Kätchens Verwandter Falkenstein ist aus einem kräftigen Mann zu einem zusammengeschrumpften Männchen mit blassem, ganz schmalem Gesichtchen geworden, der breitschultrige, hochgewachsene Cohn, der bei uns für die »kleine Winterhilfe« zu sammeln pflegte, ist ein wandelndes Gerippe usw. usw. – Magnus ist geistig verfallener als körperlich. (Ob er das gleiche von mir denkt?) Ich hatte Dr. Magnus versprochen, nach der Feier ein Weilchen mit ihm zu plaudern, und während ich auf ihn wartete, ging ich mit Eva durch den nicht sehr großen Friedhof. Die Feiern finden bei den kleinen Urnenlöchern der direkt Ermordeten statt. An der Mauer entdeckten wir ziemlich frische ausgewachsene Gräber. Mehrfach Doppelgräber, Ehepaare, die am selben Tage geendet haben. Das sind die Selbstmörder der letzten Zeit. Kommen sie weniger auf das Konto des Mannes mit dem gutmütigen Herzen? (Es wird behauptet, in Berlin seien die Haussuchungspogrome more Dresdensi unbekannt.)

Der weite Umweg um den verbotenen Großen Garten. Ich war fast drei Stunden unterwegs, geriet auf dem Rückweg in Mittagsschwüle, kam sehr zerschlagen heim, konnte mich erst am späteren Nachmittag zur Sombartlektüre aufraffen.

16. August, Sonntag nachmittag

Vor zwanzig Jahren etwa, als Walter Jelski bei uns wohnte, sah Eva einen jüngeren Tänzer auftreten, für den sich Walter interessierte: Harald Kreutzberg. Jetzt war der Mann hier wieder einmal angezeigt, für heute nachmittag im »Theater des Volkes« (già Alberttheater, wo wir die English Players sahen). Eva sprach davon, ich bewog sie hinzugehen, und so hat sie eben jetzt, wie sie es nannte, »arischen Ausgang«. Wirklich ein Ereignis, das mir, das uns auf die Seele fällt. Ich mußte ihr lange zureden. Seit bald vier Jahren von allen öffentlichen Veranstaltungen, Theater, Kino usw. ganz abgeschnitten. Die unendliche Armut unseres Zustandes! Eva muß ihre Exkursion geheimhalten, sonst erregt sie zu heftigen Neid. Bin *ich* neidisch? Bestimmt nicht. Es hätte mich bedrückt, wenn sie nicht hingegangen wäre. Eppure ... Es fällt mir alles ein, was ich entbehre und vielleicht nie wieder haben werde. *Abstinenz macht schmutzig.* Ob sie sich auf Zucker oder Kino, Tabak oder Frauen, Brot oder Auto bezieht. Man ist von dem Entbehrten immer in schmutziger Begehrlichkeit besessen.

19. August, Mittwoch vormittag

Les faits nouveaux: Zum neuen Transport nach Theresienstadt zählen Ida Kreidl, Frau Pick, Frau Kronheim. – Wir müssen die Wohnung nun doch schon zum 1. September verlassen, der Aufschub zum 1. 10. ist umgestoßen worden.

Marckwalds selbst waren für diesmal verschont, also auf vierzehn Tage bis drei Wochen gesichert. Er ängstigte sich wieder um das Morphium, ich machte ihm, von seiner Frau unterstützt, Mut und glaubte selber nicht, was ich redete. Frau Marckwald unterstützte mich und sagte mir nachher draußen: »Er wird es natürlich *nicht* bekommen.« – Beim Rückweg stieß ich auf Hirschels (deren Villa: Wiener Straße 85, Marckwalds Quartier: Wiener Straße 95). Er schloß sich mir an, er wollte Frau Pick, seine frühere Mieterin, aufsuchen. Er klagte über die namenlose Brutalität der Gestapo. Besonders die beiden, mit denen wir auch zu tun hatten, der »Spucker« und der »Schläger«, seien Teufel. Es sind nicht, wie ich gedacht, ganz subalterne Beamte. Der Spucker mit den irren dunklen Augen ist Kommissar, der andere (blaß-blaue, kleine, harte Augen, vorspringende Nase, Hütl auf dem blonden Kopf) hat als Sturmbannführer Hauptmannsrang; sie heißen Weser und Clemens.

20. August, Donnerstag mittag

Frau Pick hat zum zweitenmal, und diesmal mit Erfolg, Selbstmord verübt. Veronal. Angst vor Gestapomißhandlung beim Abtransport, vielleicht auch Angst vor dem unbekannten Theresienstadt. Sie war in den letzten Tagen überlebhaft, führte abends fast allein das Wort, sagte häufig, man müsse »darüber hinwegdenken«, »darüber hinwegreden«. Daß sie Andenken verschenkte – ihres Mannes Mondstein-Frackhemdknöpfe für ihre Nichte Gaehde, ein schwarzes Überjäckchen für Eva (die es zu Joachimsthals Leichenfeier ausgeliehen hatte und nun für Frau Pick tragen wird) – das konnte bei der Evakuierung nicht auffallen. – Wieder kam Ida Kreidl morgens herauf. Eva ging als erste hinunter, um sieben Uhr, und sagte mir dann, diesmal sei es ernster, sie röchle stark. Eine Viertelstunde später war ich unten, da war schon kein Laut mehr, Mund offen, ein Auge offen, offenbar Tod. Wieder telefonierte ich vom Gärtner Mickley aus, dem ich das ganze Elend erzählte. Ich sagte zu Katz, Frau Pick sei offenbar tot; er: Er komme gegen elf Uhr. Nachher hatte ich Gewissensbedenken: *Ich* konnte den Tod nicht mit Sicherheit feststellen, vielleicht war doch noch Rettung möglich – zum Glück für Frau Pick? Ich telefonierte also noch einmal: Katz erwiderte, wenn sich die Natur nicht helfe, so könne *er* auch nicht helfen, zum Auspumpen sei es bestimmt zu spät. Als er später kam, war schon Leichenstarre eingetreten.

In diesen letzten Monaten lernte ich immer wieder: Seit Esra gebe es die eigentliche jüdische Religion, das »Gesetz«, die vielen hundert Vorschriften, die den Juden durch alle Stunden des Tages in jeder kleinsten Handlung an seine Religion binden, an Gott erinnern. Die Gestapo ist wie Esra. Ich möchte einmal den Stundenplan des Alltags (ohne Außergewöhnliches wie einen Mord oder Selbstmord oder eine Haussuchung) festlegen. Im Aufwachen: Werden »sie« heute kommen? (Es gibt gefährliche und ungefährliche Tage – Freitag z. B. ist sehr gefährlich, da vermuten »sie« schon Sonntagseinkäufe.) Beim Waschen, Brausen, Rasieren: Wohin mit der Seife, wenn »sie« jetzt kommen. Dann Frühstück: alles aus den Verstecken holen, in die Verstecke zurücktragen. Dann die Entbehrung der Zigarre; die Angst beim Teepfeiferauchen, das nicht gerade ins Gefängnis führt, aber doch Prügel einträgt. Die Entbehrung der Zeitung. Dann das Klingeln der Briefträgerin. Ist es die Briefträgerin, oder sind »sie« es? Und *was* bringt die Briefträgerin? Dann die Arbeitsstunden. Tagebuch ist lebensgefährlich; Buch aus der Leihbibliothek trägt Prügel ein, Manuskripte werden zerrissen. Irgendein Auto rollt alle paar Minuten vorbei. Sind »sie« es? Jedesmal ans Fenster, das Küchenfenster liegt vorn, das Arbeitszimmer hinten. Irgendwer klingelt bestimmt, mindestens einer am Vormittag, einer am Nachmittag. Sind »sie« es? Dann der Einkauf. In jedem Auto, auf jedem Rad, in jedem Fußgänger vermutet man »sie«. (Ich bin oft genug beschimpft worden.) Mir fällt ein, ich habe die Mappe eben unter dem linken Arm getragen – vielleicht war der Stern verdeckt, vielleicht hat mich einer denunziert. Beim Einkauf habe ich als Mischehemann immerhin nicht ganz so vieles zu befürchten wie die andern. Wenn Frau Kreidl auf eine jüdische große Marke ein paar kleine J-lose zurückbekommt (was sich gar nicht vermeiden läßt), so steckt sie die »arischen« unter das Futter ihrer Handtasche, denn es ist verboten, arische Marken bei sich zu haben. Und immer hat ja Frau Kreidl auch irgendeine zugesteckte Mangelware bei sich. In diesen Punkten also bin ich gesicherter. Danach ist ein Besuch zu machen. Frage beim Hinweg: Werde ich dort in eine Haussuchung geraten? Frage beim Rückweg: Sind »sie« inzwischen bei uns gewesen, oder sind »sie« gerade da? Qual, wenn ein Auto in der Nähe hält. Sind »sie« das? Dann wieder die Versteck-Affäre wie morgens und mittags. (Bei dem Besuch ist natürlich nur und ausschließlich von den jüngsten Elendfällen gesprochen worden.) Gegen neun Uhr abends ruhiger. Jetzt steht höchstens noch der Kontrollpolizist aus. Der ist höflich, der ist nicht Gestapo. Beim Schlafengehen letzter Gedanke: Ich schlafe meist traumlos, nun ist wohl Ruhe bis morgen früh. Aber neulich träumte ich doch, ich sollte in einer Gefängniszelle erhängt werden. Hinrichtungsträume habe ich als ganz junger Mensch gehabt. Seitdem nicht mehr. Damals war es wohl die Pubertät; jetzt ist es die Gestapo. –

Mit vollkommener Ruhe muß Frau Pick den Selbstmord verübt haben. Ein Abschiedsschreiben auf ihrem Tisch ist mit ruhigster Schrift – ganz anders als meine Zittrigkeit – und stilistisch gefeilt abgefaßt: »Ich danke allen, *allen*, die mir die zweieinhalb Jahre in Strehlen (sie meint Haus Hirschel, uns hier und die Marckwalds) durch ihre Herzenshöflichkeit verschönt haben.« Herzenshöflichkeit – wie abgewogen!

Abends

Alles lief prompt ab. Katz konstatierte gegen zwölf Leichenstarre, Exitus etwa vor fünf Stunden, und ordnete das übrige: Eine halbe Stunde später war die Polizei hier, wieder eine halbe Stunde später der Leichenwagen mit den mir vom Friedhof her bekannten Leuten und dem mir auch schon bekannten Transport- und Feiersarg, den man offenbar als einziges Exemplar besitzt. Weiß Gott, wohinein die Kadaver kommen, die man nicht verbrennt und in ein Urnchen stopft. Am späten Nachmittag überbrachte ich die Nachricht den sehr entsetzten Marckwalds.

23. August, Sonntag vormittag

Wir sind beide in den Wirbel der Evakuation und unseres Umzugs hineingerissen. Eva verrichtet prouesses. Sie hat gestern mit und durch Thamm abgeschlossen, daß wir am 3. September zum Lothringer Weg übersiedeln, sie arbeitet für Ida Kreidl auf der Nähmaschine, hilft ihr an allen Ecken und Enden, sie war gestern in Pirna. – *Ich* begann den heutigen Tag mit Möbelschleppen von Ida zu Elsa Kreidl, vom Parterre zum zweiten Stock. Jetzt wird Eva jeden Augenblick heruntergeholt; die Gemeinde hat einen Packer geschickt, der sehr hilflos ist. Das Problem: Jedes Judenschwein darf nur einen kleinen Handkoffer und eine kleine Handtasche mitnehmen – alles andere, Möbel, Wäsche, alles verfällt im versiegelten Zimmer. Natürlich ist auch alles Vermögen verfallen. (Aber alle klammern sich an das Roosevelt-Churchill-Versprechen des Schadenersatzes beim Friedensschluß.) Und alle ziehen an Kleidern, Wäsche, Strümpfen übereinander an, was irgend auf den Leib geht.

21. August, Freitag vormittag

Eva hat gestern vormittag im wesentlichen unsere Wohnungsangelegenheit in Ordnung gebracht und sich auf [Vorschlag] Reichenbachs († Estreichers Nachfolger) für zwei Zimmer am Lothringer Weg, Blasewitz, entschieden, die allerlei Vorzüge und Nachteile haben sollen.

24. August, Montag nachmittag

Gestern der Abschiedsbesuch bei Kronheims sehr bedrückend. Die Tochter mit hysterischem Schluchzen schlimmer als die Mutter, die mich zuletzt umarmte und küßte. Gepäck und Wäschestücke im Zimmer, ein heimliches Päckchen Süßstoff wurde in ein rosa Korsett genäht, zwischendurch schrien sich Mutter und Tochter in größter Erregung an. – Glaser, der die Leute lange kennt, kam herüber; es war eine Erlösung, als wir mit ihm zusammen fortgingen.

Abends zu Haus gerieten wir dann wieder in die Evakuierungssphäre. Aber Ida Kreidl war sehr gefaßt, beinahe freudig erregt: Sie trifft in Theresienstadt eine Schwester aus Prag, sie reist zusammen mit einer Schwägerin. Ihre gute Stimmung (natürlich bei hochgradiger Erregtheit) hielt auch heute vormittag an. Seit dem frühen Morgen kam sie häufig zu uns herauf. Wir »erbten« noch vielerlei: Kartoffeln, Mehl, Handwerkszeug etc. Um elf erschien dann ein Kommissar der Gestapo; ich öffnete dem Mann, er redete mich mit »Sie« an, also schon beinahe ein Humaner. Nachher sah ich dann doch Tränen bei Frau Kreidl. »Wie ein Hund auf der Straße bin ich jetzt«, sagte sie. Über das Schlüsselloch der Parterrewohnung zieht sich eine Reihe von vier roten Stempelmarken der Gestapo: Alles darin gehört nun dem Staat, die Besitzerin ist absolut nackt und bloß. (D. h. sie hat fünf Kleider übereinander, nach eigener Aussage ebenso sechs Hosen und sechs Paar Strümpfe. Und dann besitzt sie noch, was in einen Handkoffer und in eine Handtasche hineinging.) Als der Kommissar klingelte – Sturm an allen Hausglocken –, hatte sie, in ihrer Tätigkeit unterbrochen, rechts einen braunen, links einen grauen Strumpf am Bein.) Sie war dann noch eine Stunde bei ihrer Schwägerin oben. Beim Abschied von uns blieb sie tapfer – wieder wurde ich umarmt und geküßt. Um zwei Uhr müssen die fünfzig Leute im Gemeindehaus sein. Übernachtung auf Liegestühlen, Abtransport morgen früh – nächste Gruppe vierzehn Tage später.

Neue Verordnungen (– die wievielten?): a) »Juden ist der Kauf von Speiseeis verboten.« (Im allgemeinen sehe ich nur leckende Kinderhäufchen bei Kuchen-Kramer. Aber neulich sagte mir die abgehetzte Frau Marckwald: jetzt werde sie ein Eis beim Kuchen-Kramer kaufen. Das darf sie nun nicht mehr.) b) Alle entbehrlichen Schlüssel, »insbesondere Kofferschlüssel« sind sofort abzugeben.

2. September, Mittwoch abends halb zwölf.
Auf abgeräumtem Schreibtisch

Das Chaos des Umzugs. Die Arbeitslast lag zu neunundneunzig Hundertsteln auf Eva, die Unrast mußte ich teilen.

Was an mir liegt, so soll das Judenhaus Caspar-David-Friedrich-Straße 15 b mit seinen vielen Opfern berühmt werden.

Das zweite Judenhaus:
Dresden-Blasewitz, Lothringer Weg 2
3. September 42

4. September, Freitag gegen Abend

Schwere, gediegene Eleganz der grands bourgeois, in unserm Verfall verfallende Eleganz. Ein Riesenkasten in unübersichtlicher und unruhiger Form: Keine Linie ist friedlich, kein Teil ohne besonderen Schmuck, nichts ist einfach. Auch innen Üppigkeit und Unruhe. Eine riesige viereckige Mittelhalle bis zum Dach, zweigeschossig. Das Untergeschoß überhoch, das zweite niedriger, und *noch* niedriger wirkend durch die schwere dunkelbraune Holzdecke mit den stark hervortretenden Rippenbalken. Eine breite Galerie mit schwerem, schnitzwerkdurchbrochenem Holzgeländer umzieht das erste Stockwerk. Von unten bis oben drängen sich in jedem freien Wandraum Gemälde in schweren Rahmen, meist Kopien berühmter Renaissancewerke. Der Besitzername wird mit Ehrfurcht genannt: die Jacobysche Villa. Der Mann war Hofjuwelier, Firma Elimaier am Neumarkt, sehr reich, hat alles nach seinem Geschmack und Wunsch ausführen lassen. Schwester Ziegler hat unten das ehemalige Rauchzimmer; da – im Rauchzimmer! – ist die Decke mit Porträts besät, lauter Kopien von Klassikern, in jedem Deckenfeld ein berühmter Kopf. Die Witwe Jacoby, Achtzigerin, am Stock, gebückt, aber geistig frisch, gehört zu den Evakuierten des nächsten Montags. Schon steht ihr Koffer mit großer Aufschrift »Jenny Sara Jacoby« in der Diele. Das ist alles, was ihr von der Prunkvilla bleibt.

7. September, Montag morgen

So werde ich wohl Marckwald wohl zum letztenmal gesehen: Noch schmaler und grauer im Gesicht als vorher, sitzt er im Türrahmen zwischen dem Schlafzimmer mit der einen zurückgeschlagenen Hälfte des Ehebettes, der große Mitteltisch des Wohnzimmers ist mit Porzellan bestellt, Leute, unter denen sich als Helfer der Vorsteher Hirschel befindet, tragen große Möbelstücke heran und heraus, eine wechselnde Menschengruppe hält sich bei Marckwalds Sessel auf, spricht mit ihm, plaudert aber auch unter sich, zwei, drei sind am offenen Bücherschrank und wählen sich »Andenken« – »Nehmen Sie nur, warum sollen *die* es haben?« Schon als ich die Treppe heraufkam, erwischte ich das Ehepaar Hirschel. »Es geht Marckwald furchtbar schlecht – wie werden sie ihn transportieren? Dort kommt er ja wohl gleich ins Krankenhaus, und da wird es nicht lange dauern.« Aber Marckwald saß ganz gefaßt in seinem Stuhl, die letzten Tage hätte er gelegen, und jeder sprach so zu ihm, als ginge er nur für kurze Zeit fort. Im ganzen war auch wohl jeder der Anwesenden teils abgestumpft, teils mit dem eigenen Schicksal beschäftigt.

8. September, Dienstag vormittag

In dem verwunschenen Haus tauchen noch immer neue Gestalten und Parteien auf. Mit allen freundliche Berührung, mit niemandem bisher Intimität, auch nicht mit der Frau Ziegler, die ja selten anwesend, übrigens sehr hilfreich und gar nicht zudringlich oder störend.

Heute früh kam Frau Ziegler von der Gemeinde, wo sie die Transportherde nachtüber betreut hatte. Sie sagte, das schlimmste sei der Moment, wo über den im Lastwagen Verstauten die Plane von allen vier Seiten herabgelassen und geschlossen würde. »Wie das Vieh im Dunkeln.« Sie erzählte, wie eine alte Dame einen Brief ausgeliefert erhielt, als ein Gestapokommissar hinzukam. Der Brief war harmlos. Von einer Tochter. Aber das inliegende Bild der Enkelin wurde zerrissen: »Ihr dürft kein Bild mitnehmen.« Und ein Satz lautete: »Vielleicht, Mütterchen,

sehn wir uns doch noch einmal, es geschehen ja Wunder.« Der
Kommissar, der laut las, kommentierte: »Für euch geschehen keine Wunder, bildet euch nichts ein.«

16. September, Mittwoch gegen Abend

Beim Haarschnitt gestern drang Seliksohn in mich, zwei hin-
terlassene Anzüge bei der Kleiderkammer für mich zu beantragen. Da es sich um gebrauchte Sachen handle, habe nur Hirschel,
nicht auch der Parteibevollmächtigte zuzustimmen; und da ich es
innerhalb der Freigrenze zahlen müßte und das nicht vermöchte,
bekäme ich das Zeug umsonst – Wohltätigkeit der Reichsvereinigung. Ich sollte das durchaus und skrupellos tun, denn sonst
fielen die Sachen doch bloß an Gestapo und Konsorten. – Ich bin
in großer Kleidernot, aber *das* widerstrebt mir ungemein. –

Kartoffelnot und erfolgloses Herumjagen Evas nach Lebensmitteln. Aber in der Zeitung kündigt man triumphierend »Erhöhung der Brot- und Fleischration« für Oktober an. Ob es ein Bluff
ist? Eine Desperadomaßnahme? Immerhin: Selbst in diesem Fall
stopft es für eine Weile die Mäuler, der Krieg geht weiter, und die
Zeit ist gewonnen, die zu unserer Ausrottung gebraucht wird.

19. September, Sonnabend nachmittag

Heute vor einem Jahr wurde der Judenstern aufgeheftet.
Welch namenloses Elend ist in diesem Jahr über uns gekommen.
Alles Vorherige scheint leicht demgegenüber. – Und Stalingrad
fällt eben, und im Oktober gibt es mehr Brot: Also kann sich die
Regierung über den Winter halten; also hat sie Zeit zur gänzlichen Vernichtung der Juden. Ich bin tief deprimiert. – Dazu die
ständige Müdigkeit. Jetzt auf weite Wanderung nach der Wiener
Straße hinüber. Abschiedsvisite bei Pinkowitz, Kartoffelschnor-
ren bei Hirschels. – Herzls Tagebuch.

2. Oktober, Freitag nachmittag

Sehr müde vom Scheuern der Küche und von tiefer Depression. – Hitlers Rede zum Beginn des Winterhilfswerkes. Seine

alte Leier maßlos übersteigert: Die stupenden deutschen Erfolge, die deutsche Moralität, die deutsche Siegesgewißheit – es geht uns immer besser, wir halten es noch viele Jahre aus ... Maßlos übersteigert auch das Beschimpfen der Gegner, die Minister sind »Schafsköpfe«, »Nullen, die man nicht voneinander unterscheiden kann«, im Weißen Haus regiert ein Geisteskranker, in London ein Verbrecher. Maßlos Rachedrohungen gegen England, gegen die Juden *in aller Welt*, die die arischen Völker Europas ausrotten wollten, und die er ausrottet ... Nicht daß ein Wahnsinniger in immer stärkerer Tobsucht tobt, sondern daß Deutschland das hinnimmt, nun schon im zehnten Jahr und im vierten Jahr des Krieges, und daß es sich immer weiter ausbluten läßt, ist so grauenhaft. Und nirgends ein Ende abzusehen. Die Kräfte der Entente reichen zum entscheidenden Stoß nicht aus – und innen bleibt alles ruhig. Noch ein Winter, und dann noch ein Sommer ... In acht Tagen bin ich einundsechzig – was bleibt mir günstigstenfalls?

9. Oktober, Freitag gegen Abend

Trostloser Geburtstag, trostloser als voriges Jahr. Damals kannte ich noch keine Haussuchungen, war auch nicht so mordumlauert. Hoffnung auf Überleben ist sehr schwach geworden. Auch das Physische zählt: Die Zigarre, der Süßstoff waren im vorigen Jahr nicht ganz verschwunden, die Kartoffel herrschte nicht so ganz allein. – Und Eva war noch nicht zum Gerippe abgemagert. – Am Vormittag scheuerte ich die Küche. Am Nachmittag ging ich zum jüdischen Friedhof – ominöser Weg –, um Steinitz für Sonnabend ein-, für Sonntag auszuladen. Dazwischen Arbeit an Pourrat. Wenn ich überlebe, ergibt er ein paar Seminarstunden oder eine Seite neuester Französischer Prosa. Und wenn ich nicht überlebe, so bin ich anständig über die Zeit gekommen und auf meine Weise tapfer gewesen.

Zu den Heeresberichten der letzten Wochen »prägte« ich das Wort: »In Stalingrad nahmen wir in harten Nahkämpfen eine weitere Dreizimmerwohnung mit Bad.« –

14. Oktober, Mittwoch nachmittag

Gestern, am 13. (man könnte abergläubisch werden – die Finger sind steif vor Herbstkälte …), gestern kam das unglaubliche Gerücht, das sich heute bewahrheitete: Den Juden werden alle Fleisch- und alle Weißbrotmarken entzogen. Vor wenigen Wochen wurde angekündigt: Vermehrung der Fleisch- und Brotration, weil es um Deutschlands Ernährung immer besser stünde; vor wenigen Tagen erklärte Göring: Das deutsche Volk werde *nicht* hungern, das Hungern überlasse er notfalls den besetzten Gebieten. Und nun also können die Juden wie die gefangenen Russen die Mülltonnen durchsuchen. Ich bin tief deprimiert.

17. Oktober, Sonnabend spätnachmittag

Heute zum erstenmal die Todesnachricht zweier Frauen aus dem KZ. Bisher starben dort nur die Männer. Von diesen zwei Frauen hatte eine verbotenen Fisch im Kühlschrank gehabt, die andere auf dem Weg zum Arzt die Trambahn benutzt, die sie nur zur Arbeitsstätte hätte benutzen dürfen. Beide wurden von dem Frauenlager in Mecklenburg nach Auschwitz transportiert, das ein schnell arbeitendes Schlachthaus zu sein scheint. Todesursache: »Alter und Herzschwäche«. Beide waren um die Sechzig, die eine besonders robust. Bericht der Frau Ziegler.

23. Oktober, Freitag abend

Morgen will Eva wieder einmal nach Pirna. Geld muß geholt werden (es geht auf die Neige), einiges ist in Sicherheit zu bringen – (neulich bei der Metallabgabe half auch Elsa Kreidl) –, vor allem natürlich meine Manuskripte. – Ist es recht, daß ich Eva damit belaste? Es würde im Notfall fraglos ihr Leben genauso kosten wie meines. Man stirbt jetzt um geringerer Sachen willen. Ich frage mich immer wieder, ob ich recht tue. Ich frage mich auch immer häufiger, ob denn die Sachen bei Annemarie wirklich in Sicherheit sind. Sie ist schon mehrfach als antinazistisch aufgefallen. Eine Haussuchung bei ihr, und wir sterben alle drei. – Zuletzt aber sage ich mir immer wieder, man müsse

Fatalist sein, ich täte meine Pflicht. Aber ist das wirklich meine Pflicht, und darf ich Eva derart exponieren?

27. Oktober, Dienstag vormittag

Am Sonntag brachte Frau Ziegler aus der Gemeinde wirre Hoffnungsgerüchte. Es sollten Friedensverhandlungen zwischen USA und Italien im Gang sein; die Russen hätten um Waffenstillstand gebeten ... Über Italien hatten wir schon vorher gehört, es sei kriegsmüde, und Amerika suche es zu ködern, indem es die italienischen Kriegsinternierten freigebe. – Am Nachmittag waren Hirschels unsere Gäste, und auch sie wußten um die italienische Angelegenheit und setzten Hoffnungen darauf. Aber die frühere Unterscheidung zwischen optimistischen und pessimistischen Juden ist nicht mehr aufrechtzuerhalten. Jeder, aber auch jeder, sagt dasselbe, zumeist in ganz gleicher Formulierung: »Sie sind in absehbarer Zeit verloren, rettungslos verloren, aber wenn es nicht rasch geht – und danach sieht es nicht aus –, machen sie uns vorher fertig.« Wirklich schleicht der Mord so gräßlich um wie noch nie zuvor. *Acht* Frauen in einer Woche, acht jüdische Frauen der kleinen Gemeinde Dresden, in der einen letzten Woche »verstorben«. Die Zahl stammt von Hirschel. Schlimmer fast als dieses Töten ist die Aushungerung der Kinder. Frau Hirschel macht uns genaue Angaben über die Verkürzung der jüdischen Kinderrationen, entsetzliche Verkürzungen an Fleisch, Brot, Zukker, Kakao, Obst ... Sie sagt, die ständige Hungerklage der beiden kleinen Jungen sei für sie das furchtbarste. »»Mutter, sieh mal, der Junge hat ein Würstchen und beißt hinein! – Mutter, ich bin doch auch so hungrig – Mutter, warum bekommen wir nur zwei Scheiben Brot? ...‹ Usw. usw. den ganzen Tag!«

13. November, Freitag gegen Abend

Am Nachmittag brachten Fränkel und Frau Ziegler als Gewißheit heim, was schon seit einer Weile als Gerücht kursierte: Die jüdischen Arbeiter bei Zeiss-Ikon, etwa dreihundert von den noch in Dresden befindlichen sechshundert Juden, kommen in

Baracken. Das läuft auf eine tatsächliche Evakuierung hinaus, denn auch sie werden bis auf das Handgepäck enteignet, und man hält sie dann wie Gefangene: Gemeinschaftslager, Gemeinschaftskost, in Gruppen zur Arbeit geführt – sonst im Lager festgehalten, keine Bücher, keine Zeitungen, keine Kommunikation mit der Welt. – Was geschieht nun mit dem Rest der Juden hier, mit den Mischehen, mit *uns?* Da strengste Isolierung der Juden angestrebt ist, wird man uns nicht in Freiheit lassen. Es heißt, alle Mischehen sollten in das Gemeindehaus und das Henriettenstift zusammengepfercht werden. Ich bin sehr besorgt.

19. November, Donnerstag vormittag

Hier wusseln, packen, klagen, sind schlaflos und übernächtig die zu den Baracken Verurteilten (Fränkels, Schwester Ziegler, Fräulein Imbach). In allem Elend sagt heute morgen die Frau Fränkel zu mir mit einem Ausdruck der Hoffnung im Gesicht: »Es ist fünf Minuten vor zwölf!« – Ich: Woher ihr diese Hoffnung komme, niemand im Haus sei doch skeptischer und pessimistischer als ihr Mann. – Brief von einem wohlunterrichteten Freund aus dem italienischen Meran; darin heiße es wörtlich so. Und dann, »Generalmobilisation in Spanien zur Wahrung der Neutralität – sie scheinen aber mehr zu England-Amerika zu neigen als zu Deutschland.« – Ich lief vom Abwaschen weg zu Eva hinauf, die noch mit nackten Armen stand. Wir umarmten uns und hatten Tränen in den Augen. Hinterher ging mir auf Wie über alles Bewußtsein groß muß unsere latente Verzweiflung sein, wenn ein so nichtiger Anlaß – denn was an dem Fränkelschen Bericht hat Wert, bietet Gewißheit? – uns derart ergreift!

21. November, Sonnabend nachmittag

Frau Ziegler schenkte mir einen wundervollen, fast neuen Schlafrock ihres verstorbenen Mannes. Der erste Schlafrock meines Lebens. Mir ist das schlappe, senile, philiströse Kleidungsstück prinzipiell zuwider. Aber als ich heute früh von halb fünf bis sechs Uhr vorlas – immer noch den »Weißen Affen« –, tat es herrliche Dienste und wurde mir lieb, wohl dauernd lieb. Solche Geschenke anzunehmen ist jetzt durchaus üblich. Denn was die Ausgetriebenen nicht fortschenken, wird ihnen von der Gestapo geraubt (wenn sie auch, vielleicht, den nominellen Gegenwert auf ihr Sperrkonto gezahlt erhalten, so wie ich 40 M für meine Schreibmaschine bekam). Und »ererbtes«, gebrauchtes Zeug zu tragen ist jetzt allgemeines Geschick. Was habe ich schon alles an solchen Erbstücken am Leibe! Einen Hut von John Neumann (noch für besseres Wetter aufgespart), ein Hausjackett gleicher Herkunft, ein Paar Schuhe von Paul Kreidl, Socken von Ernst Kreidl und feu Herrn Ziegler, Hosen von Unbekannt aus der Kleiderkammer, drei Hemden aus gleicher Quelle, ein Hemd von dem gefallenen Häselbarth aus Dölzschen.

Heute sagte ich mir: Wenn es mir nicht gelingt, wenn ich nicht Zeit zu haben glaube, LTI als Sonderwerk auszuarbeiten, dann veröffentliche ich die (natürlich gefeilte und geordnete) Gesamtheit meiner Tagebücher seit 33. Eben den antizipierten 4. Band meines Curriculum (I ist ganz fertig, II in wenigen Wochen fertigzustellen, III, Dresdener Professur 1920–1933, müßte warten). Dieser Gedanke ist mir schon wiederholt gekommen; *neu* war heute daran, daß ich diesem 4. Band des Curriculum den Titel »Die Sprache des 3. Reichs« summo jure geben könnte. Denn 1) würde er all mein philologisches LTI-Material bringen und 2) würden ja doch alle mitgeteilten Fakten die Sprache des 3. Reichs sprechen, z. B. die eben gemachte Aufstellung meines Garderobenerbes! – und 3) spräche aus der ganzen Umkehr oder Skepsis oder Brüchigkeit meiner Grundideen seit 1933 die Erschütterung durch das 3. Reich.

24. November, Dienstag vormittag
(Erster Frosttag, fester Schnee auf Dächern und Straßen)
»Judenlager Hellerberg«. Eva sagte, diese neue Art der Evakuierung sei deshalb so schamlos, weil alles so offen vor sich gehe. Das Neue daran ist jedenfalls, daß wir diesmal Einblick in das

Inferno haben und mit ihm in Konnex bleiben. Ist es eine gemäßigte Hölle? Das muß sich herausstellen. Der junge Eisenmann, der am Auffüllen der Bettsäcke etc. mitgeholfen hat, sagte: »Katastrophal!« Unvorstellbar eng und barbarisch primitiv, besonders die Aborte (wandlos nebeneinander und viel, viel zu wenige), aber auch die schmalen Betten usw.

28. November, Sonnabend vormittag

Gestern nachmittag bei Steinitz und dann nach Haus – stellenweis – getastet. Steinitz gab mir eine Rasierklinge (sie sind seit Tagen vom Markt verschwunden, längst nur noch einzeln zu kaufen gewesen). Und dann etwas Groteskes: einen Zigarettenkarton mit Zähnen. Zähne sind Mangelware, Eichler hat längst keine mehr, so läuft Eva seit vielen Monaten mit der großen Lücke im Mund herum; er wollte Eva schreiben, sobald er Material hätte, und schrieb nie. Ein Zahntechniker, der beim Friedhofsgärtner arbeitete, hat diesen Karton dort deponiert – nun soll sich Eichler Brauchbares auswählen und es nach dem Tagespreis bezahlen. Er darf aber nicht wissen, wo die Ware herstammt. Heimliche Zähne vom Judenfriedhof, es klingt märchenhaft schauerlich – es ist aber auch real gesehen toll genug, und wie leicht kann es zu einer Katastrophe führen. Causa sufficiens für Gefängnis und »Fluchtversuch«.

3. Dezember, Donnerstag vormittag

Brief von Sußmann, herzlich und aufregend durch seine Ahnungslosigkeit. Schreibe mir die (belanglosen) Einzelheiten deines Tagesablaufs, wie du »Deine Einkäufe machst, spazieren gehst usw.« Wenn ich ihm das schreibe – was sagt die Zensur und was die Gestapo dazu? Spazierengehen – wo immer Angst im Spiel ist, vor Verhaftung, vor Beleidigung, mindestens durch Kinder (was in letzter Zeit häufiger vorkommt) – und nun gar das Thema »Einkaufen«!

11. Dezember, Freitag vormittag

Seit gestern – morgens Karte von Richter, »dringende Grundstücksangelegenheit«, nachmittags mein Besuch in der endlos entfernten Victoriastraße – Verstörtheit des Hauses wegen. Diesmal wohl der endgiltige, nicht mehr abzuwendende Raubzug. Ein kombiniertes Spiel, wie mir Richter sagt. Er selber sei hilflos, gerate in Verdacht der Judenfreundlichkeit, ein Rechtsmittel habe ich nicht. Die Partei hat den jetzigen Geldgeber, einen Baumeister Linke, gezwungen, die Hypothek zu kündigen und jeden zur Nachfolge Gewillten zu warnen. So ist eine neue Hypothek ausgeschlossen; die jetzige erlischt am 1. 4., Zwangsversteigerung wäre für Mai oder Juni zu erwarten. (»Bis dahin ist lange Zeit.« – »Haben Sie Hoffnungen?« – »Ja.« – »So schnell wird es nicht gehen, hinter jedem steht ein Aufpasser, und der Terror ist zu groß.«) Dringender und wohl unmittelbar verderblich der andere Vorstoß, der eigentliche Betrug. Ausgehend von dem auf Militärurlaub befindlichen Bürgermeister. An meinem Hause – schon einmal behauptet worden, von Richter selber als neunundneunzigprozentige Erfindung behandelt – seien Reparaturen in Höhe von 3000–4000 M notwendig, u. a. »Erdbewegung« für 800 M, weil Erde gegen den Straßendamm hin abrutsche. Der Bürgermeister hat baupolizeiliche Verfügung beantragt zur Sicherstellung dieser Summe. Kann ich sie nicht zahlen, so tritt unmittelbar Zwangsversteigerung ein, bei der kein Pfennig für mich übrigbleibt. Da Berger bei der Zwangsversteigerung sein Vorkaufsrecht verliert und da man von ihm keine Reparaturen verlangen würde, so ist er bereit, das Haus sofort für 16 500 M zu übernehmen – ich würde dann wenigstens ein bißchen Geld auf mein Sperrkonto gezahlt erhalten. Er, Richter, rate hierzu als zu dem kleineren Übel. – Ich habe mir Entscheidung vorbehalten. Eva soll selbst einmal mit Richter sprechen. Eh schon seit Tagen hart mitgenommen, ist sie nun gänzlich am Boden. Ich brauche ja nicht zu wiederholen, wie leidenschaftlich und verzweifelt sie an diesem Haus hängt. –

26. Dezember, Sonnabend vormittag

Zweiter Feiertag, ganz leichter Frost, eher etwas über null Grad.

Eigentlich habe ich mich vor Weihnachten meist gefürchtet. Diesmal verläuft es aber bei aller Kahlheit und Bedrücktheit halbwegs glimpflich. Eva hatte ein sehr hübsches Bäumchen besorgt, schön ausgeschmückt und auf dem Flügel in Position gebracht. Geschenke, gutes Essen, Alkohol, Süßigkeiten fehlten gänzlich, alles war noch kahler als im vorigen Jahr – und wieviel Elend hatten wir seitdem durchlebt und mitangesehen. Unsere Gedanken gingen immer um dieses beides: »Es wird die letzte Weihnacht im dritten Reich sein.« – »Aber das haben wir schon im vorigen Jahr gedacht, und wir haben uns getäuscht.« Wiederum: »Diesmal steht es anders.« – »Aber wir haben schon so oft die Widerstandskraft des Nationalsozialismus unterschätzt.« Usw., hin und her. Als wir uns gegen zehn schlafen legen wollten, kam noch Herbert Eisenmann herauf, und wir plauderten ein Weilchen ergebnislos über den Krieg. –

31. Dezember, Donnerstag abend

Vormittag ein sehr ermüdender Weg zur Bank (Miete), Gemeinde (Neujahrswünsche ins Lager, vollkommen inhaltslose Zeitung), Steinitz. Er war kurz zuvor, vom Zahnarzt kommend, in der Prager Straße von einem Gestapomann gestellt worden: »Du hast hier gar nichts zu suchen; scher dich in die Nebenstraßen!« – Nachmittags zerschlagen von heftigsten Leib- und Magenschmerzen – Kohl und Kartoffeln, Kartoffeln und Kohl. – Bitterste Stimmung. Alle, mit denen wir voriges Silvester zusammen waren, sind ausgelöscht durch Mord, Selbstmord und Evakuierung. Dies Jahr 42 war von den zehn NS-Jahren bisher das schlimmste: Wir haben immer neue Demütigung, Verfolgung, Mißhandlung, Schändung erlitten, Mord hat uns ständig umspritzt, und jeden Tag fühlten wir uns in Todesgefahr. Und dabei kann ich nur sagen: Bisher das schlimmste Jahr, denn es besteht alle Aussicht, daß der Terror noch weiter steigt, und das Ende des Krieges und dieses Regimes ist nicht abzusehen.

Irgend etwas zu produzieren vermochte ich das ganze Jahr nicht – alles ist mir aus der Hand geschlagen. Ich suchte nur, mit aller erreichbaren Lektüre mich ein bißchen fortzubilden, ganz allgemein in der LTI-Richtung (mit dem jüdischen Sonderkapitel); in allerletzter Zeit auch in der Richtung auf die jüngste französische Literatur. Aber das hat schon ein Ende, da man Natcheffs Bibliothek schloß.

Am 3. September zogen wir hierher, ins zweite Judenhaus.

Von jüngeren Jugendfreunden starben Erich Meyerhof und Hanna Stern-Cristiani. Von meinen Geschwistern starb im August Grete.

1943

1. Januar, Freitag abend
Der Papiermangel ist so groß, daß nirgends ein Abreißkalender aufzutreiben war.

Herbert Eisenmann berichtete von einem Aufruf Hitlers an Front und Volk: In diesem Jahr 1943 werde er den »klaren Endsieg« erringen. Vater Eisenmann äußerte wieder seine Überzeugung, daß das Regime im März zusammenbrechen werde. – Frau Eger, die sich abseits hält und immer die Maske des lächelnden Gleichmuts trägt, auch nie mit einem Wort andeutet, daß sie den Mann im KZ weiß, machte uns einen Neujahrsbesuch. Ihr und Lewinsky gegenüber verfocht ich strikte die Meinung, daß das Regime am Niederbrechen sei – so strikte, daß ich mir's fast selber einredete. Aber im Innersten bin ich doch recht hoffnungslos. Ich vermag mir gar nicht vorzustellen, wie ich noch einmal sternlos als freier Mann und in leidlicher Wirtschaftslage leben könnte.

8. Januar, Freitag vormittag
Die Finanzer arbeiten wieder im Haus, jetzt werden viele große Kisten fortgeschafft, die Kunstsachen wohl. Als ich neulich die Treppe herunterkam, brüllten zwei Riesenkerle »Guten Tag, Herr Professor« und schüttelten mir die Hände. Alte Packer von Thamm in alter Freundschaft (mindestens alte SPDer, wahrscheinlich alte KPDer). Es tat wohl, aber es half so wenig wie die Kriegsnachrichten. Auf der Gemeinde, wo ich gestern gegen Abend die neuen Lebensmittelkarten holte und einen Blick in die Zeitung tat, teilte mir Hirschel Egers Tod mit. Im fünfzigsten

Jahre. Insuffizienz des Herzmuskels. Lager Auschwitz. Die Asche wird nicht übersandt. Die Witwe ist zu benachrichtigen. Hirschel bat mich, diese Benachrichtigung zu übernehmen. Ich zögerte, ohne abzulehnen. »Ich kann ihr nicht sagen: ›Gott wird Sie trösten usw.‹.« – »Ich auch nicht mehr ... Ich werde sie herbitten, im Bureau wird sie sich zusammennehmen, und das ist ihr und mir eine Hilfe.« Während er den Brief diktierte, wurde sie selber als anwesend gemeldet. (Wohl der Lebensmittelkarten halber.) So hat sie es denn dort erfahren, und uns bleibt nur die Kondolenz. (Und das Grauen.) –

14. Januar, Donnerstag nachmittag

Wir saßen gestern beim Nachmittagskaffee. Da erschien Steinitz, es sei von der Gemeinde zum Friedhof telefoniert worden, sogleich nach mir zu schicken wegen der »Reise nach Dölzschen«. Von da an hatte ich keine gute Stunde mehr. Um vier auf der Gemeinde, wurde ich gleich zum Polizeipräsidium herübergejagt, traf dort den zuständigen Beamten nach langer Irrfahrt im Augenblick seines Aufbruchs und erhielt mit Geknurr ein Formular, das »dem Juden Klemperer« für den 14. 1. in der Zeit von acht bis sechzehn Uhr das einmalige Verlassen des Stadtgebietes nach Dölzschen gestattete. Die erforderliche Fahrtgenehmigung hätte ich mir am nächsten Morgen auf der Verkehrspolizei am Sachsenplatz zu holen (zu Fuß natürlich). Zurück zur Gemeinde, und diese Aufklärung von dem jungen Kahlenberg erhalten. Bürgermeister Christmann habe sich unmittelbar an die Gestapo gewandt, »die uns eins aufs Dach erteilte«. Man würde nun in Dölzschen gewiß meine schriftliche Verkaufsgenehmigung fordern. Er, Kahlenberg, rate mir nach seinen Erfahrungen, mich nicht zu weigern. Weigerung sei mit KZ- und Lebensgefahr verbunden. Ich: Dann erbe meine arische Witwe das Haus, wie dies im Fall Ernst Kreidl geschehen. Er: Das sei nicht sicher, es gebe auch Fälle der Vermögensbeschlagnahme – wenn es z. B. »dem gesunden Volksempfinden« oder dem »Staatsinteresse« entspreche (mit diesen zwei Formeln sei alles zu machen), die Judenreinheit der Gemeinde Dölzschen herzustellen, in der mein Haus das einzige jüdische Eigentum sei.

17. Januar, Sonntag mittag

Im Zeiss-Ikonwerk kündigt man den Juden in Massen. Das ist schon bei der Hälfte der Belegschaft durchgeführt. Vorher kämpfte das Werk gegen die Gestapo: Die Judenabteilung sei besonders gut eingearbeitet, müsse erhalten bleiben. Im vorigen Januar bei der Evakuierung gab es einen großen dramatischen Umschwung: Erst bestimmte die Gestapo, dann holte sich das Werk seine schon zur Verschickung bereitstehenden Juden zurück. Jetzt soll eine Reichsverfügung vorliegen: In Rüstungsbetrieben dürfe kein Jude mehr beschäftigt werden. (Angst und Terror gehen parallel mit der Verschlechterung der Außenlage.) Vorderhand werden die Entlassenen anderweitig in Dresden beschäftigt. Kätchen Voß bei der Reichsbahn – mit Waggonreinigung. Aber Polen droht.

Wenn ich vom Friedhof durch die Fiedlerstraße nach Hause gehe, komme ich an einer großen Schule (oder einem Schulkomplex?) vorbei. Oft strömen die Schüler heraus, und dann mache ich immer die gleiche Erfahrung: Die größeren Jungen gehen anständig an mir vorüber, die kleinen dagegen lachen, rufen mir »Jude« nach und ähnliches. In die Kleinen also ist es hineingetrichtert worden – bei den größeren wirkt es schon nicht mehr. Eva sagt, sie beobachte an den Schulkindern deren gesundheitlich sehr schlechtes Aussehen. Dagegen blühten die ganz Kleinen und Säuglinge. Kindernährmittel und vor allem Vollmilch wird nur bis zu sechs Jahren abgegeben. –

18. Januar, Montag nachmittag

Am Sonnabend, 20.30 Uhr – wir wollten uns gerade zu Tisch setzen – Entwarnungssirene. Wir wunderten uns noch darüber, als das Alarmsignal folgte. Es hatte hier so viele Monate keinen Alarm gegeben, daß man sich offenbar im Sirenenknopf vergriffen hatte. Wieder blieb Dresden verschont. (Man sagt längst, es werde als »künftige Hauptstadt der Tschechei« aus dem Spiel gelassen.) Ein bißchen fernes Flakschießen und nach ruhigen anderthalb Stunden Entwarnung. Am Sonntag nachmittag berichtete Herbert Eisenmann, »sie seien in Berlin gewesen und hätten Schaden verursacht«. Gestern, genau um die gleiche Zeit, wieder Alarm, wieder anderthalb Stunden anhaltend, wieder kein Angriff auf Dresden. Eben war Frau Eger hier – sie bat um eine Zigarette, und wir kondolierten – und erzählte, die Flieger seien wieder in Berlin gewesen und hätten sehr viel Unheil angerichtet.

Heute vormittag bei dem Verwalter Richter. Zu »kurzer Besprechung« über meinen Besuch beim Bürgermeister Christmann und wie man die Reparaturen überwachen könne. Aus der »kurzen Besprechung« wurde ein Gepräch von fünf Viertelstunden, und ich ging geradezu erhoben nach Haus. Richter erzählte, er sei vor der »Machtübernahme« leidenschaftlicher Nazi und auf gutem Posten in der Propaganda gewesen, er sei aber im April 33 ausgetreten, weil er schon damals das Absinken der Sache deutlich gesehen habe. *Jetzt* stünde man am Ende. Wenn es nur bald käme. In den Propagandavorträgen werde nur noch vom »Aushalten«, nicht mehr vom Sieg gesprochen, an den niemand mehr glaube. Die Verluste seien ungemeine, die Tyrannei *auch* gegen Arier sei unerträglich. Die Frage, was »aus der Nation werde«, sei schon nur noch sekundär, jeder frage sich, ob man überleben werde. Vielleicht komme der Umschwung sehr rasch. Zwar sei die Waffen-*ϟϟ* verdoppelt, aber es würden »Freiwillige« zu diesem Dienst *gepreßt*. An den Fronten stehe es bei schwersten Verlusten überall sehr schlecht. Die Russen zielten nicht nur im Süden auf die Ukraine, sondern auch im Norden auf das Baltikum, und schon sei ihnen Riga nicht mehr allzu fern. Er erzählte, sein Junge besuche die Sexta des Kreuzgymnasiums. Da hätten sie jetzt ein Geschichtslesebuch, das von der Gegenwart nach rückwärts schreite und die Geschichte in Einzelerzählungen auflöse. Überschriften der einzelnen Stücke in dieser Reihenfolge – »das dreht einem doch den Magen um«! – Hitler, Göring, Horst Wessel, Herbert Norkus, Bismarck, Friedrich der Große.

24. Januar, Sonntag mittag

Hirschel erzählte mir neulich: Clemens und Weser kamen unvermutet zu ihm, auf Wohnungssuche für einen Standartenführer. Sie benahmen sich wie die Tiere, prügelten unvermittelt auf ihn und Frau Hirschel ein, nahmen ein paar Streichhölzerschachteln und ein paar Papierservietten als verbotene Mangelware fort. Clemens, der große Blonde, der auch mich geschlagen hat, sagte: »Ich hasse dich so furchtbar, sei gewiß, ich mache dich noch einmal kalt!« Hirschel, der oft mit ihm zu verhandeln hat, erwiderte: »Warum eigentlich hassen Sie mich so?« Clemens: »Das kann ich dir ganz genau sagen: Weil du Jude bist. Bestimmt werde ich dich umbringen.« Hirschel meinte auch: Nur rascher Umschwung könne uns retten. – Es sieht so aus, als müsse sich das nun bald entscheiden. Die Heeresberichte sind für Deutschland katastrophal. In Afrika, im Kaukasus »setzen wir uns vom Feinde ab«, Stalingrad scheint verloren.

30. Januar, Sonnabend spätnachmittag

Für mich war der heutige Tag der »Machtübernahme« ganz und gar Kartoffeltag. Bei frostfreiem Wetter gibt es wieder ganze Zentner, wir haben noch drei Zentner bis Ende Juli (bis Ende Juli!) frei, ich schaffte mühselig zwei heran. In doppelter Fahrt mit dem Handwagen vom Budchen am Anfang der Emser Allee aus. Der Sack war nicht zugebunden, nach zwei Schritten kollerten die Kartoffeln heraus. Ich las sie auf und band mit dem Taschentuch ab. Wieder zwei Schritte, und wieder kollerten die Kartoffeln. Ich bückte mich verzweifelt, da flatterte mein Kragenschoner. Signum coeli! Ich band den Kartoffelsack mit dem Schoner ab. Zur zweiten Fahrt, am Nachmittag, rüstete mich Eva mit einem Bindfaden aus. Da kam ich besser heim, aber mit bösen Herzbeschwerden, an denen das Memento das Böseste ist.

Den Handwagen lieh ich mir auf dem jüdischen Friedhof vom Verwalter Jacobi; der ist mir sehr gewogen, seit ich seine oraison funèbre bei dem ermordeten Arndt »sehr würdig« genannt habe. Er schenkt mir etwas Tabak und macht gebildete Gespräche, wenn ich in seine Amtswohnung komme. Er erzählte, am nächsten

Mittwoch gebe es sieben Beisetzungen, wovon sechs geheimzu-
halten seien. Die Leichen zum Tode verurteilter Protektoratsjuden. Sie wurden nach Dresden geschafft zur Hinrichtung. Im
Landgericht am Münchner Platz arbeite eine Guillotine mit elek-
trischem Antrieb, alle zwei Minuten ein Kopf, nicht nur jüdische;
Hauptschlachtzeit sei achtzehn Uhr, oft fielen bis zu fünfund-
zwanzig Köpfe hintereinander. Ich nehme ohne weiteres an, daß
das »oft« und die Zahl Übertreibungen bedeuten, aber wenn nur
die Hälfte davon wahr ist ... Jacobi behauptet auch, es sei durch
den Rundfunk eine Art Belagerungszustand erklärt und auf jede
Widersetzlichkeit und jede Sabotage des neuen Arbeitsgesetzes
Tod durch Erschießen gesetzt worden. – Eigentümlich und mir
unerklärlich, wie in den Regierungsmaßnahmen der öffentliche
Terror der Abschreckung und die geheime Grausamkeit Hand in
Hand gehen. Gegen die Juden wird maßlos gehetzt – aber die
schlimmsten Maßnahmen gegen sie werden vor den Ariern verheimlicht. Selbst nahestehende Leute kennen weder die kleinen
Schikanen noch die grausigen Morde. Annemarie weiß nicht,
daß wir kein Möbel verkaufen dürfen, daß alles beschlagnahmt
ist – sie wollte uns ein Bücherregal abkaufen. Der Bürgermeister
in Dölzschen wußte nicht, daß ich an die Stadtgrenze gebunden
und ohne Fahrtberechtigung bin. Frau Eger sagte neulich: »Das
ist das Schrecklichste für mich, daß die Leute immer sagen: ›Etwas *muß* doch Ihr Mann gemacht haben, man tötet doch niemanden ohne Grund!‹« (Ich kenne etwas noch Schrecklicheres,
daß nämlich in solchem Fall auch Juden sagen: »Etwas wird er
sicher getan haben, den Stern verdeckt oder nach acht auf der
Straße gewesen.«) Das ist genau das gleiche, wie wenn es in dem
Emigrantenbrief heißt: »*Charakterlich* paßt er zu uns.« Dieselbe
innerliche Unterwerfung.

14. Februar, Sonntag mittag
   Ich muß den gestrigen Tag, Sonnabend, 13. 2. 43, als ganz besonders wichtig herausheben. Er brachte mir das erste Zeichen,
und fast eine Gewißheit, daß die von mir für unmöglich gehal-

tene Revolution von innen her im Anzug ist. Ich war bei Schrapel-Richter, nominell der Steuererklärung halber; faktisch, weil ich von Richter über Stimmung und Lage sozusagen »Arisches« hören wollte. Er öffnete mir selber, wir unterhielten uns über eine Stunde (von etwa zwölf bis nach eins) in seinem Privatbureau, er war noch herzlicher, dringlich herzlicher als in den früheren Zusammenkünften. Womit er mir helfen könnte – ich sollte nur alles sagen. Er drängte mir Rasierklingen auf – neun unwahrscheinlich dünne, ein Segen! –, er telefonierte mit seiner Frau, wie groß ihr Überfluß an Kartoffeln wäre, wir verabredeten neues Zusammentreffen für nächsten Sonnabend, wo ich dann Geld, Kartoffeln, Brotmarken, wohl auch »das Dreckbuch, an dem er Millionär geworden ist und das man ihn im Gefängnis schreiben ließ, ich habe die ›Zelle‹ gesehen, ein Zimmer, so groß und bequem eingerichtet wie dieses hier und ein Garten dabei zum Spazierengehn, und das für Hochverrat! – sie war zu schwach, die Demokratie, das war ihr Fehler, der sich nicht wiederholen darf …« – wo ich also auch wahrscheinlich Hitlers »Mein Kampf« von ihm bekomme. Aber viel wichtiger als dies alles war ein anderes. Immer wieder kam Richter darauf zurück: »Wo gehen Sie hin, wenn Unruhen ausbrechen? Sie müssen sofort abrücken (sic), aufs Land … es könnte zu Schlächtereien kommen.« Ich sagte ihm, es sei für mich unmöglich, Dresden zu verlassen. Dann müßte ich *hier* untertauchen. Einen leeren Raum, ein Notbehältnis könne er mir verschaffen. Ich fragte ihn geradezu, was er denn erwarte. Im Laufe dieser zwölf Monate – womit er nicht sagen wolle, erst in zwölf Monaten – käme bestimmt ein Umschwung. »Von rechts?« – »Nein, von links.« – Aber das Bürgertum fürchte doch den Kommunismus! – »Von der alten Sozialdemokratie her«, er wisse es genau. – Aber nur durch die Truppe ließe sich doch etwas erreichen. – Gewiß, aber es komme, er dürfe nur nicht mehr sagen. Und wenn es nicht schnell gehe, dann sei natürlich für die Juden große Gefahr; ich müßte durchaus »abrücken«, ich könnte in sein Bureau kommen, irgendwo finde er einen leeren Raum für mich. Er könne nicht allen hel-

1943 | 225

fen, er sei seiner Familie verpflichtet, er müsse mich im Notfall verleugnen – zwischendurch ein Telefonat mit jemandem, den er ein dutzendmal »Kamerad Hauptmann« apostrophierte und mit »Heil Hitler« begrüßte –, aber er habe mich doch in diesen Monaten kennengelernt, und er möchte mir so gerne helfen ... Ich sagte, ich könnte ja in meiner Isoliertheit nichts erfahren, mich würde man irgendwann überfallen und abkehlen ... »Das kann natürlich Ihr Schicksal sein – aber vielleicht erfahren Sie doch beizeiten, daß etwas bevorsteht, und dann müssen Sie abrücken, und dann finde ich schon einen Raum für Sie.« ... Das kehrte immer wieder, während das Gespräch über Steuererklärung, unsere Notlagen, Militärisches etc. etc. hin und her ging.

Ich sagte, ich würde in letzter Zeit viel von Kindern auf der Straße belästigt. Er: Sein Ältester, elf Jahre, sei jetzt beim »Jungvolk«; wenn sie marschierten, heiße es plötzlich »Augen rechts«. Und dann: »Da habt ihr einen Juden gesehen; wißt ihr, was es mit den Juden auf sich hat?« Worauf die entsprechenden Belehrungen folgten ... Ich erwähnte die sechs hingerichteten Protektoratsjuden, deren Leichname neulich dem jüdischen Friedhof übergeben worden seien. Er: Ein ihm Bekannter sei jetzt an das Landgericht Münchner Platz versetzt und habe die Aufgabe, die Wertsachen der zum Tode Verurteilten einzuziehen; von diesem Mann, der also genau Bescheid wisse, erfahre er, Richter, in welchem Umfang die Guillotine hier arbeite: Neulich seien an *einem* Tage 21 (einundzwanzig) Köpfe gefallen, keineswegs nur jüdische. –

Eva soll das Tagebuch bald wieder zu Annemarie bringen. Die Guillotine auf dem Münchner Platz arbeitet aus geringeren Anlässen. –

18. Februar, Donnerstag spätnachmittag

Stundenlang unten: den Kaffee besorgt, abgeräumt, Hilfe bei der großen Wäsche. Jetzt ist Eva, abgekämpft, in die Stadt auf verzweifeltem Einkaufsversuch. Ich – wenn die Müdigkeit es zuläßt – kann von sechs bis sieben hier oben tätig sein. Danach ist der Rotkohl zu zerhacken: Die Geschichte des Rotkohls ist nachzutragen. Wir leben fast ausschließlich vom schwindenden Kartoffelvorrat, Gemüse, das nicht als »Mangelware« gilt, ist kaum aufzutreiben. Gestern also in einem Geschäft der Gerokstraße, die Inhaberin, Frau in den Vierzigern, ist mir schon als gefällig bekannt. Im Laden ein paar Käuferinnen, darunter eine grauhaarige Frau aus dem Volk, etwa die Mutter eines verheirateten Trambahnschaffners. Sie ist sehr zärtlich mit ihrem großen braunen Boxer, erzählt, wie er zur Oma flüchte, wenn er Prügel bekommen soll, streichelt ihn usw. Ich gewinne wohl ihr Herz, als ich ein paar freundliche Worte über die Boxer im allgemeinen sage. Die Inhaberin, als die Reihe an mir: »Sauerkraut leider nur auf Kundenkarte; Streichhölzer – nein, Salz – nein.« Ich, bittend: »Vielleicht ein Rotkohl? Es ist so schwer – ich habe keine Haushaltskarte. « Als captatio benevolentiae habe ich mit einer Kohlrübe angefangen – die mag keiner, der Kohlrübenwinter 17 ist wirksam geblieben. Übrigens tut man ihr Unrecht. Die Frau mitleidig, zögernd: Einen Rotkohl könnte ich allenfalls haben. Wiegt ihn aus, legt ihn zur Kohlrübe, holt auch noch eine Tüte Salz (großes Entgegenkommen!). »75 Pf.« Wie ich die Brieftasche ziehe, sagt die Oma neben mir: »Lassen Sie – ich zahle das für Sie.« Mir wurde wirklich heiß. Ich dankte ihr und reichte den Markschein über den Tisch. Sie: »Aber lassen Sie mich doch zahlen.« Ich: »Es ist wirklich sehr freundlich von Ihnen, ich danke Ihnen herzlich – aber es geht ja nicht ums Geld, nur um die Karte.« Jetzt die Inhaberin: »Kommen Sie doch mal gegen Abend, da gebe ich Ihnen mehr. Bei Tage – ich beliefere hier SA, ich muß vorsichtig sein.« – Ich, es sei mir nur von drei bis vier erlaubt. – Sie: Sie nähme es nicht so genau. Ich: »Sie nicht – aber wenn es ein anderer sieht und anzeigt, kostet es mich das Leben.« Die Inhaberin: »Dann kommen Sie in Ihrer Zeit vorbei – ich werde Ihnen ein Zeichen geben, wenn die Luft rein ist.« Ich ging beinahe erschüttert fort. Nachher fürchtete ich mich, weil ich in Gegenwart der Kundinnen gesagt hatte, es koste mich das Leben, wenn usw. Greuelpropaganda! Ausreichend für KZ und Fluchtversuch.

20. Februar, Sonnabend nachmittag

Eva war gestern bei Frau Ahrens zu Gast, wurde mit Kuchen durchgefüttert, brachte noch Kuchen und einen überschweren Beutel Kartoffeln nach Haus, leider aber auch die Meinung der Frau, daß eine deutsche Sommeroffensive bestimmt kommen und der Zusammenbruch erst im Herbst erfolgen werde. – Erhoben wurde ich erst wieder durch Richter, den ich verabredetermaßen heute vormittag besuchte – sehr anstrengend, besonders durch die Schlepperei auf dem Heimweg. Vor alledem aber kam Richter wieder auf die erwarteten Unruhen zu sprechen und diesmal schon genauer. Das soll mit Bestimmtheit von Berlin und der Küste her zu erwarten sein. Ob bald, ob später, sei nicht zu sagen. Wenn ich eine Postkarte von ihm erhielte: »Rufen Sie mich in Sachen Ihres Grundstücks an«, dann sollte ich mich sofort mit ihm in Verbindung setzen. Er entwickelte einen schon weit gediehenen Plan zu unserer Rettung. Ich machte ihn auf die Linksverhaftungen aufmerksam. Er hatte davon auch gehört. Der Ausbruch der Affaire sei aber doch nicht aufzuhalten. Ich sagte, *ohne* Militär sei nichts zu erreichen. Er: Gewiß nicht, aber es werde an Militär nicht fehlen. Und er prägte mir noch einmal die Adresse ein. – Ich komme mir vor wie in einem wilden Abenteuer- und Revolutionsfilm. Wenn ich aber Goebbels' Rede vom 18. 2. im Berliner Sportpalast bedenke, dann nehme ich Richters Meinung und Warnung vollkommen ernst. Den Wortlaut der Rede – ich will ihn gleich für LTI auslausen – gab mir Richter im »Dresdener Anzeiger« vom 19. 2. mit. Man war schon gestern auf dem Friedhof sehr deprimiert darüber, denn sie droht, mit den »drakonischsten und radikalsten Mitteln« gegen die an allem schuldigen Juden vorzugehen, wenn das Ausland nicht aufhöre, der Regierung Hitler um der Juden willen zu drohen. Sie bedroht und vergewaltigt übrigens auch die »Volksgenossen«. »Totaler Krieg – kürzester Krieg« war die Inschrift »des einzigen Spruchbandes an der Stirnwand des Saales«, und wer sich gegen die Notwendigkeit des *»totalen Krieges«* vergehe, den koste es den Kopf, erklärte Goebbels. (Schließung von Luxusgeschäften und

Bars, Verbot, im Tiergarten zu reiten, allgemeiner Arbeitsdienst, Höherbelastung der Beamten, kein Anspruch auf Urlaub.)

27. Februar, Sonnabend nachmittag

Vorgestern zog Frau Eger, die verwitwete, hier aus und zu ihren Eltern. An Juden wohnen in dem großen Haus nun nur noch im oberen Stockwerk wir und unten Eisenmanns. Wir haben mitangesehen, wie das Haus allmählich seine Menschen, seine Bilder, seine Möbel ausspie. Wie lange wird man uns hier noch in Ruhe lassen? Denn hier ist wirklich eine gewisse Ruhe. Am 3. 3. werden wir sechs Monate hier sein. In all dieser Zeit keine Haussuchung, nicht einmal eine Polizeikontrolle. Nur eben täglich die Angst davor.

4. März, Donnerstag abend

Bedürfnis, Leute zu sprechen über die verzweifelte Situation. Gestern auf dem Friedhof. Die drei: Magnus, Steinitz, Schein bei ihrem üblich-tragikomischen Skat hinter den Gräbern in der Gärtnerbaracke. Sehr bedrückt; sie nehmen bevorstehende Trennung der Mischehen an. D. h. Alternative: Die Frau läßt sich scheiden oder wird zur Jüdin erklärt und gleichfalls evakuiert. Alle drei stehen auf dem Standpunkt, den auch wir einnehmen: Die Frauen bleiben hier und retten, was zu retten ist. (Neues Argument hierfür: Getrennt würde man draußen doch.) – Daß die vorgestern nacht Evakuierten heute noch am Leben seien, wurde bezweifelt; wahrscheinlicher, daß sie in ihren Viehwagen – zwei Notdurfteimer in jedem Waggon – vergast worden seien.

10. März, Mittwoch vormittag

Bei allem Variieren zermürbende Stagnation und Dasselbigkeit. Immerfort Kämpfe im Osten, Rückzüge an der einen, glückliche Gegenoffensiven an der andern Stelle, immerfort Ruhe im Westen, immerfort Gerede von innerer Zuspitzung, immerfort Ruhe und Terror – Ruhe der Bevölkerung, Terror der Regierung. Immerfort extrem optimistische und extrem pessimistische

Stimmungen der Juden. Ich bin häufig mit den paar Menschen zusammen, mit denen wir noch Umgang haben – am Sonntag nachmittag unser Lewinsky und Steinitz bei uns, abends setzte sich Eisenmann senior zu uns in die Küche –, ich raffe mich alle achtundvierzig Stunden etwa auf, zum Friedhof oder in Steinitz' Wohnung oder zur Gemeinde zu gehen und auf diesem Wege einen Kohleinkauf – meist vergeblich – zu versuchen.

29. März, Montag mittag
Ich bin fortgesetzt sehr abgespannt – Herzbeschwerden, ständige Müdigkeit – und sehr deprimiert. Die Depression teile ich mit der ganzen Judenheit. Auch mit Richter, von dem ich mir am Sonnabend Geld und Brotmarken holte. Er sagte zur Situation dies: Er sähe die Lage trüber an als das letzte Mal. Wenn Deutschland heute bedingungslos kapitulierte, würde es an neunzig Prozent seines Bestandes retten. Statt dessen blute es sich weiter aus, und jeder Tag bedeute schlechtere Friedensbedingungen. Denn die Niederlage sei absolut gewiß. Ebenso gewiß aber, daß erst noch eine Sommeroffensive im Osten komme, wahrscheinlich mit Siegen, die dann die Stimmung heben und über den nächsten Winter fortkommen lasse. Ihn, Richter, entsetze die stumpfe Geduld und Dummheit des Volkes. Es habe die ungemeinen Brutalitäten der »totalen Mobilisation« ohne jedes Murren hingenommen, es nehme die ungeheuren Frontverluste, die ständige Arbeit der »Guljotine« – Richter ist sonst ein nicht ungebildeter Mann, aber Französisch treibt niemand mehr –, es nehme alles hin und lasse sich abschlachten. Unzufriedene gebe es in Massen, auch örtliche Organisation – aber ob eine »Dachorganisation« vorhanden sei, das wisse er eben nicht.

Worauf man neidisch sein kann! Frau Eisenmann, die hart Abgearbeitete, sagte zu mir: »Frau Eger hat es gut. Es ist ihr ein mehrwöchiger Aufenthalt im Sanatorium bewilligt worden.« Man hat Frau Eger den Mann getötet, sie selbst drei Wochen gefangen gehalten, und nun »hat sie es gut«.

18. April, Sonntag vormittag

Gestern mit der Morgenpost der Befehl zum Arbeitsdienst vom Montag, 19. 4., an. Ich mußte zur Gemeinde und erfuhr dort: Firma Willy Schlüter, Wormser Straße 30c. Dienstzeit von vierzehn bis zweiundzwanzig Uhr täglich, es handle sich um ganz leichte Arbeit, Teeabwiegen und -verpacken. Mir ist es nicht um leicht und schwer, nur um den unwiederbringlichen Zeitverlust und den tödlichen Stumpfsinn dieser acht Stunden. Als ich zum Schneeschippen kommandiert wurde, blieb mir die Hoffnung, im Frühjahr freizukommen; jetzt bin ich für Kriegsdauer rettungslos um meine Tage betrogen. Es wird nicht möglich sein, irgend etwas ernstlich fortzusetzen. Ich bin durch diesen neuen Schlag, sosehr er erwartet war, sehr deprimiert. Mein Leben wird immer armseliger. Und dies braucht keineswegs der letzte Schlag zu sein. – Ich komme eben von der Beisetzung des Johannes Müller. (Wann gräbt man *meine* Urne so ein?) Es war besonders scheußlich. Die Witwe, eine dicke, große alte Frau unter tiefstem Schleier, schüttelte sich vor Schluchzen, jammerte haltlos. Beim Handschütteln am Miniaturgrab immerfort: »Die arme Seele, die arme Seele!« Jacobi, der mir einmal gesagt, daß er »an den ganzen Meckmeck nicht glaube«, stoppelte wieder sinnlos Gebetsphrasen und Predigtformeln zusammen. Von dem eigentlichen Schicksal und Ende des Mannes war natürlich nicht die Rede. Es gab diesmal Blumenschmuck und arisches Gefolge, dazu ein paar Juden, die immer dort herumwimmeln oder einen Sonntagsspaziergang gemacht hatten. Im ganzen an dreißig Leute, die den kleinen Aushilfsraum füllten. – Die Juden gleichmütig und abgestumpft. Auch schon ganz knechtschaft-gewohnt. Der Tod des Mannes schien ihnen fast schon eine gerechte Sache: Er hätte wissen müssen, daß Privilegierte, deren Kinder im Ausland, neuerdings den Stern tragen müssen. Er war also schuldig! Ähnliche Urteile höre ich jetzt so oft. –

25. April, Ostersonntag vormittag
Die Firma Willy Schlüter stellt nach ihrem Hausschild Heil-
bäder und Kräutertees her. In einem Gartenhaus ein Mittelding
zwischen Wohn-, Bureau- und Fabrikräumen. Im Erdgeschoß
in der Hauptsache zwei Wand an Wand liegende lange Säle mit
Steinfußboden. Im einen quer zu den Fenstern Tische, an der In-
nenseite des Raums von Außen- zu Innentür ein breiter Längs-
weg, an der Innenlängswand und in dem anstoßenden kleineren
Hinterzimmer Kartons mit Ware. Im Längsgang auf leeren Kisten offene volle Teekästen, deren Inhalt man stehend mit einer
Blechschaufel in Hundert-Gramm-Tüten füllt. Auf den Tischen
Waagen: Hier werden die Tüten auf das genaue Gewicht gebracht.
Einen Platz weiter werden sie zugefaltet. An anderen Plätzen in
Sechs-Kilo-Kartons gepackt. In dieser ersten Woche wurden im
gleichen Saal auch Banderolen um die Päckchen geklebt. Aber
das waren nur zeitweilige »Kriegsnotpackungen«. Man hatte
nämlich Türmerkaffee-Tüten aufgekauft, die nun eine »Schlüters Haustee«-Banderole erhielten. Inzwischen sind aber – ich
habe selbst ausladen helfen – wieder 200 000 firmeneigene Zello-
phanbeutel eingetroffen. Ich selber habe die meiste Zeit stehend
Tüten gefüllt, ein bißchen auch geklebt, ein bißchen abgewogen.
Zwischendurch beteilige ich mich an einer Kette zum Herein-
und Herausbefördern von Kartons. (Das Banderolieren, das Zu-
kleben ganz fertiger Sechs-Kilo-Kartons ist Sache einer Frauen-
abteilung im Oberstock, die ich nicht kenne.) Die Anstrengung,
das tödlich Ermüdende der Arbeit besteht für mich natürlich in
ihrer gräßlichen Monotonie und Geistlosigkeit, ein zehnjähri-
ges Kind würde sie rascher, und besser leisten. Übrigens vergeht
die Zeit rascher, als ich befürchtet hatte – es bleibt nur immer
dumpf in mir die Trauer um die unwiederbringlich verlorene
Zeit; etwas durchzudenken bin ich nicht imstande, ich verfalle
in Dämmerzustand. Die Arbeitskameraden empfinden das nicht
halb so schlimm. »Soll ich zu Hause sitzen und Fliegen fangen?«
sagt mir ein rüstiger Siebziger, ein quidam Witkowsky, già Kaufmann. Er hat seine Ausfüllung, hat nie viel geistiger gearbeitet,

verdient ein bißchen Geld. Stundenlohn 60 Pf. Wer »privilegiert« ist und infolgedessen von »Sozialabgabe« und erster Steuerklasse frei, bekommt wohl an 50 davon ausgezahlt; bei mir werden das 35 bis 40 Pf sein. Um vier sind fünf Minuten Pause; man bekommt einen Becher dünnen Ersatzkaffee. Den Kaffee lieferte die Belegschaft selber, gekocht wird er dort. Von halb sechs bis sechs ist große Eßpause. Ich habe eine Aluminiumbüchse mit kalten Kartoffeln, ein Glas mit Sauerkraut mit. Kaffee wird wieder geliefert, man kann sich sein Essen auch wärmen lassen. Übrigens ist Kantinenverpflegung – Anschluß an eine NSV-Verpflegstelle – »auch« für Juden vorgesehen, aber bisher eben bloß beantragt und »vorgesehen«. Um acht noch einmal eine Fünf-Minuten-Pause, diesmal mit Pfefferminztee, den die Firma liefert. Um halb zehn beginnt man mit Reinmachen, sehr pünktlich um zehn wird gegangen. Im Längsraum neben unserm Verpacksaal ist ein mehr fabrikmäßiger Raum. Die Kräutersorten, die gemischt werden, stehen in großen Bottichen nebeneinander; ihnen gegenüber die Mischtrommel, kaum anders, als man sie beim Zementieren sieht. Hier arbeitet bei Tage eine fast ganz weibliche arische Belegschaft unter einem arischen Monteur (es sind wohl dieselben Frauen, die uns in einem Vor- und Küchenraum bekochen), hier nachts eine jüdische Gruppe. Ob man sich zur Nachtschicht melden soll oder nicht, ist unerschöpfliches Diskussionsthema. Die einen: Man muß sich darum reißen: längere Pausen, 80 Pf Stundenlohn, Langarbeiterzulage (Brot und Fleisch) »auch« für Juden »vorgesehen« und beantragt; die andern: unter keinen Umständen: furchtbar staubig, furchtbar anstrengend. Ich habe mich dazu gemeldet, um es kennenzulernen, und weil es mir ein bißchen romantischer vorkommt und darum vielleicht schneller vorübergeht als die Tagschicht, und weil es mir vielleicht doch etwas mehr Zeit übrigläßt als die Tagschicht. – Weil am Vormittag von sechs bis zwei in »unserem Saal« Arierinnen arbeiten und weil auch der Mischsaal davon mitbedient wird (und weil man sich human gegen uns verhält), so ist das *Radio* im Gang, manchmal den ganzen Nachmittag, manchmal nur in den Abendstunden, manchmal zu leise und vom Arbeitslärm übertönt, manchmal als ewiges Geräusch überhört, manchmal von der halben Belegschaft abgelehnt und dann vom Obmann abgestellt – im ganzen doch über die Zeit weghelfend. Viel Musik aus Wien, aus Berlin, von da- und dorther. Ein paar italienische Lieder, ein Stück »Fledermaus«, ein Stück »Cavalleria« machten mir Vergnügen. Der Heeresbericht; Goebbels' Rede zum Führergeburtstag (sehr bedrückt, nur immer das Vertrauen zum Führer, das den Endsieg sichere), ein paar Brocken aus einer Rede des »Reichsgesundheitsführers« (Wille zum Durchhalten, Nation usw. – da stellte man ab, teils weil es langweilte, teils weil man Angst hat, Nationalsozialistisches zu hören – es kann ja in jedem Augenblick Gestapo hereinkommen). Alles in allem vergeht mir beim Radio, so rasch ich dagegen abstumpfe und ertaube, die Zeit doch ein bißchen schneller als im stummen Ablauf, und manchmal schnappt man auch ein wenig Zeitungsersatz auf.

26. April, Ostermontag vormittag

Ich sagte am Donnerstag zu Conradi, er lachte noch darüber: »Wir sind wie in einem Cholera-Hospital, ohne geimpft zu sein.« Ich werde die Angst nicht mehr los, übertäube sie nur.

Mittags

Zu Hitlers Geburtstag ist, ich glaube, ausgerechnet im Protektorat, eine Sondermarke erschienen, und einige Postämter haben ihr einen Sonderstempel gegeben: »Wir schützen Europa vor dem Bolschewismus.« (Ich weiß nicht, ob ich genau zitiere. Ich sah das schon vor einer Woche etwa in der Zeitung.) Das Thema Antibolschewismus herrscht mit fürchterlicher Heuchelei. Eine der letzten »Reich«-Nummern ist ganz davon beherrscht. Ich werde versuchen, darauf zurückzukommen. Ich wage es nicht mehr, Zeitungen hier oben aufzubewahren. Ich habe heute einen Stoß in den Keller gebracht. Ich werde Lewinsky bitten, mir die »Frankfurter« *nicht* mehr zu bringen. Meine Zeit ist jetzt so unendlich knapp geworden, daß ich ja doch nur das wenigste lesen und verwerten kann.

Abend

Steinitz brachte die Nachricht, daß Conradi bereits tot sei – Jacobi war zur Empfangnahme der Leiche ins PPD beordert worden. Es kann mich jede Stunde treffen, ich werde das Grauen nicht mehr los.

29. April, Donnerstag nachmittag halb sechs

Von dem gestrigen Musiknachmittag hole ich nach: Glaser spielte mit Eva eine Suite alter Tänze für Klavier und Geige, die sie vor zwanzig Jahren geschrieben. – Frau Kreisler erzählte, wie sie ein Postpaket mit Adresse dieser Tage auf der Straße fand, es kam etwas Rotes daraus hervor – Fleisch! Sie gab das Paket nach Gewissenskampf ab. Ein kleinbürgerlicher Mann hatte es vom Rad verloren, fiel aus Verzweiflung in Beglücktheit. Inhalt ein riesiges Kaninchen. Frau Kreisler erhielt als Finderlohn ein Bein und ein Stück Leber. Sie sagte dem Mann: »Ich bin nichtarisch – Sie sehen, auch ein Nichtarier kann ehrlich sein.« Er: »Was ist denn das, ›nichtarisch‹?« (Nach 10 Jahren NS-Propaganda!) Nach der Erklärung: »Das ist mir doch ganz egal!«

1. Mai, Sonnabend vormittag

Das Experiment der Nachtschicht ist beendet, hoffentlich für immer, bestimmt für ziemlich lange; es verwüstet meine Augen, zerreißt meinen Tag. Die dritte Nacht glich im wesentlichen den beiden andern. Die Stimmung war etwas freundlicher, da alle einen neuen Toten – diesmal wirklich betrauerten, ohne böse Nachrede und ohne unmittelbare Angst für die eigene Person. Der Maler Gimpel war allen sympathisch, und er ist nicht ganz ein Opfer der Gestapo; er stand vor der Erblindung, er hing wohl nicht mehr fest am Leben, und als er nun seine Wohnung aufgeben sollte und unter dem Druck der Mordfälle in seiner nächsten Nähe – Conradi saß bei Schlüter neben ihm, sie plauderten den ganzen Tag – öffnete er in Abwesenheit seiner arischen Frau den Gashahn.

4. Mai, Dienstag vormittag

Die erste feiertagslose Vollwoche der Tagesschicht hat begonnen. Jede [Schicht] hat sechshundert Minuten. Der Saal ist leerer geworden – zwei Leute tot, einer abkommandiert – an die Stelle der Thürmer*tüten* sind richtige Schlüter*kartons* getreten, sonst alles wie vor der Nachtwoche. Ganz doch nicht. Das Radio wird nicht eingestellt – man erwartet Betriebsbesichtigung durch Gestapo, da wäre Radio im Judensaal Todsünde. Erst nach neun Uhr abends bringt es der arische Meister in Gang. Der darf. Stimmung bedrückt. Kornblum, ein alter Invalide und Rentenempfänger, ist in der Tittmannstraße von einem Gestapomann angehalten worden. »Was gehst du hier spazieren? Mit welcher Bahn bist du gekommen? ...« Es ist ihm sonst nichts geschehen. Aber *so* fing es ja auch bei anderen an. Wer weiß, was noch kommt. – »Wenn sie mich bestellen – ich gehe erst gar nicht hin ...« Und auch wenn diesmal gar nichts erfolgt – wir sind doch umlauert. – Manchmal – selten – in diesen acht Stunden Gespräche der andern, ich höre zu. Alle Übriggebliebenen sind Kaufleute, die meisten hatten Läden, Konfektion, Wäsche etc. Sie wissen voneinander, wo sie eingekauft haben, wer »Geld gemacht« hat. Für die Zukunft sind sie alle hoffnungslos. »In Deutschland wird es für uns nie wieder gut; der Antisemitismus war immer da, ist jetzt zu tief eingeprägt.«

10. Mai, Montag früh vor sieben Uhr

Das Problem Elsa Kreidl. Zu Lebzeiten ihres Mannes hielten wir sie für kalt, antisemitisch, nazistisch. Dann, nach Kreidls Tod, wurde sie uns sympathischer, benahm sich gut gegen Ida Kreidl, gegen uns, es ergab sich fast eine Freundschaft, und allerhand Gefälligkeiten wurden uns erwiesen. Hierher getraute sie sich nicht (was ihr nicht zu verdenken), aber Eva war ein paarmal bei ihr zum Tee, die beiden treffen sich meist Sonnabend mittag zum Essen in der Stadt, Elsa Kreidl leiht Bücher, schenkt Kartoffel- und Kaffeemarken, das Verhältnis ist ein gutes. Jetzt – man hatte sich drei Wochen nicht gesehen – erzählt Eva: Elsa Kreidl spricht in großen Tönen von der Güte ihres Mieters, eines Kriminalrats bei der Gestapo. Der Mann sei wirklich gut, aber bearbeite gerade die Judenfälle, er lasse keine Übergriffe seiner Beamten zu! – Weiß Frau Kreidl wirklich nicht, daß man auf solchen Posten nur als Bewährter kommt? Weiß sie nicht, welche Grausamkeiten geschehen? Weiß sie nicht, daß sie unmittelbar mit den Mördern ihres Mannes paktiert? Eva erzählt, die Frau lebe in behaglicher Witwenschaft, sie brauche offenbar mit dem Gelde nicht übermäßig hauszuhalten. Hat die Frau in ihrem jämmerlichen bißchen Wohlleben alles vergessen? Ist sie gedankenlos, dumm, schlecht? – Eva sagt: Sie ist nach wie vor nett und gefällig, und sie selber, Eva, sei im Punkte »Menschen« sehr bescheiden geworden und habe das Sichwundern verlernt. Und ich meine ganz verhärtet: Wenn uns dieser Umgang Kartoffeln und Kaffee einträgt … Aber verächtlich ist die Angelegenheit doch. Und problematisch.

11. Mai, Dienstag früh

Im Werk sind gestern für die Nachtarbeiter »Langarbeiterzulagen« eingeführt. Das bedeutet, daß man für *eine* Woche 200 Gramm Fleisch erhält und damit also die nötigen Marken, um *vier* Wochen am Kantinenessen zu partizipieren. Welches Dilemma für mich! Soll ich die Nächte für das Essen oder das Essen für die Nächte opfern? Es ist eine jämmerliche Alternative. Aber was bedeutet das alles gegen das ewige Angstgefühl dem schleichenden Mord gegenüber. *Dieses* Gefühl, die nackte Todesangst vor dem Erwürgtwerden im Dunkeln, *das* muß ich im Curriculum einmal festhalten; das ist auch das Besondere dieses letzten Jahres: Man rechnet nicht mehr mit Gefängnis oder mit Prügeln, sondern glattweg bei allem und jedem mit dem Tod. –

Eva will die Blätter heute nach P. schaffen. Seit wir Geld von Richter erhalten, fährt sie nur noch ganz selten hinaus. Jedesmal eine besondere Furcht und eine besondere Gewissensbelastung für mich. Wofür exponiere ich Eva? Vanitas!

20. Mai, Donnerstag vormittag

Vox populi: »Fräulein Hulda«, die gutmütige, dürre arische Hausgenossin, già Stütze der Frau Jacoby, jetzt Flaschenspülerin in einer Fabrik, sagte: »Der Krieg kann nicht mehr lange dauern, wir haben ja nichts mehr – Afrika verloren und die Fleischration um 100 Gramm wöchentlich gekürzt.« Das ist charakteristische Zusammenstellung. Wobei die 100 Gramm stärker wirken als Afrika.

In der Nacht vom 15. zum 16. ganz kurzer Fliegeralarm, der zweite in diesen Tagen. Im immer verschonten Dresden herrscht völlige Sorglosigkeit.

1. Juni, Dienstag früh

Lewinsky erzählte am Sonntag als ganz verbürgtes und verbreitetes (von Soldaten herrührendes) Gerücht: es habe in Warschau ein Blutbad gegeben, Aufstand der Polen und Juden, deutsche Panzerwagen seien am Eingang der Judenstadt durch Minen zerstört worden, darauf habe man deutscherseits das gesamte Ghetto zusammengeschossen – tagelange Brände und Abertausende von Toten. Ich fragte gestern mehrere Leute bei Schlüter danach. Antwort im Flüsterton: Ja, das hätten sie so und ähnlich gleichfalls gehört, aber nicht weiterzugeben gewagt. Eva, vom Zahnarzt kommend, berichtete, Simon stelle den Vorgang mit Bestimmtheit derart dar, daß an diesem Aufstand auch 3000 deutsche Deserteure teilgenommen und daß sich lange, wochenlange (!) Kämpfe ergeben hätten, ehe man deutscherseits Herr geworden sei. Simons Glaubwürdigkeit ist gering. Immerhin: *daß* solche Gerüchte im Umlauf sind, ist charakteristisch. Simon habe hinzugesetzt: Auch in den andern besetzten Ländern herrsche Unruhe.

4. Juni, Freitag vormittag

Immer wieder beobachte ich das durchaus kameradschaftliche, unbefangene, oft geradezu herzliche Benehmen der Arbeiter und Arbeiterinnen den Juden gegenüber. Gewiß, irgendwo wird immer ein Spitzel oder Verräter zwischen ihnen sein. Aber das hindert nichts an der Tatsache, daß sie in ihrer Gesamtheit bestimmt nicht Judenhasser sind. Trotzdem halten einige unter uns immer daran fest, daß *alle* Deutschen, auch die Arbeiter, durchweg Antisemiten seien. Eine um so unsinnigere These, als ja ihre Vertreter in Mischehe leben. Gestern ging es zwischen den (meist älteren) Frauen des Nachbarsaales und unseren Leuten besonders ausgelassen zu. Was wäre geschehen, wenn im Augenblick des Alberns, Johlens und der vergnügten Handgreiflichkeiten, die man auch als Zärtlichkeiten hätte auslegen können, Gestapo oder ein Spitzel die Tür geöffnet hätte. Die Tonerti, eine Arbeiterin, schlägt gegen einen Haufen Kartons. »Sind ja noch alle leer. Bluff, meine Herrn, Bluff!« Die zweite Arbeiterin: »Was ist heute nicht Bluff? Ein Kleid steht im Schaufenster. Gehen Sie in den Laden und verlangen Sie ein Kleid. Oder sonst etwas! Nichts ist da, Bluff, alles Bluff!« Ein Jude, freudig: »Meckern verboten!« Arbeiterin eins: »Wo ist hier eine Ziege? Ich sehe keine.« Arbeiterin zwei: »Und wenn nun Sie die alte Ziege sind?!« Freundschaftliches Ringen der beiden Frauen. Der Chemiker Frank schwingt seine kleine Teeschaufel wie einen Dolch und stürzt sich zwischen die Ringenden … Wie wenig Phantasie gehört dazu, die Szene zur Katastrophe fortzuführen …

12. Juni, Sonnabend nachmittag

Am Donnerstag nachmittag also brachte Eva erste Nachricht. Am Abend bei Schlüter wußte man, daß Strelzyn, der Goldschmied, bei Kahlenbergs wohnend, beurlaubt sei, um beim Packen zu helfen, denn Kahlenbergs und Hirschels würden »morgen« evakuiert. Am Freitag morgen erhielt Eva einen sehr freundlichen Abschiedsbrief von Frau Hirschel, in dem uns noch Kartoffeln übereignet wurden. Daraufhin getraute sie sich in Hirschels Wohnung und brachte dies in Erfahrung: Hirschel und Kahlenbergs, Mutter und Sohn, befinden sich bereits seit Donnerstag im PPD. Frau Hirschel mit den Kindern hat man in ihrer Wohnung gelassen. Gleich nach Pfingsten werden diese letzten *nicht* in Mischehe lebenden Juden nach Theresienstadt abgeschoben. Theresienstadt gilt als Vergünstigung und ist es wohl auch Polen gegenüber, trotzdem auch diese Deportation völligen Vermögensverlust und Sklaverei bedeutet. Was es in Wahrheit mit Theresienstadt auf sich hat, ob dort gehungert und gestorben oder halbwegs menschlich gelebt wird, weiß niemand genau; die spärlich herausdringenden Nachrichten – wer mit wem korrespondieren mag, und wieviel Wirklichkeit die da und dort eintreffenden Nachrichten enthalten, das ist auch ganz unklar. Jedenfalls scheinen sich Hirschels *noch Schlimmeres* erwartet zu haben. Eva sagt, Frau Hirschel sei sehr gefaßt gewesen und habe diese Gefaßtheit wohl nicht nur gespielt. Ich habe ihr sagen lassen – denn ich weiß, was ihr wohltut –, ich sei ihr für viele Anregungen Dank schuldig, und wenn ich noch einmal zum Publizieren käme, würde ihr Name in meinem Opus eine Rolle spielen.

22. Juni, Dienstag vormittag

Trostlose Öde der Tagschicht, auch vom Radio nicht gemildert. Ein neuer Mann ist hinzugekommen: Jacobi, der Friedhofsverwalter.

Aris erzählte, er unterrichte seine beiden Kinder, das älteste neun Jahre, selber, damit sie »nachher« gleich in eine höhere Schule könnten. Ebenso sagte mir Eisenmann sen., daß er die neunjährige Lisel selber unterrichte. Eine ungeheure Schmach ist das Schulverbot. Die Juden sollen eben in Analphabetismus absinken. Es wird den Nazis aber nicht gelingen.

23. Juni, Mittwoch mittag

Eva hat begonnen, Lisel Eisenmann und Hildegard Rasch, die Portierstochter, in Anfängen des Klavierspiels zu unterrichten. Wenn das arische Mädel sich dessen rühmt, wenn die Geschichte durchsickert, kostet sie Eva und den Portiersleuten Gefängnis, mich via KZ das Leben. Sofern nicht von Kuppelei und Verführung Minderjähriger geredet wird: Dann endete Eva im KZ und ich unter der Guillotine. Das sind keine wilden Phantasien, sondern realste Möglichkeiten. »Ich habe bei der Wanderung immerzu Fingerübungen auf dem Arm gemacht«, erzählte das Mädel. Ich warne die Mutter. »Sie hält bestimmt den Mund, ich geige ihr's immer wieder ein«, sagt Frau Rasch. – Eine andere Gefahr: Eva hat die Kartoffelkarte der Frau Hirschel übernommen, die Lieferantin ist im Bilde und gutwillig. Es handelt sich um 140 Pfund. –

Gestern abend in der Wormser Straße radelt ein älterer Arbeiter – soweit ich das im Dämmerlicht erkennen konnte – hinter mir her, dicht an mich heran und sagt mit gutmütiger, väterlicher Stimme: »Es kommt auch schon mal wieder anders, nicht wahr, Kamerad? ... Hoffentlich recht bald« – worauf er im Bogen zurückfährt und in eine Seitenstraße biegt ... Vorgestern dagegen kommt mir mittags eine Familie entgegen, Vater, Mutter, kleiner Junge, offenbar »bessere Leute«. Der Vater sagt belehrend (laut) zum Kleinen, wohl auf dessen Frage antwortend: »Damit du weißt, wie ein Jude aussieht«. Welches ist nun die richtige Vox populi? Im Schlüterwerk möchte ich immer annehmen: die freundliche. Vorgestern griff eine schmächtige, armselige Arbeiterin nach einer Kiste, die ich heben wollte. »Lassen Sie, Herr, ich kann das besser, ich kenne die Griffe.« –

24. Juni, Donnerstag mittag

Vox populi: Eine Gruppe radelnder Jungen, vierzehn bis fünfzehn Jahre, um zehn abends in der Wormser Straße. Sie überholen mich, rufen zurück, warten, lassen mich passieren. »Der kriegt einen Genickschuß ... ich drück' ab ... Er wird an den Galgen gehängt – Börsenschieber ...« und irgendwelch Gemauschel. Es hat mich tiefer und nachhaltiger verbittert und schwankend gemacht, als mich den Abend vorher die Worte des alten Arbeiters erfreuten. –

12. Juli, Montag mittag

Evas Geburtstag. Ich habe kein Geschenk für sie. Aber ich habe am Vormittag die Küche gescheuert, daß mir jetzt die Hände zittern, und sie bekommt die 200 Gramm Fleischmarken, die mir der Nachtdienst einbringt, 150 in Marken, den Rest in natura.

2. August, Montag vormittag, 11 Uhr

Ganz harmloser Verlauf: »Du hast Möbel bei Thamm? – Was?« – »Heiratsgut meiner arischen Frau, eine Orgel meiner Frau, fachwissenschaftliche Bibliothek.« – »Kannst du die Sachen nicht anderswo unterbringen? Wir sollen die Lagerräume nach Möglichkeit freimachen.« – »Wenn Sie es anordnen, will ich es natürlich versuchen – aber wohin? Am Lothringer Weg wäre Platz, aber ich weiß nicht, wie lange ich dort bleibe.« – »Naja, erledigt. Kennst du eine Frau Huberti in Pirna?« – »Nein.« – »Kennst du ...« zwei andere Namen, einer davon mir unter den Selbstmördergräbern aufgefallen. – »Nein, ich habe nie der Jüdischen Gemeinde angehört, ich kenne niemanden.« – »Erledigt.« – »Darf ich gehen?« – »Ja.« Das Verhör hatte fünf Minuten gedauert, das Warten eine reichliche Viertelstunde: 7.40 Uhr sah ich die Bahnhofsuhr und das Leben wieder, dem ich mich seit Sonnabend schon recht entrückt gefühlt hatte.

Tapfer gehalten habe ich mich diesmal wirklich, vielleicht war es auch nur Stumpfheit. Es kam diesmal bei mir nicht einmal zu ernstlichem Herzklopfen, zu eigentlichen Angstzuständen. Dabei graute mir vor der Gefängniszelle, vor wochenlanger Haft, vor Ermordung. All das lag ungeheuer nahe.

Die Behandlung in der Bismarckstraße ähnlich wie vor zwei Jahren. Der Portier ganz sachlich: »Da hinter der Treppe warten.« Ein Gestapokerl neben dem Schalter: »Scher dich nach hinten, du Schwein!« Oben in dem »milderen« Zimmer 68 ein langer Subalternbeamter am Schreibtisch ziemlich sachlich, nicht aggressiv, ein kleiner Kerl in der Tür höhnisch und grob. – »Du warst wohl noch nicht hier, dich haben sie vergessen? Du hast laut und deutlich zu sagen: ›Ich bin der Jude Victor Israel Klem-

perer.‹ Jetzt gehst du heraus und kommst wieder und sagst es ...«
Geschieht. – »Was warst du früher?« – »Professor? Hast zwanzig Semester studiert! Sieh mich nicht mit so dummen Augen an, sonst hau ich dir eine, daß du Pfingsten nicht von Ostern unterscheidest.« – »Was warst du im Kriege?« – »Kriegsfreiwilliger? Mit Auszeichnungen?« – »Bayrisches Verdienstkreuz mit Schwertern.« – »Nicht einmal das Eiserne Kreuz als Kriegsfreiwilliger?« – Ich stehe dicht vor der Tür, er will hinaus, stößt mich mit seinem Notizbuch in die Seite, daß ich ein wenig gegen ein Seitenregal falle, stößt mich mit einem Ruck ins Kreuz dichter an den Schreibtisch des Fragers. Aber diese Püffe sind mehr scherzhafter Art, so scherzt die Gestapo. Als ich gegen neun Jacobi den versprochenen kurzen Bericht gebe, sagt er: »Das war der Obersekretär Müller, der Sie angepflaumt hat. Ein gutes Zeichen für die Harmlosigkeit Ihrer Vernehmung. Im Ernstfall sind die Leute todernst. – Nichts erzählen, besonders keinem den Namen der Frau in Pirna. Wahrscheinlich waren Sie derentwegen hinbestellt. Kommt es heraus, daß Sie davon erzählt haben, so bestellt man Sie noch einmal, und dann geht es Ihnen schlechter.« –

12. August, Donnerstag spätnachmittag
Die unregelmäßige Frühschichtwoche sieben bis sechzehn Uhr mit zwei halben Stunden Pause um neun und halb eins, einmal mit Überstunde bis siebzehn Uhr. Im Packraum des ersten Stockwerks am Dienstag Natriumtüten zu je 180 Gramm gefüllt, ähnlich wie ich vordem Tee füllte, nur daß dies Zeug (Bestandteil eines Heilbades) heftig alle Schleimhäute reizt. Am Mittwoch ebenso friedlich begonnen. Während der ersten Pause erschien Schlüter, redete leidenschaftlich, eine Kommission aus Berlin werde am Montag über die Fortexistenz seines Betriebes entscheiden, bis dahin müßten die verräucherten und verfallenen Räume geweißt sein; Handwerker seien nicht zu haben; wenn wir ihn unterstützten, würde er uns Treue halten!

2. September, Donnerstag mittag

Gestern seit langem der ödeste Tag bei Schlüter. Erbarmungs-los eintöniges, ununterbrochenes Teefüllen, 100 Gramm zu 100 Gramm in infinitum. Neben mir Feder an der Waage. Schleichende Uhr. Das Radio: Störung, Schwund, Gedudel. Ein halbes dutzendmal dieselben verlogensten und verschwiegensten Heeresberichte wiederholt, einmal in tödlicher Langatmigkeit für die Front *diktiert*. Der vornächtliche Angriff auf Berlin bagatellisiert, im Osten zerschossene Panzer der Sowjets gezählt, italienische Berichte comme si de rien n'était. Man könnte verzweifeln und an ein volles fünftes Kriegsjahr glauben.

29. September, Mittwoch mittag

Notierte ich, daß Schlüter endgiltig am 31. 10. schließt? Eine große Bedrohung für die jüdischen Arbeiter. Man wird sie in die berüchtigte Kartonagenfabrik von Schwarze stecken. Endloser Weg (Leipziger Straße), schlechte Behandlung, keine Langarbeiterkarte, *zehn* Stunden Arbeitszeit. Ich weiß das von Lewinsky, der dort arbeitet, auch ist es communis opinio.

Nun will ich endlich an Hitlers »Mein Kampf« gehen, der seit Wochen hier liegt. Die ersten Seiten las ich vor längerer Zeit auf Glasers Balkon.

1. Oktober, Freitag

Heute früh die längst erwartete und doch überraschende böse Nachricht der angeordneten »Umsiedlung«. Wir sollen mit Eisenmanns zusammen in die ehemalige Hirschelwohnung, Zeughausstraße 3, gesteckt werden. Für sieben Personen eine unzulängliche Heringstonne von dreieinhalb Zimmern, auch sonst mit schweren Nachteilen behaftet. Eva will morgen mit Neumark, dem »Vertrauensmann« des Dresdener Judenrestes, konferieren. Dann mehr über diese Bedrücklichkeit.

9. Oktober, Sonnabend vormittag

Seit dem 9. 10. 34 sagte ich an jedem Geburtstag: »Nächstes Jahr sind wir frei!« Es stimmte nie. Diesmal sieht es so aus, als müßte das Ende nahe sein. Aber sie haben sich so oft, vom Röhmfall an, gegen alle Naturmöglichkeit gehalten; warum sollten sie nicht noch weitere zwei Jahre Krieg führen und morden? Ich habe keine Zuversicht mehr. Inzwischen werden wir nun ins dritte Judenhaus ziehen und diesmal den Kopf in die engste Schlinge stecken. In der Zeughausstraße wird der zusammengepfropfte Judenrest in ein paar Minuten erledigt, wenn es der Gestapo paßt.

Seit dem letzten Abtransport der Juden ist die Kleiderkammer staatsverfallen und beschlagnahmt. Jetzt teilte Neumark, der Vertrauensmann, mit: »Der Herr Oberfinanzpräsident Dresden, der die Bestände der hiesigen Kleiderkammer übernommen hat, hat sich bereit erklärt, einmalig vor ihrer Verwertung den keine Kleiderkarte besitzenden Juden zu dringend erforderlichen Anschaffungen Gelegenheit zu geben …« Mein Antrag, den Bedingungen des Rundschreibens angepaßt, lautet wörtlich: »Dem Rundschreiben vom 6. 10. 43 entsprechend bitte ich ergebenst um folgende Stücke aus der Kleiderkammer: 1) eine Arbeitshose (in meinem Besitz eine völlig zerschlissene, nicht mehr reparable). 2) ein Pullover (Besitz: ein gänzlich aufgebrauchtes durchlöchertes Stück). 3) vier Paar leichte Socken (Besitz: drei Paar wiederholt gestopfte, nicht mehr zu reparierende). 4) ein Hosenträger (Besitz: ein unvollständiger, mit Bindfaden ergänzter). Ich versichere die Wahrheit meiner Angaben, und daß ich keine Kleiderkarte besitze.«

14 Oktober, Donnerstag vormittag und später

Seit Sonntag kämpfte Eva mit Erkrankung, lag viel. Ich informierte die sehr verständige Portierfrau – wie gut, daß Hildegard Rasch Evas Schülerin! –, sie war gleich im Bild. Ich darf für Eva keinen jüdischen Arzt haben, ein arischer wird mich Besternten kaum vorlassen, vielleicht die Behandlung Evas ablehnen, überlastet sind alle Ärzte, Fetscher wohnt zu weit entfernt, nach Möglichkeit möchte ich keinen Nazi ... Frau Rasch ging telefonieren. Resultat: Dr. Poetzsch werde kommen, er habe schon »Herrn Alexander« (Jacoby, einen verstorbenen Sohn der Hausbesitzerin) behandelt. Er kam gegen zwölf, ein biederer, gemütlicher alter Sachse und typischer Onkel Doktor alten Stils.

Wir werden also am 30. 10. nach der Zeughausstraße 1 übersiedeln. Eva hat die Zimmer gesehen, die Verhandlungen geführt. Ich friere hier bei unbetätigter Dampfheizung über alle Maßen; auf dem eisigen Frühweg sah ich heute Reif unter starkem silbernem Vollmond und silbernem Nebel. (Auf dem Rückweg in der Emser Allee, wo ich immer einige Kastanien für die Eisenmann-Kinder auflese, fand ich 26 Kastanien.) Unsere Zimmer in der Zeughausstraße sollen sonnig nach Süden liegen und Ofenheizung haben; hier sitzen wir in Nordlöchern bei stillgelegter Zentralheizung. Aber ich fürchte den Klatsch der zusammengepferchten Judenschaft; ich habe den Vorgeschmack davon bei Schlüter. Jeder mißtraut dem andern, verketzert ihn hinter seinem Rücken.

16. Oktober, Sonnabend, abends zehn Uhr

Vor etwa fünf Stunden habe ich Eva verlassen; der Krankenwagen fuhr in das Stadtkrankenhaus Fürstenstraße ein, das ich nicht betreten durfte. Sie war relativ frisch und derb heiter, aber ich kann den furchtbaren Gedanken nicht loswerden, sie vielleicht zum letztenmal gesehen zu haben. Es sitzt als Druck in mir, darüber Hunger, Langeweile, egoistisches Ausmalen meiner Deportation, wenn die arische Ehefrau stirbt, Gewißheit, zum Selbstmord zu feige zu sein, Überlegungen, was ich *dann* anfange – ich habe sie gefragt, wo sie meine Manuskripte aufbewahrt (in der »Schule der Fingerfertigkeit«) – Gefühl absoluter Leere, und immer unter alledem, beim Essen, Lesen, bei jeder Beschäftigung der rein körperliche Druck. Ich bin nichts ohne Eva, und ich werde doch aus purer unsinniger Todesangst ein sinnloses Leben weiterschleppen, wenn ich sie verliere.

Gestern abend sagte Frau Eisenmann, so gehe es nicht weiter, ich müßte mich noch einmal mit Dr. Poetzsch in Verbindung setzen. Heute früh wieder 39,7 Grad, ich ließ ihn durch Frau Rasch anrufen, gleich darauf stieg das Fieber auf 40,2. Mittags kam er. »Ich rate dringend zum Krankenhaus, ich schicke Ihnen einen Krankenwagen.«

31. Oktober, Sonntag abend

Am Sonnabend, 24. 10., hat sich Eva »gegen Revers auf eigene Verantwortung ungeheilt« entlassen und im Krankenwagen zurückschaffen lassen. Sie kam hier gegen sechs an, ich war im Betrieb (Dienstzeit 18 bis 24 Uhr), unsere Wohnung abgeschlossen. Eva wurde zu Eisenmanns gebettet, und Herr Rasch holte mich von Schlüter, als wir noch vor Beginn der Arbeit im Eßraum saßen. Eva, auf einem Stuhl heraufgetragen, war sehr schwach, sehr weich, sehr selig, dem Krankenhaus entkommen zu sein.

Die ganze Woche über Schlüters Kampf, an Agonie grenzend, gestern, Sonnabend, die fulminante Abschiedsrede an die Arier – »die jüdischen Mitkameraden – das darf ich wohl sagen, wir sind alle Menschen! – bleiben noch ein bis zwei Monate.« Freude und Beruhigung. Heute mittag erscheint hier Strelzyn: Befehl des Arbeitsamtes über die Gemeinde: Schlüter ganz stillgelegt, die jüdische Gruppe verstreut, ich morgen früh zu Bauer, Neue Gasse. Ich war also bei Schlüter vom 19. 4. bis 30. 10. 43. Sehr deprimiert.

14. November, Sonntag mittag und später

Evas langwierige Rekonvaleszenz. Sie kann für halbe Stunden aufstehen, aber noch nicht in die Kellerküche. Ich bin völlig in Anspruch genommen; unmöglich, eine Seite zu schreiben. Chaos auf dem Schreibtisch, in der Schublade alles »obenauf gelegt«. Für das Tagebuch wenige Zettelnotizen, kaum entzifferbar. Übrigens große Einförmigkeit des Lebens, Wiederholung der Begebnisse, Stimmungen, Gedanken. Endlosigkeit des Krieges, russische Siege aber nicht durchgreifende; »Schneckentempo« – neuestes Schlagwort, ich glaube, von Hitler gebraucht.

Seit Montag, 1.11., in Lohn als »Hilfsarbeiter« bei der Firma Adolf Bauer, Neue Gasse, Kartonagen (Apothekerschachteln und -beutel, besonders imprägnierte Pappdosen für Fette und Salben), von ihr ausgeliehen (s. u.) an Thiemig & Möbius, Jagdweg 10, Papierverarbeitung.

Mein Tageslauf in diesem halben Monat:

Halb vier Wecker. Abwasch, Frühstück, meines meist geschlungen, kurz vor sechs Evas erste Mahlzeit nach oben. 6.15 Uhr, bei Dunkelheit, steige ich in die 18. Fahrtgenehmigung, ein Danaergeschenk. Morgens ist es nur kalt auf dem Vorderperron, aber die Dunkelheit schützt mich. Aber mittags, im Gedränge des übermäßigen Verkehrs, schutzloser als ein Hund. Einmal zupfte mich ein *SS*-Offizier im Aufsteigen am Ärmel: »Ihr looft!« Ich mußte zurückbleiben. Das war schlimm. Scheußlicher neulich am 11., dem dies ater der Gehaltseinstellung, mittags in der Marschallstraße, der Perron ziemlich leer. Ein Unteroffizier steigt auf, fixiert mich. (Ich habe die blonde Visage bestimmt schon gesehen. Mir fällt ein: der Gestapobeamte, der mich beschimpfte und in die Seite stieß, als ich wegen der Möbel auf dem Bismarckplatz war.) Nach einer kleinen Weile: »Steig ab!« – »Ich habe Fahrtausweis.« – »Steig ab!« Ich stieg ab, fuhr, ein neues Billett lösend, mit der nächsten Bahn weiter. Seitdem ist die Mittagsfahrt eine Tortur für mich. Von Haltestelle zu Haltestelle erwarte ich ein neues Unheil. – Um sieben beginnt der Dienst am Jagdweg. Arbeitszeit 7–16.15 Uhr. Für die ersten drei Wochen habe ich auf ärztliches Zeugnis über Evas Zustand nur bis 12 Uhr Dienst. Anfangs und in den allerletzten Tagen Handlangerei (Papiere glätten, Kuverts abzählen und einschachteln), dazwischen die längste Zeit an einer Kuvertmaschine. Frühstückspause, genau 15 Minuten, 9–9.15 Uhr, Mittagspause 11.45–12.45 Uhr.

Der Vormittag geht ziemlich rasch hin; die Öde des langen Nachmittags steht mir bevor. Ständiger Albdruck: Wenn das noch ein Jahr dauert! Ich bin jetzt schon so abgestumpft, daß ich die Zeit fast schmerzlos verdämmere.

11. Dezember, Sonnabend vormittag

Am Montag, 1. November, trat ich bei Bauer an. Ein altes, unscheinbares Haus in der Neuen Gasse, aber mit Seiten- und Hinterbauten. Ein elegantes Chef- oder Versammlungszimmer. Herr Bauer erschien, ein Mann von etwa fünfunddreißig Jahren, begleitet von unserem Obmann, dem Nationalökonomen Dr. Werner Lang. Ich hörte nachher, daß die beiden von früher befreundet sind, demselben Sportclub angehörten. Bauer sagte: »Es hat Mühe gekostet, Sie hierher zu bekommen, denn wir haben genug Männer, sollen Frauen einstellen. Wir haben den Ausweg gefunden, Sie an die Firma Möbius auszuleihen – Ihre Lohnzahlung geht durch uns, bei uns sind Sie offiziell angestellt, es sollen keine weiteren Firmen als die bisher zugelassenen Nichtarier beschäftigen. Mein Freund Möbius gehört auch zur *44*, Sie brauchen deshalb aber nichts zu befürchten, er denkt in diesen Dingen *noch radikaler* als ich. Nur bitte ich Sie dringend, nicht zu sagen, daß Sie es gut bei uns haben. Im Gegenteil, Sie müssen über schlechte Behandlung klagen; sonst bekommen wir Scherereien, und Sie haben erst recht den Nachteil davon. Schlüter ist im wesentlichen daran gescheitert, daß man ihm Judenfreundlichkeit nachsagte ...« Wir gingen zum Jagdweg, nach einer Weile kam auch Bauer dorthin; wir wurden in unsern Gefolgschaftssaal geführt, nach einer Weile erschienen Möbius und Dr. Lang. Auch Möbius ein Mann in den Dreißigern. Er sprach noch freundlicher als Bauer, er reichte jedem von uns die Hand, fragte jeden nach seinem Beruf; bei mir sagte er mit einer kleinen Verbeugung, er wisse schon ... – Wir bekommen nun in aller Heimlichkeit das Essen umsonst, in aller Heimlichkeit Kartoffeln, die Möbius selber vom Land hereingeholt hat. Wir bekommen 68 Pf Stundenlohn, obwohl die etlichen 50 des Frauentarifs gezahlt werden können und sollen.

12. Dezember, Sonntag nachmittag

Chaos des Umzugs. Eva arbeitet viel und allzuviel. *Ich* habe bisher meine Bücher gepackt und die Küche gescheuert. Sehr müde und sehr deprimiert. Wir hätten hier herausgemußt auch ohne den Zwang des Judenpapstes Köhler: Die Kohlen für das leere Haus sind zu Ende, und wir frieren übermäßig. Aber nach der Zeughausstraße ziehe ich in verzweifelter Stimmung. Das Haus, in dem wir einmal zu einem Schweineschlachtfest-Essen bei Fleischhauers waren, ist jetzt ein Teil des Gemeindehauses (Zeughausstraße 3 und 1). Nun sind wir ganz in der Hand der Gestapo, ganz eingejudet. Und nun sind wir auch, wenn der erwartete Luftangriff kommt, genau in Zentrum und City. So beginnt also morgen die dritte Phase unseres Passionsweges durch das 3. Reich. Zeughausstraße 1 und 3 sind sozusagen potenzierte Judenhäuser, Quintessenzen eines Judenhauses.

Drittes Judenhaus: Zeughausstraße 1[III]

14. Dezember, Dienstag mittag

Das Schlimmste hier die *Promiskuität.* An eine Diele stoßen die Türen dreier Ménages: Cohns, Stühlers, wir. Badezimmer und Klo gemeinsam. Küche gemeinsam mit Stühlers, nur halb getrennt – *eine* Wasserstelle für alle drei – ein kleiner anstoßender Küchenraum für Cohns. Zwischen Cohns und Stühlers starke Spannung, Cohns warnten mich vor Frau Stühler, ich sollte nur gleich und schroff meine Rechte beanspruchen und abgrenzen. Es scheint aber nicht so schlimm zu sein, Stühlers bemühen sich freundlich um uns, ich mußte eine Weile in ihr Zimmer.

Trotzdem: die Promiskuität. Es ist schon halb ein Barackenleben, man stolpert übereinander, durcheinander. Und die ganze Judenheit auf einem Haufen; natürlich kommunizieren Zeughausstraße 1 und 3.

Viele der Leute, mit denen wir gern im Frieden lebten, sind untereinander verfeindet, verketzern sich. Cohn schimpft auf Stühlers – »es sind eben Bayern!«, Konrad und Berger toben gegeneinander.

18. Dezember, Sonnabend vormittag

Von Katz zurück. Eine Art Todesurteil mit kleinem Aufschub. »Echte Angina pectoris.« Er will mich Montag noch durchleuchten. Blutdruck unter normal (140): Herzmuskelschwäche. »Viel Wärme, wenig laufen, nicht schwer heben.« Lauter Dinge, die ich mir nicht verschaffen kann. Ich bin völlig erschöpft, schlafe ständig im Sitzen ein, friere ständig. Da Eva im gleichen Elendzustand, sind Reibungen unvermeidlich. Das Chaos und die Promiskuität verschärfen alles. – Ich kann nun auch noch den Montag der Fabrik fernbleiben, aber ich tue es mit schlechtem Gewissen – wir brauchen ja den Tageslohn!

20. Dezember, Montag abend

Stühlers, die bayrischen Zimmernachbarn, haben einen netten Jungen von noch nicht vierzehn Jahren. Der Vater hat den 1930 Geborenen bei der Jüdischen Gemeinde eintragen lassen; so muß er jetzt trotz der katholisch-arischen Mutter den Stern tragen. Er hat in der Schule der Jüdischen Gemeinde Volksschulbildung erhalten, auch die nicht ganz, nur in den Elementen, denn die Schule wurde geschlossen. Er hat dann Privatunterricht gehabt: Anfänge des Französischen, Englischen und Spanischen; sein Lehrer kam ins KZ und starb dort. Er arbeitet jetzt, um beschäftigt zu sein, täglich von acht bis zwölf bei Bauer, als »Arbeiter«, denn Lehrling *darf* er nicht sein. Ich will dem frischen und vergnügten Jungen ein bißchen französischen Unterricht geben.

Ich will immer weiter notieren, obwohl es nun sehr unwahrscheinlich geworden, daß ich meine Notizen noch einmal werde ausnutzen können.

25. Dezember, Sonnabend vormittag, Weihnachten

Gestern, am 24. 12., um halb vier früh, zwei Minuten vor meinem Wecker: Fliegeralarm. In den Keller. *Unser* Luftgepäck bestand wieder nur aus Evas Notenmanuskripten. Ich fügte dies einzige Notizblatt hinzu, das wir im Hause hatten. Im übrigen muß man wohl schicksalsgläubig sein. Der Alarm dauerte fast zwei Stunden, wieder ohne daß irgend etwas erfolgte. Aber die Angst hier wächst ständig.

Am späten Nachmittag kam Frau Winde als rührender Weihnachtsmann. Eßwaren, zwei Zigarillos, die ich schwersten Herzens Berger schenkte – ich fürchte mich vor dem Rauchen, entbehre es und halte die Entbehrung für sinnlos –, ein Paar mir wunderbar passende Skistiefel ihrer Söhne – das Schuhzeug, das ich neulich von der Gemeinde erhielt, ist ebenso dünn und oben durchgescheuert wie das in meinem Besitz befindliche. –

31. Dezember, Freitag neunzehn Uhr
Résumé 43: Seit April Fabrikarbeit, immer völligeres Stocken der eigenen Arbeit; seit 1. November – Wechsel von Schlüter zu Möbius – Aufhören aller Studien und Lektüre. Im Oktober Evas Erkrankung, am 13. Dezember Umzug in die Zeughausstraße. Vor wenigen Tagen Todesurteil: Katz bestätigt mir »echte Angina«.

Wir sind beide völlig abgekämpft. Die Fabrik schloß um drei. Danach scheuerte ich hier noch die Treppe. Und Eva kam zerschlagen von Einkauf- und Fechtwegen zurück. Ich mache uns bloß noch ein paar Pellkartoffeln. Wir haben eben erst Kaffee getrunken und wollen baldmöglich zu Bett. Silvester 43!

1944

5. Januar, Mittwoch früh nach sechs Uhr

Ich versuche morgens, ein paar Zeilen zu fixieren; nachmittags bin ich müde zum Einschlafen und von Wirtschaft in Anspruch genommen. – Die Zeit in der Fabrik geht gar nicht so quälerisch langsam; aber mich kränkt der Stumpfsinn, die unwiederbringlich vergeudete letzte Spanne, das Stumpfgewordensein. Ob ich Pappe hacke oder Briefbogen zähle – semper idem. Es gibt im jüdischen Betrieb zwei Aristokratien: die der Privilegierten und die der Maschinenführer. *Ich* bin weder das eine noch das andere, ich stehe in besonders schlechter Schätzung bei den Meistern, ich bin wirklich der »letzte Mann«.

12. Januar, Mittwoch früh vor sechs Uhr

Fahrterlaubnis erhalten ohne weitere Untersuchung durch Vertrauensarzt. Wie tödlich dürfte Katz' Zeugnis sein! Ich will nur bei allerschlechtestem Wetter fahren.

17. Januar, Montag früh vor sechs Uhr

Die Luftschutzübung war kurz. Wir kletterten durch die uns angewiesenen Fenster ins Freie. Dies »Freie« ist der Hofraum vor den Russenbaracken, die im Ernstfall wie eine Fackel brennen werden. Es war auch eine, *eine* Gasmaske da, von der niemand wußte, wie sie aufzusetzen sei. Vor dem Aussteigen hatten die jüngeren Leute wenige Minuten lang eine Eimerkette bilden geübt. Mir kommt das alles wie unzulänglichste Spielerei vor, und ich stehe dem Ernst völlig fatalistisch gegenüber. Aber die allgemeine Sorge steckt uns doch allmählich an, man hört zuviel

Grausiges aus Berlin und Leipzig. Jetzt hat sich Eva noch einen besonderen Rucksack aus Vorhangstoff gemacht, so daß wir gestern mit zwei Rucksäcken antraten.

22. Januar, Sonnabend vor sechs Uhr früh

Von halb vier bis zehn, halb elf völlig leere Ausfüllung, Fabrik und Wirtschaft – keine Lektüre, kein Tagebuch, dabei ständige schwere Müdigkeit. In der Fabrik das Qualvollste: abzählen; ich beginne das gleiche Päckchen ein dutzendmal.

Das Neueste: der kleine Alarm. Drei kurze Entwarntöne; Bedeutung: Halte dich bereit, *ohne* in den Keller zu gehen. Er kam am Donnerstag um acht Uhr abends – Katz wollte uns gerade einen Besuch machen und suchte nun schnell nach Haus zu kommen. Entwarnung nach einer halben Stunde.

23. Januar, Sonntag vormittag gegen elf Uhr

Der gestrige »freie« Nachmittag durch Bekohlung zerstört. Ich lieh mir zum Kohlenkauf einen Handwagen im »Wagenverleih« und Holzverkauf am Hasenberg neben den Russenbarakken. Von da zu Hesse in der Salzgasse, von Hesse wieder zu uns ist nicht weit, aber der Wagen ist schwer, es gibt ein paar kleine Steigungen, und mein Herz rebelliert. Es gelang mir mit meinen drei Zentnern nicht, die Steigung zur Toreinfahrt zu nehmen. Da stürzte lachend und schreiend ein junger Kerl von den kriegsgefangenen Russen hinzu, öffnete mit einem Ruck den zweiten Torflügel, stemmte mit Leichtigkeit und immer lachend den Wagen in den Hof und machte sich davon. (Verkehr verboten! – Allgemeine Gutmütigkeit oder Wissen um den Judenstern? – Die Russen da unten sind immer vergnügt.) Der Händler hatte meine Briketts und den Zentner markenfreien (Flöz) aus den Säcken in den Wagen geschüttet. Ich trug das Zeug nun in Eimern in den tiefen Keller. Ein sehr vollbusiges und sehr junges Mädchen erschien, besternt, ließ sich nicht abweisen und half tragen. Ich fragte nach ihrem Namen. Ilse Frischmann. (Mischling. Ursprünglich aus dem Protektorat. Seit der Ermordung Heydrichs besternt.)

Von Sußmann endlich ein Brief. Der erste seit Oktober. Einer verlorengegangen. Seine Tochter Käte hat einen amerikanischen Buchhalter geheiratet. Georg lebt noch. All seine Söhne haben Kinder, die in USA alle von amerikanischen Frauen. Mir ging unser Familienschicksal und das Schicksal unseres Blutes durch den Kopf. Vater stammt aus dem Prager Ghetto. Seine Söhne waren bedeutende Leute in Deutschland. Seine Enkel sitzen in England, Amerika, Schweden. Seine Urenkel haben schwedisches und amerikanisches Blut und werden nichts von ihm wissen. –

Ich werde die Korrespondenz mit Sußmann nicht weiterführen können. Seit dem 15. 1. sind neue Postbestimmungen heraus. Zur Auslandskorrespondenz ist eine polizeiliche Kontrollkarte nötig, die an Juden nicht ausgegeben wird. Eva vorzuschieben ist mir zu gefährlich. Ich will mich an Änny Klemperer wenden. Aber ich weiß ihre Adresse nicht mehr, so lange sind wir auseinander. Und ob sie noch lebt? Ob ihr Haus, ihre Straße – in der Nähe des Anhalter Bahnhofs! – noch steht? Eva wird ein Berliner Adreßbuch aufstöbern.

Heroische Köpenickiade. Unter den vielen Todesanzeigen der Gefallenen (Hakenkreuz im EK zur Seite), »Dresdener Zeitung«, 19. 1. 44: »Vom Schicksal bestimmt, wurde mir mein einziger lieber Sohn, cand. chem. Obgfr. Horst-Siegfried Weigmann, Kriegsfreiw., Inh. d. EK II, Teilnehmer am Polen- und Frankreichfeldzug, im schönsten Alter von 24 Jahren mitten im Studium plötzlich und unerwartet aus dem Leben gerissen. In tiefer Trauer Bruno Weigmann, Kammervirtuos, München.« – Paul Lang, der Arzt, und Dr. Katz haben den Toten persönlich gekannt, sein Schicksal, das ich erst für Legende hielt, wird verbürgt von mehreren Seiten übereinstimmend berichtet. Seine Mutter, vom Vater geschieden, war Jüdin und wurde neulich bei der letzten *Aktion* (LTI-Wort!) mit verhaftet. Der Sohn (wie Erich Meyerhofs Söhne im Anfang Soldat) ging ins Polizeipräsidium, er sei Kommissar der Gestapo, wolle die Häftlingin sprechen und irgendwohin bringen. Er kam tatsächlich mit ihr bis an den Ausgang des Präsidiums; einmal draußen, hätte er sie in Sicherheit gebracht. (Es sollen sich, besonders in Berlin, viele Juden versteckt halten; auch Eva Büttner dürfte noch leben.) Dort lief er einem Gestapobeamten in die Arme, der ihn kannte. Die Mutter ist jetzt in Theresienstadt, der Sohn hat sich in der Zelle erhängt. »Sich erhängt« – wieweit war es Selbstmord? – Und dazu die Todesanzeige mit dem Feldzugskreuz! Aber *der* ist wirklich auf dem Felde der Ehre gefallen und hat mehr Tapferkeit bewiesen als irgendein Soldat in der Schlacht. Er wird fraglos unsterblich sein und auch in die Literaturgeschichte eingehen als Held von Dramen und Romanen. Katz sagte: »Ich kannte ihn und seine Verhältnisse, ich könnte in vierzehn Tagen ein Drehbuch seines Falles schreiben.«

29. Januar, Sonnabend, neunzehn Uhr

Aus Überdruß und Erschöpfung meldete ich mich gestern nachmittag krank (zwei Tage darf man ohne Arztzeugnis »krank machen«). Der Meister Hartwig peinigt mich. Er ist nicht ungutmütig, er kam am Nachmittag des Schimpftages zu mir, redete mir gut zu, entschuldigte sich halbwegs, richtete an meiner Maschine herum. Aber der Friede kann nicht anhalten, eine endgiltige Explosion steht sicher bevor. Denn der Mann verlangt von mir, was ich nicht leisten kann; ich kann nicht wie eine geübte Arbeiterin abzählen und einkasteln, während die Maschine läuft, ich kann die Maschine nicht ununterbrochen »loofen lassen«, ich kann nicht ohne Packerhilfe 10 000 »Aktentaschen« täglich fertigmachen. Hartwig rechnet mir immer wieder [vor], daß ich meinen Stundenlohn nicht verdiene, er begreift einfach nicht, daß ich kein gelernter Fabrikarbeiter bin. »Es ist doch so einfach!« … Und ebenso gehn mir die Arbeitskollegen auf die Nerven. Ich nehme jetzt keinen Essentopf mehr mit nach Haus, ich will mir nicht mehr in mein Privatleben einsehen und dreinreden lassen. Lang gab mir darauf die nicht ganz unzutreffende Antwort: »Die Juden haben kein Privatleben mehr.«

7. Februar, Montag nachmittag

Voces populi: Auf dem Weg zu Katz, ein älterer Mann im Vorbeigehen: »Judas!« Auf dem Korridor der Krankenkasse. Ich pendle als einziger Sternträger vor einer besetzten Bank auf und ab. Ich höre einen Arbeiter sprechen: »Eine Spritze sollte man ihnen geben. Dann wären sie weg!« Meint er mich? Die Besternten? Ein paar Minuten später wird der Mann aufgerufen. Ich setze mich auf seinen Platz. Eine ältere Frau neben mir, flüsternd: »Der war gemeene! Vielleicht geht es ihm mal so, wie er's Ihnen wünscht. Man kann nicht wissen. Gott wird richten!«

Notierte ich zur LTI schon: a) den Wortwitz: zu den Himmlerschen Heerscharen einberufen (von Hingerichteten), b) den schnoddrigen Berliner Wunsch (mir von mehreren Seiten berichtet): »Bleiben Sie übrig!«?

21. Februar

Abend

LTI. Ich schrieb erst vor zwei oder drei Tagen, es gebe keinen enzyklopädischen Stil mehr. Lewinsky zeigte mir gestern eine Karte aus Theresienstadt. Ein ihm befreundetes Fleischereehepaar, dem er »Päckchen« schickte – man jammert dort um Essen, dankt tausendmal für jedes Brotpaket –, von diesem Ehepaar also schreibt der Mann ein paar nichtssagende neutrale Zeilen und unterzeichnet »Witwer Wisch«. – Man darf keine Personalnachrichten, keinen Todesfall neu melden, und diese Unterschrift meldet ihn doch.

12. März, Sonntag vormittag

Eben war Frau Winde hier: eine kleine Tüte Kartoffeln – an denen allgemeine große Not herrscht –, ein Päckchen Trockengemüse, eine Dose Tomaten. Sie fragte besorgt, wie schon oft, ob ich nicht wüßte, wo mich verstecken, wenn es soweit wäre. Auch ihr Mann – »er hat so viele Feinde, weil wir wieder hochgekommen sind!« – wolle in den kritischen Tagen unsichtbar sein. Ich: Ich wüßte niemanden, sei auch zum Fliehen ungeeignet, überließe mich meinem Schicksal. Eva: Ich sollte nach Kipsdorf, mich ein, zwei Nächte im Walde aufhalten, mit arischen Marken in Restaurants essen. Frau Winde: »Das kann er nicht. Er darf nicht unter Menschen, er fiele sofort auf. Es tut immer so weh. Ich habe zu meinem Mann gesagt: ›Durch die vielen Jahre der Verfolgung sieht der Herr Professor aus wie ein verprügelter Hund‹«. Sie wiederholte das zweimal, und es war mir gräßlich. Ich habe nie viel Haltung gehabt, jetzt aber gehe ich gebückt, meine Hände zittern, und der Atem versagt bei der geringsten Erregung. Ich merkte es erst gestern wieder. –

8. April, Sonnabend gegen Abend
Gespräch mit Stühler senior: »Ich will Zeugnis ablegen.« – »Was Sie schreiben, ist alles bekannt, und die großen Sachen, Kiew, Minsk etc., kennen Sie nicht.« – »Es kommt nicht auf die großen Sachen an, sondern auf den Alltag der Tyrannei, der vergessen wird. Tausend Mückenstiche sind schlimmer als ein Schlag auf den Kopf. *Ich* beobachte, notiere die Mückenstiche ...« Stühler, eine Weile später: »Ich habe mal gelesen, die Angst vor einer Sache ist immer schlimmer als das Ereignis selber. Wie sehr graute mir vor der Haussuchung. Und als die Gestapo kam, war ich ganz kalt und trotzig. Und wie uns das Essen hinterher geschmeckt hat! All die guten Sachen, die wir versteckt und die sie nicht gefunden hatten.« – »Sehen Sie, *das* notiere ich!«

29. April, Sonnabend morgen
Am Mittwoch rief mir ein weißbärtiger Mann in der Frauengasse laut zu: »Judenhund!«
Abends
In der Zeitung erschien, geradezu gespenstisch aus dem Hades tauchend, eine Zusammenkunft des Führers mit dem Duce, von dem es so lange totenstill war. Die alten Schlagworte von Achse und Endsieg, wie anno dazumal. Der Duce besichtigte neu aufgestellte italienische »Divisionen«, die für die »fascistische Republik«, die Achse und Deutschland kämpfen werden. An-

derntag erläuternd breittretende Artikel: Der Plan der Feinde sei gescheitert, der größte Teil Italiens sei fascistisch und Deutschlands Verbündeter. Es hätten nur nicht gleichzeitig Bilder des Duce erscheinen sollen. Der Mann, früher fest, feist, selbstgewiß caesarisch, ist jetzt hohlwangig und gebrochen, ein demütiger, schlecht genährter, kranker Diener und Sklave der Deutschen. Das Ganze ist eine, wie gesagt, gespenstische Reklamefarce und selbst für die Nationalsozialisten ein starkes, allzu starkes Stück.

30. April, Sonntag vormittag

Morgens Singen, Trommeln, Marschieren, Geschrei: Anmarsch und Aufstellung und Appell von Pimpfen, HJ- und BDM-Kolonnen auf der Carolabrücke. Irgendeine Feierlichkeit im Stallhof. Ich habe einen Abscheu vor dieser Entindividualisierung und Massenzurichtung. Aber offenbar ist sie *Gesamtzeichen* der Epoche. Im fascistischen Rom, in Sowjetrußland, beim già Reichsbanner, auch in den Demokratien, in USA, teilweise in Großbritannien – überall das gleiche. Es gab auch vor dem ersten Weltkrieg schon solches Kollektivieren: die Volksschule, die allgemeine Wehrpflicht, die Sportvereine, die studentischen Verbindungen – aber es gab doch auch private, individuelle, familiäre Gegengewichte; und außerdem hielten sich die verschiedenen und gegensätzlichen Gruppen montesquieuartige Balance. Jetzt dagegen …

3. Mai, Mittwoch abend

LTI. Mir fällt in Artikel-Überschriften als nazistisch die Häufigkeit des Wortes *total* (cf. 4. 5.) auf. »Totale Erziehung« – »Totale Abschnürung des Feindes«. – Die Wirkung der Propaganda: Frau Belka fragte mich schon wiederholt: »Haben Sie eine *deutsche* Frau?« – »Hat Jacobi eine *deutsche* Frau?« Usw. Mich erschüttert das mehr als das Fremdwort »arisch«. Es zeigt, wie sehr die »totale Abschnürung« der Juden im Volksbewußtsein geglückt ist. –

4. Mai, Donnerstag abend

LTI. Heute früh im Vorbeigehen (Kampf mit dem Wind, Herznot) in einem Schaufenster der Amalienstraße ein Brettspiel angezeigt als »Das *totale* Spiel« (cf. 3. 5.)

6. Mai, Sonnabend früh

Gestern ein aufschubloseres und grausameres Todesurteil als bei der Angina-Diagnose. Ein Augenmuskel, der obliquus inferior des linken Auges, ist gelähmt. Das Auge wird durch ein mattiertes Glas ausgeschaltet, zu reparieren ist es nicht. »Bei der Lesebrille können Sie Seidenpapier über das linke Glas kleben « Wieviel Arbeit werde ich mit *einem* Auge leisten können? Und wieviel Zeit bleibt mir? Ursache wahrscheinlich Zucker – daher der qualvolle Durst der letzten Zeit. Hergang: ein minimaler, aber doch ein erster Schlaganfall. Ich habe gehofft, an der Angina auf anständige Weise zu sterben. Was macht der zweite Schlaganfall aus mir? Einen Haufen Blödsinn im beschissenen Bett wie aus Grete, wie aus Vater? Soll sich Eva vor mir ekeln und mit mir plagen? Aber ich habe kein Veronal, ich habe keinen Mut, und ich muß ja das 3. Reich zu überleben suchen, damit Evas Witwenpension sichergestellt wird. –

12. Mai, Freitag nachmittag

Katz hat meine Nervenreflexe untersucht, auch eine Wassermannprobe gemacht (eigentümlich, wenn sich das Röhrchen mit dem eigenen Blut füllt). Ich soll nun von Montag an eine Woche etwa wieder in der Fabrik arbeiten, mit romantischer Binde um das kranke Auge, da die mir verschriebene Brille nicht so bald beschaffbar, danach mich wieder krank melden. Dann wird das Interesse der Krankenkasse ins Spiel gebracht, mein guter Wille, meine Augenlähmung betont und die Dienstentpflichtung beantragt werden. Inzwischen geht ein demütiges Bittgesuch an Herrn Mutschmann, mir einen Teil meines Ruhegehalts zu bewilligen, da sowohl ich als meine *arische* Ehefrau erwerbsunfähig seien. »Wir müssen auf Mutschmanns primitive Mentalität Rücksicht nehmen,« sagte Neumark. Nichts fordern, nur demütig um *einen Teil* bitten! Wir schrieben nur »Prof. der Technischen Hochschule«. Keineswegs »Kulturwissenschaftliche Abteilung«. Das würde ihn reizen – ein Jude und die deutsche Kultur! – So sehen unsere Erwägungen aus. Neumark schlug vor: »... *wenigstens* einen Teil des Ruhegehaltes zu zahlen.« – Ich: »wenigstens« werde reizen. Also strichen wir »wenigstens«. Auch das gehört wohl zur LTI. –

Unten die Baracken. Gerade vor, genauer: hinter unserem Haus geht es friedlich vergnügt zu. Eine Gruppe russischer Schuster, die Heimarbeit und offenbar ziemliche Freiheit haben, obwohl sie Kriegsgefangene sind. Sie tragen anständige grüne Uniformen, sie spielen auf dem Hof Ball, sie sind immer vergnügt; sie hocken in Gruppen, einer zupft die Balalaika, singt, einer schneidet einem Kameraden die Haare. Vergnügte Gutmütigkeit untereinander, Freundschaft mit den Wachtposten. Einmal ist mir einer dieser Jungen entgegengelaufen und hat mir den Kohlenhandwagen lachend und spielend in den Hof geschoben. – Dagegen die Baracken im Hof der Zeughausstraße 1: düster geschlossen, nur ganz hoch oben abgeblendete Fensterschlitze, ständig ein Posten mit Gewehr im leeren Hof – die Leute sieht man nur im geschlossenen Zug von der Arbeit kommen oder Essen holen oder Wagen schieben. Es sind Zivilgefangene, da ist eine slawische Dépendance des PPD.

19. Mai, Freitag nachmittag

Seit gestern wieder »krank geschrieben«, (Gehört wohl auch zur LTI. Alle Welt hat mit der Krankenkasse und dem *Vertrauensarzt* zu tun.)

Mit Katz war verabredet, ich solle »zehn bis zwölf Tage« arbeiten, dann mich wieder krank melden, er werde darauf meine »Entpflichtung« einleiten.

Abends gegen acht Uhr

Den 16. Mai verlebten wir recht wehmütig, beinahe ohne Hoffnung. Eva schenkte mir zwei Nachthemden, die sie aus altem Vorhangstoff gearbeitet hat. Ich hatte für sie *ein* Zigarillo, das mir neulich Glasers zugedacht hatten. Sie mußte es sich aber von dort holen, denn Glaser hatte nicht gewagt, es mir mitzugeben. Es konnte doch bei mir gefunden, seine Herkunft eruiert werden. – Mir selber war der Tag doppelt verdüstert: durch das Auge und durch die tags zuvor eingetroffene Nachricht von Sußmanns Tod.

Martin Sußmann † 8. 4. 44 in Stockholm am Magen- und Leberkrebs. Ich hatte die Nachricht erwartet, und sie traf mich doch hart. Ganz egoistisch: Sußmann war meine letzte Verbindung mit der Außenwelt, auch hätte ich gar zu gern nach dem Krieg Erlebnisse mit ihm getauscht. Aber auch wirkliche Zuneigung hatte ich für ihn. Er hat mir immer Freundschaft und Treue erwiesen, und in unserer ärgsten Bedrängnis nahm er sich Evas an, als wir noch ganz illegitim waren.

26. Mai, Freitag früh, sechs Uhr

Maschine 49 genau so, wie ich sie vor acht Tagen verließ. Nur die Kuverts haben anderen Firmenaufdruck. Die Nachbarin hilft beim Papierziehen, ich kam auf 23 000 Stück, ich kam leidlich über den Tag, nur ist der Tag eine absolute Leere, vom Tod kaum unterschieden. Inzwischen ist Jacobi als Transportarbeiter zu Bauer hinüber.

Abends

Heute, nach langer Pause, wurde ich von Meister Hartwig wieder mal furchtbar angebrüllt. Es geht mir sehr auf die Nerven. »Der letzte Mann« – ich denke an den Janningsfilm von dem zum Abortdiener degradierten großen Hotelconcierge. Und ich denke in solchen Momenten der Erniedrigung daran, daß Neubert Ordinarius in Berlin ist. Hinterher, ich kenne das schon, bereut Hartwig und sucht mir väterlich zärtlich zu zeigen, wie einfach das Verlangte ist. »So einfach!« Zwei lockere Handgriffe, und die Kuverts liegen glatt im Karton. »Ich begreife nicht, daß Sie das nicht lernen!« Aber meine Finger geben es nicht her. –

Meine Augen quälen täglich mehr, und ich habe gar keine Hoffnung auf Besserung.

4. Juni, Sonntag mittag

Affäre Frischmann. Frischmann ist Haarschneider, Schuster, Markenhändler, Allerweltsmann im Hause. Seine Tochter, Anfang zwanzig, vollbusig, frisch, jüdisch erzogener Mischling und also Sternträgerin, kam mir einmal beim Kohlentragen zu Hilfe. Vor zwei Tagen sind Mutter und Tochter verhaftet worden: Briefwechsel der Ilse Frischmann mit einem der vergnügten Russengefangenen entdeckt. Der Russe ist gleich in die Baracken nebenan gebracht worden; die beiden Frauen, mindestens die Tochter, rettungslos verloren. Auf dem Barackenhof ist es still, kein Blasen und Klimpern mehr, kein Ballspiel, kein Turnen. – Das Mißtrauen der Juden untereinander: Wir beide erfuhren die Affäre erst lange post festum, alles war geheim im Flüsterklatsch fortgepflanzt worden, nicht nur unser Haus, sondern auch der Friedhof wußte es schon seit sechsunddreißig Stunden.

8. Juni, Donnerstag gegen Abend

Gestern bei Katz. Er untersuchte mich offiziell für den Entpflichtungsantrag und fand, im ungeeigneten Moment, mein Herz etwas besser. Er will nun fordern, daß ich entweder eine Schreibarbeit bekomme (die mit *einem* Auge zu bewältigen ist) oder entpflichtet werde. Allgemeine Bestimmung: Niemand darf vor 65 Jahren entpflichtet werden, auf Leiden wird keine Rücksicht genommen. Sonderbestimmung: Juden dürfen nicht in Büros, nicht mit Schreibarbeiten beschäftigt werden. Welche Ausnahme wird der Gestapo leichter fallen, Verstoß gegen Punkt 1 oder 2? Ich fürchte sehr, daß dieser Antrag böse für mich ausgeht. –

Der »Konsulent« Neumark teilt in Guillemets mit, »daß ›der Herr Reichsstatthalter die Zahlung eines Teiles des Ruhegehaltes an Victor Israel Klemperer abgelehnt hat‹«.

10. Juni, Sonnabend vormittag

Das fröhliche Lagerleben der russischen Schuster unten hat ein Ende, die Musik schweigt. Ist der Fall Frischmann daran schuld oder die Invasion? Jedenfalls werden sie strenger gehalten; Frau Cohn berichtete gestern entsetzt, sie habe vom Treppenfenster aus die brutale Verprügelung eines Russen durch den Wachtposten mit angesehen und -gehört.

Die Invasion scheint vorzuschreiten. Gestriger Bericht: Vordringen in der Normandie. Aber ich kann noch nicht hoffen. Immer wieder war von »Vergeltung«, von »neuer Waffe« die Rede. Goebbels schrieb, er fürchte mehr das Ausbleiben der Invasion als ihr Eintreten; Hitler einen Tag vor der Landung: Man werde ihr an entscheidendster Stelle die vernichtendste Niederlage beibringen. Es wäre selbst für LTI ein allzustarkes Stück, wenn dies alles nur Bluff wäre. Ist eine List im Spiel, will man den Feind vollzählig in eine Falle locken? Gas etwa? Andrerseits: Die Engländer sind vorsichtig und bestunterrichtet und der unüberwindliche Atlantikwall ist offenbar durchstoßen. Wir rätseln, und ich kann nicht hoffen. Das heißt: Der deutschen Niederlage bin ich gewiß, seit dem 1. 9. 39 gewiß – aber wann? Auch die Vernichtung der »Invasoren« würde nicht zum Sieg Deutschlands führen, nur zu Verlängerung des Krieges. –

21. Juni, Mittwoch mittag

Seit Pfingsten der erste Alarm, zugleich wohl der längste. Begann nach halb zehn, wir mußten bald in den Keller, waren erst um halb zwölf wieder hier, und eine halbe Stunde später gab es noch einmal kleinen Alarm. Man muß die nahe Umgebung ernsthaft angegriffen haben – Dresden blieb wieder verschont, ich bin jetzt fast überzeugt, daß ein Versprechen an Benesch vorliegt.

Morgen beginnt wieder der Fabrikdienst. Angst vor dem grauenvollen Zeitmord. Gewiß, die Länge des Tages zu Hause wird mir oft schwer, da ich ja gar keine Ablenkung habe und vor jedem Weg zurückscheue – gestern zwang ich mich förmlich zu einem Spaziergang zum jüdischen Friedhof, wo in dem Gärtnerschuppen mit dem Kleeblatt die ewigen Dasselbigkeiten geplaudert wurden –, ich schlafe auch wiederholt ein, aber bei alledem hat der Tag doch einen geistigen Inhalt, wird er doch gelebt, fehlt ihm das entsetzliche Gefühl des Zeitmordes, das *ich* mir wirklich nicht mehr leisten kann.

24. Juni, Sonnabend gegen Abend

Historisches Datum meines Lebens: Gestern, am 23. 6. 44, bin ich endlich und wirklich »dienstentpflichtet« worden. Den Nachtdienst brauchte ich schon nicht mehr zu leisten. Nun hat die Fabrikarbeit, die ich über vierzehn Monate leisten mußte und die mich ein Stück Gesundheit und soviel vergeudete Zeit gekostet hat, wirklich ein Ende. Noch bin ich zu müde, um mich wirklich zu freuen. –

In diesen letzten zwei Tagen stand an der Aktenkuvert-Maschine, für die ich zählte und packte, Frau Wittich, eine dicke, resolute, zurückhaltende, aber gutmütig anständige Person, seit vielen Jahren im Betrieb, in dem auch ihr Vater arbeitet. Als sie hörte, daß ich ginge, wurde sie ein bißchen zutunlicher. »Der Krieg *möchte* (sächsische Form!) nun endlich mal zu Ende sein.« Das einzige Kind, ein achtzehnjähriger Sohn, U-Boot-Matrose – die viele Arbeit in der Fabrik, und abends kommt der Mann auch aus der Fabrik und kann das Essen gar nicht erwarten … »*Sie* werden sich nun erholen können und etwas vom Sommer haben!« Ich sagte ihr, mit dem Stern würden Spaziergänge besser vermieden. Darauf sie ganz harmlos und unwissend: »*Dann würd' ich ihn doch draußen nicht tragen!*« Sie war verwundert und ungläubig, als ich ihr sagte, daß das buchstäblich das Leben koste. –

21. Juli, Freitag gegen Abend

Ich saß bei der Disposition meiner Rosenzweig-Notizen – mühseligste Arbeit, noch immer und längst nicht fertig –, da kam wie tags zuvor um halb zwölf Alarm, erst kleiner, dann großer. Der Kelleraufenthalt war diesmal ein bißchen kürzer und ganz ohne Sensation, d. h. er war ganz ausgefüllt von anderer Sensation, vom Attentat auf Hitler. Vielleicht wird mir das in wenigen

Jahren so fernliegen, eine so verschwommene Sache sein, wie mir heute die Bürgerbräu-Affäre von 39 fernliegt. Was war es damit, wer war der Täter, was war die Absicht etc. etc.?? Weder Eva noch ich können uns darauf besinnen, weil eben die Sache folgenlos blieb und so vom Nachfolgenden übermalt, verdrängt wurde. Vielleicht geht es mit diesem Anschlag ebenso, vielleicht aber ist er Wendepunkt. Der Miterlebende weiß nichts. Ich halte fest: Auf der Treppe sagte uns Frau Witkowsky: Es sei eben bekannt geworden, daß ein Attentat auf den Führer verübt worden, im Hauptquartier durch *namentlich aufgeführte, bereits erschossene deutsche Offiziere.* Ich wandte mich mit dieser Nachricht, als einer absoluten Neuigkeit, im Keller an Neumark. Darauf er: Das stehe schon im »Freiheitskampf«, sei gestern geschehen, der Führer habe heute nacht im Rundfunk gesprochen. Er gab uns die Zeitung. Da stand das Attentat, die Namen der anwesenden und der verletzten Offiziere – aber nichts von den Tätern, nur die Vermutung, der Secret Service sei der Schuldige. Neumark fügte hinzu, von deutschen Offizieren munkele man (aber die Juden hätten besondere Vorsicht zu wahren, denn sie würden bestimmt beobachtet); die Frau Witkowsky sagte: Es seien aber eben »Extrablätter« mit den Namen der Erschossenen herausgekommen. Mehr und Authentischeres habe ich bis jetzt, sieben Uhr abends, im Judenhaus nicht erfahren können. Auch Stühlers rätseln. Er sagte: Vielleicht sei alles Lüge, weil ER sich in den Ruf der heiligen Unverletzbarkeit setzen wolle. Ich: Es wäre Selbstmord anzugeben, daß sich die Armee gegen den Führer gewandt habe, das sei ja nicht einmal im November 18 geschehen. Stühler: Vielleicht ist die Nachricht, deutsche Offiziere seien die Täter, falsch. Wie sollten sie, mitten im Hauptquartier? Und wie sollte der deutsche Rundfunk das zugeben? – So wenig wissen wir im Judenhaus, was vorgeht. – Eva ist bei der Kreislerin, vielleicht bringt sie von da Neuigkeiten mit. Und hoffentlich solche, die uns über den krassen Hunger der letzten Tage trösten und hinweghelfen. – Eben Musik vorbeimarschierender Soldaten; Stühlers berichten, es sei durch Maueranschlag Großkundgebung für Hitler angesagt. –

Nach acht Uhr

Hier – beim Semikolon oben – kam erst Katz, der einen Patienten im Haus hat und uns bei dieser Gelegenheit öfters besucht, danach Eva. Bis jetzt wissen wir: Hitler sagte heute nacht (steht in der Zeitung), eine »kleine Clique dummer Offiziere« habe ihn beseitigen wollen, sei aber schon unschädlich gemacht, ihn selber habe »die Vorsehung« bewahrt. Und dann im Widerspruch zum Unschädlichmachen: Er befehle dem Heer, keinerlei Weisung von den *Usurpatoren* anzunehmen. Der Ausdruck Usurpatoren wiederholt. (Ich schlug im Lexikon nach = usu raperes). Ferner, er übertrage den Oberbefehl des Heimatheeres an Himmler. Soviel also Tatsache. Dazu Gerücht: Es seien irgendwo – Ort unbekannt – Unruhen, Flieger gegen Aufständische eingesetzt. Englischer Funk: Es herrsche »Bürgerkrieg« in Deutschland. Witz Professor Windes (Eigenfabrikat?): Ganz Deutschland stehe trauernd an Hitlers leerer Bahre. – Katz erzählte: Der sehr nervöse Neumark und etliche andere Juden hätten heute nacht schon den Koffer gepackt gehabt. Dazu sagte ich, und Katz schloß sich dem an: wozu Koffer packen? Wenn sie uns jetzt holen, geht es nicht nach Theresienstadt, sondern an die Wand oder den Galgen. Weiter sagte Katz noch, Kowno solle wirklich in russischer Hand sein und deutsches Grenzgebiet unter Artilleriebeschuß liegen. –

Ich will bis zum letzten Augenblick weiter beobachten, notieren, studieren. Angst hilft nichts, und alles ist Schicksal. (Aber natürlich packt mich trotz aller Philosophie doch von Zeit zu Zeit die Angst. So gestern im Keller, als die Amerikaner brummten.)

22. Juli, Sonnabend nachmittag
  Abends

Den ganzen Tag (inmitten rauschender Weltgeschichte) ohne jede Nachricht. Kein Heeresbericht, nichts über die innere Lage aufgeschnappt, keine Abendzeitung gesehen – absolut nichts. Und ich glaube, es wird auch nichts Wesentliches geschehen sein. Sie sind hart im Nehmen, auch der 20. 7. wird Zwischendatum bleiben, weitab vom eigentlichen Beginn der Katastrophe. Ich finde mich ins Notizenordnen zum Rosenzweig zurück. Er vaut nicht die aufgewandte peine und Zeit.

23 Juli, Sonntag vormittag

Keine Nachricht. Da aber in Dresden alles ruhig, so ist anzunehmen, daß die NSDAP auch diesmal siegreich geblieben ist. Wir wären also wieder dem Ende ein Stückchen näher, aber nur ein Stückchen dem entfernten Ende.

Gegen Abend

Vormittags war Steinitz lange bei uns. Auch er wußte nichts. Nur Gerüchte. Danach sollten fünftausend Offiziere etc. verhaftet und erschossen worden, es sollten auch – und das wäre ungeheuer wichtig – zahlreiche Berliner *Arbeiter* verhaftet sein. – Eben brachte Cohn die Sonntagszeitung: Danach ist binnen »sechs Stunden« der letzte Verschwörer beseitigt worden, und nun fühle sich das jubelnde Volk doppelt stark und zuversichtlich – und mehr also wird man nicht erfahren bis zum »Endsieg« oder zum nächstenmal. (Wann also?) Am Pirnaschen Platz hörte Eva den Heeresbericht: kleine Fortschritte der Anglo-Amerikaner in der Normandie, große der Russen im Osten, Stille in Italien, unveränderte Tonart des deutschen Berichtes: »aufgefangen« … »abgeriegelt« usw., expendens apud collum. –

9. August, Mittwoch vormittag

Der Heeresbericht verschleiert, versteckt, verschweigt weiter. Aber in den Zeitungsberichten, -betrachtungen etc. wird man jetzt deutlicher. (Ich bekomme Zeitungen spät und unregelmäßig zu Gesicht – mal von Cohns, mal von Stühlers, wobei jeder Angst vor dem andern hat; und im Rundfunk auf dem Pirnaischen Platz, den Eva um siebzehn Uhr hört, ist häufig Störung und Undeutlichkeit; sucht sie ein Blatt zu kaufen, ist es meist ausverkauft; bisweilen gibt ihr Frau Winde ein Exemplar mit …) In der »Dresdener Zeitung« vom Montag, 7. 8., steht: 1) Empfang der Reichs- und Gauleiter im Hauptquartier des Führers.

Himmler spricht vom »heiligen Volkskrieg«. Hitler nennt sich vom Schicksal bewahrt, weil »die Nation … einen Mann braucht, der unter keinen Umständen kapituliert, sondern unentwegt die Fahne des Glaubens und der Zuversicht hochhält, und weil ich glaube, daß das kein anderer besser machen würde, als ich es tue. Was immer für Schicksalsschläge kommen mögen, immer werde ich als Träger der Fahne geradestehen!« (Stil! Kleinbürgerlich abgelatschte Phrase. – Aber in welche Sphäre gehört »geradestehen«?) 2) Artikel: »Ostpreußen gibt ein Beispiel höchster Einsatzbereitschaft. (Einzigartige Gemeinschaftsleistung zum Schutz der Grenze – Fanal deutscher Bereitschaft)« Das Geklammerte als Untertitel. »In dem leidenschaftlichen Willen, den bolschewistischen Todfeind an der Schändung deutschen Bodens zu hindern«, … arbeiten »Hunderttausende von Ostpreußen« am Aufwerfen von Wällen. (Wir hören, daß auch sehr viel HJ zum Schippen nach Ostpreußen geschickt ist.) So also wird Propaganda-Kapital aus der Meldung über den russischen Einmarsch geschlagen. Der Artikel stammt aus der »Nationalsozialistischen Parteikorrespondenz«; steht also fraglos in allen Blättern.

14. August, Montag abend

LTI. Die neuen Bestimmungen für die Post werden mitgeteilt unter der Überschrift »Sofortmaßnahmen«. Unter ihnen befindet sich auch der Fortfall der »Päckchen«. Päckchen sagt man schon seit Jahren für »Muster ohne Wert«. Päckchen spielen eine große Rolle im Verkehr mit Theresienstadt. Die Juden dort sollen ungleich mehr hungern, als hier gehungert wird, und wer irgend kann, schickt ihnen Päckchen, meist Brot, Zwieback. Das fällt nun fort. Es ist nie ganz klar geworden, *wer* von den Theresienstädtern mit *wem* korrespondieren darf. Von Trude Scherk haben wir in all den Jahren kein Wort gehört. Von Hirschels und anderen sind oft Nachrichten an den und jenen gelangt, den Tod des Jon Neumann und daß es Frau Ida Kreidl gut gehe, haben wir erfahren. Jetzt heißt es, eine große Anzahl von Theresienstädtern sei fortgeschafft worden, vielleicht nach Auschwitz, vielleicht in den Tod.

24. August, Donnerstag vormittag

Gestern nachmittag kam auf dem Bahnübergang vor unserm Hause ein wild aussehender Arbeiter dicht an mir vorbei und sagte laut: »Kopf hoch! Die Lumpen sind bald zu Ende!« – Stühler hatte ein ähnliches Erlebnis. Aber solche Erlebnisse haben wir seit Jahren alle paar Tage, und ebenso haben wir seit Jahren alle paar Tage höchst entgegengesetzte Erlebnisse. Nichts läßt sich hieraus schließen, und nichts aus der Kriegslage, so verzweifelt sie auch im Westen und Osten für Deutschland sei.

1. September, Freitag morgen und später,
fünf volle Jahre Krieg!

Ich glaube, ich habe dies nie notiert: An jeder Tür der Wohnung, ist in Greifhöhe schräg angenagelt, eine Mesuse. Lewinsky sagt, hier habe der Rabbiner gewohnt. Er öffnete neulich eine der kleinen Rollen und zeigte uns die prachtvoll gleichmäßige winzige Handschrift der vorgeschriebenen Bibelworte. Sie dürfen, erzählte er, *nur* mit der Hand und *nur* mit dem Gänsekiel geschrieben werden; die gleichen Texte im Stirnriemen seien noch ungleich winziger, die Mesusen der Orthodoxen im Osten sehr viel größer. Er sprach schwärmerisch von der Poesie dieser Vorschrift: Ein Frommer dürfe in keinem Raum schlafen, den nicht solche Miniatur und Essenz (*meine* Bezeichnung!) der Thora beschirme.

Seit den Zerstörungen in Freital werde ich den Gedanken nicht los, daß eine Bombe einmal in Annemaries Klinik fallen könnte. Das industrielle Pirna, die Nachbarschaft Küttners, der Fallschirme macht! Dann wären meine sämtlichen Manuskripte, die alle dort im gleichen Koffer liegen, auf einen Schlag vernichtet. Aber ich fürchte die Gestapo mehr als die Amerikaner. Und alles ist Schicksal, und Sicherheit ist nirgends.

4. September, Montag vormittag

Lewinsky blieb gestern aus. Aber Eva spielte sehr schön Klavier; ich höre sie jetzt oft wochenlang nicht; doch musiziert sie aushäusig ein wenig mit Glaser und mit Frau Kreisler – dabei gibt es allerhand zu essen, zu rauchen und auch heimzunehmendes Essen und Rauchzeug.

LTI. An allen Häusern steht neben einem Kreidekreis und -pfeil: LSR – Luftschutzraum. Wir hörten als neue Deutung: »Lernt schnell Russisch«.

10. September, Sonntag vormittag

Ein besonderes Charakteristikum der LTI ist die schamlose Kurzbeinigkeit ihrer Lügen. Immerfort geht man kaltschnäuzig von Behauptungen ab, die man tags zuvor gemacht hat. »Sie können nicht landen. – Sie kommen nicht über den Atlantikwall hinaus. – Sie brechen nicht durch ...« Und jetzt: »Das war alles vorauszusehen und ist bei ihrer Übermacht erstaunlich spät eingetreten. Sie können uns aber nicht zur Entscheidungsschlacht zwingen, ehe wir nicht im dafür vorgesehenen Raum stehen, wir setzen uns mit genialer Tüchtigkeit ab ...« Von V 1 ist es still geworden. Einmal in diesen Tagen hieß es: »unregelmäßig« geworden »wegen der Ereignisse in Nordfrankreich«, aber wieder aufgenommen. Jetzt Stillschweigen davon.

14. September, Donnerstag vormittag

Eva brachte abends, ohne die Berichte selber gehört oder gelesen zu haben, als letzte Bulletins nach Hause: Im *deutschen* Heeresbericht: englischer Angriff auf Aachen, im englischen: im Angriff auf Trier deutsche Grenze in 35 km Breite überschritten. Auch im Osten soll neue Offensive im Gang sein. –

15. September, Freitag vormittag

Die Stumpfheit oder Abgestumpftheit der Phantasie! Ich bin so an die Nachrichten von bombenzerstörten Städten gewöhnt, daß mir das gar nichts ausmacht. Gestern bei Steinitz – der Weg galt dem Uhrmacher, der mir für die Zeit der Reparatur einen unförmlichen Wecker lieh – ergriff mich ein Brief, den ihm ein Freund aus Königsberg geschrieben: Evas Heimatstadt ist zu 75

Prozent zerstört, nach amtlichen Berichten sind 5000 Menschen tot und 20 000 verwundet; der Schreiber und seine Frau hatten nichts gerettet, als was sie auf dem Leibe trugen, drei Verwandte des Mannes, eines alten Amtsrichters, sind tot. Das erschütterte mich, und wie ich morgens – purpurnstes, glühenddunkles Morgenrot – beim Abwaschen auf die Carolabrücke und die Häuserreihe drüben hinaussah, stellte ich mir immerfort vor, diese Reihe bräche vor meinen Augen plötzlich in sich zusammen – wie das ja tatsächlich in jeder Stunde geschehen könnte und ähnlich alle Tage irgendwo in Deutschland wirklich geschieht. Aber wenn nicht gerade in den nächsten Stunden Alarm kommt, sinkt diese Vorstellung natürlich zurück, und ich hoffe weiter auf »Churchills Tante«. Bisher ist ja Dresden selber wirklich verschont worden, das bedrohlich helle Krachen neulich ging nicht von Bomben aus, sondern von eigener Flak. –

Leitartikel des »Reichs« vom 3. September: Goebbels: »Die Festigkeit unseres Vertrauens«. Es ist schamlos und verbrecherisch und bewundernswert im gleichen Maße, wie man immer wieder, allen dementierenden Ereignissen zum Trotz, den Leuten dieselben Phrasen vom sicheren Endsieg, von der »für uns arbeitenden Zeit«, von den kommenden neuen Waffen einhämmert. Wie man immer wieder die gleichen Vokabeln gebraucht: Die »Rückläufigkeiten« werden zugegeben, aber unsere »Kriegsmoral« ist die höhere, wir bilden eine »verschworene Gemeinschaft«, »wir werden nicht müde werden, unserem Volke immer wieder vor Augen zu halten, daß alle Chancen zum Endsieg in unserer eigenen Hand liegen. Es kommt heute nicht mehr so sehr darauf an, wo wir kämpfen, sondern daß und wie wir kämpfen … Uns wird der Atem nicht ausgehen, wenn es zum *Endspurt* kommt.« Das Tollste an diesen Phrasen ist wohl das: gleichgültig, *wo* wir kämpfen! Sie wissen, daß der Krieg verloren ist, und lassen Stadt um Stadt zerstören, um für sich noch ein paar Wochen oder Monate zu gewinnen. Sprachlich festzuhalten ist die engstirnige Gleichförmigkeit und Eintönigkeit der LTI bis zuletzt.

27. September, Mittwoch morgen

Heute nachmittag will Eva nach P. Das letztemal war sie am 8. Juli draußen. In diesen knappen drei Monaten ist der ganze Zusammenbruch im Westen, sind das Hitlerattentat und das Hängefest erfolgt, sind der Balkan und Finnland verlorengegangen. Für den Rückblick ungeheuer vieles in kürzester Zeit. Und doch ist für uns mitteninne das Signum jeden Tages: zu langsam, zu stagnierend! – Eigentlich hat das Fortschaffen der Manuskriptblätter etwas Schildbürgerhaftes: Vor Brandbomben sind die Sachen im industriellen Pirna (unmittelbar neben Küttner, der Fallschirme macht!) *mindestens* ebenso ungeschützt wie hier. Und sind sie vor der Gestapo *sehr* viel sicherer? Annemarie ist nicht gut angeschrieben, hat mehrmals angeeckt. Gewiß, sie ist allmählich vorsichtig geworden: Seit dem September 41 trage ich den Stern, am 9. Oktober 41 war sie das letzte Mal bei uns. Trotzdem! Und ich will nicht verkennen, wie sehr sie sich für uns exponiert. Sie weiß nicht nur, daß sie meine Manuskripte aufbewahrt, sie weiß auch, daß es sich um Tagebücher handelt. Sie weiß seit Monaten, daß es sich bei solchem Verhalten nicht mehr um Gefängnis, sondern ganz eindeutig um den Kopf handelt.

Meine Tagebücher und Aufzeichnungen! Ich sage mir wieder und wieder: Sie kosten nicht nur mein Leben, wenn sie entdeckt werden, sondern auch Evas und das mehrerer anderer, die ich mit Namen genannt habe, nennen mußte, wenn ich dokumentarischen Wert erreichen wollte. Bin ich dazu berechtigt, womöglich verpflichtet, oder ist es verbrecherische Eitelkeit? Und immer wieder: Seit zwölf Jahren habe ich nichts mehr publiziert, nichts mehr zu Ende führen können, nur immer gespeichert und gespeichert. Hat es irgendwelchen Sinn, wird irgend etwas von alledem fertig werden? Die Engländer, die Gestapo, die Angina, die dreiundsechzig Jahre. Und wenn es fertig wird, und wenn es Erfolg hat, und wenn ich »in meinem Werk fortlebe« – welchen Sinn hat das alles »an und für mich«? Ich habe so wenig, so gar kein Talent zum Glauben; von allen Möglichkeiten scheint mir das Nichts, was die Persönlichkeit anlangt, und auf die allein kommt es ja an, denn was soll mir das »All« oder das »Volk« oder sonst irgend etwas, das nicht Ich bin? – das Nichts scheint mir das Allerwahrscheinlichste. Und nur vor ihm, nicht vor dem »ewigen Richter«, in welcher Form auch immer, schrecke ich zurück. Aber dies alles (das mir täglich durch den Kopf geht, *mehrmals täglich*) schreib' ich ja nur auf, weil ich kein leeres Blatt fortschicken will. Und gleich danach wird weitergearbeitet, d. h. gelesen und notiert. Nicht aus besonderer Energie, sondern weil ich ja doch nichts Besseres mit meiner Zeit anzufangen vermag. –

8. Oktober, Sonntag vormittag

Ich notiere das alles über ein sehr verändertes Grundgefühl hinweg. Gestern zum erstenmal hat »es uns nahegestanden«. Freital neulich war noch nicht Dresden. Diesmal traf es uns wirklich. Um 11.45 Uhr kam Alarm. Ich war bei den Göringnotizen und schrieb weiter, Eva befand sich bei Frau Winde (Bamberger, Ecke Chemnitzer Straße). Um zwölf großer Alarm. Ich nahm den »Tonio Kröger«, ein winziges Bändchen (von Steinitz), in den schwach besuchten Keller mit und las auch eine Weile. Dann schoß Flak, dann hörte man helle heftige Schläge, offenbar Bomben, dann ging das Licht aus, dann war ein starkes schwellendes Rollen und Rauschen in der Luft (fallende Bomben in geringer Entfernung). Ich konnte heftiges Herzklopfen nicht unterdrükken, wahrte aber Haltung. Es wurde ruhiger, vom Kellereingang sah man am Himmel weiße Schlangenstreifen und Kringel (»Kondensstreifen«), in der Gegend des Wettiner Bahnhofs sollten Rauchsäulen stehen (»wahrscheinlich Shelltanks«), man hörte das Signal der Feuerwehr. Dann wieder das Geräusch eines Geschwaders und neue Kräche. Eine alte Frau bekam einen Herzanfall und wurde in ihre Wohnung gebracht. Das elektrische Licht glomm auf, stellte sich wieder her. Neues Flakschießen … Erst gegen halb zwei Entwarnung. Niemand wußte, was geschehen war. Es hieß nur: Gegend Wettiner Straße, Postplatz. Jetzt erst begann ich mich um Eva zu sorgen. Auf dem Postplatz konnte sie sehr wohl gewesen sein. (Es ergab sich nachher, daß sie um ein Haar dort in den Keller gemußt hätte; sie fuhr noch in der 6, als der kleine Alarm kam.) Leute aus den Betrieben brachten Nachrichten. Der Straßenbahnverkehr sei unterbrochen, an der Annenkirche seien Schienen zerstört, ein großer Trichter … Ich mußte bis siebzehn Uhr auf Eva warten. Sie hatte zwei schwere Taschen von Windes bis zu »Gertrud Schmidt«, Winckelmann-straße, getragen und dort abgestellt und war darauf zu Fuß zu-rückgekommen.

Es scheint nun doch nichts zu sein mit Churchills Tante und dem Versprechen an Benesch. Eva mußte heute ihre Taschen mit Sauerkraut und geschenktem Obst von der Winckelmannstraße abholen; sie fuhr schon um zehn fort, da der Alarm gewöhnlich um die Mittagszeit kommt und da sie dann wenigstens aus Bahn-hofsnähe heraus sein sollte. Es ist jetzt gegen dreiviertel eins, sie ist noch nicht zurück – sie wird die Radio-»Luftlage« gehört haben, und der Alarm ist ausgeblieben. Immerhin: Die relative Ruhe dem Bombenkrieg gegenüber ist für uns (und wohl auch für ganz Dresden) aus.

Gestern abend besuchte uns Katz; ihn drückte eine andere Sorge: Wenn es zur Evakuation Dresdens käme, dann stünde den Mischehemännern und Mischlingen KZ Buchenwald bevor; man sei mit den Juden anderer evakuierter Städte so verfahren. Katz nannte das den »Engpaß«. Wenn die deutsche Front zusammen-breche, müßten wir Juden durch den »Engpaß«. –

11. Oktober, Mittwoch vormittag

Stühlers sagten: »Man wartet täglich auf die Flieger wie frü-her auf Clemens und Weser (die Gestapobluthunde).« Ich: Dann zöge ich die Bomber vor. – Das ist auch wirklich so. Aber grausam auf die Nerven geht auch der heutige Zustand. Über Verstümme-lungen und Todesfälle am Sonnabend hört man greuliche Einzel-heiten, über die Zahl der Toten divergierendste Angaben. –

24. Oktober, Dienstag morgen

Am Sonntag abend war Konrad ein paar Minuten bei uns. Er äußerte sich – und mit vieler Wahrscheinlichkeit hinter seiner Annahme und Berechnung – furchtbar pessimistisch über das Schicksal der in die Hitlerhand gefallenen Juden, der polnischen, ungarischen, balkanischen und der in den Osten deportierten deutschen und anderen Westjuden. Er glaubt (nach Soldatenberichten), daß vor den Rückzügen alles ermordet worden ist, daß wir niemanden wiedersehen werden, daß sechs bis sieben Millionen Juden (von den fünfzehn existiert habenden) geschlachtet (genauer: erschossen und vergast) worden sind. Die Lebensaussichten für uns kleinen Judenrest hier in den Klauen der verzweifelnden Bestien hielt er auch für gering – auch, insofern er darin ähnlich urteilt wie die Dresdener Judenheit überhaupt. –

Wir hören jetzt auch von arischer Seite Klagen über den sich verschärfenden Hunger und die wachsende Lebensgefahr. Ich sage mir immer: Uns, den Juden, ist beides reichlich doppelt zugemessen: Wir bekommen erschreckend viel weniger Lebensmittel, und unserm Leben droht nicht nur die Bombe, sondern mehr noch die Gestapo. Das Gerücht von der Trennung der Mischehen erhält und verstärkt sich. –

26. November, Sonntag spätnachmittag

Cohn starb an Mandelabszeß und Sepsis, und an Mandelabszeß und Grippe liegt jetzt Stühler. Katz, der ihn heute geschnitten hat, ist zweimal täglich hier und sitzt dann fast jedesmal lange bei uns. Er sagt, Grippe und Mandelabszeß scheine verbreitet, er sieht sehr düster in die Zukunft: Seuche, Unterernährung, Arzt- und Medikamentenmangel und kein Kriegsende – Hitler scheint ausgeschaltet, Himmler schlimmer als er. »Er ist imstande, Dresden selber anzuzünden, wenn die Alliierten es als einzige Stadt verschonen!« Er sieht auch Tod für uns Sternträger und blutigen Bürgerkrieg für alle voraus. –

1. Dezember, Freitag vormittag

Stühler ist heute nacht gestorben – man kann das Gruseln lernen. Ich will aber wieder, und was auch kommen mag, bis zuletzt ganz kalt berichten. – Um halb zwei weckte uns Frau Stühler: Sie höre keinen Atem, fühle keinen Puls. Stühler lag mit offenen, aber nicht gebrochenen Augen auf dem Rücken, das Gesicht schmal und starr – nicht eigentlich friedlich, aber auch nicht leidend, nur kalt und abweisend. Offenbar tot, aber ich hatte keine Sicherheit dafür. Wir klopften bei Frau Cohn.

Ich graute mich in den Schlaf, kam um sechs Uhr nach vorn, fand Frau Stühler auf unserem Sofa und graute mich weiter, empfand die ganze Nutzlosigkeit der Desinfektionsversuche und gab uns in Schicksals Hand. Ich ging noch vor dem Frühstück zu Neumark und telefonierte mit Katz. Katz' Stimmung war über Nacht eine vollkommen konträre geworden. Ich solle nicht übermäßig ängstlich sein, von einem Desinfizierenlassen durch die Behörden könne heute, im Kriege, nicht die Rede sein; die »Hausgemeinschaft« möge sich selber schützen, indem sie die Fußböden mit Lysol aufwische. Er, Katz, habe »amtlich« keinen Anlaß, ja, kein Recht, Meldung zu erstatten – täte er's doch, so wären die Folgen für uns alle unberechenbar –, offiziell seien Cohn und Stühler an den Folgen einer septischen Angina gestorben, den Seuchenverdacht (etwa vom Brot her) habe er, Katz, nur privat, nur »freundschaftlich« mir gegenüber und zu mir allein geäußert, und er verpflichte mich zum Schweigen.

18. Dezember, Montag morgen
(und später – ich werde wohl tagüber mit Notizen
zu tun haben)

Am Sonnabend vormittag bekam ich von Hesse nur einen Zentner Briketts. Er sagte, vor Januar sei nun gar nichts mehr zu haben, er sagte, es werde eine Kohlenkatastrophe geben. Inzwischen ist ernstlicher Frost eingetreten. Mir beinahe, nein wirklich lieb: Denn das wird die Russen in Bewegung bringen.

Frau Stühler erzählte früh, während ich abwusch: Sie habe

Brief aus Heidelberg; dort, obschon noch nicht zum Kriegsgebiet erklärt, lebe man wie in der Hölle. Mehrere Tage in der Woche ganz ohne Gas, ständig im Keller – wir hier hätten keine Ahnung vom Krieg. Sodann: Gestern bei ihrer Luftwache (im Modehaus Böhme in der Waisenhausstraße) sei ihr wieder die Borniertheit des Volkes (Volk – dies ist der Punkt mit dem unlöslichen Fragezeichen) aufgefallen: Ein paar Leute, nicht ganz ohne Bildung, seien noch immer fest vom Siege Deutschlands überzeugt; nachdem es die schweren Sommermonate überstanden habe, komme es jetzt wieder voran. – Also wirkt die Propaganda der Presse etc. doch? Aber auf wieviel Prozent der Bevölkerung? Und wieweit ist Sachsen, wieweit das verschonte Dresden, wieweit dies Grüppchen von drei, vier Leuten charakteristisch für das Ganze? Immer wieder die gleiche Unmöglichkeit des Wissens. –

31. Dezember, Sonntag abend, halb acht

Eben, ich war beim Vorlesen, kam Alarm. Sehr kurzer, 18.50 Uhr bis 19.10 Uhr, aber wir mußten gleich über glatten Schnee und durch Dunkelheit in den Keller. Ein wenig greift mir doch jeder dieser Alarme an die Nerven: Zweimal in diesem Jahr hat das verschonte Dresden doch immerhin je ein paar hundert Tote gehabt. Heute, was ich schon morgens beim Kohlenheraufholen merkte, wurde mir der Treppen-Gepäckmarsch besonders schwer; mein Herz redet mit zum Silvesterrésumé. Das einzige wesentliche Datum des Jahres war für mich der 24. Juni. Der Tag meiner Entpflichtung. Seitdem bin ich die Fabriksklaverei los, seitdem habe ich – erst fiel mir's schwer, jetzt bin ich's wieder gewohnt – ausgiebiger für mich arbeiten können, d. h.: aufs Geratewohl Lektüre treiben sub specie LTI. Aber seit dem 24. Juni stehe ich auch sehr bewußt unter doppeltem Todesurteil: Wenn ich nicht sehr herzleidend wäre, hätte Katz diese Dienstentpflichtung nicht beantragen und nicht durchsetzen können. (Freilich half wohl auch die Augenlähmung ein bißchen mit, die sich inzwischen fraglos ein wenig gebessert hat.) Sodann: Wenn es zur Evakuierung Dresdens kommt, würde ich als arbeitsfähig irgendwo schanzen müssen, während ich als nutzloser Judengreis fraglos beseitigt werde.

Der Zukunft stehe ich mit geringer Hoffnung und stumpf gegenüber. Es ist sehr fraglich, wann der Krieg zu Ende sein wird (obschon im Augenblick die deutsche Chance bei stockender Westoffensive und verlorenem Budapest wieder gesunken ist). Und es ist mir noch fraglicher, ob ich aus dem Frieden noch etwas für mich werde herausholen können, da ich doch offenbar am Ende meines Lebens stehe. –

Irgendwie mich mit dem Todesgedanken abzufinden vermag ich nicht; religiöse und philosophische Tröstungen sind mir vollkommen versagt. Es handelt sich nur darum, Haltung bis zuletzt zu bewahren. Bestes Mittel dafür ist Versenkung ins Studium, so tun, als hätte das Stoffspeichern wirklich Zweck.

Dunkel drückend ist auch meine Finanzlage: Bis zum April, bestimmt nicht länger, reicht mein Bankkonto. Aber diese Geldsorge bedrückt mich wenig. Sie scheint mir klein, wo ich mich immer, und zwiefach, dreifach, in unmittelbarer Todesnähe sehe.

Sehr enttäuschend geht das Jahr zu Ende. Bis in den Herbst hinein habe ich, hat wohl alle Welt es für sicher gehalten, daß der Krieg vor Jahresschluß fertig sei. Jetzt ist das allgemeine Gefühl und auch meines: vielleicht in ein paar Monaten, vielleicht in zwei Jahren.

Zweiter Silvesteralarm, ohne Keller, 22.15 Uhr bis 22.30 Uhr. Wir wollten gerade schlafen gehn.

1945

1. Januar, Montag, neunzehn Uhr

Im »Reich« vom 31.12. ein Goebbels-Artikel, »Der Führer«, so maßlos verherrlichend, daß die Überschrift ebensogut heißen könnte: »Der Heiland«. »Wenn die Welt wirklich wüßte, was er ihr zu sagen und zu geben hat, und wie tief seine Liebe über sein eigenes Volk hinaus der ganzen Menschheit gehört, dann würde sie in dieser Stunde noch Abschied nehmen von ihren falschen Göttern und ihm ihre Huldigungen darbringen.« Aber wichtiger als diese Vergottung ist ein anderes: Zweimal heißt es, er gehe zwar leicht gebeugt, was vom Studium der Karte herrühre, einmal, sein Haar sei ergraut, einmal, in seinem Alter habe »Friedrich der Einzige« schon »der alte Fritz« geheißen. Aber trotzdem, und darauf liegt aller *Nachdruck*, sei es Lüge, wenn die Feinde Gerüchte über sein Kranksein aussprengten: Er sei gesund, sein Auge strahle jugendlich, und er werde sein Schweigen brechen, wann es ihm, und nicht, wann es seinen Feinden passe. – Ich nahm nach diesem Artikel erst recht an, daß Hitler krank sei. Aber nun hörte ich eben bei Witkowskys, daß er tatsächlich gestern abend im Radio gesprochen habe. –

15. Januar, Montag vormittag

Am gestrigen Nachmittag Lewinsky hier, für längere Zeit erschien auch Witkowsky, der unverwüstliche Moriturus. Lewinsky hatte wieder von arischer Seite gehört, was wir nun schon von so verschiedenen Leuten gleichlautend gehört haben, was also keine Erfindung sein kann: daß die Deutschen in Polen die gräßlichsten Judenmorde begangen haben. Ein Soldat hatte erzählt, wie man kleine Kinder am Bein gepackt und ihnen die Köpfe an der Hausmauer zerschlagen habe. Gleich darauf las Lewinsky mit äußerstem Schauspielerpathos tiefster Entrüstung aus der »DAZ« vor, welche kulturschändlichen Verwüstungen der letzte englische Terrorangriff auf Nürnberg angerichtet habe, wieviele Patrizierhäuser, Kirchen etc. zerstört seien. Ich fragte ihn, ob er wisse, wer die Synagoge in Nürnberg zerstört habe und den Tower in London, ob er wisse, wieviele Fabriken in Nürnberg für den Krieg arbeiteten. Ich sagte ihm, ich finge an rot zu sehen, wenn ich bloß das Wort »deutsche Kultur« hörte. –

25. Januar, Donnerstag abend, 19.30 Uhr
Frau Stühler klagt oft über die nationalsozialistische Verranntheit und gläubige Siegesgewißheit ihrer Kolleginnen in dem Konfektionshaus Böhme am Georgsplatz. Heute erzählte sie, die Weiber seien verängstigt, rechneten mit dem kommenden Einzug der Russen, stritten darüber, ob es besser, zu bleiben oder zu fliehen – Flucht wird von der Mehrzahl vorgezogen, die Russen werden als besonders grausam und mörderisch hingestellt. – Eben war ich unten bei Waldmann, nach dem Heeresbericht fragen und die jüdische Stimmung erforschen. Berger war da und Werner Lang – sehr merkwürdig die Eleganz der Klubsessel in diesem Kellerraum hinter der unwirtlichen Diele. Die Russen sind bei Brieg über die Oder, sie sind (deutscher Bericht!) nahe bei Breslau, in Bromberg Straßenkämpfe, Elbing scheint erreicht, Oppeln ist genommen ... Auch unsere Leute rechnen mit russischem Vorstoß gegen Dresden. Es soll schon ein Gewimmel von Schlesienflüchtlingen hier sein. Es scheint wirklich, als ob nun das Ende rasch und nicht mehr aufhaltbar nahe. –

Erstaunlich und beinahe beängstigend, daß wir seit vielen Tagen ohne Fliegeralarm sind. Jetzt, wo die Russen bei Breslau stehen! Was bereitet sich vor? –

3. Februar, Sonnabend morgen

Wir kennen den gestrigen Heeresbericht nicht. Frau Stühler brachte aus ihrem Geschäft heim, russische »Panzerspitzen« seien in Berlin eingedrungen; Eva von Kreisler (+ Winde und Richter), in Berlin sei alles chaotisch verstopft durch aufeinanderprallende Flüchtlingsmassen und Truppentransporte, und auf dieses Chaos sei ein doppelter Fliegerangriff (der Anlaß zu unsern beiden letzten Alarmen) niedergegangen. Auf der Stühler- wie auf der Kreislerseite hatte man von Leuten gewußt, die den endgültigen Zusammenbruch in den allernächsten Tagen erwarteten.

Abends neunzehn Uhr

Stimmung wieder sehr gesunken. Es kam Nachricht, daß die Russen *nicht* in Berlin seien, und daß ihr Vormarsch gestoppt sei. Es kam Nachricht, daß die Vier-Wochen-Rationskarte auf viereinhalb Wochen ausgedehnt sei – wo wir eh schon nicht entfernt mit dem Brot auch nur vier Wochen ausreichen, und wo wir in diesen letzten Tagen – fast ganz auf trocken Brot und Pellkartoffeln ohne alle Zutat angewiesen – den Hunger bereits kennengelernt haben.

8. Februar, Donnerstag abend neunzehn Uhr

Vom Krieg seit 48 Stunden keine Neuigkeit. Es geht zu langsam für uns. –

Angst haben alle. Die Juden vor der Gestapo, die sie ermorden könnte vor dem Eintreffen der Russen; die Arier vor den Russen, Juden und Arier vor der Evakuierung, vor dem Hunger. An ein rasches Ende glaubt keiner, und Jud und Christ fürchten auch gemeinsam die Bombenangriffe. Heute früh briet Eva eine Extrawurst für uns. Wenn die Russen kommen, sagte sie, werden die Brücken gesprengt; dann müssen wir aus unserm Haus bestimmt heraus; entweder der Sprengung halber, oder weil es zur Verteidigung hergerichtet wird. – Wir mußten beide lachen, wie wir so als Selbstverständlichkeit beim Frühstück besprachen, was uns früher romanhaft erschienen wäre. Im Grunde fürchten wir gar nichts mehr, weil wir ja immerfort, in jeder Stunde, alles zu befürchten haben. Man stumpft ab.

13. Februar, Dienstag nachmittag
bei vollkommenem Frühlingswetter

Odysseus bei Polyphem. – Gestern nachmittag ließ mich
Neumark hinüberrufen; ich müßte heute vormittag beim Aus-
tragen von Briefen behilflich sein. Ich nahm das ahnungslos
hin. Abends war Berger eine Weile bei mir oben, ich erzählte
es ihm, und er sagte geärgert, das werde um Schanzarbeit gehen. Noch immer erfaßte ich nicht die Schwere der Bedrohung.
Um acht Uhr war ich dann heute bei Neumark. Frau Jährig kam
weinend aus seinem Zimmer. Dann sagte er mir: Evakuation für
alle Einsatzfähigen, es nennt sich auswärtiger Arbeitseinsatz, ich
selber als Entpflichteter bleibe hier. Ich: Also für mich sicherer
das Ende als für die Herausgehenden. Er: Das sei nicht gesagt,
im Gegenteil gelte das Hierbleiben als Vergünstigung; es bleibe
ein Mann, dem zwei Söhne im ersten Weltkrieg gefallen, ferner
er, Neumark, weiter Katz (wohl als EK-I-Träger, nicht als Arzt,
denn Simon kommt fort), Waldmann und ein paar Schwerkranke
und Entpflichtete. Mein Herz streikte in der ersten Viertelstunde vollkommen, später war ich dann vollkommen stumpf, d. h.,
ich beobachtete für mein Tagebuch. Das auszutragende Rundschreiben besagte, man habe sich am Freitag früh im Arbeitsan-
zug mit Handgepäck, das eine längere Strecke zu tragen sei, und
mit Proviant für zwei bis drei Reisetage in der Zeughausstraße
3 einzufinden. Vermögens-, Möbel- etc. Beschlagnahme findet
diesmal nicht statt, das Ganze ist ausdrücklich nur auswärtiger
Arbeitseinsatz – wird aber durchweg als Marsch in den Tod auf-
gefaßt. Dabei kommen die grausamsten Zerreißungen vor: Frau
Eisenmann und Schorschi bleiben hier, Lisl, die elfjährige Sternträgerin, muß mit Vater und Herbert fort. Man nimmt auf Alter
weder nach oben noch nach unten, weder auf siebzig noch auf
sieben Rücksicht – es ist unbegreiflich, was man unter »arbeitsfähig« versteht. – Ich hatte erst Frau Stühler zu benachrichtigen,
sie erschrak wilder als über den Tod des Mannes und raste mit
starren Augen fort, Freunde für ihren Bernhard zu alarmieren.
Dann fuhr ich, ich durfte fahren, mit einer Liste von neun Na-

men ins Bahnhof- und Strehlener Viertel. Simon, nur erst halb bekleidet, bewahrte gute Fassung, während seine sonst robuste Frau fast zusammenbrach. Frau Gaehde in der Sedanstraße, sehr gealtert, riß die Augen übermäßig auf, öffnete immer wieder den Mund so weit, daß das vorgehaltene Taschentuch fast darin verschwand, und protestierte wild mit krampfhaftem Mienenspiel und leidenschaftlichster Betonung: Sie werde bis zum letzten gegen diese Verordnung kämpfen, sie könne nicht fort von ihrem zehnjährigen Enkel, ihrem siebzigjährigen Mann, ihr Schwiegersohn sei im Ausland gefangen »um der deutschen, der *deutschen* Sache willen«, sie werde kämpfen usw. Frau Kreisler-Weidlich, vor deren Hysterie ich mich gefürchtet hatte, war nicht zu Hause, ich warf das Blatt erleichtert in den Briefkasten. In derselben Franklinstraße hatte ich noch eine Frau Pürckhauer aufzusuchen. Ich traf sie mit ihrem arischen und tauben Mann. Kleine Leute. Sie waren die ruhigsten von denen meiner Liste. Schlimm war trotz ihrer Beherrschtheit eine Frau Grosse in der Renkstraße, hübsches Villenhaus an der Lukaskirche. Eine Frau mittleren Alters, eher damenhaft; sie wollte ihren Mann anrufen, stand hilflos am Telefon: »Ich habe alles vergessen, er arbeitet in einer Konfitürenfirma ... mein armer Mann, er ist krank, mein armer Mann ... ich selber bin so herzleidend ...« Ich sprach ihr zu, es würde vielleicht nicht so schlimm, es könne nicht lange dauern, die Russen stünden bei Görlitz, die Brücken hier seien unterminiert, sie solle nicht an Tod denken, nicht von Selbstmord reden ... Ich bekam endlich die notwendige Empfangsunterschrift und ging. Kaum hatte ich die Korridortür geschlossen, hörte ich sie laut weinen. Ungleich jämmerlicher noch der Fall Bitterwolf in der Struvestraße. Ebenfalls ein armseliges Haus; ich studierte gerade vergeblich die Namenstafel im Hausflur, als eine junge blonde, stupsnasige Frau mit einem niedlichen, gutgehaltenen Mädelchen von vielleicht vier Jahren kam. Ob hier eine Frau Bitterwolf wohne? Das sei sie selber. Ich müsse ihr eine böse Mitteilung machen. Sie las das Schreiben, sagte ganz ratlos mehrmals: »Was soll aus dem Kind werden?«, unterschrieb dann still mit einem Bleistift. Inzwischen drängte sich das Kind an mich, reichte mir seinen Teddybär und erklärte strahlend vergnügt: »Mein Teddy, mein Teddy, sieh mal!« Die Frau ging dann mit dem Kind stumm die Treppe hinauf. Gleich darauf hörte ich sie laut weinen. Das Weinen hielt an. –

Die Dresdener Vernichtung
am 13. und 14. (Dienstag, Mittwoch) Februar 1945

Piskowitz, 22.–24. Februar

Wir setzten uns am Dienstag abend gegen halb zehn zum Kaffee, sehr abgekämpft und bedrückt, denn tagüber war ich ja als Hiobsbote herumgelaufen, und abends hatte mir Waldmann aufs bestimmteste versichert (aus Erfahrung und neuerdings aufgeschnappten Äußerungen), daß die am Freitag zu Deportierenden in den Tod geschickt (»auf ein Nebengleis geschoben«) würden, und daß wir Zurückbleibenden acht Tage später ebenso beseitigt werden würden – da kam Vollalarm. »Wenn sie doch alles zerschmissen!« sagte erbittert Frau Stühler, die den ganzen Tag herumgejagt war, und offenbar vergeblich, um ihren Jungen freizubekommen. – Wäre es nun bei diesem ersten Angriff geblieben, er hätte sich mir als der bisher schrecklichste eingeprägt, während er sich jetzt, von der späteren Katastrophe überlagert, schon zu allgemeinem Umriß verwischt. Man hörte sehr bald das immer tiefere und lautere Summen nahender Geschwader, das Licht ging aus, ein Krachen in der Nähe … Pause des Atemholens, man kniete geduckt zwischen den Stühlen, aus einigen Gruppen Wimmern und Weinen – neues Herankommen, neue Beengung der Todesgefahr, neuer Einschlag. Ich weiß nicht, wie oft sich das wiederholte. Plötzlich sprang das dem Eingang gegenüber gelegene Kellerfenster der Rückwand auf, und draußen war es taghell. Jemand rief: »Brandbombe, wir müssen löschen!« Zwei Leute schafften auch die Spritze heran und arbeiteten hörbar. Es kamen neue Einschläge, aber vom Hofe her ereignete sich nichts.

Und dann wurde es ruhiger, und dann kam Entwarnung. Zeitgefühl war mir verlorengegangen. Draußen war es taghell. Am Pirnaischen Platz, in der Marschallstraße und irgendwo an oder über der Elbe brannte es lichterloh. Der Boden war mit Scherben bedeckt. Ein furchtbarer Sturmwind blies. Natürlicher oder Flammensturm? Wohl beides. Im Treppenhaus der Zeughausstraße 1 waren die Fensterrahmen eingedrückt und lagen z. T. hindernd auf den Treppen. Bei uns oben Scherben. Fenster eingedrückt auf der Diele und nach der Elbe hin, im Schlafzimmer nur eines; auch in der Küche Fenster zerbrochen, Verdunkelung entzwei. Licht versagte, Wasser fehlte. Man sah große Brände über der Elbe und an der Marschallstraße. Frau Cohn berichtete, in ihrem Zimmer seien Möbel vom Luftdruck verrückt. Wir stellten eine Kerze auf den Tisch, tranken ein bißchen kalten Kaffee, aßen ein paar Brocken, tappten durch die Scherben, legten uns zu Bett. Es war nach Mitternacht – heraufgekommen waren wir um elf –, ich dachte: Nur schlafen, das Leben ist gerettet, für heute nacht werden wir Ruhe haben, jetzt nur die Nerven beruhigen! Eva sagte im Hinlegen: »Da sind doch Scherben in meinem Bett!« – Ich hörte sie aufstehen, räumen, dann schlief ich schon. Nach einer Weile, es muß nach ein Uhr gewesen sein, sagte Eva: »Alarm.« – »Ich habe nichts gehört.« – »Bestimmt. Es ist leise gewesen, sie fahren Handsirenen herum, Strom fehlt.« – Wir standen auf, Frau Stühler rief an unserer Tür »Alarm«, Eva klopfte bei Frau Cohn an – von beiden haben wir nichts mehr gehört – und eilten hinunter. Die Straße war taghell und fast leer, es brannte, der Sturm blies wie vorher. Vor der Mauer zwischen den beiden Zeughausstraßen-Häusern (der Mauer des einstigen Synagogenhofes mit den Baracken dahinter) stand wie gewöhnlich ein Stahlhelmposten. Ich fragte im Vorbeigehen, ob Alarm sei. – »Ja.« – Eva war zwei Schritte vor mir. Wir kamen in den Hausflur der Nr. 3. Indem ein schwerer naher Einschlag. Ich drückte mich kniend an die Wand in der Nähe der Hoftür. Als ich aufsah, war Eva verschwunden, ich glaubte sie in unserem Keller. Es war ruhig, ich stürzte über den Hof in unsern Judenkeller. Die

Tür klaffte. Eine Gruppe Leute kauerte wimmernd rechts der Tür, ich kniete links dicht am Fenster. Ich rief mehrmals nach Eva. Keine Antwort. Schwere Einschläge. Wieder sprang das Fenster an der Wand gegenüber auf, wieder Taghelle, wieder wurde gespritzt. Dann ein Schlag ans Fenster neben mir, etwas schlug heftig und glutheiß an meine rechte Gesichtsseite. Ich griff hin, die Hand war voller Blut, ich tastete das Auge ab, es war noch da. Eine Gruppe Russen – wo kamen sie her? – drängte zur Tür hinaus. Ich sprang zu ihnen. Den Rucksack hatte ich auf dem Rükken, die graue Tasche mit unseren Manuskripten und Evas Schmuck in der Hand, der alte Hut war mir entfallen. Ich stolperte und fiel. Ein Russe hob mich auf. Seitlich war eine Wölbung, weiß Gott, welcher schon halb zerstörte Keller. Da drängte man herein. Es war heiß. Die Russen liefen in irgendeiner andern Richtung weiter, ich mit ihnen. Nun stand man in einem offenen Gang, geduckt, zusammengedrängt. Vor mir lag ein unkenntlicher großer freier Platz, mitten in ihm ein ungeheurer Trichter. Krachen, Taghelle, Einschläge. Ich dachte nichts, ich hatte nicht einmal Angst, es war bloß eine ungeheure Spannung in mir, ich glaube, ich erwartete das Ende. Nach einem Augenblick kletterte ich über irgendein Gewölbe oder eine Brüstung oder Stufe ins Freie, stürzte mich in den Trichter, lag ein Weilchen platt an den Boden gedrückt, kletterte dann den Trichter aufwärts, über seinen Rand in ein Telefonhäuschen. Jemand rief: »Hierher, Herr Klemperer!« In dem demolierten Aborthäuschen nebenan stand Eisenmann sen., Schorschi auf dem Arm. »Ich weiß nicht, wo meine Frau ist. – Ich weiß nicht, wo meine Frau und die andern Kinder sind. – Es wird zu heiß, die Holzverschalung brennt ... drüben, die Halle der Reichsbank!« Wir rannten in eine flammenumgebene, aber fest aussehende Halle. Die Bombeneinschläge schienen für hier vorüber, aber ringsum flammte alles lichterloh. Ich konnte das Einzelne nicht unterscheiden, ich sah nur überall Flammen, hörte den Lärm des Feuers und des Sturms, empfand die fürchterliche innere Spannung. Nach einer Weile sagte Eisenmann: »Wir müssen zur Elbe herunter, wir werden durchkommen.« Er lief mit dem Kind auf den Schultern abwärts; nach fünf Schritten war mein Atem weg, ich konnte nicht folgen. Eine Gruppe Leute kletterte die Anlagen hinauf zur Brühlterrasse; es ging dicht an Bränden vorbei, aber oben mußte es sich kühler und freier atmen lassen. Ich stand dann oben, im Sturmwind und Funkenregen. Rechts und links flammten Gebäude, das Belvedere und – wahrscheinlich – die Kunstakademie. Immer wenn der Funkenregen an einer Seite zu stark wurde, wich ich nach der andern zu aus. Im weiteren Umkreis nichts als Brände. Diesseits der Elbe besonders hervorragend als Fackel der hohe Aufbau am Pirnaischen Platz, jenseits der Elbe weißglühend, taghell das Dach des Finanzministeriums. Allmählich kamen mir Gedanken. War Eva verloren, hatte sie sich retten können, hatte ich zu wenig an sie gedacht? Ich hatte die Wolldecke – *eine*, die andere war mir wohl mit dem Hut verlorengegangen – um Kopf und Schultern gezogen, sie verdeckte auch den Stern, ich trug in den Händen die kostbare Tasche und – richtig, auch den Lederhandkoffer mit Evas Wollsachen, wie ich den bei all der Kletterei festgehalten habe, ist mir rätselhaft. Der Sturm riß immer wieder an meiner Decke, tat mir am Kopf weh. Es hatte zu regnen begonnen, der Boden war naß und weich, dort mochte ich nichts hinstellen, so hatte ich schwere körperliche Anstrengung, und das betäubte wohl und lenkte ab. Aber zwischendurch war immer wieder als dumpfer Druck und Gewissenstich da, was mit Eva sei, warum ich nicht genug an sie dächte. Manchmal meinte ich: Sie ist geschickter und mutiger, sie wird in Sicherheit sein; manchmal: Wenn sie wenigstens nicht gelitten hat! Dann wieder bloß: Wenn die Nacht vorüber wäre! Einmal bat ich Leute, meine Sachen einen Moment auf ihre Kiste stellen zu dürfen, um mir die Decke zurechtziehen zu können. Einmal sprach mich ein Mann an: »Sie sind doch auch Jude? Ich wohne seit gestern in Ihrem Haus« – Löwenstamm. Seine Frau reichte mir eine Serviette, mit der ich mein Gesicht verbinden sollte. Der Verband hielt nicht, ich habe die Serviette dann als Taschentuch benutzt. Ein andermal kam ein junger Mensch an mich heran, der sich die Hosen festhielt. In gebrochenem Deutsch: Holländer, gefangen (daher ohne Hosenträger) im PPD. »Ausgerissen – die andern verbrennen im Gefängnis.« Es regnete, es stürmte, ich kletterte ein Stück herauf bis an die z. T. abgestürzte Brüstung der Terrasse, ich kletterte wieder herunter in Windschutz, es regnete immerfort, der Boden war glitschig, Menschengruppen standen und saßen, das Belvedere brannte, die Kunstakademie brannte, überall in der Ferne war Feuer – ich war durchaus dumpf. Ich dachte gar nichts, es tauchten nur Fetzen auf. Eva – warum sorge ich mich nicht ständig um sie – warum kann ich nichts im Einzelnen beobachten, sondern sehe nur immer das Bühnenfeuer zur Rechten und zur Linken, die brennenden Balken und Fetzen und Dachsparren in und über den steinernen Mauern? Dann machte mir wieder der ruhige Denkmalsmann auf der Terrasse seltsamen Eindruck – wer war es? Aber die meiste Zeit stand ich wie im Halbschlaf und wartete auf die Dämmerung. Sehr spät fiel mir ein, mein Gepäck zwischen die Zweige eines Buschs zu klemmen: Da konnte ich etwas freier stehen und meine Schutzdecke etwas besser zusammenhalten. (Den Lederkoffer übrigens hat doch Eva gehabt; immerhin waren die Tasche und der Rucksack beschwerend genug.) Das verkrustete Wundgefühl um das Auge herum, das Reiben der Decke, die Nässe wirkten auch betäubend. Ich war ohne Zeitgefühl, es dauerte endlos und dauerte auch wieder gar nicht lange, da dämmerte es. Das Brennen ging immer weiter. Rechts und links war mir der Weg nach wie vor gesperrt – ich dachte immer: Jetzt noch zu verunglücken wäre jämmerlich. Irgendein Turm glühte dunkelrot, das hohe Haus mit dem Türmchen am Pirnaischen Platz schien stürzen zu wollen – ich habe aber den Einsturz nicht gesehen –, das Ministerium drüben brannte silberblendend. Es wurde heller, und ich sah einen Menschenstrom auf der Straße an der Elbe. Aber ich getraute mich noch immer nicht herunter. Schließlich, wohl gegen sieben, die Terrasse – die den Juden verbotene Terrasse – war schon ziemlich leer geworden, ging ich an dem immerfort brennenden Belvedere-Gehäuse vorbei und kam an die Terrassenmauer. Eine Reihe Leute saß dort.

Nach einer Minute wurde ich angerufen: Eva saß unversehrt in ihrem Pelz auf dem Handkoffer. Wir begrüßten uns sehr herzlich, und der Verlust unserer Habe war uns vollkommen gleichgültig, und ist es uns auch heute noch. Eva war in dem kritischen Moment aus dem Flur der Zeughausstraße 3 von irgend jemandem buchstäblich in den arischen Luftkeller heruntergerissen worden, sie war durch das Kellerfenster auf die Straße gelangt, hatte beide Häuser 1 und 3 in vollen Flammen gesehen, war eine Weile im Keller des Albertinums gewesen, dann durch Qualm an die Elbe gelangt, hatte die weitere Nacht teils elbaufwärts mich gesucht, dabei die Vernichtung des Thammhauses (also unseres gesamten Mobiliars) festgestellt, teils in einem Keller unter dem Belvedere gesessen. Einmal auf ihrem Suchweg hatte sie eine Zigarette anzünden wollen und keine Streichhölzer gehabt; am Boden glühte ein Stück, sie wollte es benutzen – es war ein brennender Leichnam. Im ganzen hatte sich Eva viel besser gehalten als ich, viel ruhiger beobachtet und sich selber dirigiert, trotzdem ihr beim Herausklettern Bretter eines Fensterflügels an den Kopf geflogen waren. (Zum Glück war er dick und blieb unverletzt.) Der Unterschied: Sie handelte und beobachtete, ich folgte meinem Instinkt, anderen Leuten und sah gar nichts. Nun war es also Mittwoch morgen, der 14. 2., und wir hatten das Leben gerettet und waren beisammen.

Wir standen noch nach der ersten Begrüßung zusammen, da tauchte Eisenmann mit Schorschi auf. Seine andern Angehörigen hatte er nicht gefunden. Er war so herunter, daß er zu weinen anfing: »Gleich wird das Kind Frühstück verlangen – was soll ich ihm geben?« Dann faßte er sich. Wir müßten unsre Leute zu treffen versuchen, ich müßte den Stern entfernen, so wie er den seinen schon abgemacht hätte. Darauf riß Eva mit einem Taschenmesserchen die Stella von meinem Mantel. Dann schlug Eisenmann vor, zum jüdischen Friedhof zu gehen. Der würde unversehrt sein und Treffpunkt bilden. Er zog voran, wir verloren ihn bald aus den Augen, und seitdem blieb er für uns verschwunden.

Wir gingen langsam, denn ich trug nun beide Taschen, und die Glieder schmerzten, das Ufer entlang bis über die Vogelwiese hinaus. Oben war Haus bei Haus ausgebrannte Ruine. Hier unten am Fluß, wo sich viele Menschen bewegten oder hingelagert hatten, staken im durchwühlten Boden massenhaft die leeren, eckigen Hülsen der Stabbrandbomben. Aus vielen Häusern der Straße oben schlugen immer noch Flammen. Bisweilen lagen, klein und im wesentlichen ein Kleiderbündel, Tote auf den Weg gestreut. Einem war der Schädel weggerissen, der Kopf war oben eine dunkelrote Schale. Einmal lag ein Arm da mit einer bleichen, nicht unschönen Hand, wie man so ein Stück in Friseur-Schaufenstern aus Wachs geformt sieht. Metallgerippe vernichteter Wagen, ausgebrannte Schuppen. Die Menschen weiter draußen hatten z. T. wohl einiges retten können, sie führten Bettzeug und ähnliches auf Karren mit sich oder saßen auf Kisten und Ballen. Zwischen diesen Inseln hindurch, an den Leichen und Wagentrümmern vorbei, strömte immerfort Verkehr, Elbe auf- und abwärts, ein stiller, erregter Korso. Wir bogen endlich – ich überließ mich Evas Führung und weiß nicht, wo – rechts zur Stadt hin. Jedes Haus eine Brandruine, aber häufig Menschen davor mit gerettetem Hausrat. Immer wieder noch unversiegte Brände. Nirgends die Spur einer Löschtätigkeit. Eva sagte: »Das Lämmchen«, »der Fürstenplatz«. Erst als wir an die Krankenhäuser kamen, orientierte ich mich. Das Bürgerspital schien nur noch Kulisse, das Krankenhaus bloß teilweise getroffen. Wir traten in den jüdischen Friedhof. Von dem Haus, das die Leichenhalle und Jacobis kleine Wohnung enthalten hatte, stand dachlos das äußere Gemäuer, dazwischen sah man ein tiefes Loch im nackten Erdboden, sonst gar nichts, alles war vollkommen vertilgt. Merkwürdig klein wirkte dieser Raum; rätselhaft, wie er die Halle, die Wohnung und noch einige Nebenräume enthalten hatte. Ich ging die Allee hinunter zu dem Gärtnerschuppen, in dem ich Steinitz, Schein und Magnus oft beim Skat getroffen hatte. Viele Grabsteine und -platten waren umgeworfen oder beiseite geschoben, viele Bäume geknickt, manche Gräber wie angewühlt. (Wir fan-

den nachher noch in einer ziemlich entfernten Straße ein Stück
Grabstein, Sara ... war darauf zu entziffern.) Der Gärtnerschuppen stand kaum beschädigt – aber nirgends war ein Mensch zu
sehen. Einen Keller hat es auf dem Friedhof nicht gegeben – was
mag aus Jacobi und seiner Familie geworden sein? –

Wir wollten nun nach der Borsbergstraße zu Katz, teils um
Anschluß zu finden, teils meines Auges halber, aber überall in
den Straßen war Schutt und rauchiger Staub, überall brannten
noch einzelne Häuser. Als eines davon wenige Schritte vor uns in
sich zusammenstürzte, natürlich mit ungemeiner Staubentwick-
lung, gaben wir den Versuch auf. Langsam, mit vielen Pausen,
sehr erschöpft, gingen wir den gleichen Weg zurück, den wir gekommen. Dort flutete der gleiche Korso wie zuvor. Dann suchten
wir noch am Platz vor der Zeughausstraße, ob sich dort jemand
von den unsrigen finde. Die Zeughausstraße 3 war ein einziger
Geröllhaufen, von der Zeughausstraße 1 stand, der Stadt zuge-
kehrt, ein Vorderpfeiler mit einem Stückchen Mauer galgenar-
tig daran hängend. Das ragte gespenstisch und gefährlich und
verstärkte nur das Bild der absoluten Zerstörung. Wieder kein
Mensch. Wir lagerten uns nun an der Außenmauer der Brühlterrasse, Schmalseite. Wir fanden dort Waldmanns und Witkowskys, dazu ein älteres Ehepaar Fleischner. Waldmann rühmte sich,
einige vierzig Leute, Juden und Arier, aus der Zeughausstraße
1 gerettet zu haben, dort sei niemand umgekommen. Er wußte
auch von irgendwoher, daß die Ménages Steinitz und Magnus
heil seien – von allen andern wußte er nichts. Sehr merkwürdig
berührte es mich, daß sich der ganz verlorene Witkowsky zäh
und agil unter den Lebenden befand.

Auf dem Platz vor uns hielt ein Sanitätsautomobil; Menschen
umlagerten es, Bahren mit Verwundeten lagen in seiner Nähe am
Boden. Auf einem Bänkchen beim Eingang des Autos machte ein
Sanitäter Augeneintropfungen; mehr oder minder mitgenomme-
ne Augen waren überaus häufig. Ich kam rasch an die Reihe.
»Nu, Vater, ich tu Ihnen nicht weh!« Mit der Kante eines Pa-
pierstückchens holte er einigen Unrat aus dem verletzten Auge,

machte dann eine ätzende Eintropfung in beide Augen. Ich ging, ein wenig erleichtert, langsam zurück; nach wenigen Schritten hörte ich über mir das bösartig stärker werdende Summen eines rasch näher kommenden und herunterstoßenden Flugzeugs. Ich lief rasch auf die Mauer zu, es lagen schon mehr Menschen dort, warf mich zu Boden, den Kopf gegen die Mauer, das Gesicht in die Arme gelegt. Schon krachte es, und Kiesgeröll rieselte auf mich herab. Ich lag noch eine Weile, ich dachte: »Nur jetzt nicht noch nachträglich krepieren!« Es gab noch einige entferntere Einschläge, dann wurde es still. –

Ich stand auf, da war Eva inzwischen verschwunden. Fleischners hatten sie eben noch gesehen, ein Unheil hatte sich hier nicht ereignet: So war ich nicht sonderlich besorgt. Immerhin dauerte es wohl zwei Stunden, bis wir uns wieder trafen. Eva hatte beim ersten Bombenabwurf wie ich an der Mauer in Deckung gelegen, nachher einen Keller an der Elbe aufgesucht. Ich suchte sie längs der Mauer, dann mit Waldmann zusammen im Albertinum, ich hinterließ an der Mauer sozusagen meine Adresse einem neu aufgetauchten Graukopf, mit dem ich Waldmann in behaglichem Gespräch gefunden. »Leuschners Schwager.« – »Er muß doch wissen, daß Sie und ich einen Stern getragen haben.« – »Das ist doch jetzt ganz egal! Alle Listen sind vernichtet, die Gestapo hat anderes zu tun, und in vierzehn Tagen ist sowieso alles zu Ende!« Das war Waldmanns in den nächsten Tagen ständig wiederholte Überzeugung, Löwenstamm und Witkowsky urteilten ebenso. Der Schwager Leuschner jedenfalls blieb harmlos, ich plauderte in der Nacht noch wiederholt mit ihm, und am nächsten Morgen reichten wir uns die Hand zum Abschied.

Irgendwie also hat sich Eva nach einiger Zeit in dem ihr schon von früher und vom Beginn der Schreckensnacht her bekannten Albertinumkeller eingefunden. Das große Gebäude hatte in seinen obern Stockwerken gebrannt; das weiß ich aber nur aus Evas Bericht. Denn oben thronte unversehrt die gußeiserne Queen, und der festen Kellerflucht, wahren Katakomben, zu denen von der Toreinfahrt aus eine breite Treppe führte, merkte man nichts an. Die hohen, zahlreichen elektrisch erleuchteten Räume waren sehr voll. Es war schwer, auf den Bänken einen Sitzplatz zu finden. Auf dem Fußboden lagen auf Bahren oder Decken oder Betten Schwerverwundete, einige Räume waren ganz als Lazarett eingerichtet, nur von Liegenden angefüllt. Soldaten und Sanitäter gingen und kamen, neue Bahren wurden hereingetragen. Dort, wo ich Platz fand, etwa im mittleren Raum, lag am Boden ein furchtbar röchelnder Soldat, ein starker Kerl mit mächtigen Beinen und Füßen. Jeder Vorbeigehende stolperte über seine Stiefel, der Mann in seiner tiefen Bewußtlosigkeit merkte nichts mehr. Dicht neben ihm unter Betten lagen zwei Frauen, die ich lange für tot hielt. Später begann die eine zu stöhnen und bat mich einmal, ihr die Decke fester an den Rücken zu stopfen. In einer Ecke des Raums stand auf niedriger Estrade eine Dynamomaschine, großes Schwungrad mit Handhebel. Als Eva kam, streckte sie sich auf dieser Estrade lang aus und schlief viel. Ich selber wanderte viel herum, plauderte, kauerte mich zwischendurch auf ein Bankeckchen und schlief. Ich war nach der Katastrophennacht und nach dem reichlichen Gepäckmarsch des Vormittags so abgespannt, daß ich gar kein Zeitgefühl mehr hatte. Es war kaum später als sechzehn Uhr, da schien es mir schon, als steckten wir tief in der zweiten Nacht. Die Abspannung wurde durch Hunger verstärkt. Seit der Kaffeemahlzeit am Dienstag abend hatten wir keinen Bissen erhalten. Es hieß immer, die NSV werde Verpflegung heranschaffen. Aber nichts kam. Die Sanitätssoldaten hatten Brot und Wurst zu ihrer eigenen Verpflegung. Davon verschenkten sie einiges. Ich bettelte einen an und brachte Eva ein Brot. Später kam eine Frau, brach mit ihrer fraglos schmutzigen Hand einen Brocken von ihrer Schnitte ab und reichte sie mir. Das Stückchen aß ich. Viel später, bestimmt schon am vorgeschrittenen Abend, kam ein höherer Sanitäter, traf irgendwelche Anordnungen und rief, jeder werde gleich etwas zu essen bekommen. Dann tauchte eine Schüssel mit weißen Brotpaketen auf, in jedem Paket zwei Doppelschnitten. Aber nach den ersten Minuten hieß es: Jedes Paket

1945 | 295

müsse für zwei Personen reichen. Ich teilte mit Eva. Was aber den meisten – uns merkwürdigerweise nicht – mehr fehlte als das Essen, war Getränk. Anfangs hatte man irgendwo ein wenig Tee aufgetrieben und einzelne Schlucke verteilt. Bald gab es gar nichts, keinen Tropfen Wasser, auch nichts für die Verwundeten und Sterbenden. Die Sanitäter klagten, sie könnten niemandem helfen. Der kräftige Waldmann fühlte sich derart durstgequält, daß er buchstäblich verfiel. Er schlief ein, fuhr elend auf, er habe von Trinken geträumt. Neue Sanitäter kamen. Einer setzte Waldmann die Flasche an den Mund. Ein andrer, offenbar schon Arzt, stand ein Weilchen vor dem Röchelnden. »Die Lunge?« fragte ich. – Gleichgültige Antwort: Ödem. Eine Weile später hörte das Röcheln auf, ein bißchen Schaum trat vor den Mund. Aber der Mann bewegte das Gesicht noch lange, ehe er still lag. Später schaffte man den Leichnam hinaus. Auf dem Hof sollten viele Tote liegen. Ich habe sie nicht gesehen, ich habe dort oben nur (wie x andere auch) mein Geschäft verrichtet. Irgendwann gingen die Lampen aus, man saß im Dunkeln, sogleich wurde gejammert: Sie sind wieder da, und tatsächlich hörte man das Summen in der Luft, und tatsächlich waren die Flieger auch wieder da. Kerzen wurden angezündet, und jemand rief, es seien gar keine Flieger da, man müßte nur mit der Handmaschine neuen Strom für die Beleuchtung und den Ventilator schaffen. Das große Rad wurde gedreht, und es sah phantastisch aus, wie die übergroßen Schatten der Arbeitenden an der Wand auf- und niederfuhren. Nach ein paar Minuten gingen die Lampen allmählich wieder an, und die Entlüftungsmaschine begann zu singen. Ein paar Stunden später wiederholte sich die Szene …

Eva schlief fest, ich ging herum, schlief wieder, wanderte wieder, war ohne Gedanken und ohne Zeitgefühl, aber doch etwas entlasteter als die Nacht zuvor. Immer wieder wurden Verletzte hereingetragen oder von einem Raum in den andern verlegt, immer wieder kamen neue Sanitäter, auch neue Zivilisten. Ein Mädchen erzählte mir, sie habe im Trompeterschlößchen Dienst getan, das einen besonders guten Keller hatte. Beim ersten Angriff sei das Zentraltheater und ein nahes Hotel getroffen worden, die dort befindlichen Leute hätten den Trompeterkeller aufgesucht, sie hätten sich dort unten Wein geben lassen. Dann habe auch das Schlößchen gebrannt, es sei im Keller furchtbar heiß geworden. Sie, die Kellnerin, ein Koch und noch zwei Angestellte hätten die Ventilatormaschine mit der Hand bedient, hätten feuchte Tücher vorm Mund getragen und wären noch ins Freie gekommen; alle andern aber seien zusammengebrochen, die Geretteten seien über ganze Leichenhaufen geklettert. Sehr spät in der Nacht oder schon gegen Morgen kam Witkowsky aufgeregt zu mir: »Wir werden alle herausgeschafft, nach Meißen, nach Klotzsche, die zuerst herauskommen, sollen es am besten haben, kommen Sie gleich mit uns, es geht nach Klotzsche.« Ich weckte Eva, sie war einverstanden, es dauerte aber eine Weile, ehe sie fertig war. Da hieß es, der Wagen sei voll, es würden aber in kurzen Abständen weitere folgen. Wir blieben draußen auf der Bank vor dem Keller – drin war heiße dicke Luft. Wir hörten die Geschichte eines jungen Menschen, der mit seinem Amt von Czenstochau hierhin geschafft worden war, und nun war hier seine Amtsstelle mit dem Rest seiner Habe untergegangen. Wir saßen lange, es dämmerte. Dann stand wieder ein Wagen bereit, man schaffte mehrere Kranke auf Bahren hinein, preßte dann uns Gesunde dazwischen und in den Hintergrund. Eine holprige Fahrt an Ruinen und Bränden vorüber. Genaues konnte ich von meinem Sitz aus nicht sehen, aber jenseits des Albertplatzes hörte die restlose Zerstörung auf. Ziemlich früh am Morgen des Donnerstag waren wir dann im Fliegerhorst.

Klotzsche
15. Februar, Donnerstag morgen –
17. Februar, Sonnabend abend

Die erste Wonne war der Riesenkessel Nudelsuppe im Schlafsaal.
Ich nahm ruhig den Löffel eines alten Mannes, der vor mir ge-
gessen hatte. Ich aß drei tiefe Teller. Dann gingen wir auf Suche
nach unseren Leuten und fanden sie rasch in einem ganz ähnlichen Saal eines ganz ähnlichen anderen Hauses.

Am Nachmittag ging ich ins Lazarett. Mir waren schon in
Dresden die übervielen Augenbeschädigungen aufgefallen. Hier
hatte man eine besondere Augenstation eingerichtet. Ich kam
bald heran, der junge Arzt war sehr liebenswürdig, fragte nach
meinem Beruf und wurde noch liebenswürdiger und aufmerk-
samer. Befund: Nach oberflächlicher Untersuchung (und zu
mehr fehle es hier an allem) befinde sich die Blutung unter der
Bindehaut und sei harmlos; aber ein Riß in der Netzhaut sei doch
nicht ausgeschlossen, ich müßte noch einen Facharzt aufsuchen.
Wie eilig hätte ich das in normalen Zeiten getan. Jetzt blieb mir
nichts anderes übrig, als diese Gefahr zu dem übrigen zu legen.
Das Auge hat sich inzwischen fast hergestellt, und nun wird
wohl nichts weiter mehr nachkommen. –

In Klotzsche kamen mir zum erstenmal Gedanken über unsere Verluste. Alle meine Bücher, die Lexika, die eigenen Werke, *ein*
Maschinenexemplar des 18ième und des Curriculum. Geschieht
ein Unglück in Pirna, dann ist meine gesamte Arbeit seit 1933
vernichtet. – Im Schreibtisch lagen zusammengestellt die Stücke
des dritten Bandes gesammelter Aufsätze. Wie soll ich das wieder zusammenfinden? Bei Thamm sind alle meine Sonderdrucke
vernichtet ...

Das alles focht mich nicht übermäßig an. Das Curriculum
würde ich in knapperer und vielleicht besserer Fassung aus dem
Kopfe wiederherstellen. (Bei der Buck hat mir einmal ein Satz
imponiert: »Darauf zerriß sie alle Modellzeichnungen, um nun
frei gestalten zu können.«) Nur um die Sammlungen zur LTI
wäre es ewig schade. –

Piskowitz, 19. Februar, Montag nachmittag

Ich habe einen Stichwort-Überblick, den ich fortführe; ich breite hier einzelnes nach Zeit und Stimmung aus.

Immer wieder bewegt mich die doppelte Gefahr. Die Gefahr der Bomben und der Russen teile ich mit allen andern; die der *Stella* ist meine eigene und die weitaus größere. Das fing in der Terrornacht an; erst schlug ich die Decke darüber. Am Morgen sagte mir Eisenmann: »Sie müssen ihn abnehmen, *ich* habe es schon getan.« Ich machte den Mantel frei. Waldmann beruhigte mich: In diesem Chaos und bei Vernichtung aller Amtsstellen und Verzeichnisse ... Übrigens hätte ich gar keine Wahl; mit dem Stern würde ich sofort ausgesondert und getötet. Dem ersten Schritt folgten zwangsläufig die anderen. In Klotzsche die Aufnahmeliste mit Victor Klemperer senz'altro. Erst von mir nur diktiert. Später bei Ausgabe von Essenmarken von mir unterschrieben. Danach brauchte ich Versorgungsschein. Jetzt auf zwei Ämtern in Stadt Klotzsche genaue Angaben und Unterschriften. Eva nahm auch eine Raucherkarte für mich. Ich unterzeichnete zweimal. Ich saß in Restaurants, ich fuhr Eisenbahn und Trambahn – auf alles das steht im 3. Reich für mich der Tod. Ich sagte mir immer, wer wolle mich kennen, zumal wir uns aus dem Dresdener Bezirk entfernten. Kamenz ist eigene Amtshauptmannschaft.

20. Februar, Dienstag vormittag

All die Gedanken über Volksstimmung und Lage führten in unserer Gruppe natürlich immer wieder zur Frage der persönlichen Sicherheit. Ich war der einzige, der ängstlich war. Wir erfuhren dann am Sonnabend: 1) laufe am Sonntag ein neues Kapitulations-Ultimatum ab, 2) werde der Fliegerhorst am Sonntag von allen Zivilisten geräumt. Darauf nahm Eva mit großer Unruhe und wilder Energie den Piskowitzplan in die Hand. Um dreiviertel sieben waren wir mit allen Papieren zurück im Fliegerhorst, um 19.10 Uhr sollte unser Zug vom Bahnhof Klotzsche abgehen, um 19.20 Uhr waren wir mit unserm Gepäck und trokkenen Brotschnitten dort. »Zug wird ausgerufen – unbestimmt wann.« Gedränge von Militär und Zivilisten. Wir aßen unser Brot. Um 20.30 Uhr etwa kam der Zug. Fahrt im Dunkeln mit endlosen Aufenthalten und unglaublichem Funkenflug der Maschine. Genau um Mitternacht in Kamenz.

Ich fragte in dem NSV-Zimmer an, ob es eine Fahrgelegenheit nach Piskowitz gebe. Am Sonntag kaum, hieß es; ich möge aber in der Panzergrenadier-Kaserne anfragen, auch könnte ich jedes Militärauto auf der Landstraße anhalten.

Nach sieben Uhr begannen wir den Gepäckmarsch. Vieles vom Weg war mir von unsern Fahrten her in Erinnerung. In der Kaserne war man ungemein höflich zu mir, hatte aber keinen Transport nach Piskowitz, auch mit dem Anhalten der Wagen glückte es nicht.

Wir mußten langsam, langsam die ganzen 8 km wandern. Ebene Äcker wechseln mit Waldstücken, die wie mit dem Lineal und Winkelmaß gezogen sind und aus dichtgestellten, gleichförmigen und unromantischen hageren Kiefern bestehen. In Großbaselitz war der Gasthof offen, aber von einer Schippertruppe belegt. Wir gingen in die Küche, erzählten unser Unglück, wurden sofort gut aufgenommen, bekamen am Küchentisch Kaffee und Buttersemmel, wofür Marken und Geld verweigert wurden, und mußten berichten. Ein alter Mann, sehr rüstig, mit gutgeschnittenem und rasiertem Gesicht, Wirt oder Vater des Wirtes, setzte sich zum eigenen Frühstück an den Tisch und sprach laut und unverblümt über das unsägliche Elend, an dem *er* schuld sei, *er* allein, und das er, der Wirt, längst habe kommen sehen. Nun sei das Ende da. Wir nahmen diese Bewirtung als gutes Vorzeichen. –

Nachmittag

Wir kamen am Sonntag etwa am späten Mittag an. Ein kleines Mädchen, die achtjährige Marka (Maria) vor der Tür: Die Mutter sei krank. In der uns vertrauten Stube lag Agnes auf dem Sofa aufgebettet, sehr wenig verändert mit dem alten hochroten Gesicht. Entsetzen und Freude und wieder Entsetzen – sie habe uns seit Jahren, seit Michel das Haus in Dölzschen von uns verlassen und »mit großer Fahne« vorgefunden, für verschollen gehalten.

21. Februar, Mittwoch vormittag

Es ist nicht so, als behandelte uns Agnes als Gäste und briete Extrawürste, sondern wir bekommen genau das, was sie und ihre Kinder essen. Nun ging es uns beiden wohl in Dresden besonders schlecht, wir empfanden ja schon die Kost in Klotzsche als eine Herausfütterung. Hier aber nährt man sich wahrhaftig von Rahm und Butter und erhält an einem Tag mehr Kalorien, als es in Dresden wöchentlich gab. Wir bekommen morgens und nachmittags in beliebiger Menge das schöne Landbrot mit Butter und Quark oder Honig. Wir bekommen zu Mittag eine kräftige Suppe, fast immer Fleisch, abends auch. Man hat Karnickel und schlachtet sie, man hat Milch in Menge (von zwei Kühen), liefert nicht alles ab, was man abliefern soll, und buttert ein bißchen schwarz. Gestern nachmittag bekamen wir Eierkuchen zum Kaffee. Eva aß zweieinhalb und ein Brot mit Fleisch hinterher, ich aß dreieinhalb. (Zum Vergleich: Bei »Maxe« gab es in besseren Zeiten einen Eierkuchen gegen 100 Gramm Weißbrot- und 10 Gramm Fettmarken; seit Monaten fehlten die Eier, und so gab es für die genannten Marken *einen* Kartoffelpuffer. Der und ein halber fettloser »Stamm« waren Evas Vorzugsmittagsbrot.) Bisweilen kommt ein Soldat ins Zimmer: »Frau, kann ich a weng Mehl haben?« Dann gibt es eine kleine Plauderei. Die Leute sind resigniert – das sei kein Krieg mehr, nur noch ein Schlachten, die Russen seien in ihrer Übermacht nicht aufzuhalten usw. usw. –, aber sie sind eben *nur* resigniert und müde – einer von ihnen ist seit siebeneinhalb Jahren Soldat – und keineswegs defätistisch oder gar rebellisch. Sie lassen sich fraglos weiterschlachten, sie leisten fraglos weiteren Widerstand. –

28. Februar, Mittwoch vormittag

Eva war früh beim Bürgermeister. Harmlos und überhäuft wie bisher, und in Dresden scheint noch ziemliches Chaos zu herrschen. Aber er las Eva aus der »Kamenzer Zeitung« neue Bestimmungen vor, und eben bringt Agnes das Blatt mit Anordnungen Mutschmanns: Die Schnur zieht sich immer enger um meinen Hals, es ist kein Ausweg mehr zu finden. Und der Krieg geht geradezu erfolgreich für Deutschland weiter: Überall behauptet es sich, ja gewinnt Boden zurück.

Nach Tisch, vierzehn Uhr

Evas Unerschütterlichkeit richtet mich immer wieder auf. Ihr an Scherner appellierender Plan scheint mir bis zur Unmöglichkeit phantastisch; aber der Weg dorthin würde sowieso über Pirna führen, und an Pirna knüpfe ich so etwas wie eine allerletzte Hoffnung. –

Falkenstein im Vogtland
In Scherners Apotheke

7. März, Mittwoch vormittag

Überblick	Sonntag, 4. 3.:	Piskowitz ab 14 Uhr. Pirna an 23 Uhr. Bei Annemarie und Dreßel: Nacht.
	Montag, 5. 3.:	10–12 Uhr im Bombenkeller der Klinik. 14 Uhr Fahrtbeginn nach Falkenstein. Nachts im Zuge angegriffen.
	Dienstag, 6. 3.:	Morgens Frühstück Zwotental. 11–13 Uhr Güterzug Falkenstein. In Scherners Apotheke.

Seit wir hier untergekommen, dürften meine Chancen des Überlebens einigermaßen auf 50 Prozent gestiegen sein. Meinen Manuskripten in Pirna aber, die keinerlei Kopie mehr haben und alle Arbeit und alle Tagebücher umfassen, gebe ich höchstens 10 Prozent Chance.

8. März, Donnerstag vormittag

Immer wieder gehe ich meine Chancen durch: Meine Flücht-lingsspur ist verwischt, es herrscht ein viel zu großes und ständig wachsendes Chaos, als daß man mir nachforschen dürfte. Wie-derum: Jede Bewegung kann mir in jeder Stunde den Tod brin-gen. Und wie lange noch? Wir erfahren wenig, Scherners sind absolut uninteressiert, Zeitung aus Leipzig soll unregelmäßig eintreffen, mit dem Radio auf dem Rathausplatz haben wir kein Glück. Immerhin: Die Alliierten sind bestimmt in den Vorstäd-ten von Köln. Forse che sì, forse che no …

9. März, Freitag morgens nach sieben Uhr

In der Laborküche rasiert und fertig gemacht. Eva klatscht sich im Zwischenraum Laden-Privatkontor. Sie packt dann hier unten zusammen, wir frühstücken noch hier, und um acht, wenn Scherner erscheint, ziehen wir nach oben. Schon gewohnt.

Aber neue würgende Besorgnis. Wenn wir gegen Abend her-unterkommen, ist ein Haufen Leute hier. Mit allen ist Scherner intim, allen stellt er uns gleich vor. »Herr und Frau Professor Klemperer« hier und dort und überall, in aller Munde. Gewiß, Freunde, harmlose Leute. Gestern bot mir eine dicke Frau ein Paar Wollstrümpfe an; ich lehnte ab, da warf sie im Weggehen Eva zwei »Leichenfinger«-Käse auf die Handtasche, »damit Sie nicht so sehr hungern!« Aber all diese Harmlosen haben Ver-wandtschaft, Freundschaft, alle Konnex mit Dresden. Sodann und tausendmal schlimmer: Gestern haben wir unsere polizei-liche Anmeldung, von Scherner und dem Hauswirt (der ADCA) unterschrieben, abgegeben. Victor Klemperer, em. Professor aus Dresden. Es gibt natürlich auch hier Gestapo. Und natürlich wird sie doch den Zuzug kontrollieren. Was weiß sie, wen sucht sie? Klemperer ist ein seltener und bekannter Judenname. (Die Bank-Klemperers.) Es ist ein entsetzliches Gefühl.

Vormittags neun Uhr

Die Anmeldung ist noch nicht abgegeben, noch nicht vom Wirt unterzeichnet. Der Wirt (ADCA-Filialleiter) ist Eva unheimlich, auch hält sie ihn, da wir nur *Besucher,* nicht *Mieter* sind, für unnötig. Sie will zu inhibieren suchen. Aber was dann weiter? Gar nicht abgeben? Verschleiernd ändern? Alles ist unendlich erschwert durch Scherners doppeltes Nichtverstehen. Einmal ist er ahnungslos und begreift nicht die Schwierigkeit unserer Lage (und zu ängstlich und befangen machen dürfen wir ihn nicht); zum andern ist er überaus schwerhörig, man muß zu ihm brüllen. Wir denken an weitere Flucht – aber wohin?

10. März, Sonnabend
Die Anmeldeaffäre schwebt. Schwersten Herzens schrieb ich Landsberg statt Dresden. (Es geht immerhin, alles übrige, schon der Haarschnitt beim Friseur, brächte mir ja auch schon den Tod.) Ich habe Scherner für alle Fälle um Veronal gebeten. Er zögert noch. Es wird sich darum handeln, ob wir den Schein ohne nochmalige Unterschrift des ADCA-Wirtes abgeben können, ferner, ob man mich vom Arbeitsamt verlangt. Eva will jetzt bald zum Rathaus. –
Nachmittag gegen sechzehn Uhr, Privatkontor
Die Meldescheine wurden abgenommen, einer blieb uns, einer bleibt im Rathaus, einer kommt aufs Landratsamt nach Auerbach. Von Zuzugsgenehmigung war nicht mehr die Rede, vom Arbeitsamt auch nicht. Möglich also, daß die Zettel unter tausend andern versinken, daß ich eine Weile Ruhe habe.

19. März, Montag, halb zehn Uhr, oben
Ich habe den größeren Teil dieser Gerlach- und Molo-Notiz erst jetzt hier oben geschrieben, und das ist nun meine Art des Stoizismus; denn inzwischen ist Eva, der ich mich überlasse, bereits an Scherner herangetreten, mit einem fertigen Seiltänzerplan – ich kann noch nicht einmal sagen, das Seil sei über den Abgrund gespannt, denn es wird münchhausenhaft in die Luft geworfen, unter uns abgeschnitten, höhergeworfen. Bayern, Richtung Schweitenkirchen, geänderter Name, verlorene Papiere – Mixtur aus Karl May und Sherlock Holmes Unsere

richtigen Papiere, unsere Manuskripte (Evas Kompositionen, mein Stück Tagebuch) sollen bei Scherner deponiert werden, der Judenstern auch. Ich werde fünf Jahre älter sein und Studienrat aus Landsberg a. W. Geld soll uns Scherner geben. – Das ist alles irrsinnig und entsetzlich gewagt.

27. März, Dienstag vormittag

Aus der Amalienapotheke in Dresden bekam ich voriges Jahr eine Flasche Jodmixtur nach Katz' Rezept. Darauf stand mein Name *Kleinpeter*. Veränderung zweier Buchstaben, überaus leicht kann man *m* als *in* und *r* als *t* lesen (oder vom ersten zum zweiten Zustand überführen). Das ist uns jetzt eingefallen.

31. März, Sonnabend abend nach einundzwanzig Uhr

Eva hat uns also hier für den 3. April abgemeldet. Der Heeresbericht zeigt auch heute große Fortschritte der Alliierten in Ost und West, aber ein Ende läßt er auch heute nicht absehen, und das Aufpeitschen der Resistenz unter wüstester Beschimpfung der Feinde hält an. Wir fahren also auf Wochen, vielleicht auf Monate ins Leere mit all seinen Gefahren.

1. April, Ostersonntag
Achtzehn Uhr

Scherner sprach mir heute Mut zu: »Du nimmst noch am Wiederaufbau teil, du wirst noch Rektor der TH.« Ich sagte, an eine aktive Rolle für mich glaubte ich selbst, wenn ich über die nächsten Wochen hinwegkäme. *Wenn*, das ist das große Fragezeichen.
Dreiundzwanzig Uhr

Zum Mayerschen Kartoffelsalat pathetische Meldung von den »Werwölfen«, Männern und *Mädchen*, die im besetzten Gebiet des Westens den Kampf aufnehmen. Sie haben einen Sender in Händen, der großdeutsche Rundfunk wird ihre Nachrichten weitergeben. Damit wird also diese Franctireur-, Partisanen-, Flintenweibergruppe (die bestimmt ebenso »spontan« zustande gekommen ist wie die der Synagogen-Verbrenner) nicht nur glorifiziert, sondern auch anerkannt. Gleich darauf kam ein entsprechender Aufruf der Partei an alle Männer und Frauen. »Stunde höchster Bewährung«, kämpfen bis zum Tode ... Was wird die anglo-amerikanische Antwort sein? Vernichtung aller Häuser, aus denen geschossen wird, noch weiter verstärkte Fliegerangriffe. Und niemand in Deutschland macht dieser mörderischen Regierung ein Ende.

2. April, Ostermontag früh

Pfeifender Sturm, gestern wie heute. Als wir gestern abend von Mayer in tiefste Dunkelheit heraustraten, riß mir der Wind den von Agnes geschenkten Hut vom Kopf und trieb ihn davon. Keine Möglichkeit ihn wiederzufinden, wir tappten ein Stück zurück, Eva verzweifelter als ich. Plötzlich sah ich im Dunkel etwas noch Dunkleres, stieß mit dem Fuß daran – es war wahrhaftig der Hut. Ich möchte gern den wider alle Möglichkeit geretteten Hut als Omen für den dazugehörigen Kopf nehmen. Aber ich bin skeptisch. Fraglos sind die gestrigen Pronunciamentos der Werwölfe und der Partei ein Ausdruck der Verzweiflung, aber ebenso fraglos zeigen sie, was *wir* beide zu erwarten haben, wenn wir nicht durchkommen ... Da wir aber, einmal entdeckt, auf alle Fälle verloren sind, so kommt es auf ein bißchen mehr oder weniger Urkundenfälschung (meint Eva, und ich stimme ihr bei, und sie hat den entscheidenden Federzug vorher geübt) nicht mehr an. Unser Plan ist also der: Das Ehepaar Kleinpeter aus Landsberg a. W., danach in Dresden (hier ausgebombt), Piskowitz, Falkenstein, ist nach Aussig abgemeldet, weil es dort Bekannte hat und andrerseits die Scherners neue Leute erwarten (zwei Lehrlinge für die Apotheke und einen Bruder Flüchtling). Wir fahren aber südostwärts nur bis Falkenau und wenden uns dann über Regensburg nach Schweitenkirchen. Wir nennen für Regensburg den Professor Ritter, treffen ihn dort nicht an, müssen weiter und nennen für Schweitenkirchen die Eltern der Frau Stühler, die wir wahrscheinlich wirklich dort antreffen und die uns gewiß zur

Unterbringung behilflich sein würden. Wir wenden uns unterwegs für Quartier an die NSV oder den Ortsbauernführer. Ausweispapiere: die Falkensteiner Abmeldung und die in Ordnung befindlichen und nicht nachgeforderten – das macht guten Eindruck! – Lebensmittelkarten. Ich deponiere dieses verräterische Tagebuch, die Blätter über genau vier Wochen Falkenstein, heute nachmittag im verschlossenen Kuvert als wissenschaftliches Manuskript bei Scherner, auf Abruf, eventuellen Abruf. Ich bin mir bewußt, daß die Durchführung des von Eva gefundenen Planes von Eva abhängt; sie muß überall die Handelnde und Sprechende sein, meine Geistesgegenwart oder Ruhe oder Tapferkeit reicht nicht aus, allein wäre ich bestimmt verloren. Ich bin mir durchaus bewußt, wie sehr sie ihr Leben aufs Spiel setzt, um meines zu retten. Während wir das Tagebuch deponieren, behalten wir – wieder Evas Entscheidung – trotz der Gefahr einer Gepäckdurchsuchung unsere Pässe und einen J-Stern bei uns, weil wir diese Alibi-Zeugnisse für unsere Rettung ebenso nötig haben werden wie die arische Kleinpeterei. –

Fünfzehn Uhr

Nun wird Eva ihre Urkundenfälschung fertigen, mit dieser Tinte und dieser Feder. Und ich schließe das Falkensteiner Tagebuch, um die Blätter zu Scherners mitzunehmen. Vorher irgendwo Kaffee, vorsorglich. –

Unterbernbach bei Aichach

13. April, Freitag vormittag, Haus des Ortsbauernführers

Es scheint, als sollten wir hier nach zehn überschweren Fluchttagen zu provisorischer Ruhe kommen. Es scheint auch, als ginge der Krieg nun wirklich dem endgiltigen Ende zu. Ich bleibe vorderhand beim (meist unleserlichen) Stichwortzettel, bis ich die verflossenen Fluchttage (eben aus den verlöschenden Zetteln) nachgetragen habe. Stationen 2.–12. 4.:

Di.	3. 4.	Ab Falkenstein 4.52 h. Muldenberg, Zwotental, Graslitz, Falkenau 8.30–ca. 15.30 h, Eger, Marktredwitz. Erste Nacht im Wartesaal.
Mi.	4. 4.	Marktredwitz ab 7.30 h. Regensburg 13.30–17.45 h. Zug bis Landshut. Vier Kilometer Abendfußwanderung nach Altdorf. Hier etwa 22.30 h Zug nach München; gegen Morgen dort.
Do.	5. 4.	München. Dachau 16 h, 17 h: Pfaffenhofen. Nacht im Wartesaal.
Fr.	6. 4.	Pfaffenhofen. Milchauto mittags nach Schweitenkirchen. Nacht in Schweitenkirchen.
Sbd.	7. 4.	Wanderung Schweitenkirchen–Pfaffenhofen. Weiter nach München; Nacht im Bunker.
So.	8. 4.	München (Vossler); Nacht im Bunker.
Mo.	9. 4.	München. Dachau. Nachts: Bahnhof Dachau.
Di.	10. 4.	Dachau–Ingolstadt. 11.30 h. Angriff auf Ingolstadt. Wanderung nach Zuchering. Fahrt nach Aichach. Ankunft 1.30 h. Nacht im Wartesaal.
Mi.	11. 4.	Aichach. Wanderung nach Inchenhofen. Nacht.
Do.	12. 4.	Inchenhofen. 14.15 h Militärauto nach Aichach. Abends Unterbernbach. Nacht beim Ortsbauernführer.

Also sieben von zehn Nächten in Wartesälen, Bunkern, Zügen, ohne aus den Kleidern zu kommen, ungewaschen, bei unzulänglichster Beköstigung.

Heute, Freitag, der erste ruhigere Tag, und auch zu morgen hin ist uns das Nachtlager gesichert. Aber ob wir dauernd, in eigenem Zimmer, unterkommen, ist noch immer nicht entschieden.

20. April, Freitag
Seit einer vollen Woche sind wir hier nun richtig ansässig und ein wenig zur Ruhe gekommen, ich habe täglich stundenlang an dem obigen Nachtrag schreiben können, wir haben uns wiederholt geruhig, spazierend und gepäcklos, Tannennudel zur

Feuerung sammelnd, ja vorlesend, im wunderschönen Wald aufhalten dürfen, das Schlafen im Bett ist uns wieder eine Selbstverständlichkeit geworden. Freilich fehlt es nicht an schweren
Unzulänglichkeiten; das Waschen ist eine halbe Unmöglichkeit
und ganze Dreckerei, mit dem Essen werden wir herumgestoßen,
wir müssen es sozusagen erbetteln, am Getränk hapert es sehr,
wir sind immer durstig. Aber wir haben doch eine Bleibe, und
das Ende scheint wirklich, diesmal wirklich nahe. Heute ist der
erwartete Geburtstag des Führers. Nach dem gestrigen Heeresbericht scheint oder ist das Ruhrgebiet mitsamt der Armee und
ihrem Marschall Model darin verloren: »Die Schlacht hat ein
Ende«, mehr nicht, keine Silbe mehr davon. Die Russen stehen
im Großangriff, die andern haben Leipzig, Chemnitz, Plauen,
kämpfen um Magdeburg. Wo soll noch ein deutscher Gegenstoß
von entscheidender Größe angesetzt werden? Und hier in Bayern ist Nürnberg genommen.

21. April, Sonnabend

Beim Flammenspeck traf ich neulich einen älteren süddeutschen Landesschützen. Er erklärte: Art Landsturmdienst zur
Zeit Frontunfähiger, die von der Front kommen und zu ihr zurückkehren. Der Mann, in Typus und Wesen rabiat, bestimmt
kein Heuchler, war vollkommen überzeugt von der Hitlersache
und ihrem endgiltigen Sieg. *Wie* die Wende kommen werde,
das wisse er nicht, aber er wisse, daß sie kommen werde. »Adolf
Hitler« habe es noch immer geschafft, man müsse ihm »blind
glauben«, man glaube an so vieles blind, das sich viel weniger bewährt habe als der Führer. Neulich habe ihm eine Ausgebombte
gesagt, »Das danken wir dem Führer!« Er habe sie zusammengeschimpft: »Ohne *ihn* wären Sie nicht ausgebombt, sondern
längst Hackfleisch!« Mit dem »Rechenstab« und mit dem »gesunden Menschenverstand« sei es nicht zu erfassen, damit sei
überhaupt nichts anzufangen – man müsse nur »an den Führer
und den Sieg glauben«! Ich war doch recht bedrückt von diesen
Reden. Wenn dieser Glaube verbreitet ist, und es scheint doch
fast so …

Täglich die Leiden und auch Freuden (nahrhaften Freuden »mit Käs und Eiern«) des Essens, täglich und nächtlich die Alarme, die sich von hier aus mit relativer Ruhe hören lassen, das tiefe Summen der Geschwader, die oft sichtbar in Gruppen zu sechs, zu zehn, zu mehr Einheiten, Staffel um Staffel in allen Richtungen fliegen, meist etliche tausend Meter hoch als Silberfischchen, heute vormittag unverschämt tief, groß und grau unter grauer Wolkendecke; täglich und nächtlich das ferne Krachen von Bombeneinschlägen, das ganz ferne Rollen der Front, das seltsame Klirren und Schüttern der Fenster, das Knattern eines MG's oder eines Flakgeschützes, die einzelne undefinierbare Explosion. Und dabei sitzen wir im Walde, in Sicherheitsgefühl, und ich lese den »Großtyrannen« vor. Heute war die Fliegerei den ganzen Vormittag über eine unaufhörliche; nachher hörten wir, ein Tiefflieger habe bei Aichach zwei Mädchen und ein Ochsengespann erschossen. (Die Angst vor dem Tiefflieger steckt jetzt in allen Bauern hier, die Feldbestellung leidet ernstlich darunter.) – In der Nacht zum 17. 4. sahen wir über der Strecke einen »Christbaum« (das Leuchtkugelgebilde sieht wirklich so aus.) –

Eva sagt: Wir haben Pech; nach dem letzten Bericht muß Falkenstein schon in amerikanischen Händen sein. Und *wir* sind in Oberbayern. –

23. April, Montag vormittag

Abends gestern bei Flamensbeck (wo wir aßen), beim Wirt gegenüber und auf dem Platz dazwischen Wallensteins Lager und Kinderkreuzzug. Von Ansbach her war ein Trupp einer HJ-Division zusammen mit Flüchtlingen aus Ansbach eingetroffen, anderes Kriegsvolk kam und ging. Schrecklich, dieser HJ-Haufen. Knaben von sechzehn, fünfzehn, noch jüngere und ganz kindliche dazwischen, in Uniform, über dem Rucksack ein Cape in sackbrauner oder fliegerbunter Farbe; die sollen mit der Panzerfaust kämpfen. Unter ihnen in Zivil, was man an Jungen, richtiger: Kindern aus Ansbach mitgenommen hat. Einige Erwachsene als Führer. In der Wirtsstube Kinderbetten auf Bänken hergerichtet.

27. April, Freitag, vierzehn Uhr

Gestern gegen Abend im Wald von irgendwoher Schüsse der verwilderten HJ, die Kugel klatschte in einen Baum am Wege. Ein Soldat brüllte: »Aufhören, ihr saublöden Hunde!«, aber das Schießen ging weiter. So hätte man für Führer und Volk den Heldentod sterben können. Entrüstung im Dorf über diese Kindersoldateska allgemein.

Heute vormittag in »unserm« Wald, an unserm liegenden Baumstamm großes Militärleben, zugleich modern und landsknechthaft. Fahrertruppen hatten im Freien biwakiert, da unser Dorf gestopft voll ist. Erst eine Wagengruppe, schwere Autos, wohl zwölf bis fünfzehn, unter die Bäume geschoben, ganz mit jungen Tannen über die Planen belegt, an den Seiten umstellt. Ihre Mannschaft sitzend und liegend, kochend, essend, Toilette machend; Tornister, Rucksäcke, hohe Stiefel an den Bäumen lehrend. Danach Pferdewagen, die Pferde, schwarze, braune, weiße verschiedener Größe, an improvisierte Barren gestellt, zumeist beim Fressen. Diese ganz ungewohnte, kaum noch für existent gehaltene Pferdeansammlung zwischen den hohen Kiefernstämmen! Die lagernde Truppe dazwischen! Wahrhaftig ein Gemälde aus dem Dreißigjährigen Krieg. Aber in zwanzig Schritt Entfernung die Camions, und über alledem das ewige Surren der suchenden Flieger. Und dazu das Schießen der Batterien, das Knattern der MGs. Wir sprachen mit einigen Leuten, niemand wußte Genaues, jeder nur Gerüchte, alle glaubten an und hofften auf das nahe Kriegsende.

29. April, Sonntag

Neunzehn Uhr, Küche

Zwischen Sturmstößen und Regengüssen Aufhellungen bei gewitterblauem Himmel; der Eingang in das Halsbacher Waldstück, Fahrweg unter hohen Stämmen auf die helle Wiese mündend, noch theatralischer als sonst. Hier kommt uns am Spätnachmittag tastend, zögernd, mißtrauisch eine Gruppe von drei jungen deutschen Soldaten, alle in Fliegerdeckungs-Umhängen, ohne Gewehr entgegen. Einer hat eine Landkarte, alle drei haben gute Gesichter, fraglos aus guter Familie, vielleicht Studenten. Sie sind aus Ingolstadt noch gerade hinausgekommen, sie möchten in der Richtung auf Landsberg durch, sie möchten nicht gefangen werden. Ob »der Amerikaner« im Dorf sei. Nein – aber in Kühbach, wohl auch in Aichach … Sie sollten doch sehen, sich Zivil zu verschaffen, der Krieg sei ja doch fast zu Ende. »Wir haben es überall versucht, überall umsonst.« – »Wir«, sagt Eva, »besitzen nur noch, was wir am Leibe haben, wir können Ihnen nicht helfen.« Wir verweisen sie an den Ortsbauernführer, aber er werde Angst haben.

Die geduckten und hilflosen drei Soldaten waren wie eine Allegorie des verlorenen Krieges. Und so leidenschaftlich wir den Verlust des Krieges ersehnt haben, und so notwendig dieser Verlust für Deutschland ist (und wahrhaftig für die Menschheit) – die Jungen taten uns doch leid.

3. Mai, Donnerstag
  Vierzehn Uhr
Eva hat mein Tagebuch nachgelesen und moniert, der eigentliche Höhepunkt am 28. 4. sei von mir nicht genügend betont worden. Sie meint den Moment, wo wir am Vormittag lesend in unserer Dachkammer saßen. Plötzlich ging das schon gewohnte Geschützfeuer in ganz nahes Krachen und in das Knallen einzelner Schüsse über, Eva hörte auch das Pfeifen einer Kugel – offenbar wurde nun an unserem Waldrand, vor unserem Dorf, unserer Ecke gekämpft. Wir eilten hinunter, das Haus stand leer, man war schon im Bunker, man hatte uns vergessen. Wir standen und saßen eine ganze Weile in eine Küchenecke gedrückt, die uns die sicherste schien. Allmählich ließ das Schießen nach und wuchs der Mut. Wir wollten zum Asambunker hinüber, neues Schießen ließ uns an der Außenseite des Asamhäuschens Deckung suchen; erst eine lange Weile später wagten wir die restlichen paar Schritte zum Bunker. Diese paar Schritte Durchgang zwischen den Hofgebäuden führten freilich auch geradewegs feind-

wärts, denn man sah auf die Wiese und über sie hinweg auf den Waldrand, aus dem die Amerikaner kommen mußten. Danach saßen wir dann im Bunker, manchmal steckte ich den Kopf heraus, ohne etwas zu entdecken, die Bauersfrau holte Essen für ihre Leute, *wir* hungerten, und so gegen zwei Uhr trauten wir uns wieder heim und machten uns einen Kaffee. Das Dorf war über-, genauer: *um*rollt worden, nur am Rand »unseres« Waldstreifens hatte eine kleine letzte Soldatengruppe noch ein paar Minuten Widerstand geleistet, bevor auch sie geflüchtet war. Der Krieg lag hinter uns, während wir ihn noch vor uns glaubten. –

8. Mai, Dienstag

Das Licht fehlt nun schon den elften Tag (es ist wohl am 28. 4. doch nicht einem Gewitter, sondern dem Kampf erlegen, die Schwestern Steiner-Haberl erzählen von ihrer Radfahrt nach Neuburg, es hingen überall zerrissene Drähte), und mit dem Licht fehlen das Radio und alle Nachrichten.

Daran knüpfen sich die schwersten unserer gegenwärtigen Beunruhigungen und guai. Vor allem die Frage: Wie und wann werden wir von hier fort und nach Dresden können? Wie kommen wir überhaupt nur nach Aichach, und was finden wir dort vor? Um wirkliche Hilfe zu erfahren, müßte ich mich als Jude dekuvrieren. Das möchte ich aber erst dann tun, wenn ich aus der hiesigen Umgebung mit Bestimmtheit und sogleich fortkomme. Was ich hier andeute, erwägen wir immer wieder von allen Seiten, es ist ein schwieriges Thema mit vielem Für und Wider. Und es ist gar nicht zu lösen, solange uns alle Nachrichten fehlen …

Nun die Lebensgefahr vorüber, haben wir die kleinen, aber summierten Leiden unseres Zustandes reichlich satt und finden in seiner Romantik keine Entschädigung mehr. Aber das Gefühl der Dankbarkeit ist doch immerfort vorhanden, und viele Stunden des Tages sind immer wieder genußreich. Bukolische Stunden sozusagen. Dazu auch »volksnahe« und also lehrreiche.

13. Mai, Sonntag, fünfzehn Uhr

Als vorgestern das Licht wiederkam, hieß es noch, verdunkelt müsse weiter werden. Das wurde gestern widerrufen, und gestern, am 12. Mai 45 also, sahen wir das erstemal seit dem 1. September 39, seit bald sechs Jahren, beleuchtete Fenster. Nur wenige Fenster im Dorf, und doch sah der Ort gleich ganz anders aus. Es war ein großer Eindruck.

15. Mai, Dienstag, etwa vierzehn Uhr

Früh, als ich frisch war, sagte ich zu Eva, ich hätte mehr als »zwei Rosse« im Stall, alle würden sie mir Freude machen, aber in dem Sattel irgendeines von ihnen käme ich nun gern zum Sitzen. Ich könnte: 1) eine Professur übernehmen, 2) ein Unterrichtsministerium, 3) eine Redaktion, 4) die Arbeit am Curriculum, 5) an der LTI, 6) am 18ième, 7) an einer Weiterführung meiner modernen französischen Literaturgeschichte und Prosa bis 1940. Aber eines von diesen sieben Rössern möchte ich wirklich reiten, solange mein Herz es noch zuläßt. Und dazu Garten und Musikmöglichkeit für Eva und Rauchen und Alkohol für uns beide, und noch einmal die Freude des Autos! Wann wird das in Erfüllung gehen? Wenn man heiß und schwer mit Rucksack und Tasche voll Nudeln beladen heimkommt, und Eva klagt um die Zigarette und ich um das Getränk – dann bekommen alle sieben Rösser ein illusorisches und gespensterhaftes Aussehen. Noch geht keine Bahn, noch ist an Abtransport nicht zu denken, noch fehlt es an Kaffee, an Tabak, an Kleidung, an Bewegungsmöglichkeit, an Zeitungen, an Nachrichterhalten und -empfangen.

Morgen ist unser 16. Mai. Wir werden ihn leichterer Herzens begehen können, als in den vergangenen Jahren, aber »feiern« können, ganz materialistisch mit Wein und Braten und echtem Kaffee und Tabak, feiern können wir ihn noch immer nicht.

Der größte Eindruck der gestrigen Fahrt nach Aichach: Auf dem Hauptplatz, dicht am alten Tor, weht am Fahnenmast, der so hoch ist, wie es die nazistischen waren, so groß und stoffüppig wie das Hakenkreuzbanner, weiß und rot gestreift mit den goldenen Sternen auf blauer Gösch, das Banner der USA.

17. Mai, Donnerstag

Die Hand zittert vom Gewalt- und Hitzemarsch nach und von Aichach. Halb acht bis halb elf hin, Bureaumühsal, Ohnmachtsanfall Evas. Voller Erfolg, Rückmarsch bis jetzt. Ende der Dorfepisode, Anfang der Heimkehr: morgen früh nach München.

München. Martinsspital
(Catholic Home for old men and women)

21. Mai, Pfingstmontag

ὕβρις! Das verfolgt mich seit Freitag vormittag, wo wir aus glücklicher Zuversicht in neues Elend, einen Moment geradezu in Verzweiflung, stürzten. Ich hatte geglaubt, nun wieder einmal ein annähernd großes Tier zu sein, und sank nun in eine Hilflosigkeit zurück, die kaum geringer war als die der Hitlerzeit. Es gab Minuten, in denen ich zwischen Gestapo und der Military Police, die den Zugang zum Rathaus mit Brachialgewalt sperrte, keinen sonderlichen Unterschied mehr machte. Inzwischen habe ich das Tragikomische und Provisorische des Rückfalls einsehen gelernt, betrachte die Dinge geduldiger und unter dem Gesichtspunkt eines neuen Curriculum-Kapitels, in alledem von Evas Stoizismus unterstützt.

Am Freitag, 18. 5., um drei Uhr aufgewacht, um vier Uhr aufgestanden, um fünf Uhr vergeblich auf den Wagen gewartet, um 5.20 Uhr zu Flamensbeck, der fluchend nach dem Rechten sah. Gegen dreiviertel sechs stand dann der Wagen vor unserm Amtshaus. Ein höchst ungefederter Bauernwagen, man fuhr wie auf der Lafette, aber zwei hübsche Rösser davor, als Mitpassagiere zwei uns schon bekannte Frauen, die in Aichach einkaufen wollten, schönste Morgenfrische, glückselige Rüttelfahrt, Abschiedsblicke über die vertraute Landschaft.

Von der Nymphenburger Gegend her fuhren wir gegen halb elf in München ein, nun gab es aber verschiedene Haltepunkte, an denen Mehl abzuliefern war. Jetzt bekam ich einen Begriff von der Stärke der amerikanischen Besatzung. Geradezu ununterbrochen rollten in allen Richtungen Fahrzeuge aller Art. Riesige Transportwagen, die wie auf Räder gesetzte Oderkähne aussehen, andere Riesen in üblicher Form, teils mit Waren, teils mit einer Menge Soldaten besetzt, andere Riesen mit Gasolintonnen, hiervon lange Züge, immer neue Züge – und dagegen wollten wir ankämpfen ohne Öl! –, Traktoren, die schwere Geschütze schleppen. Dazwischen wusseln immer und immer wieder kleine, unschöne, aber flinke offene Wagen, oft nur Sitze auf dem Chassis, aber sehr oft mit ragenden Metall-Angelruten, die Radio-Antennen sind. In diesen grauen, häßlichen Würmern sitzen vier bis sechs, manchmal auch nur zwei Soldaten. »Sitzen« stimmt nicht, sie fleetzen sich lässig vergnügt, irgendwo hängt immer ein langes Bein laatschig heraus, und ebenso laatschig liegt die linke Hand zum Anzeigen der Geradeausrichtung auf der Schutzscheibe (einen Winker gibt es nicht, beim Abbiegen strecken sie den Arm nach rechts oder links). Die großen und die kleinen Wagen haben zumeist Eigennamen; auf kleinen las ich Frauennamen wie Mary Ann, auch Baby-Boy, auf einem Laster: Chicago Gangster. Unter einem Bahnübergang stand (wohl von einem Rohrbruch her) tiefes Wasser. Unser Wagen mußte dort warten, weil sich Militärkolonnen nach zwei Seiten, die Räder tief im Wasser, durchwühlten.

Wir fuhren dann weiter in die Stadt und zu einer Bäckerei, Ecke Erzgießerei- und Dachauer Straße. Hier, war verabredet worden, sollte unser Gepäck bleiben, »nur acht Minuten vom Bahnhof entfernt«, auch sollte eine Trambahn dorthin gehen. Und hier begann nun der Albtraum dieses Tages und die abscheuliche Enttäuschung. Es gab keine Trambahn in ganz München. Und wir waren nicht acht, sondern wohl reichliche zwanzig Minuten vom Bahnhof entfernt. Staub, zertrümmerte Häuser und Autos der Amerikaner, die durch die schuttverengten Straßen Wolken aufwirbelnd jagen: Das ist seitdem mein Hölleneindruck von München; ich glaube endlos lange in dieser Hölle zu sein, und dabei ist es heute erst der vierte Tag.

Am Bahnhof gab es die zweite Enttäuschung: Die Restaurants, die im April noch in Betrieb gewesen, waren jetzt alle geschlossen. Nirgends eine Eß-, nirgends eine Trinkmöglichkeit. Immer wieder: »wegen Plünderung geschlossen«. (An einem Lädchen: »ausgeblindert«.) Wir haben von den Plünderungen viel erzählen hören, in Unterbernbach, in Aichach und hier. Die ausländischen Zivilarbeiter und Kriegsgefangenen haben offenbar böse gehaust, die Amerikaner erst spät und milde eingegriffen, sie fanden es wohl natürlich, daß die lange schlecht Gehaltenen sich nun entschädigten ... Wir erfragten die Kommandantur: am Rathaus. Dicht dahinter lag die »Imbißhalle«, in der wir im April etwas bekommen hatten. Dort gab es jetzt eine Tasse Brühe und eine Tasse undefinierbares »Fruchtgelee« für mehr Geld, als ein schönes Mittagbrot beim Flamensbeck kostete – sonst nichts. Wir gingen unerfrischt zum Rathaus zurück, und hier hatte ich nun die entscheidende und deprimierendste Enttäuschung. Es standen dort zahlreiche Posten der MP (Military Police). Vor ihnen waren Seile gespannt, und diesseits der Seile stand ein großer Haufen wartender Leute, zu einem großen Teil Ausländer. Die Sonne brannte glühend. Ich versuchte ein paarmal, an einen Posten heranzukommen, ihm radebrechend klarzumachen, daß ich ins Rathaus *müßte*, daß ich von den Amerikanern selbst geschickt sei usw. Immer vergeblich. Ich wurde von einem baumlangen Kerl mit Gummiknüttel, ich wurde auch von weniger kinohaften Soldaten mit umgehängtem Gewehr am Arm gepackt und zurückgeschoben.

22. Mai, Dienstag, sieben Uhr, Speisesaal
Eine Gruppe Ausländer wurde aufgerufen, durfte in ein anderes Abtrennungsnetz hinuntersteigen – der ganze Platz erinnerte mich an einen Viehmarkt –, wurde in das Rathaus gelassen. Der deutsche Haufen wartete weiter. Jetzt winkte der Kinoboy den einzelnen Personen, eine nach der andern schlüpfte durch das Seil auf den Tabu-Innenplatz und wechselte einige Worte mit der Dolmetscherin. Die Abfertigung war jedesmal eine blitzschnelle,

offenbar negative. Die Reihe kam an mich. Ich zeigte der jungen Person meine Papiere, trug ihr meine Sache so knapp und eindringlich als möglich vor. »Sie müssen zur Kaulbachstraße 65, da bekommen Sie Wohnung.« – »Ich will aber gar keine Wohnung, Sie sehen doch, mein Fall liegt anders, ich muß weiter, auf Anordnung der Militärregierung selber! ...« »Sie müssen zur Kaulbachstraße 65, es gibt auch noch ein Wohnungsamt in der Reisinger Straße ...« – »Ich will aber gar keine Wohnung ...« Sie begriff nicht, sie war erstaunt, deroutiert, der Kinoboy wurde ungeduldig. He is university's professor, he says ... Von oben herab: dreimal, viermal, fünfmal ohne Grobheit, aber mit Kino-Impassibilität: No pass (pess!) Kaulbachstreet sixty-five, Kaulbachstreet sixty-five. Dagegen war kein Ankommen, noch ein paar Sekunden länger, und er hätte mich wieder am Arm gepackt und zurückgeschoben. Ès chambres des dames werden wir darüber lachen, aber am Freitag mittag in der Sonnenglut war es furchtbar.

Eva wartete in einer schattigen Ecke; nun schleppten wir uns also weiter zur Kaulbachstraße 65, weit draußen am Englischen Garten (parallel zur Ludwigstraße). Ein wenig beschädigtes, stattliches Gebäude. Das Innere des Hauses war mir nicht recht erklärlich. Später hörte ich, hier sei eine Dienststelle der Gestapo gewesen. An einem Tischchen im Gang installierte sich ein junges Mädchen mit einer Liste; in der Reihenfolge der Eintragungen sollte man nachher vorgelassen werden. Was aber nicht geschah. Von zwei bis vier saßen wir dort und sahen dem Betrieb zu. Schließlich wurde es uns zu dumm, wir gingen einfach in den Saal herein. Da wurde an verschiedenen Tischen, in verschiedenen Ecken teils verhandelt, teils sich begrüßt und geplaudert. Ich geriet an den stellvertretenden Herrn, er wurde ausnehmend höflich, als er meine Geschichte hörte, brachte mich sofort mit Dr. Neuburger in Verbindung, wir erhielten Stühle an seinen Schreibtisch gesetzt, und nun gab es eine lange und teilnahmsvolle (nur eben von all jenen Abschweifungen des Mannes unterbrochene) Beratung. Ihr Resultat aber war trostlos. An Weiterbeförderung sei nicht zu denken, ehe nicht der Eisenbahnverkehr in Gang sei. Und nun gar nach Dresden in russisches Gebiet! In das Rathaus komme niemand herein.

Wir schleppten uns, schleppen ist wahrhaftig keine Übertreibung, den unendlichen Weg über das Isar-Tor zum Ostfriedhof hinaus, an dem das Martinsspital liegt. Wir haben in all dieser Zeit keinen strapaziöseren Marsch-, Hunger-, Hitze-, Enttäuschungstag erlebt als diesen Freitag, den 20. Mai. Wir waren wirklich aus dem Paradies, dem irdischen: Unterbernbach, dem himmlischen unserer Hoffnungen und unseres Herrengefühls, in ein neues Inferno gestoßen worden. Denn München in seinem jetzigen Zustand, und dies ist wieder wirklich keine Übertreibung, München ist eine mehr als danteske Hölle ... Als wir hier nach 19 Uhr ankamen, war Eva mit ihren Kräften zu Ende. Immer wieder wurde ihr so schlecht, daß sie sich lang hinlegen mußte, auf dem Sofa in der »Pforte«, auf den bloßen Fußboden im Speiseraum. Die barmherzigen Schwestern – welchen Ordens? – mit riesigen weißen Hauben und Schulterkragen – nahmen uns sehr freundlich auf, wir bekamen ein Glas Wein, Eva bekam etwas Lavendelparfüm ins Waschwasser, es gab noch ein leidliches Abendbrot für uns. Es wurde uns aber auch gleich gesagt, daß das Heim überfüllt sei und wir nur provisorisch aufgenommen seien. Auf einem Gang lagen in ihren Betten aufgereiht ein halbes Dutzend alte Frauen, Kranke, dann ein Wandschirm, und dann, isoliert in der Nähe eines offenen Fensters, standen, ebenfalls in Längslinie, zwei weitere Betten; die waren für uns bestimmt. Da wohnen wir nur, Gott weiß, auf wie lange.

Der Rahmen der nächsten drei Tage ist nun durch die Hausordnung hier und durch unsere langen Wege bestimmt.

Ist Münchens Höllenzustand seit dem April wirklich höllischer geworden, oder bin nur ich empfindlicher geworden? Wahrscheinlich sind durch die Angriffe des letzten Monats weitere Zerstörungen hinzugekommen, und was inzwischen an Aufräumungsarbeiten geschafft worden – der Bagger am Bahnhof arbeitet noch immer, ohne daß man ein Abnehmen des

Schutthaufens bemerkt –, läßt die Vernichtung nur noch stärker hervortreten. Auf all unsern kilometer-kilometerlangen Gängen durch Innen- und Außenbezirke, vom Südosten nach Südwesten und Nordwesten: überall dasselbe Bild in immer neuen Variationen, mit immer neuen Kinoeffekten: völlige Geröllhaufen, Häuser, die unversehrt scheinen und nur noch Kulissen sind, Häuser mit abgerissener Seitenmauer und dachlos, aber die einzelnen Stockwerke, die einzelnen Zimmer mit ihren verschiedenfarbigen Tapeten sind noch da, irgendwo ist ein Waschbecken erhalten, schwebt ein Tisch, steht ein Ofen, Häuser, die innen ausgebrannt sind ...

Im übrigen machen die Amerikaner weder einen bösartigen noch einen hochmütigen Eindruck. Sie sind überhaupt keine Soldaten im preußischen Sinn. Sie tragen keine Uniformen, sondern Monteuranzüge, Overalls oder Overall-ähnliche Kombinationen aus hochreichender Hose und Bluse in graugrüner Farbe, sie tragen kein Seitengewehr, nur eine kurze Flinte oder einen langen griffbereiten Revolver, der Stahlhelm sitzt ihnen bequem wie ein Zivilhut auf dem Kopf, nach vorn oder hinten gerückt, wie es ihnen paßt. Unten an der Isar stand einer im Stahlhelm mit aufgespanntem Regenschirm, eine Kamera in der Hand – der Schirm schien für die Kamera dazusein. Marschieren habe ich noch nicht die kleinste Gruppe sehen: alle fahren – wie, das beschrieb ich schon. Auch der Verkehrsschutzmann hat nicht die straffe Haltung und Bewegung des Deutschen. Er raucht im Dienst, er bewegt den ganzen Körper, wenn er mit schwungvoller Armbewegung die Wagen dirigiert, er erinnert mich an Filmaufnahmen von Boxkämpfern, vielmehr von Schiedsrichtern, die um die Kämpfenden kreisen, sie trennen, auszählen ...

Ein kleiner Wagen trug die Aufschrift: »Alles kaputt«. Das war wohl die gleiche Gesinnung wie in der Kreideinschrift auf einer Hausmauer: »Tod den (sic) Hitler«, wobei die Hitler für die Hitlerleute stehen mag. An der Feldherrnhalle steht mit Riesenlettern sorgfältig gemalt: »Buchenwald, Velden, Dachau – ich schäme mich, ein Deutscher zu sein.« Folgt der Name des Autors, den ich nicht entziffern konnte.

25. Mai, Freitag früh, vor sieben Uhr
Dies ist der angenehme Unterschied gegenüber unserer Situation vom 3. April (Aufbruch von Falkenstein): Der Kopf steht nicht mehr auf dem Spiel. Und dies der unangenehme: Damals hatten wir keine Wahl, wir *mußten* fort, während wir diesmal wählen müssen. Den Kopf riskieren wir nicht, aber die allergrößten Peinlichkeiten, wenn wir die falsche Wahl treffen: Werden wir beim Wandern »geschnappt«, kann man uns rücktransportieren, vielleicht auf Wochen in ein Camp sperren. Dann sind wir noch schlechter daran als hier. Erneuert man uns die Marken nicht, dann müssen wir Hungers halber kapitulieren. Wiederum: Bleiben wir, so bekommen wir, wie sich gestern ergab, auch hier Markenschwierigkeiten. Wir sollen und können nicht »nachweisen«, daß wir regulär abgemeldet von Aichach dauernd nach München gewiesen sind; auf dem amerikanischen Paß steht nur: »Für drei Tage zum Besuch eines Doktors.« Es kann uns also blühen, *ohne* Marken allein auf die unmögliche Verpflegung irgendeiner Blumenschule angewiesen zu sein. Das wäre genauso schlimm wie irgendein Camp und vielleicht schlimmer …

26. Mai, Samstag früh, halb sieben Uhr, Speiseraum
Wir sind polizeilich abgemeldet: Wegzug von Schlafstelle im Altersheim Giesing nach Falkenstein im Vogtland, Hauptstraße 5b. Wir *müssen* hier fort, ich habe es der Oberin gesagt, daß wir heute fortgehen, ich habe mich als der Wohltäter des Spitals, als der Einflußreiche drapiert, dafür hat sie uns heimliche Eßzuschüsse bringen lassen (auch gestern abend noch Brot und Butter nach der Suppe – *heimlich* auf den Gang hinaus), dafür hat sie meine Pirnaer Schuhe mustergültig und durchgreifend reparieren lassen, dafür bewahrt sie uns einen Karton mit Sachen auf Abruf – disjecta membra: ein Teil hier, ein Teil beim braven Bäcker.
Unser Fluchtversuch hat fraglos weniger Aussicht auf Gelingen als der damalige. Nur steht auf Scheitern nicht wie damals der Tod. Dafür aber schwere Lächerlichkeit und Demütigung.

1945 | 321

Kommen wir nicht durch, so muß ich mich an die Kaulbachstraße wenden, und das wird sehr bitter. Aber wir haben hin und her
erwogen, und das Resultat war immer das gleiche: Strapazen und
Enttäuschungen bringt uns die Flucht bestimmt, aber der Aufenthalt in München ebenso bestimmt. Wir kamen beide zu dem
gleichen Ergebnis: Müssen wir aus Nahrungsmangel umkehren
oder schicken uns die Amerikaner zurück, dann sind wir wenigstens eine Weile außerhalb Münchens gewesen.

Im übrigen ist das Unternehmen natürlich ein fast irrsin-
niges: ohne ordentliche Wanderausrüstung, ohne Gewißheit der
Lebensmittelmarken, des Quartiers drei-, vierhundert Kilometer
zurücklegen zu wollen …

Rückreise München–Dresden
26. Mai–10. Juni

Oft sah man Kampfreste, und das gilt mehr oder minder für die
ganze Strecke München–Dresden: verbogene, ausgebrannte,
irgendwie gescheiterte Automobile, Panzer, MGs, Lagerfeuer-
asche, verstreute Munition, zersplitterte Bäume, halb oder ganz
zerstörte Gehöfte, tiefe Furchen oder Wegbruch eines Teils der
Straßendecke. Überall, und auch das hat einigermaßen Allge-
meingeltung, ist großes Leben auf der Landstraße. Die Amerikaner fahren und fahren, in welcher Fülle und verschwenderischen
Üppigkeit, das wird mir erst am Gegensatz der Russenzone
ganz deutlich werden; zu ihren Militär- und Materialtranspor-
ten kommen die Camions, in denen ausländische Arbeiter und
deutsche Soldaten fortgeschafft werden. Die deutschen Soldaten werden wohl erst in ein Lager oder eine Sammelstelle gebracht, ihr Paß muß registriert sein, ehe sie wirklich heimdür-
fen (und ⚡⚡ bleibt gefangen). Dazu immer-immerfort die Menge
der Wanderer. Die meisten Heimkehrer mit schon erhaltenem
amerikanischen Ausweis. Soldaten in halbem und viertel Zivil,
mit Tornistern und Rucksäcken, mit Paketen, mit Handwagen,

in denen gleich eine Gruppe gemeinsam ihr Zeug rollt, oft bei ihnen Wehrmachtshelferinnen. Außer den Soldaten, nicht immer sofort von ihnen unterscheidbar, die Entlassenen der KZ-Lager und Zuchthäuser. Manchmal noch ganz in den weißblauen Leinenanzügen, manchmal mit Sträflingshosen oder Jacken, oft schon ganz in einem wüsten und zusammengestückelten Zivil. (Auf einem Flüchtlingsauto sah ich einen Dachauer noch ganz in Weißblau, aber mit einem Zylinder auf dem Kopf.)

Das Grenzschild *»Unmittelbare Stadt Freising«* erreichten wir zu guter Zeit.

Irgendwo hatte Eva eine genaue Karte gesehen, aus der hervorging, daß wir uns beim Dorfe Thalbach, dicht bei Moosburg, zwischen Landshut und nördlichem Abschwenken zu entscheiden hatten. Wir nahmen uns vor, dort den Lehrer zu besuchen und um Rat und Karteneinblick zu bitten. Das Wandern ging in Marschieren, in schweigende Energietätigkeit über, man marschierte allmählich mehr mit zusammengebissenen Zähnen als mit den Füßen.

Endlich, um dreiviertel neun, sind wir in *Gammelsdorf,* fragen uns zum Pfarrhaus durch und stehen mit vergeblichem Klingeln vor verschlossenem Tor. Verzweifelt zum nahen Wirtshaus, eine gutmütige Frau, aber sie hat keinen Platz. Sie gibt uns Bier zu trinken, sie verspricht uns für den Notfall ein Lager in der Scheune, aber erst soll ich einmal drüben beim Wagner Schmid anfragen. Ich gehe hinüber, glaube in einem zweiten Gasthaus des Ortes zu sein, bin statt dessen (die Leute lachen über meinen Irrtum) bei einem Bauern, der gleichzeitig Wagner von Beruf ist. Auf meinen kurzen Bericht hin, daß ich zum Pfarrer gewollt, daß ich als Professor nach Hause müsse ..., wohl auch auf mein sehr erschöpftes Aussehen hin wunderbar aufgenommen.

Das also war der zweite Wandertag, Sonntag, 27. Mai, Strecke Freising–Gammelsdorf.

Für Montag hatten wir uns nach diesen Strapazen einen halben Rasttag angesetzt, er verlief teils gut, teils ungut.

Um zwei, sehr vollgegessen und bei sehr schwerer Hitze, wan-

derten wir weiter, langsam bis zum ersten Waldstreifen, wo wir
fast eine Stunde ruhten. Es half nichts, wir blieben müde, mich
quälten die Füße, die hübsche Landschaft kam gegen die Hitze
und die grausamen Stiefel nicht auf, eine Tasse Buttermilch in
Obermünchen, selbst die allerdings anspannende Ruhepause auf
einem wild von Ungarn kutschierten, vollgestopftem Heuwagen
halfen nicht über Depression hinweg. Immerhin schafften wir
eine Strecke von 15 km, davon gut und gern 12 zu Fuß.

Dies der dritte Tag mit seinem geringen Ergebnis: Gammelsdorf–Pfeffenhausen, Montag, 28. Mai.

Für den nächsten Tag war uns die Hoffnung auf ein Milch-
auto gemacht worden, sie ging in Erfüllung, aber nur recht un-
vollkommen. Die Bäuerin führte uns zur Molkerei, wo es ganz
ähnlich zuging wie in Aichach, nur daß sich hier die Fahrer erst
flehentlich bitten ließen, einen Gast mitzunehmen. Und dann
mußten wir von acht bis Viertel neun bei steigender Sonnenglut
an der Rampe warten, ehe das Aus- und Einladen beendigt war,
und als wir endlich hoch und eng auf Butterkisten und Milch-
kannen ins Kühlere fuhren, wurden wir schon nach 6 km wieder
abgesetzt – es hatte sich kaum gelohnt.

Vierter Tag also: Dienstag, 29. Mai, Strecke Pfeffenhausen–
Markt Schierling, etwa 20 km.

Der fünfte Tag, Mittwoch, begann mit einer schweren Enttäuschung und brachte drei dramatische Höhepunkte. Der Mann
des Milchautos war ein rüder Dickkopf und lehnte es ab, uns
mitzunehmen. Wir begannen nun die Wanderschaft mit einem
sehr müden Schlich nach dem 4 km entfernten Eggmühl.

Wir hatten also an diesem fünften Wandertag, Mittwoch,
30. Mai, die Strecke Schierling–Regensburg geschafft, und damit
unser erstes Ziel erreicht.

Der sechste Tag war ganz von *Regensburg* ausgefüllt. Mit Regensburg schließt sehr deutlich der erste und eigentlich heroische Teil unserer Wanderung, in dem wir fast ausschließlich auf
unsere Füße angewiesen waren.

Tag sieben also: Strecke Regensburg–Schwandorf, 50 km,
Freitag, 1. Juni.

In *Reuth,* abends Abgekämpftheit und Mattigkeit, gehe ich zum Bürgermeister, er weist mich mit bürgermeisterlichem Quartierzettel, auf Lager und Essen lautend, ins Gasthaus, das einem Fleischer gehört. Der Wirt und Fleischer, übellaunig und sehr grob: »Meinen Sie, ich richte Ihnen einen Salon her? Im Saal auf Stroh können Sie schlafen, wenn Sie wollen, zu essen und zu trinken geb ich Ihnen nichts, wir haben nichts mehr.« Eva hatte inzwischen einen Gartenpavillon entdeckt, in dem viel Gepäckstücke, aber nur ganz wenig Menschen lagen, dort schliefen wir, behelfsmäßig wie in einem Wartesaal.

Das war der Tag acht, Samstag, 2. Juni, einer der wüstesten und anstrengendsten trotz geringer Fußleistung, vielfach unterteilte Strecke Schwandorf–Reuth, ich weiß nicht, wie viele km lang.

Sonntag, der neunte Wandertag, brachte einen wunderschönen, nur bei nüchternem Magen sehr anstrengenden Fußmarsch, 11 km weit, zur Station Wiesau. Wir brachen am allerfrühesten Morgen, lange vor sechs, auf, um die Hitze zu vermeiden. Wir gingen richtige Mittelgebirgswege, wie sie Verschönerungsvereine den Touristen mit Markierungen (an unnützen Stellen, nie an nötigen) bezeichnen, mit Wald und Wiese und Ferneblick.

Am zehnten Tag, Montag, 4. Juni, wieder um fünf Uhr begonnen, schöne Morgenfrühe, schöner Gebirgsblick – alles wäre schön gewesen, ohne die Müdigkeit und all das andere, was nun summiert auf uns lastete. So wurde aus der touristischen Sommerfreude sehr bald wieder das mühselige, heiße, nüchterne und beladene Trotten, die Strapaze auf baum- und erbarmungsloser Hoch- und Tiefstraße. Um acht waren wir in *Feilitzsch,* dem ersten Dorf mit sächsischem Namen. Von Feilitzsch aus sollte ein Zug nach Plauen gehen. Auf dem Bahnhof erfuhr ich, daß ein Zug hier nicht durchkomme. Nur eine Lokomotive werde um 13 30 Uhr passieren, aber da ich doch Kurier des Zaren sei (meine fragwürdigen Zettel und Papiere taten Wunder), so solle ich mitgenommen werden.

Wir ruhten uns entspannt aus, lagerten eine Weile am hohen Straßenrand über dem RAD-Lager, gingen dann langsam und siegesgewiß zum Bahnhof Feilitzsch zurück. Dort hatte sich inzwischen ein Häufchen Militär angefunden, ich fragte mich, wie eine einzelne Lokomotive uns alle mitnehmen solle. Der Telegraph meldete sie, alles stellte sich zurecht. Es erschien eine Lokomotive mit angehängtem, hohem, fest geschlossenem Kohlentender. Auf den Kohlen saßen, im Lokomotivstand standen eine Unmenge Soldaten (von Hof her), ein paar junge Kerle kletterten wie die Affen im Nu, von ihren Kameraden unterstützt, auf den Kohlentender, es war ein Gewirr und Geschrei, ich brüllte meinen Kapo an, der seinerseits eine hilflose Figur machte, und schon setzte sich die Lokomotive wieder in Bewegung, und die Nichtmitgekommenen zogen resigniert ab. Ich wütete gegen den Kapo, aber davon wurde nichts anders, und um zwei Uhr etwa nahmen wir also unsere Fußwanderung wieder auf.

Der zehnte Tag, Montag, 4. Juni, führte also von Feilitzsch nach Magwitz.

Am elften Tag, Dienstag, dem 5. Juni, brachen wir spät, erst um acht Uhr, auf, Eva mit gewaschenem Haar, ich rasiert.

Einmal nahm uns nach langer Zeit wieder ein Pferdewagen mit, einmal, im Gasthaus *Tirpersdorf*, fanden wir nicht nur eine große Kanne Kaffee, sondern auch ein süddeutsches Nachrichtenblatt, die »Hessische Post« vom 26. Mai. Der eigentliche Schlußakt des Krieges ist uns ja bis auf den heutigen Tag dunkel geblieben.

Um halb neun waren wir in *Falkenstein*. Scherners Apotheke war leicht angeschlagen, ihr Privathaus schwerer. Geschützfeuer der Amerikaner, wie wir später erfuhren. Wir riefen und klatschten vor dem verschlossenen Haus. Trude Scherner öffnete, er selbst war mit seinem »Uhlmännchen« auf Wareneinkauf nach Leipzig gefahren, er kam um zehn, als wir gerade aufbrechen wollten, triumphierend zurück, er hatte, statt für die bewilligten 200, für 10 000 M einkaufen können, er war jetzt nach der völligen Zerstörung der anderen Apotheke sozusagen Monopolinhaber. Große Herzlichkeit, große Bewirtung, vieles Durcheinandererzählen, und erst um elf, der hier gültigen Sperrstunde, lagen wir auf unsern alten Ruhestätten im Privatkontor der Apotheke. Dort war das Hitlerbild verschwunden und durch eine Landschaft ersetzt.

Dies war der elfte Reisetag, der letzte der zweiten Phase (Regensburg–Falkenstein), die Strecke Magwitz–Falkenstein, Dienstag, 5. Juni.

Am Mittwoch sah alles anders aus. Buchstäblich der nackte Hunger trieb uns, Falkenstein so rasch als möglich zu verlassen. Scherners hatten uns am Einzugsabend mit einer vorhandenen Kartoffelmahlzeit satt gemacht. Aber nun hatten sie kein weiteres Bröckchen übrig. Auf dem Rathaus erhielten wir wohl Marken, aber auf die Marken war nichts einzukaufen, Brot ausverkauft, Butter seit langem nicht zu haben etc. etc.

Ich ging auf Scherners Rat noch zu einem Rechtsanwalt Reichenbach, a half Jew oder ein ganzer, Vetter jedenfalls – wie sich herausstellte – unseres unglücklichen Dresdener Reichenbach, seit der Umwälzung auf hohem Verwaltungsposten. Er nahm mich sehr gut auf und versprach, uns am nächsten Morgen nach Auerbach zu bringen, mir dort auch behilflich zu sein.

Dies der zwölfte Tag, Mittwoch, 6. Juni, ganz in Falkenstein verbracht.

Donnerstag, den 7. Juni, recht bedrückter Aufbruch von Falkenstein, im Grunde ging es ja wieder ins Ungewisse. Der Anwalt kam mit einem Begleiter im schönsten Automobil, brachte uns in wenigen Minuten nach Auerbach, ließ uns aber dort eine reichliche Stunde vor irgendeiner Amtsstelle warten. In der Zwischenzeit kam er einmal heraus, drin befinde sich ein russischer Offizier, vielleicht werde der uns weiterhelfen. Aber dann, nach einer Stunde, hieß es, leider sei alles umsonst, die Kommandantur lasse niemanden in das angrenzende Niemandsland und in die russische Zone hinüber, das vernünftigste sei, ich kehrte gleich mit ihm, Reichenbach, nach Falkenstein zurück. Als ich mich dagegen erbittert wehrte, meinte er, er wisse freilich von vielen, die heimlich und auf eigene Faust hinübergekommen seien, und nach einer Pause, er könne auch einmal versuchen, ob ich auf der Kommandantur nicht vielleicht doch einen Paß bekäme. Wir fuhren also dorthin. Es war großes Gewimmel in vielen Zimmern, Reichenbach kannte gleich das richtige Loch und die richtige Dolmetscherin. Die Dolmetscherin verwechselte mich einigermaßen mit Otto Klemperer und machte einen »Musikprofessor« und Besitzer einer Farm bei Dresden aus mir. Nach einigem Warten erhielt ich denn auch meinen Passierschein, den ich nicht ein einziges Mal gebraucht habe. Ich weiß nicht, wo das berüchtigte Niemandsland, ich weiß nicht, wo die eigentliche russische Zone begann, ich bin weder von Soldaten noch von Plünderern im geringsten belästigt worden ... Den Paß hatten wir und sollten nun auch von einer Speditionsfirma nach Schönheide mitgenommen werden. *Sollten.* Aber diese bestimmt dorthin fahrende und Leute mit Passierschein gern mitnehmende Firma fuhr überhaupt nicht in diese Richtung, und Privatautos, hieß es, scheuten noch die Unsicherheit des Niemandslandes, und so mußten wir die etwa 18 km zur »Sollte«-Bahnstation wieder tippeln. Als Mahlzeit bekamen wir in Auerbach mit Müh und Not und Kampf wieder Rübenschnitzel, Läden zum Einkaufen waren geschlossen, in Mittagsglut wurde losgewandert. Ein Pferdewagen half über die böseste Nachtischstunde, so kamen wir nach *Rodewisch.*

Dieser Weg nach Schnarrtanne und dann nach *Schönheide* weiter war so baedekerhaft und bildschön und gefundenes Touristenfressen wie neulich der Lupinenweg. Aber das stieg und stieg und stieg, und ich war bei ständiger Hitze so sehr von Kräften. Und schließlich noch die weite Strecke von Schönheide nach *Schönheider Hammer.* Aber da war der Bahnanschluß wirklich erreicht. Wir übernachteten im Carlshof, ohne Verpflegung, ohne Möglichkeit, aus den Kleidern zu kommen.

Der dreizehnte Tag also: Donnerstag, 7. Juni, Strecke Falkenstein–Schönheider Hammer.

Der vierzehnte und vorletzte Reisetag ist durch trocken Brot und Wasser ausgezeichnet. Und durch den Fanatismus der durchweg überreizten kleinen Flüchtlingsleute in dem Carlshof. Eine Frau, Breslauerin, schimpfte fanatisch auf Hitler, eine andere, die vor den Russen geflohen war, schimpfte ebenso fanatisch auf die Russen und erklärte alle deutschen Greueltaten in Rußland für Lügen und Hetzpropaganda – niemals hätte ein deutscher Soldat geplündert oder sonst etwas Böses begangen ... Wir hielten uns abseits und saßen im Garten des Lokals oder am Bahnrand, bis endlich der Zug kam, ein richtiger Personenzug, für den wir Billette zweiter Klasse hatten lösen müssen.

Vierzehnter Reisetag also war Freitag, 8. Juni, Strecke Schönheider Hammer–Chemnitz.

Die Innenstadt Chemnitz' schien ganz zerstört, viele Häuser standen zwar, waren aber unbewohnt und unbewohnbar, dazwischen Ruinen, Schutthaufen, irgendwo ein großer Platz mit nichts als Geröll und einem riesigen Kandelaber, der unversehrt hervorragte – im ganzen das übliche Bild.

Bei alledem: Ich hatte immerhin den momentanen Eindruck, aus dem Stromerleben aufgetaucht und wieder zu den Freuden (wenn auch vorerst den verlogensten) der Zivilisation zurückgekehrt zu sein. – Ich wurde sehr enttäuscht, und es war wieder eine doppelte Enttäuschung. Ich belud mich, wir wanderten eine Weile durch die schwüle Hitze, fanden weiter draußen eine Trambahn, die bis zum Bahnhof Hilbersdorf ging, und erfuhren dort (wo wieder ein Flüchtlingshaufen auf den Treppenstufen etc. kampierte), daß der nächste Zug nach Dresden erst heute, »etwa« um drei Uhr nachmittags fahren werde. Aber »gestern« sei er erst um sieben Uhr abends abgegangen, und immer sei er sehr überfüllt und unregelmäßig. Welch vielfältige Kalamität für uns!

Wir gingen ratlos und übermüdet die Straßen weiter hinaus und stießen auf einen einfachen Gasthof. Es war drin in Gaststube und Wohnstube ein sehr reges Leben, deutsches Militär, Zivil und russisches Militär durcheinander. Ich sah die Russen zum erstenmal, graugrün und sportlich leicht gekleidet wie die Amerikaner, aber in Kitteln. Die Wirtin nahm uns seltsamerweise sogleich freundlich auf; wir sollten im Saal schlafen, er sei wenig besetzt, sie wolle uns auch Kaffee und Kartoffeln kochen (ich gab ihr unsere Kartoffel- und Urlaubermarken). Wirklich brachte sie uns nachher eine Schüssel Pellkartoffeln und eine Kanne Kaffee, später sogar noch Bier, wir waren wie erlöst.

Bald darauf kam jemand von den Wirtsleuten: Die Russen wollten wissen, was für ein Professor ich sei, einer habe ganz aufgeregt gefragt, was das für ein »Typ« sei. Daß ich in dem armseligen Vorstadthotel unter Landsern und Volk auffiel, verdanke ich kaum meinem bedeutenden Gesicht, viel eher dem hohen weißen Kragen, den ich am 15. Februar in Klotzsche gekauft und immer vermieden hatte, und den ich nun tragen mußte, da *das* Hemd mit dem weichen Umlegekragen gänzlich hinüber war: Dieser bourgeoise Stehkragen und dazu die zerschlissene Kleidung des Landstreichers und der mehrtägige weiße Stoppelbart – es sah nach Evas Wort aus wie die schlechte Verkleidung eines flüchtigen Bourgeois und Antibolschewiken. Ein riesiger Kerl, Hauptmann, wie ich nachher erfuhr, kam an mich heran und sprach mich russisch an. Er rückte mir dicht auf den Leib, setzte sich derart an die Kante des Tisches und Sofas, daß mir keinerlei Bewegung blieb und sprach nicht unfreundlich, aber sehr energisch und eindringlich. Ich sagte: »Je ne comprends pas« und »Ja Gewree« (wie mir Eisenmann beigebracht), gab ihm meinen Paß, wies auf das »J« – er redete ungeduldig weiter. Endlich kam eine ältere Dame am Krückstock, Baltin, die russisch verstand, und machte die Dolmetscherin. Der Offizier wollte vor allem wissen, wann ich »nach Deutschland gekommen« sei. Es dauerte lange, bis ich den beiden klarmachte, daß meine Familie seit 200 Jahren in Deutschland lebte, daß Landsberg a. W. bis 1918 zur Provinz Brandenburg gehört. Danach gab ich genaue Auskunft über meine Position vor und nach 1933, sagte auch mit einigem Avec, daß unsere Familie drei Brockhausleute gestellt und daß Georg Lenin behandelt habe. Da stand der Offizier endlich auf, klopfte mir freundlich begönnernd auf die Schulter und ging. Die Geschichte, verbunden mit alledem, was ich nun schon von selbstverständlichen Plünderungen und Vergewaltigungen gehört, war mir doch reichlich peinlich – ganz so weit ab von der Gestapoverhaftung auf der Tram – »ich will ihn mal flöhen!« – hatte sie ja schließlich nicht gelegen.

Am Sonnabend, dem 9. Juni, war ich vormittags beim Friseur und ließ mich scheren, dann warteten wir – ungegessen, nachdem alle Versuche, ein Mittagbrot zu erhalten, gescheitert waren, sehr skeptisch unter einer Riesenmenge auf dem Bahnhof. Wären wir nicht befördert worden, so wären wir zu Fuß gegangen. Und am Morgen des fünfzehnten Reisetages, am Sonntag, den 10. Juni, waren wir also in Dresden.

Aber eigentlich gehört dieser Sonntag auch noch zur Heimreise, denn er brachte ja den märchenhaften Umschwung. Der Tag begann trübe genug. Wir wanderten müde und hungrig zum Neustädter Bahnhof – nada! Wir wanderten zu dem gegenüber befindlichen Polizeibureau. Eine richtige und eine falsche Auskunft bei sehr freundlicher Aufnahme. Gehen Sie gleich nach Dölzschen! Ich wandte ein, es werde Zeit kosten, bis ich da in mein Haus käme. Der Beamte feixte: Sie wissen gar nicht, wie schnell das manchmal geht! Und damit hatte er recht behalten. Wobei mir zugute kam, daß Berger getürmt war ... Aber was den Hunger anlangte, so hieß es, im Flüchtlingslager Glacisstraße würden wir beköstigt werden, und dort schliefen über verlassenen Räumen im Oberstock russische Posten. Der Weg war also ganz umsonst. Nun sagte uns jemand auf der Straße, ein Lager befinde sich, ich glaube, in der Markgrafenstraße. Dort fanden wir nur ein Lazarett, aber wieder keine Verpflegstelle. Dann wanderten wir, immer nüchtern und nach der unmöglichen Nacht, durch all die Zerstörung zur Altstadt hinüber. In der Theaterstraße sollte eine Auskunftsstelle über Einwohner und Ausgebombte sein. Sie war geschlossen. Dann schleppten wir uns – kein übertreibendes Verb! – zum Schweizer Viertel: das Haus der Frau Ahrens, das Haus der Windes zerstört, keine Auskunft zu erlangen. Nur ein alter Mann, der seine Frau verloren und dem tags zuvor ein russischer Soldat seinen Hund geraubt hatte, gab mit Bestimmtheit an, daß die Ahrensleute gerettet seien (er wußte aber nicht, wohin). Schließlich fanden wir, innen ein bißchen beschädigt, aber im ganzen geradezu wunderbar zwischen lauter Ruinen erhalten, das Glasersche Haus. Dies war die Wendung zum Märchen. Frau Glaser empfing uns mit Tränen und Küssen, sie hatte uns für tot gehalten. Er, Glaser, war etwas klapprig und apathisch. Wir wurden gespeist, wir konnten uns ausruhen. Am späteren Nachmittag stiegen wir nach Dölzschen hinauf.

Anmerkungen

9 *Reichsbanner* – Reichsbanner Schwarz-Rot-Gold, Bund Deutscher Kriegsteilnehmer und Republikaner, 1924 von Sozialdemokraten zum Schutz der Weimarer Republik gegründet; 1933 aufgelöst.

9 *die plumpe Sache des Reichstagsbrandes* – Die Zerstörung des Reichstagsgebäudes in Berlin durch Brandstiftung am 27. 2. 1933 wurde von den Nationalsozialisten als Anlaß für umfangreiche Verfolgungen von Kommunisten und Sozialdemokraten und für den Erlaß der »Notverordnung zum Schutz von Volk und Staat« vom 28. 2. 1933 genutzt.

9 *Eva* – Eva Klemperer, geb. Schlemmer (1882–1951), aus Königsberg stammende Pianistin, seit 1906 Victor Klemperers Frau in erster Ehe.

9 *Blumenfelds* – Walter Blumenfeld (1882–1967), Psychologe, 1924–1935 Professor am Pädagogischen Institut der Technische Hochschule Dresden, und seine Frau Grete.

9 *Dembers* – Harry Dember (1882–1943), Physiker, 1923 o. Professor an der Technischen Hochschule (TH) Dresden, und seine Frau Agnes.

9 *das Horst-Wessel-Lied* – »Die Fahne hoch …«, Marschlied der SA, 1933 zur zweiten Nationalhymne erklärt; verfaßt von Horst Wessel (1907–1930), seit 1929 SA-Sturmführer; bei einer privaten Auseinandersetzung mit politischen Gegnern erschossen, von SA und NSDAP zum Märtyrer stilisiert.

10 *Karl Wollf* – Karl Joseph Wollf (1876–1952), Schriftsteller und Erster Dramaturg am Staatstheater Dresden, emigrierte 1939 nach Frankreich, 1942 nach England.

10 *Que sais-je?* – (franz.) Was weiß ich?

10 *bei Frau Schaps zusammen mit Gerstles* – Jenny Schaps (1867–1950), seit 1921 eng mit Klemperers befreundet; ihr Schwiegersohn Hans Gerstle, Direktor einer Kaffeezusatzfabrik; seine Frau Toni (geb. Schaps) war die ältere Schwester von Liesel Sebba.

10 *»Dresdener NN«* – »Dresdner Neueste Nachrichten«, Tageszeitung (1893–1943).

11 *Ricarda Huch* – (1864–1947), Erzählerin; trat 1933 aus Protest gegen das NS-Regime aus der Preußischen Akademie der Künste aus.

11 *Thieme* – Johannes Thieme, den Klemperers aus ihrer Leipziger Zeit 1916–1918 bekannt.

11 *Boykott-Aufruf* – Von der Nazifürung verkündeter Generalboykott gegen Geschäfte und Warenhäuser jüdischer Eigentümer.

11 *Stahlhelmaufruhr in Braunschweig* – Am 27. 3. 1933 schritten bewaffnete SS- und Polizeieinheiten gegen einen angeblichen Putschversuch des Frontkämpferbundes Stahlhelm in

Braunschweig ein. Es folgte am 28. 3.
ein Verbot des Stahlhelms, das am
1. 4. vorerst wieder aufgehoben wurde, im November 1935 aufgelöst.

12 *Herr Wolff* – Julius Ferdinand Wolff
(1876–1942), langjähriger Chefre-
dakteur und Mitinhaber der »Dresdner Neuesten Nachrichten«; beging
angesichts der zunehmenden Deportationen in die Vernichtungslager
Anfang 1942 gemeinsam mit seiner
Frau Selbstmord.

13 *Gusti Wieghard* – Auguste Wieghardt-Lazar (1887–1970), Schriftstellerin; übersiedelte 1920 von
Wien nach Dresden, ab 1939 Exil
in England, lebte seit 1949 wieder
in Dresden.

13 *mein Terrain* – Victor Klemperer
hatte auf Drängen seiner Frau in
Dölzschen, Am Kirschberg 19,
ein Grundstück für ein Eigenheim
erworben.

14 *Pronunciamento* – (span.) Verlaut-
barung, Erklärung.

14 *»Frankreichbild«* – Die Studie »Das
neue deutsche Frankreichbild (1914–
1933). Ein historischer Überblick«
erschien erst postum in »Beiträge
zur romanischen Philologie«, Verlag
Rütten & Loening, Berlin, I. Jg., 1961,
H 1, und II. Jg., 1963, H. 1.

14 *das neue Beamten-»Gesetz«* – Am
7. 4. 1933 trat das »Gesetz zur Wiederherstellung des Berufsbeamtentums« in Kraft, dessen § 3 besagte:
»Beamte, die nicht arischer Abstammung sind, sind in den Ruhestand
zu versetzen.« Die Begründung
dieses Paragraphen lautete, »Juden«
könnten nicht deutsch denken, folg-
lich »Deutsche« nicht regieren und
deren Staat verwalten.

14 *als Frontkämpfer* – Victor Klemperer war als Kriegsfreiwilliger von
November 1915 bis März 1916 an
der Westfront, nach Lazarettauf-

enthalt 1916–1918 Zensor im Buch-
prüfungsamt der Presse-Abteilung
des Militärgouvernements Litauen
in Kowno und Leipzig.

14 *Couésche Art* – Emile Coué (1857–
1926) entwickelte eine auto-sugge-
stive Psychotherapie.

14 *Meyerhofs* – Hans Meyerhof war ein
Freund Klemperers seit der gemeinsamen Lehrlingszeit bei der Berliner
Exportfirma Löwenstein & Hecht
1897–1899, Klemperer blieb auch
mit dessen Eltern und Geschwistern
in Kontakt.

15 *Köhler* – Der Studienassessor Johannes Köhler und seine Frau Ellen ge-
hörten seit 1928 zum Freundeskreis
der Klemperers.

16 *Annemarie* – Annemarie Köhler,
Ärztin im Johanniter-Krankenhaus
in Heidenau, praktizierte ab 1937
zusammen mit Friedrich Dreßel in
Pirna, starb 1948; langjährige Freun-
din der Klemperers. Sie versteckte
Klemperers Tagebücher seit den
Haussuchungen.

16 *Der 16. 5.* – Eva und Victor Klemperer wurden am 16. 5. 1906 standes-
amtlich getraut.

17 *Hitlers Friedensrede* – Am 17. 5. 1933
hielt Hitler vor dem Reichstag seine
von der NS-Propaganda so benannte
»Friedensrede«, in der er sein außen-
politisches Programm vortrug.

17 *»Rathenau-Beseitiger«* – Am
24. 6. 1922 war Außenminister
Walther Rathenau von Mitgliedern
der rechtsgerichteten Fememord-
Organisation »Consul« ermordet
worden. Seit 1930 fanden am Tag
der Ermordung Rathenaus auf Burg
Saaleck bei Bad Kösen Hetzkund-
gebungen u. a. von SA, SS und
Stahlhelm statt; an diesem Ort waren zwei der Mörder gestellt worden
und dabei ums Leben gekommen.

17 *(Geßlerhut redivivus)* – In Friedrich

Schillers (1759–1805) Drama »Wilhelm Tell« verweigert die Titelfigur den verlangten Gruß vor dem von Hermann Geßler aufgestellten Hut. – *revidivus* (lat.) auferstanden.

17 *am 30. Januar* – Am 30. 1. 1933 wurde Adolf Hitler von Reichspräsident von Hindenburg zum Kanzler des Deutschen Reiches ernannt.

17 *A quoi bon* – (franz.) Für wen, wem nützt das?

18 *18ᵉ siècle* – Klemperer plante eine »Geschichte der französischen Literatur im 18. Jahrhundert«, sie erschien in zwei Bänden 1954 und 1966. Im Tagebuch schreibt Klemperer häufig dafür »18ième«, auch »Dix-huitième«.

18 *Löwenstein & Hecht* – Berliner Exportfirma, bei der Klemperer 1897–1899 Lehrling war.

19 *Nürnberger Parteitag* – Parteitag der NSDAP.

20 *Plebiszit* – Nachdem Deutschland am 19. 19. 1933 aus dem Völkerbund ausgetreten war, fand am 12. 11. dazu eine Volksbefragung und die Reichstagswahl statt; die NSDAP erhielt 95,1 % der abgegebenen Stimmen.

20 *»aus London«* – BBC London.

22 *Naigeon* – Jaques-André Naigeon (1738–1810); Kenner und Herausgeber der Werke Denis Diderots. – Klemperer hatte eine Rezension zu Rudolf Brummers »Studien zur Aufklärungsliteratur im Anschluß an J.-A. Naigeon« (Breslau 1932) geschrieben, die im »Literaturblatt für germanische und romanische Philologie«, 55. Jg., 1934 erschien.

22 *Renans »Tout est possible, même Dieu«* – Ernest Renan (1832–1892), franz. Philosoph, Historiker, Philologe. – »Alles ist möglich, selbst Gott«.

25 *Georg* – Georg Klemperer (1865–1946), Internist, ältester Bruder Victor Klemperers; 1905 a. o. Professor in Berlin, 1906 Direktor der Inneren Abteilung des Städtischen Krankenhauses Moabit; arbeitete vor allem auf den Gebieten des Stoffwechsels und der Ernährung, sein 1890 erstmals erschienener »Grundriß der klinischen Diagnostik« wurde zum Standardwerk; am 4. 5. 1933 zwangsemeritiert; emigrierte um die Jahreswende 1936/37 mit seiner Frau Maria, geb. Umber, in die USA.

26 *Beste* – Theodor Beste, Dekan der kulturwissenschaftlichen Abteilung.

26 *Corneille-Übung* – Pierre Corneille (1606–1684), franz. Dramatiker. Klemperers 1933 in München erschienene Monographie »Corneille« war bis 1947 seine letzte Buchpublikation.

26 *Wengler* – Heinrich Wengler, Sprachlehrer für Italienisch, seine Frau Ellen Wengler.

28 *Scherners* – Hans Scherner, Apotheker in Falkenstein/Vogtl.; er und seine Frau Trude waren Freunde der Klemperers aus deren Leipziger Zeit 1916–1918.

29 *Prätorius* – Karl Prätorius, Baumeister.

30 *»Röhmrevolte«* – Ernst Röhm (1887–1934), seit 1931 Stabchef der SA; wegen angeblicher SA-Revolte wurden am 30. 6. und 1. 7. 1934 Röhm und andere hohe SA-Führer erschossen, außerdem weitere politische Gegner wie u. a. Reichswehrgeneral Kurt von Schleicher und Gregor Strasser ermordet. Die SA wurde entmachtet, Hitler stützte sich auf SS und Reichswehr.

31 *Studie über die Sprache des 3. Reiches* – Klemperer wertete seine im Tagebuch festgehaltenen Notizen zur Sprache des Dritten Reiches für die Analyse »LTI« (Lingua Tertii Imperii) aus, die 1947 im Aufbau-

Verlag erschien. – Im Tagebuch verwendet er für seine Sprachbeobachtungen häufig das Kürzel «LTI«.

31 *Hindenburg* – Paul von Beneckendorf und von Hindenburg (1847–1934), General und seit 1932 Reichpräsident, ernannte Hitler zum Reichskanzler.

32 *am 19. August* – Hitler ließ sich durch eine Volksabstimmung als Staatsoberhaupt bestätigen.

35 *Ich bin heute 53* – Klemperer hatte sich im Datum geirrt und es nachträglich durch den Zusatz korrigiert; sein Geburtstag war am 9. 10.

36 *Saarabstimmung* – 1920 wurden Teile der ehemaligen preußischen Rheinprovinz und der bayrischen Rheinpfalz politisch von Deutschland abgetrennt und für 15 Jahre der treuhänderischen Verwaltung des Völkerbunds unterstellt. Bei der nach Ablauf dieser Frist vorgesehenen Volksabstimmung 1935 sprachen sich rund 90 % der Bevölkerung des Saargebiets für den Anschluß an das deutsche Reich aus.

37 *Voltaire* – (1694–1778), franz. Schriftsteller und Philosoph; zentrale Gestalt der französischen Aufklärung. Als Band I von Victor Klemperers »Geschichte der französischen Literatur im 18. Jahrhundert« erschien 1954 »Das Jahrhundert Voltaires«.

37 *DLZ* – Deutsche Literaturzeitung.

39 *die vier »anständigen« Köhlers* – Johannes und Ellen Köhler mit ihren Eltern; im Unterschied zu Annemarie Köhler, die mit dem Arzt Friedrich Dreßel zusammenlebte, waren sie verheiratet; Klemperers unterschieden die Köhlers scherzhaft in »anständige« (»decentes«) und »unanständige« (»indecentes«).

39 *Isakowitz* – Erich Isakowitz, Zahnarzt.

40 *fait accompli* – (franz.) Vollendeter Tatbestand.

41 *PI* – Pädagogisches Institut, 1923–1935 Teil der Allgemeinen Abteilung der TH Dresden.

41 *der »Stürmer«* – Wochenblatt der antijüdischen Hetzpresse (1923–1945), herausgegeben von Julius Streicher.

41 *›ein einzig … Volk von Brüdern‹* – Friedrich Schiller, »Wilhelm Tell« (II, 2).

41 *:/:* – Zeichen für »gegen«.

41 *Martin Mutschmann* – (1879–1948?), ab 1924 Gauführer der NSDAP, ab April 1933 Reichsstatthalter von Sachsen; im Mai 1945 auf der Flucht vor der Roten Armee bei Oberwiesenthal ergriffen, vermutl. nach einem Prozeß in sowjetischer Haft gestorben.

42 *Vossler* – Karl Vossler (1872–1949), Romanist in Heidelberg, Würzburg, München – Klemperer studierte vor dem 1. Weltkrieg bei Vossler in München und empfing von ihm entscheidende Impulse.

42 *Spitzer* – Leo Spitzer (1887–1960), österr. Romanist; 1921 Professor in Marburg, 1930 in Köln; emigrierte 1933 nach Istanbul, 1936 in die USA.

42 *Mein Lektorat in Neapel* – 1914/15 war Klemperer Lektor für deutsche Sprache und Literatur an der Universität in Neapel.

42 *meine Vertretung Walzels* – Oskar Walzel (1864–1944), 1907–1921 Professor an der TH in Dresden, danach in Bonn; Klemperer bezieht sich auf Prüfungsvertretungen 1920/21.

43 *bei seinem Ältesten* – Georg Klemperers Sohn Otto (1899–1987), Physiker; emigrierte 1933 nach England.

43 *Stepun* – Fedor Stepun (1884–1965), russ.-dt. Kultur- und Religionsphilosoph; 1926–1937 Professor für Sozio-

338

logie in Dresden, seit 1947 für russ. Geistesgeschichte in München.

44 *Erfolg des Flottenabkommens* – Im deutsch-britischen Flottenabkommen vom 18.6.1935 wurde für den Ausbau der Kriegsflotten beider Länder ein Verhältnis von 30:100 festgelegt; der Bau von U-Booten unterlag keiner Beschränkung; Großbritannien sanktionierte damit offiziell die Verletzung der Abrüstungsbestimmungen von Versailles durch Deutschland.

45 *Montesquieus Tagebüchern* – Charles-Louis de Secondat Baron de la Brède et de Montesquieu (1689–1755), franz. Schriftsteller und Staatstheoretiker. – 1914/15 arbeitete Klemperer an den beiden Bänden seiner Montesquieu-Studie.

46 *nettoyeurs* – (franz.) Säuberer.

46 *Auflösung des Stahlhelms* – Im November 1935 wurde der Frontkämpferbund Stahlhelm endgültig aufgelöst.

46 *Gesetze für das deutsche Blut und die deutsche Ehre* – »Gesetz zum Schutze des deutschen Blutes und der deutschen Ehre«; die sogenannten Nürnberger Rassengesetze, die die Diskriminierung der jüdischen Bevölkerung legalisierten.

46 *»Schiwe sitzen«* – (jidd.) Nach dem Tode eines nahen Verwandten sitzen die Angehörigen eine Woche zu seinem Gedenken zusammen.

51 Memento – (lat.) Mahnung.

51 *précautions* – (franz.) Vorsichtsmaßnahmen.

53 *TH* – Abkürzung für Technische Hochschule.

55 *ein jüdischer Student* – Der Student David Frankfurter (1909–1982) wollte mit seinem Anschlag vom 4.2.1936 auf den Landesgruppenleiter der NSDAP-Auslandsorganisation in der Schweiz, Wilhelm

Gustloff, gegen die Judenverfolgungen des NS-Regimes protestieren.

55 *Olympiaspiel* – Vom 6. bis 16.2.1936 fanden in Garmisch-Partenkirchen die IV. Olympischen Winterspiele statt.

56 *Marta* – Marta Jelski (1873–1954), Schwester Victor Klemperers, verheiratet mit dem Prediger der Jüdischen Reformgemeinde Julius Jelski (1867–1953).

56 *sein Sohn als Arzt* – Friedrich Klemperer (1909–2002), drittältester Sohn von Georg Klemperer.

56 *Sußmanns* – Victor Klemperers jüngste Schwester Valeska (Wally) (1877–1936) war mit dem Arzt Martin Sußmann verheiratet.

56 *Felix' Ältester* – Kurt Klemperer, Jurist; Neffe von Victor Klemperer, emigrierte 1934 nach Brasilien. – Felix Klemperer (1866–1932), Internist, zweitältester Bruder Victor Klemperers; ab 1921 Professor in Berlin, Direktor des Krankenhauses in Berlin-Reinickendorf; veröffentlichte 1894 »Klinische Bakteriologie« und 1920 »Die Lungentuberkulose«.

56 *Betty Klemperer* – Elisabeth (Betty) Klemperer, geb. Goldschmidt, Witwe von Felix Klemperer; emigrierte mit ihrem jüngeren Sohn Wolfgang in die USA (Cleveland, Ohio).

57 *Krolloper* – Seit dem Brand des Reichstagsgebäudes im Februar 1933 fanden die Sitzungen des Reichstags in der Krolloper im Tiergarten statt.

57 *Besetzung des Rheinlandes* – Vom 5. bis 16.10.1925 war in Locarno zwischen den europäischen Hauptsiegermächten des 1. Weltkrieges und Deutschland ein Vertragswerk vereinbart worden, das u.a. die 1919 im Versailler Vertrag festgelegte Westgrenze bekräftigte und das Rheinland zur entmilitarisierten Zone erklärte. 1936 nahm Hitler

den Pakt zwischen Frankreich und der UdSSR zum Anlaß, ihn für nichtig zu erklären, gleichzeitig marschierten deutsche Truppen in das Rheinland ein.

57 *vox populi* – (lat.) Volkes Stimme, öffentliche Meinung.

58 *Maria Strindberg* – Maria Strindberg, geb. Lazar (1895–1948), österr. Schriftstellerin, Schwester von Auguste Wieghardt-Lazar.

58 »*Contrat social*« – »Du contrat social ou Principes du droit politique« (1762; dt. »Über den Gesellschaftsvertrag oder Grundzüge des Staatsrechts«, 1763) von Jean-Jacques Rousseau; skizziert die Grundprinzipien eines der menschlichen Natur gemäßen Vernunftstaates.

59 *EK I* – Das Eiserne Kreuz I. Klasse. – 1813 als preußische Kriegsauszeichnung für Offiziere und Mannschaften gestiftet, 1870/71 erneuert, in beiden Weltkriegen verbreitete Auszeichnung.

61 *Ignazio Silone* – (1900–1978), ital. Schriftsteller.

61 *Mutatis mutandis* – (lat.) Etwa: den gegebenen Verhältnissen angepaßt.

62 *Vanitatum vanitas* – Vanitas vanitatum, et omnia vanitas (lat.) Eitelkeit der Eitelkeiten, und alles ist eitel (Altes Testament, Prediger 1,2; 12,8).

62 *die Danziger Sache* – Der Anspruch Deutschlands auf Danzig, das aufgrund des Versailler Vertrages als Freie Stadt aus dem Deutschen Reich ausgegliedert worden war, wurde, seit die NSDAP 1933 im Danziger Volkstag die Mehrheit errungen hatte, immer offener propagiert.

62 *der spanische Bürgerkrieg* – Nach dem Putsch General Francos vom 17.7.1936 gegen die republikanische spanische Regierung leisteten Deutschland, Italien und Portugal den Putschisten militärische Hilfe;

am 18.11.1936 wurde die Franco-Regierung von Deutschland und Italien anerkannt. Die republikanischen Truppen, verstärkt durch Internationale Brigaden von Freiwilligen, erlitten mit dem Fall von Madrid am 28.3.1939 ihre endgültige Niederlage.

62 *ein Neger aus USA* – Der US-amerik. Leichtathlet Jesse Owens (1913–1980) gewann bei den Olympischen Spielen 1936 vier Goldmedaillen.

63 »*Kraft und Freude*« – Ironischer Bezug auf »Kraft durch Freude«, zur Deutschen Arbeitsfront gehörende Organisation für Urlaub und Reisen.

64 *Streicher* – Julius Streicher (1885–1946); seit 1923 Herausgeber des antisemitischen Hetzblattes »Der Stürmer«, ab 1928 NSDAP-Gauleiter von Franken; wegen vieler Skandale 1940 von allen Parteiämtern beurlaubt, im Nürnberger Kriegsverbrecherprozeß 1946 zum Tode verurteilt.

65 *am ersten Kapitel Rousseau* – Jean-Jacques Rousseau (1712–1778), franz.-schweizer. Philosoph und Schriftsteller; der 2. Band von Klemperers »Geschichte der französischen Literatur im 18. Jahrhundert« hat den Titel »Das Jahrhundert Rousseaus«, er erschien postum 1966.

65 *Die jüdischen Kulturbünde* – Der »Kulturbund deutscher Juden« wurde im Juni 1933 in Berlin und danach in anderen Städten gegründet; am 27.4.1935 in die Zwangsorganisation »Reichsverband der jüdischen Kulturbünde« umgewandelt, 1938 erneut umbenannt in »Jüdischer Kulturbund in Deutschland e. V.«.

65 *Ilse Klemperer* – Tochter von Klemperers Bruder Felix.

67 *Wallys Einäscherung* – Victor Klemperers jüngste Schwester

Valeska (Wally) Sußmann war am
14. 10. 1936 gestorben.

70 *ad oculos* – (lat.) vor Augen.

71 *Strausberg- und Nordseefahrt* – Die
geplante Fahrt sollte über Strausberg
gehen, wo Klemperers Schwester
Margarete Riesenfeld (Grete) (1867–
1942) wohnte.

73 *A hlwardtzeit und Stoeckerei* –
Der Berliner Hof- und Domprediger
Adolf Stoecker (1835–1909) vertrat
auf dem äußersten rechten Flügel
der Deutschkonservativen Partei
einen militanten Antisemitismus;
mußte sich 1889 auf Betreiben Wil-
helms II. aus dem politischen Leben
zurückziehen. – Vom völkischen
Standpunkt aus publizierte Hermann
Ahlwardt (1846–1914) nach seinem
Scheitern als Schulrektor zahlreiche
antisemitische Schriften. Wegen seiner Verleumdungen wurde er mehrfach von Gerichten verurteilt.

74 *Versöhnungstag* – Jom Kippur,
wichtigster jüdischer Feiertag, letzter
der zehn Bußtage, die mit Rosch-
Ha-Schana beginnen.

75 *Wallace* – Edgar Wallace (1875–
1932), engl. Kriminalschriftsteller.

77 *Berthold Meyerhof* – Bruder von
Hans Meyerhof.

77 *Zarah Leander* – (1907–1981),
schwed. Schauspielerin und Sänge-
rin; 1937–1943 eine der erfolgreichs-
ten Darstellerinnen der Ufa; hatte
1945–1949 Auftrittsverbot.

78 *Eden … Chamberlain* – Robert An-
thony Eden (1897–1977), 1935–1938
brit. Außenminister; 1940 Kriegs-
minister, 1940–1945 und 1951–55
erneut Außenminister. – Arthur
Neville Chamberlain (1869–1940),
1937–1940 brit. Premierminister;
versuchte, mit einer Politik des Ap-
peasement gegenüber Deutschland
und Italien (Münchner Abkommen)
den Krieg zu verhindern; ging 1939

zum Widerstand gegen Hitlers
Aggressionspolitik über (Garantie-
erklärung an Polen, Kriegserklärung
an Deutschland am 3. 9. 1939); im
Mai 1940 durch Winston Churchill
abgelöst.

78 *tritt den Völkerbund in den Hintern* – Chamberlain erklärte am
22. 2. 1938 vor dem Unterhaus, daß
der Völkerbund die kleinen Nationen
nicht vor Angriffen werde schützen
können.

78 *prouesse* – (franz.) Heldentat.

78 *Österreichannexion* – Auf ein
Ultimatum Hitlers wurde Arthur
Seyß-Inquart am 11. 3. 1938 öster-
reichischer Bundeskanzler; nach dem
Einmarsch der deutschen Truppen
am 12. 3. 1938 vollzog er den »Anschluß« Österreichs.

79 *Heute die »Wahl«, der »Tag des
großdeutschen Reiches«* – Hitler
ließ gleichzeitig mit der »Wahl«
zum »Großdeutschen Reichstag«
den 10. 4. 1938 eine Abstimmung
über den am 13. 3. 1938 vollzogenen
»Anschluß« Österreichs durchfüh-
ren; nach dem offiziellen Ergebnis
lag die Zahl der Ja-Stimmen über
99 % .

80 *die tschechische Angelegenheit* –
Aufgrund von Meldungen über
deutsche Truppenbewegungen in
Grenznähe ordnete die tschechoslo-
wakische Regierung am 21. 5. 1938
die Teilmobilisierung an; von Hitler
wurde das als »unerträgliche Pro-
vokation« hochgespielt, er bekräftige
seinen Entschluß, die Tschechoslowakei bis Oktober 1938 durch
eine militärische Aktion zu zerschlagen.

82 *Franzos, Kompert* – Karl Emil Franzos (1848–1904), österr. Romancier,
Novellist, Publizist und Herausgeber;
beschrieb in zahlreichen Romanen
und Erzählungen, vor allem in »Der

341

Pojaz«, jüdisches Leben in den Ghettos; ebenso der österr. Erzähler Leopold Kompert (1822–1886).

83 *Godesberg* – Nach zwei Treffen zwischen Hitler und Chamberlain zur Vermittlung in der von Deutschland entfachten Sudetenkrise (am 15. 9. 1938 in Berchtesgaden und am 22. 9. 1938 in Bad Godesberg) erklärte Chamberlain, daß Großbritannien, Frankreich und die UdSSR dem tschechischen Volk beistehen würden, falls Hitler Gewalt anwende.

83 *Aron* – Alfred Aron; seine Frau Betti war in den zwanziger Jahren Hörerin bei Klemperer gewesen.

83 *ein zweites drohendes Telegramm Roosevelts* – Am 26. 9. 1938 appellierte der amerikanische Präsident Franklin D. Roosevelt (1882–1945) an Hitler und den tschechischen Präsidenten Beneš, die Sudetenkrise friedlich zu lösen. Darauf teilte die britische Regierung mit, daß sie gemeinsam mit Frankreich Beneš dringend nahelege, die von Hitler geforderten Gebiete unverzüglich abzutreten.

83 *die vier in München* – Am 29. 9. 1938 trafen sich Hitler, Mussolini, Chamberlain und Daladier in München ohne einen Vertreter der Tschechoslowakei. Es wurde vereinbart, daß die Tschechoslowakei das Sudetenland sowie die an der früheren Grenze zu Österreich gelegenen deutschsprachigen Bezirke Deutschland zu überlassen und alle militärischen Einrichtungen in diesen Gebieten zu übergeben habe. Am 1. 10. 1938 überschritt die deutsche Wehrmacht die Grenze.

85 *Grünspan-Schießaffäre* – Am 7. 11. 1938 erschoß ein junger polnischer Jude, Herschel Grynszpan, in der Deutschen Botschaft in Paris den Legationsrat Ernst vom Rath,

nachdem am 27. 10. 1938 18 000 Juden polnischer Staatsangehörigkeit, darunter auch die Verwandten Grynszpans, an die polnische Grenze gebracht und dort im Niemandsland ausgesetzt worden waren. Die NS-Führung nahm das Attentat zum Anlaß für die Pogrome des 9. November 1938, die sog. »Reichskristallnacht«.

87 *Lager Weimar* – Das KZ Buchenwald bei Weimar bestand seit 16. 7. 1937.

88 *Trude Öhlmann* – Mitarbeiterin der Deutschen Bücherei; Freundin der Klemperers aus deren Leipziger Zeit.

90 *purtroppo* – (ital.) leider.

90 *Vita-Versuch* – Klemperer begann in dieser Zeit mit den Aufzeichnungen seiner Autobiographie, die auf seinen früheren Tagebüchern basierten. Die Tagebücher vernichtete er danach zum größten Teil. – Aus den hinterlassenen Typoskripten und Manuskripten wurden 1989 die beiden Bände »Curriculum vitae. Erinnerungen 1881–1918« von Walter Nowojski herausgegeben. – Curriculum (lat.) Lebenslauf.

92 *Rétif* – Rétif de la Bretonne (1734–1806), franz. Schriftsteller.

92 *Berliner Fahrt mit der Krankheit und dem Unfall* – Nach dem Besuch bei Klemperers Schwester Grete in Strausberg erkrankte Klemperer an Grippe und einer Blasenentzündung. Er fuhr mit dem Auto nach Berlin, um sich von seinem Schwager Martin Sußmann behandeln zu lassen; auf der Rückfahrt kam es zu einem leichten Unfall durch einen Motorradfahrer.

93 *im letzten Höllenkreis* – Dante Alighieri (1265–1321), ital. Dichter, beschreibt in seinem Hauptwerk »Divina Commedia« (um 1320) den menschlichen Läuterungsweg über neun Stufen der Hölle.

93 *die Quäkerin Livingstone* – Gemeint ist die Engländerin Miß Livingstone, die zur Gemeinschaft der Quäker gehörte.

93 *von Georgs Jüngstem* – Georg Klemperer (1911–1965).

93 *Affidavit* – Bürgschaftserklärung für Einwanderungswillige in die USA.

97 *(»Papiersoldaten«)* – Einleitung von Klemperers »Curriculum vitae«.

98 *die slowakische Angelegenheit* – Am 14. 3. 1939 kam es unter militärischem Druck Hitlers zur Gründung einer »selbständigen« Slowakei unter Präsident Tiso. Am 15. 3. 1939 besetzten deutsche Truppen die böhmischen und mährischen Restgebiete der ČSR; es folgte am 16. 3. 1939 die Gründung des »Reichsprotektorates Böhmen und Mähren«.

99 *Lissy Meyerhof* – Schwester von Hans Meyerhof; lebte in Berlin, war bis 1935 Schulpflegerin.

99 *Albanien* – Am 7. 4. 1939 besetzten italienische Truppen das erst 1921 von Italien unabhängig gewordene Albanien und vereinigten es mit der italienischen Krone; König Zogu floh ins Ausland.

99 *Botschaft Roosevelts* – Am 15. 4. 1939 verlangte der amerikanische Präsident Franklin D. Roosevelt von Hitler und Mussolini, von einem Überfall auf 30 von ihm aufgeführte Länder während einer Frist von 10 Jahren Abstand zu nehmen. Eine internationale Konferenz sollte die internationale Abrüstung und die Regelung der Weltwirtschaft kontrollieren. Sowohl Hitler als auch Mussolini gaben auf diese Botschaft keine offizielle Antwort.

100 *André Chéniers* – André-Marie Chénier (1762–1794), bedeutendster franz. Lyriker des 18. Jh.

101 *Legion Condor* – Die Legion Condor setzte sich aus allen deutschen Einheiten (Luftwaffen-, Panzer-, Nachrichten- und Transportverbände sowie Lehrstäbe) zusammen, die im spanischen Bürgerkrieg auf seiten Francos eingesetzt waren. Nach dessen Sieg wurde die Legion Condor von Hitler mit einer in Berlin abgehaltenen Siegesparade empfangen.

101 *Natscheff* – Jordan Natchef (1889–1983), bulgar. Ingenieur; nach Studium an der TH Dresden Buchhändler und Inhaber einer Leihbibliothek.

101 *Russenpakt* – Am 23. 8. 1939 kam es zum Abschluß des deutsch-sowjetischen Nichtangriffspaktes mit dem geheimen Zusatzprotokoll über die Festlegung der beiderseitigen Interessensphären in Osteuropa. – Zusätzlich wurde am 18. 9. von den Außenministern Ribbentrop und Molotow ein Grenz- und Freundschaftsvertrag abgeschlossen, der der Sowjetunion auch Litauen zusprach und den deutschen Anspruch bis zum Bug erweiterte.

103 *der Krieg mit Polen* – Am Morgen des 1. 9. 1939 erfolgte der Einmarsch der deutschen Wehrmacht in Polen.

103 *England und Frankreich* – Als Verbündete Polens erklärten England und Frankreich am 3. 9. 1939 Deutschland den Krieg.

104 *den Grüberleuten* – Heinrich Grüber (1891–1975), evangelischer Theologe; gründete 1937 in seinem Pfarramt Berlin-Kaulsdorf eine »Hilfsstelle für christliche Juden«, die u. a. Hilfe zur Auswanderung in die Niederlande vermittelte; 1940 interniert im KZ Sachsenhausen, 1941–1943 KZ Dachau. Seit 1945 Probst an der Berliner Marienkirche, 1949–1958 Bevollmächtigter der Evangelischen Kirche in Deutschland bei der Regierung der DDR.

106 *des »Freiheitskampfes«* – »Der Freiheitskampf«, Tageszeitung der

343

NSDAP, Gau Sachsen (Dresden 1930 – 1944).

106 *Vox populi communis opinio* – (lat.) Die Stimme des Volkes (ist) allgemeine Meinung.

107 *Cf.* – Abkürzung von confer (lat.) vergleiche.

107 *Bombenattentat auf Hitler* – Am 8. 11. 1939 brachte der Tischler Georg Johann Elser (1903–1945) im Münchner Bürgerbräuhaus eine selbstgefertigte Bombe zur Explosion, um Hitler zu töten, der auf der traditionellen Zusammenkunft anläßlich des Gedenktages für den Putschversuch am 9. 11. 1923 sprach. Die Bombe explodierte, als Hitler den Saal bereits verlassen hatte. Es gab 7 Tote und 63 Verletzte. Elser wurde beim illegalen Grenzübertritt in die Schweiz verhaftet, im KZ Sachsenhausen interniert, 1945 nach Dachau verlegt und dort am 9. 4. 1945 auf Befehl Himmlers ermordet.

108 *Guaio* – (ital.) Unheil, Unglück, Unannehmlichkeit.

109 *in nuce* – (lat.) in Kürze.

114 *Norwegen-Besetzung* – Ohne Kriegserklärung landeten deutsche Truppen am 9. 4. 1940 in Dänemark und Norwegen; während Dänemark keinen Widerstand leisten konnte, kamen die Kämpfe gegen die norwegischen Truppen und ein alliiertes Expeditionskorps erst am 10. 6. 1940 zum Abschluß.

114 *Reservatio … mentalis* – Reservatio mentalis (lat.) Gedanklicher Vorbehalt.

114 *oralis* – von: os (lat.) Mund; ausgesprochen.

116 *Scapa Flow* – Hauptstützpunkt der britischen Kriegsmarine.

116 *già* – (ital.) Hier: ehemals.

116 *Frau Voß* – Käthe Voß (1882–1943?), Witwe eines nichtjüdischen, aus dem Rheinland stammenden Versicherungsdirektors, Mitbewohnerin in der Caspar-David-Friedrichstraße 15b. Von Klemperer nach dem Erlaß der Zusatznamen ironisch Kätchen Sara genannt.

117 *Vedremo* – (ital.) Wir werden sehen.

117 *Offensive durch Holland und Belgien* – Unter Verletzung der Neutralität der Niederlande, Belgiens und Luxemburgs verfolgte Hitler, das Überraschungsmoment ausnutzend, das strategische Ziel, mit schnellen Panzerverbänden an der schwächsten Stelle der gegnerischen Abwehrfront nach Frankreich einzudringen.

119 *»Während hoch zu Roß als Sieger …«* – Nach Heinrich Heines Gedicht »Laß die heil'gen Parabolen«: »Warum schleppt sich blutend, elend, / Unter Kreuzlast der Gerechte, / Während glücklich als ein Sieger / Trabt auf hohem Roß der Schlechte?« (»Zum Lazarus«, I).

120 *Promiskuität* – Vermischung, Durcheinander.

121 *Permit* – Einreiseerlaubnis.

124 *Änny Klemperer* – Anna (Änny) Klemperer (1885–1963), Witwe von Victor Klemperers Bruder Berthold Klemperer; Berthold Klemperer (1871–1931), Rechtsanwalt in Berlin.

126 *über den 9. 10.* – Geburtstag von Victor Klemperer.

128 *secundo loco* – (lat.) Hier: an zweiter Stelle.

128 *»Jud Süß« und der »Ewige Jude«* – Die antisemitischen Filme »Jud Süß« (Terra-Film,1940; Regie: Veit Harlan) und »Der ewige Jude« (Ufa-Dokumentarfilm 1940) wurden zur Propaganda produziert und entsprechend eingesetzt.

130 *»Stechlin«* – »Der Stechlin«, Roman (1890) von Theodor Fontane (1819–1898).

131 *rebus sic stantibus* – (lat.) Wie die
Dinge stehen.
133 *Vaters Todestag* – Wilhelm Klemperer (1839–1912), Rabbiner in Landsberg und Bromberg, ab 1890 2. Prediger der jüdischen Reformgemeinde
in Berlin.
133 *fou d'amour* – (franz.) liebestoll.
135 *Otto Klemperer* – (1885–1973),
Dirigent und Komponist; Vetter von
Victor Klemperer, die Väter waren
Brüder; 1927 bis 1931 Leiter der
Krolloper, bis 1933 an der Staatsoper
Berlin; Emigration in die Schweiz,
1935 in die USA, bis 1939 Leiter des
Los Angeles Philharmonic Orchestra;
1946 Rückkehr nach Europa.
136 *im Zusammenhang mit Heß* – Rudolf Heß (1894–1987), nahm 1923
am Hitlerputsch teil und wirkte in
der gemeinsamen Festungshaft an
der Abfassung von Hitlers »Mein
Kampf« mit, seit 1933 »Stellvertre-
ter des Führers«; am 10. 5. 1941
geheimer Flug nach Schottland in
der mutmaßlichen Absicht, Frieden-
verhandlung anzubahnen. Gefangenschaft in England bis Kriegsende,
im Nürnberger Hauptkriegsverbre-
cherprozeß zu lebenslänglicher Haft
verurteilt, Freitod.
137 *Rußland* – Unter Bruch des Nicht-
angriffsvertrages vom August 1939
und ohne vorherige Kriegserklärung
überfiel Hitler am 22. 6. 1941 die
Sowjetunion.
137 *»Dichtung und Wahrheit«* – Johann
Wolfgang Goethe (1749–1832), »Aus
meinem Leben. Dichtung und Wahrheit« (1811/33).
138 *in Maschine auszuarbeiten* – Das
ausführliche Kapitel ist hier gekürzt.
142 *Par nobile* – Verkürzt für Par nobile
fratrum (lat.) Ein edles Brüderpaar.
147 *Limbo* – (ital.) Vorhölle.
149 *Stalinlinie* – Die Befestigungen vom
Ostufer des Dnjestr bis in den Raum

westlich von Opotschka wurde von
Wehrmachtseinheiten am 5. 7. 1941
durchstoßen.
149 *LTI* – Klemperers Kürzel für Lingua
Tertii Imperii (lat.), Sprache des
Dritten Reiches.
150 *Neue Bestimmungen über Einwanderung in USA* – Mit dem Erlaß
des Reichssicherheitsamtes vom
23. 8. 1941 wurde Juden Ausreisen
mit sofortiger Wirkung verwehrt.
151 *NSV* – Nationalsozialistische Volks-
wohlfahrt.
152 *che so io?* – (ital.) was weiß ich?
153 *Vieillard* – *(franz.)* Greis.
154 *C'est bien peu pour un sergeant* –
(franz.) Das ist ein bißchen wenig
für einen Sergeanten.
155 *Brouillon* – (franz.) Entwurf.
156 *Caroli Stern* – Hanna Cristiani, geb.
Stern, verheiratet mit dem Maler
und Graphiker Mateo Cristiani
(1890–1962), Cousine der Geschwis-
ter Meyerhof; lebte in Frankfurt am
Main.
157 *der Krieg ... an USA erklärt* – Am
11. 12. 1941 erklärten Deutschland
und Italien den USA den Krieg. –
Zuvor hatten am 7. 12. 1941 nach
dem japanischen Angriff auf den
amerikanischen Stützpunkt Pearl
Harbor die USA und Großbritannien
Japan den Krieg erklärt.
161 *Neuestes »Postschließfach«* –
Versteck der Tagebuchseiten.
164 *cras tibt* – (lat.) morgen dir.
167 *quidam* – (lat.) ein gewisser.
167 *PPD* – Polizeipräsidium Dresden.
167 *nach P.* – Zu Annemarie Köhler nach
Pirna.
170 *Auschwitz* – Das KZ wurde am
20. 5. 1941 errichtet, am 3. 9. 1941
fanden die ersten Vergasungen von
Menschen mit Zyklon B statt.
174 *Glaser* – Fritz Salo Glaser (1876–
1956), Rechtsanwalt, bekannter
Dresdner Kunstsammler und

-förderer; die Familie Glaser hatte
wegen ihrer christlich erzogenen
Kinder den »priviligierten« Status.

178 *die Taufe* – Seine erste Taufe von
1906 machte Klemperer rückgängig
und trat 1912 endgültig zur evangelischen Kirche über, was für ihn vor
allem ein Bekenntnis zum Deutsch-
sein bedeutete.

180 *Innocente* – (ital.) Einfältiger, Trottel.

181 *post festum* – *(lat.)* nach dem Fest,
hier: zu spät.

181 *d'altra parte* – (ital.) andererseits.

184 *den Berliner »Spaziergängen«* –
»Spaziergänge im Damals. Aus dem
alten Berlin«, Skizzen (1933) von
Ludwig Herz.

188 *Monna Vanna* – Titelheldin eines
Stückes von Maurice Maeterlinck
(1862–1949); Monna Vanna ist in
einer Szene des Stückes unter ihrem
Mantel nackt.

188 *»Der Mythus des 20. Jahrhunderts«* – Die neben Hitlers »Mein
Kampf« wichtigste NS-Programm-
schrift (1930) von Alfred Rosenberg
(1839–1946), seit 1923 Hauptschrift-
leiter der Parteizeitung »Völkischer
Beobachter«, 1941–1945 Reichsmini-
ster für die besetzten Ostgebiete;
während der Nürnberger Prozesse
zum Tode verurteilt.

193 *Shaws »Saint Joan«* – Drama (1923)
von George Bernhard Shaw
(1856–1950), engl. Dramatiker;
dt. »Die heilige Johanna«.

195 *Theresienstadt* – In der nordböhmi-
schen Festung Theresienstadt
(tschech. Terezín) bestand neben dem
Gestapogefängnis seit November
1941 ein KZ, das nach Evakuierung
der Bewohner die ganze Stadt um-
faßte. Es diente der SS zunächst
als Sammellager für Juden aus dem
»Protektorat Böhmen und Mähren«,
ab Anfang 1942 als Ghetto für Juden
über 65 Jahre und »privilegierte«

Juden aus Deutschland, Österreich
und dem »Protektorat« sowie als
Sammelstelle und Durchgangslager
für Deportationen in die Vernichtungslager. Bis 1945 wurden etwa
141 000 Menschen nach Theresienstadt verschleppt, nur 14 000 über-
lebten.

195 *Cras mihi* – (lat.) Morgen mir.

201 *Walter Jelski* – (1904–1958), Neffe
von Victor Klemperer, ältester Sohn
von Marta und Julius Jelski; emigrierte Ende 1933 nach Palästina.

201 *Harald Kreutzberg* – (1902–1968),
Tänzer und Choreograph.

201 *Les faites nouveaux* – (franz.)
Die neuen Begebenheiten.

202 *Weser und Clemens* – Gestapokommissar Arno Weser, »der
Spucker« beging 1945 Selbstmord;
SS-Sturmbannführer Johannes
Clemens, »der Schläger«, wurde
1943 SS-Hauptsturmführer und
Mitarbeiter des deutschen Polizei-
chefs Herbert Kappler in Rom, war
dessen rechte Hand beim Massaker
an den 335 Geiseln in den Ardea-
tinischen Höhlen bei Rom 1944;
1948 wurde er im Prozeß vor einem
italienischen Kriegsgericht aufgrund
von »Befehlsnotstand« freigespro-
chen und trat 1951 (im Auftrag des
sowjetischen Geheimdienstes) in die
Organisation Gehlen ein; nach der
1961 erfolgten Enttarnung wurde er
1963 wegen Landesverrats in Tatein-
heit mit verräterischen Beziehungen
zu 10 Jahren Zuchthaus verurteilt;
wegen der von ihm als SS-Offizier
begangenen Verbrechen wurde er nie
zur Rechenschaft gezogen.

205 *Roosevelt-Churchill-Versprechen* –
Franklin Delano Roosevelt (1882–
1945), ab 1933 Präsident der USA. –
Sir Winston Churchill (1874 – 1965),
1940–1945 brit. Premier- und Ver-
teidigungsminister. – Bezieht sich

auf Festlegungen, die bei Besprechungen zwischen Churchill und dem US-Botschafter William A. Harriman mit Stalin am 12.–15. 8. 1942 in Moskau über die Behandlung Deutschlands nach der Niederwerfung Hitlers getroffen wurden.

208 *So werde ich wohl Marckwald – … gesehen* – Diese ungewöhnliche stilistische Entgleisung des Satzes zeigt eine bei Klemperer ganz selten zutage tretende Erschütterung. – Von der 50 Dresdnern, die am 8. 9. 1942 mit dem Transport V/6 nach Theresienstadt deportiert wurden und am 11. 9. dort ankamen, starben 39 dort, darunter bereits am 14. 9. Fritz Marckwald. Andere wurden nach Auschwitz weitertransportiert und kamen dort um.

209 *Stalingrad* – Im September 1942 drang die 6. Armee unter Friedrich Paulus in die Vororte Stalingrads, ohne die Stadt vollständig einnehmen zu können. – Die sowjetische Gegenoffensive begann am 19. 11. 1942, am 22. 11. 1942 war die 6. Armee mit 284000 deutschen und rumänischen Soldaten eingeschlossen; ein Ausbruch aus dem Kessel wurde von Hitler untersagt.

209 *Herzls Tagebuch* – Theodor Herzl (1860–1904), österr. Schriftsteller, Journalist; Begründer des politischen Zionismus (»Der Judenstaat«, 1896), berief 1897 den 1. Zionistischen Weltkongreß in Basel ein.

210 *Arbeit an Pourrat* – Eva Klemperer hatte bei Jordan Natcheff »Vent de Mars« (1941) von Henri Pourrat (1887–1959) entliehen; Klemperer erwog zeitweise eine Ergänzung seines 1923 erschienenen Bandes »Die moderne französische Prosa 1870–1920« unter dem Titel »Vom ersten zum zweiten Weltkrieg«.

214 *»Weißen Affen«* – »Der weiße Affe« (»The White Monkey«, 1924; dt. 1926), erster Band der die »Forsyte Saga« fortführenden Trilogie »A Modern Comedy« von John Galsworthy (1867 –1933), engl. Romanautor und Dramatiker.

214 *»Judenlager Hellerberg«* – In das Barackenlager am nördlichen Stadtrand von Dresden wurden am 23./24. 11. 1942 etwa 300 Dresdner Juden verschleppt; die Aktion wurde von dem damals bei Zeiss-Ikon angestellten Fotografen Erich Höhne (zu offensichtlich antisemitischen Zwecken) gefilmt, die Existenz des 120 m umfassenden 16-mm-Films wurde jedoch erst 1995 bekannt.

215 *causa sufficiens* – (lat.) ausreichender Grund.

218 *Erich Meyerhof* – Erich Meyerhof, Bruder von Hans Meyerhof; Kaufmann, bis 1914 in China tätig; emigrierte nach 1933 nach England, war nach 1939 in Australien interniert; seine zwei Söhne wurden, obwohl sie als »Mischlinge« eingestuft waren, zur Wehrmacht eingezogen.

218 *starb … Grete* – Klemperers Schwester Margarethe Riesenfeld starb am 11. 8. 1942 im Berliner Jüdischen Krankenhaus. – Klemperer konnte wegen des Reiseverbots nicht zu ihrer Beerdigung fahren.

222 *Herbert Norkus* – Berliner Hitlerjunge, der am 24. 1. 1932 bei politischen Auseinandersetzungen ums Leben kam und zum Märtyrer stilisiert wurde.

223 *oraison funèbre* – (franz.) Grabrede.

227 *captatio benevolentiae* – (lat.) hier: Trachten nach Wohlwollen.

238 *in Warschau ein Blutbad* – Am 19. 4. 1943 begann ein Aufstand von etwa 1100 Juden des Warschauer Ghettos gegen den Abtransport in die Vernichtungslager, der durch

347

Massenerschießungen, Sprengungen und Großbrände erstickt wurde und mit der fast vollständigen Vernichtung der Überlebenden endete.

244 *comme si de rien n'était* – (fanz.) als ob nichts gewesen sei.

250 *Ménages* – (franz.) Ehepaare.

253 *semper idem* – (lat.) stets dasselbe.

253 *der »letzte Mann«* – Anspielung auf den Film »Der letzte Mann« (1924, mit Emil Jannings), in dem ein geachteter Hotelportier im Alter zum Toilettenwärter degradiert wird.

258 *die »fascistische Republik«* – Die völlig von Deutschland abhängige faschistische Repubblica Sociale Italiana, auch Republik von Salò, gegründet im August 1943.

259 *Pimpfen, HJ- und BDM-Kolonnen* – Die Hitlerjugend (HJ) wurde 1926 gegründet, diente ab 1933 als staatlicher Jugendverband der ideologischen Schulung und körperlichen Ertüchtigung in militärähnlichen Strukturen; Pimpfe: HJ-Mitglieder im Alter von 10–14 Jahren; BDM: »Bund deutscher Mädel in der Hitlerjugend« für Frauen zwischen 17 und 21 Jahren.

263 *Der »Konsulent« Neumark* – Praktizierende jüdische Rechtsanwälte mußten die Bezeichnung »Rechtskonsulent« führen.

263 *Guillemets* – (franz.) Anführungszeichen.

264 *Vordringen in der Normandie* – Am 6.6.1944 erfolgte die Landung von Truppen der westlichen Alliierten unter General Eisenhower in Nordfrankreich zwischen Cherbourg und Caën; am 11.6. gelang den Landungstruppen die Vereinigung der einzelnen Brückenköpfe in der Normandie.

264 *Benesch* – Eduard Beneš (1884–1948), 1935–1938, 1945–1948 tschechischer Staatspräsident .

265 *Rosenzweig-Notizen* – Franz Rosenzweig (1886–1926), Theologe, Philosoph; gründete mit Martin Buber 1920 in Frankfurt a. M. das »Freie Jüdische Lehrhaus«. – Klemperer hatte von Frau Hirschel einen Band »Briefe« erhalten.

265 *Attentat auf Hitler* – Am 20.7.1944 verübte Oberst Claus Graf Schenk von Stauffenberg (1907–1944) im Führerhauptquartier bei Rastenburg in Ostpreußen ein Attentat auf Hitler, der jedoch nur leicht verletzt wurde. Der Plan, das Hitlerregime zu beseitigen und den Krieg zu beenden, mißlang. Stauffenberg wurde noch am gleichen Tage in Berlin standrechtlich erschossen. Im Zusammenhang mit dem Attentat erfolgten zahlreiche Verhaftungen, es gab etwa 190 Hinrichtungen.

266 *Bürgerbräu-Affäre* – Das Bombenattentat auf Hitler am 8.11.1939 durch Georg Johann Elser (1903–1945) im Münchner Bürgerbräuhaus.

266 *Secret Servive* – Britischer Geheimdienst.

267 *usu raperes* – (lat.) etwa: durch Gebrauch an sich reißen.

267 *Himmler* – Heinrich Himmler (1900–1945), Reichsführer SS und Chef der Polizei; hauptverantwortlich für die »Endlösung der Judenfrage«, ab 1943 auch Reichsinnenminister; beging nach seiner Ergreifung am 23.5.1945 Selbstmord.

267 *Kowno … in russischer Hand* – Kowno (Kaunas) wurde am 30.7.1944 von sowjetischen Truppen eingenommnen.

268 *Er vaut nicht die … peine* – Abgewandelt von: Cela ne vaut pas la peine (franz.): Das ist nicht der Mühe wert; als Romanistenscherz in deutscher Aussprache gebraucht: Das vaut nicht die peine.

268 *expendens apud collum* – (lat.) zum
Halse heraushängend; Klemperer
benutzte öfter die Wendung »Beim
Halse heraushängend«; daher »apud«
(bei).

270 *Mesuse* – msusa (hebr.) Türpfosten;
Bezeichnung für eine Kapsel mit einer Pergamentrolle, auf der Passagen
des Deuteronomiums (5. Buch Mose)
geschrieben sind; befindet sich am
rechten Pfosten des Eingangs von
jüdischen Häusern und Wohnungen,
gilt als Schutz des Frommen vor der
Sünde.

271 *V 1* – Seit dem 12. 6. 1944 wurden
Südengland und das Stadtgebiet von
London mit der neuartigen rück-
stoßgetriebenen Flugbombe »V 1«
beschossen; bis August 1944 wurden
8000 Projektile gestartet, von denen
etwa 2000 ihr Ziel erreichten und
ca. 5000 Opfer unter der Zivilbevöl-
kerung forderten.

272 *»Churchills Tante«* – Als Grund
für die Tatsache, daß Dresden bisher von großen Bombenangriffen
verschont geblieben war, wurde der
Witz kolportiert, in Dresden wohne Churchills Tante oder die Stadt
sei dem tschechischen Präsidenten
Beneš versprochen.

274 *»Tonio Kröger«* – Novelle (1903)
von Thomas Mann (1875–1955).

278 *sub specie* – (lat.) unter dem
Gesichtspunkt.

281 *Moriturus* – (lat.) Dem Tode verfallen; Witkowski litt an Krebs.

282 *»DAZ«* – »Deutsche Allgemeine
Zeitung«.

284 *Odysseus bei Polyphem* – Auf seinen Irrfahrten geriet Odysseus in
die Hände des Zyklopen Polyphem,
der mehrere seiner Gefährten
fraß; ihn wollte er zuletzt fressen;
durch List konnte sich Odysseus
befreien.

291 *Stella* – (lat.) Stern.

298 *Buck* – Pearl S. Buck (1892–1973),
amerikan. Romanautorin.

299 *senz'altro* – (ital.) ohne weiteres.

299 *Piskowitzplan* – In dem sorbisch-
katholisches Dorf Piskowitz bei
Kamenz lebte in eigenem kleinem
Gehöft die früh verwitwete Agnes
Scholze, geb. Zschornack, die von
1925 bis 1929 Hausangestellte bei
Klemperers war.

302 *an Scherner appellierender Plan* –
Hans Scherner, lebte als Apotheker
in Falkenstein/Vogtland; Klemperers
waren mit ihm und seiner Frau Gertrud (Trude) seit ihrer Leipziger Zeit
befreundet.

303 *Forse che sì, forse che no* – (ital.)
Vielleicht ja, vielleicht nein.

303 *der ADCA* – Allgemeine Deutsche
Credit-Anstalt.

304 *Gerlach- und Molo-Notiz* – Notizen
zu dem Roman »Die Straße nach
Prag« (1943) des Dresdner Autors
Kurt Gerlach (1889–1976) und zu
dem vierbändigen »Schiller-Roman«
(1912/16) von Walter von Molo
(1880–1958).

306 *Professor Ritter* – Leo Ritter (1890–
1979), Chirurg und Gynäkologe,
Schüler von Ferdinand Sauerbruch;
ab 1929 Chefarzt der Chirurgisch-
Gynäkologischen Abteilung des
Neuen Krankenhauses Regens-
burg. – Klemperers waren 1919 seine
Nachbarn in München.

308 *Vossler* – Klemperers Lehrer Karl
Vossler (1872–1949), bei dem er in
München studierte.

308 *an dem obigen Nachtrag* – Die ausführliche Beschreibung des Flucht-
weges kann hier aus Umfanggrün-
den nur stark gekürzt wiedergegeben
werden; das gilt ebenfalls für den
Rückweg nach Dresden.

309 *Marschall Model* – Walter Model
(1891–l945), Generalfeldmarschall;
führte die seit dem 1. 4. 1945 im

349

sogenannten »Ruhrkessel« eingeschlossene Heeresgruppe B, die sich am 17.4.1945 mit 325000 Mann ergab. – Model erschoß sich am 21.4.1945, um der Gefangennahme zu entgehen.

309 *Flammenspeck* – Jakob Flammensbeck, Zweiter Bürgermeister und Ortsbauernführer in Unterbernbach; Klemperer schreibt den Namen unterschiedlich, auch Flamensbeck.

310 *»Großtyrannen«* – »Der Großtyrann und das Gericht«, Roman (1935) von Werner Bergengruen (1892–1964).

315 *ὕβρις!* – (griech.) Hybris.

318 *Ès chambres des dames* – (afranz.) In den Zimmern der Damen; Zitat aus dem Werk »Le livre des saintes paroles et des bons faits de Notre Saint Roi Louis« (1309) des französischen Geschichtsschreibers Jean Sire de Joinville (1227–1317).

321 *disjecta membra* – (lat.) zerstreute Glieder; Verstreutes.

326 *RAD-Lager* – RAD: Reicharbeitsdienst.

327 *das angrenzende Niemandsland* – In dem im Mai/Juni 1945 weder von sowjetischen noch von US-Truppen besetzten Gebiet um Schwarzenberg konstituierten Antifaschisten zeitweise eine »Unabhängige Republik Schwarzenberg«.

330 *»Ja Gewree«* – (russ in Transkiption) Ich bin Jude.

330 *daß Georg Lenin behandelt habe* – Klemperers Bruder Georg wurde während Lenins Krankheit 1922/23 zweimal zu Konsultationen nach Moskau gerufen.

331 *nada* – (span.) nichts.

Lebensdaten

1881	Victor Klemperer wird am 9. Oktober als achtes Kind des Rabbiners Dr. Wilhelm Klemperer und seiner Ehefrau Henriette, geb. Frankel, in Landsberg an der Warthe (heute Gorzów Wielkopolski) geboren
1885	Die Familie zieht nach Bromberg (heute Bydgoszcz)
1891	Die Familie übersiedelt nach Berlin
1893	Besuch des Französischen Gymnasiums in Berlin
1896	Wechsel zum Friedrich-Werderschen Gymnasium
1897	Kaufmannslehre bei der Kurz- und Galanteriewaren Exportfirma Löwenstein & Hecht
1900–1902	Besuch des Königlichen Gymnasiums in Landsberg an der Warthe, Reifeprüfung
1902–1905	Studium der Germanistik und der Romanistik in München, Genf, Paris und Berlin
1903	Übertritt zur evangelischen Kirche unter familiärem Druck. Taufe
1905	Studienaufenthalt in Rom
1905–1912	Abbruch des Studiums und Leben als freier Publizist und Schriftsteller in Berlin
1906	Heirat mit der Pianistin Eva Schlemmer
1912	Nochmalige Taufe. Wiederaufnahme des Studiums in München
1913	Promotion bei Franz Muncker. Zweiter Parisaufenthalt: Montesquieu-Studien für Habilitationsschrift
1914	Habilitation (Romanistik) bei Karl Vossler über Montesquieu
1914–1915	Lektor an der Universität Neapel (als Privatdozent der Universität München). *Montesquieu, 2 Bände*

1915	Kriegsfreiwilliger (November 1915 bis März 1916 an der Westfront)
1916–1918	Zensor im Buchprüfungsamt der Presse-Abteilung des Militärgouvernements Litauen in Kowno (heute Kaunas) und in Leipzig
1919	Außerordentlicher Professor an der Universität München
1920–1935	Ordentlicher Professor an der Technischen Hochschule Dresden
1923	*Die moderne französische Prosa 1870–1920. Studie und erläuterte Texte*
1925–1931	*Die französische Literatur von Napoleon bis zur Gegenwart, 4 Bände (Neuauflage 1956 u. d. T.: Geschichte der französischen Literatur im 19. und 20. Jahrhundert)*
1926	*Romanische Sonderart. Geistesgeschichtliche Studien.* Studienreise nach Spanien
1929	*Idealistische Literaturgeschichte. Die moderne französische Lyrik von 1870 bis zur Gegenwart. Studie und erläuterte Texte*
1933	*Pierre Corneille*
1934	Einzug in das Haus in Dölzschen
1935	Zwangsweise Versetzung in den Ruhestand auf Grund des Gesetzes zur »Wiederherstellung des Berufsbeamtentums«
1940	Vertreibung aus dem Haus in Dölzschen. Zwangseinweisung in das »Judenhaus« Caspar-David-Friedrich-Straße 15 b
1942	Zwangsumsiedlung in das »Judenhaus« Dresden-Blasewitz, Lothringer Weg 2
1943	Zwangsarbeit in der Firma Willy Schlüter, danach Firma Adolf Bauer, Kartonagenfabrik, schließlich Firma Thiemig & Möbius, Papierverarbeitung. Erneute Zwangsumsiedlung in das »Judenhaus« Zeughausstraße 1[III]

1945	Februar: Nach dem Luftangriff auf Dresden Flucht nach Piskowitz, dann über Pirna, Falkenstein, Schweitenkirchen und München nach Unterbernbach (12. April). Rückkehr über München, Regensburg und Falkenstein nach Dresden (10. Juni). Austritt aus der evangelischen Kirche
1945–1947	Wiedereinsetzung als ordentlicher Professor an der Technischen Hochschule Dresden
1947	*LTI (Lingua Tertii Imperii). Notizbuch eines Philologen*
1947–1948	Ordentlicher Professor an der Universität Greifswald
1948–1960	Ordentlicher Professor an der Universität Halle
1950	Rückkehr in sein Haus in Dölzschen
1951	8. Juli: Tod von Eva Klemperer. Dr. h. c. paed. der Technischen Hochschule Dresden
1951–1955	Ordentlicher Professor an der Humboldt-Universität zu Berlin
1952	Heirat mit Hadwig Kirchner. Nationalpreis der DDR III. Klasse für Kunst und Literatur
1953	Mitglied der Deutschen Akademie der Wissenschaften zu Berlin
1954	*Geschichte der französischen Literatur im 18. Jahrhundert. Band 1: Das Jahrhundert Voltaires*
1956	*Vor 33 / nach 45. Gesammelte Aufsätze.* Vaterländischer Verdienstorden in Silber
1960	11. Februar: Victor Klemperer stirbt in Dresden
1966	*Geschichte der französischen Literatur im 18. Jahrhundert. Band 2: Das Jahrhundert Rousseaus*
1995	*Ich will Zeugnis ablegen bis zum letzten. Tagebücher 1933–1945.* Geschwister-Scholl-Preis der Stadt München (posthum)

NACHWORT

»Mein Deutschtum
wird mir niemand nehmen«

Die Nacht, in der Zehntausende sterben mussten, rettete
Victor Klemperer das Leben. Britische Bomber hatten am
späten 13. und frühen 14. Februar 1945 das historische Zentrum
Dresdens nahezu vollständig zerstört und damit auch die lokalen
NS-Behörden ins Chaos gestürzt. Im Morgengrauen, inmitten
der rauchenden Trümmer, »riss« Klemperers Ehefrau Eva »mit
einem Taschenmesserchen die Stella von meinem Mantel«, wie
der Gelehrte in seinem Tagebuch notierte.

Mehr als drei Jahre lang hatte der gelbe Judenstern seinen
Träger als minderwertigen, ja schädlichen Zeitgenossen gekenn-
zeichnet – nun wagte sich der einst so angesehene Professor für
Romanistik an der Technischen Hochschule Dresden wieder ohne
den Stern auf die Straße. Während er am Vortag noch von der
Deportation in ein Konzentrationslager bedroht war, hatten die
städtischen Amtsträger des Regimes jetzt dringendere Aufgaben:
Dresden lag in Schutt und Asche, Verschüttete sollten gerettet,
Leichen mussten geborgen und verbrannt werden.

Dass er das »Dritte Reich« überleben würde, daran hatte
Klemperer in den Jahren zuvor kaum noch geglaubt. Zu erfolg-
reich schien zunächst Hitlers Kriegsmaschine, zu barbarisch gin-
gen SS und Gestapo gegen die letzten noch im Reich lebenden
Juden vor. Nur seine Ehe mit einer Nichtjüdin schützte ihn, mit
Eva, die trotz aller Pressionen zu ihm hielt.

Victor Klemperer hat Jahrzehnte lang Tagebuch geführt, auch
und gerade in der dramatischen Zeit zwischen 1933 und 1945.
Als der Berliner Aufbau-Verlag ein halbes Jahrhundert später unter dem Titel »Ich will Zeugnis ablegen bis zum letzten«,

354

einem Klemperer-Zitat, eine erste Edition dieser Aufzeichnungen veröffentlichte, erlebte der deutsche Buchmarkt eine Sensation: Obschon fast 1700 Seiten stark und nur in zwei schweren Bänden erhältlich, wurde aus den Tagebüchern des damals völlig vergessenen Wissenschaftlers ein Bestseller.

Der Erfolg ist nicht nur den durchweg begeisterten Rezensenten zu verdanken – »das Ereignis in diesem Bücherherbst« (»Süddeutsche Zeitung«), »eine Quelle von einzigartigem Rang« (»Die Zeit«), »einmalig und unschätzbar für die Kenntnis dieser zwölf Jahre« (»Die Welt«) –, sondern auch und vor allem den Tagebüchern selbst, ihrer Beobachtungsschärfe, ihrer sprachlichen Präzision: Qualitäten, die das literarische Publikum sofort überzeugten.

Klemperer schickt seine Leser auf eine ganz private und doch höchst politische Zeitreise durch die NS-Diktatur. Anders als der Autor kennen sie allerdings das bittere Ende. Während Victor Klemperer etwa in den Anfangsjahren nur spekulieren kann, dass Adolf Hitlers Antisemitismus in einem Desaster für alle Deutschen enden werde, wissen die Nachgeborenen heute, wie hellsichtig diese Prognose war.

Dieser Wissensvorsprung ist der Spannung keineswegs abträglich, im Gegenteil: Jedes Fünkchen Hoffnung löst auch beim Leser noch fünfzig oder sechzig Jahre später die irrationale Hoffnung aus, dass es doch noch anders kommen möge, dass die Folge von Erniedrigungen und Misshandlungen, die der jüdische Gelehrte erdulden musste, überraschend enden möge. Und natürlich endet sie nicht. Bis zuletzt, bis zum Zusammenbruch des Regimes, bleibt Victor Klemperer ein hilfloses Opfer des antisemitischen Wahns.

Die Genauigkeit, mit der er die ihm widerfahrenen Demütigungen protokolliert, erklärt sich nicht zuletzt mit seiner Biografie. 1881 als Sohn eines Rabbiners in Landsberg an der Warthe geboren und in Berlin aufgewachsen, hatte sich Klemperer stets um Aufnahme in die nichtjüdische Welt des wilhelminischen Kaiserreichs bemüht: Er ließ sich protestantisch taufen, er mel-

dete sich im Ersten Weltkrieg als Freiwilliger an die Front und
wurde mit einem Orden ausgezeichnet, er studierte und wurde
zum Professor berufen, er bekannte sich offen zum übersteigerten Patriotismus seiner Zeit und verurteilte den Zionismus.
Kurzum, Klemperer wollte stets als Deutscher unter Deutschen
leben. Dass sie ihm dieses Recht nun plötzlich entzogen, verwundete ihn zutiefst.

Systematisch registrierte er die alltäglichen Indizien der Ausgrenzung. Klemperer verlor seine Professur, er durfte nicht mehr
publizieren, man verbot ihm das Autofahren und vertrieb ihn
aus seinem Haus, er durfte nicht mehr ins Kino oder ins Theater,
schließlich war ihm auch der Besuch von Bibliotheken nicht mehr
erlaubt. Als Wissenschaftler war er damit entwurzelt – schreiben
konnte er jetzt nur noch über sich selbst und seine persönliche
Sicht der Nazi-Herrschaft. So entstanden in den Kriegsjahren
nicht nur Tagebücher, sondern auch eine Autobiografie (»Curriculum Vitae«) sowie Skizzen für die bis heute bemerkenswerte
Studie »LTI« über die Sprache des »Dritten Reiches« (»Lingua
Tertii Imperii«).

Am Ende war das Schreiben sein einziger Trost, sein letztes
Reservat in einer Welt des Terrors. Victor Klemperer wurde auf
offener Straße angepöbelt und angespuckt, er musste mit seiner
Frau in sogenannten Judenhäusern unter äußerst beengten Verhältnissen leben und dort mehrmals völlig willkürliche Hausdurchsuchungen der Gestapo über sich ergehen lassen, bei denen
die beiden geschlagen und getreten wurden, und das letzte ihnen noch verbliebene Inventar aus den Schränken gerissen wurde – eine »viehische Verwüstung durch grausame und besoffene
Affen«, wie er am 23. Mai 1942 wütend notierte.

Die Klemperers hungerten, weil er als Jude kaum noch Lebensmittel kaufen konnte, sie froren, weil ihnen kein Brennmaterial mehr zugeteilt wurde. Immer neue Schikanen ließen
sie verzweifeln. »Tausend Mückenstiche sind schlimmer als ein
Schlag auf den Kopf«, schrieb er am 8. April 1944.

Natürlich hatte Klemperer Angst vor dem gewaltsamen Tod,

zumal ihm »religiöse und philosophische Tröstungen vollkommen versagt« seien, wie er am 31. Dezember 1944 bekannte. »Es handelt sich nur darum, Haltung bis zuletzt zu bewahren.« Zu diesem Zeitpunkt wusste der Gelehrte bereits das, was viele Deutsche noch Jahre nach dem Krieg nicht wahrhaben wollten, nämlich dass »sechs bis sieben Millionen Juden geschlachtet (genauer: erschossen und vergast) worden sind« – eine Notiz aus dem Oktober 1944.

»Katastrophale Nachrichten« über die »Judenverschickungen nach Polen und Russland«, hatte er bereits im November 1941 notiert. Und am 1. März des folgenden Jahres: »Es liegt jetzt so, dass KZ offenbar identisch mit Todesurteil ist. Der Tod der Überführten wird nach wenigen Tagen gemeldet.« Zwei Wochen später heißt es: »Als furchtbarstes KZ hörte ich in diesen Tagen Auschwitz (oder so ähnlich) bei Königshütte in Oberschlesien nennen«, dagegen seien die Zustände in Buchenwald »nicht unbedingt und sofort tödlich, aber ›schlimmer als Zuchthaus‹«. Und am 19. April 1942 notierte er: »Grauenhafte Massenmorde an Juden in Kiew. Kleine Kinder mit dem Kopf an die Wand gehauen, Männer, Frauen, Halbwüchsige zu Tausenden auf einem Haufen zusammengeschossen.«

Klemperer hatte all das und noch viel mehr erfahren – er, der er kein Radio mehr besitzen durfte und deswegen mehr als alle anderen Deutschen von jeder Information aus dem Ausland abgeschnitten war. Nach der Lektüre seiner Tagebücher bleibt von der Legende, dass die Deutschen vom Holocaust nichts gewusst hätten, wenig übrig. Wer wissen wollte, konnte eine Menge über den Genozid in Erfahrung bringen, nur wem das Schicksal der Juden absolut gleichgültig war, dem blieb der Schrecken in der Regel verborgen.

Je länger NS-Diktatur und Krieg dauerten, desto mehr wurden die Deutschen dem überzeugten Patrioten Klemperer zum Rätsel. Zwar verhielten sich nicht alle ihm gegenüber feindselig. Zuweilen wurde er sogar auf offener Straße von fremden Menschen gegrüßt, gerade weil er den gelben Stern trug. Doch das waren Ausnahmen, kleine, stille Akte des Widerstandes, die ihn nur für einen Moment ermutigen konnten.

Schon 1933, nach den ersten antisemitischen Übergriffen, hatte er sich »maßlos« darüber geärgert, »dass Deutschland derart alles Recht und alle Kultur schändet«. Dieses Deutschland, das Klemperer geradezu heilig gewesen war, offenbarte plötzlich eine dramatische Schattenseite: »Meine Prinzipien über das Deutschtum und die verschiedenen Nationalitäten«, so heißt es im selben Jahr, »sind ins Wackeln geraten wie die Zähne eines alten Mannes.«

Aber das war ja nur der Anfang: Judenboykott, Berufsverbote, Nürnberger Gesetze – Schikanen ohne Ende. »Es ist im deutschen Volk soviel Lethargie und soviel Unsittlichkeit und vor allem soviel Dummheit«, schrieb er 1937. Was also war Klemperers Konsequenz? »Mein Deutschtum wird mir niemand nehmen,« so notierte er am 9.Oktober 1938, vier Wochen vor dem November-Pogrom, »aber mein Nationalismus und Patriotismus ist hin für immer. Mein Denken ist jetzt ganz und gar das voltairisch kosmopolitische. Jede nationale Umgrenzung erscheint mir als Barbarei. Vereinigte Weltstaaten, vereinigte Weltwirtschaft.«

Ein klarer, ein definitiver Standpunkt, so schien es zumindest. Doch wer jahrzehntelang nationalistisch geprägt worden war, rückte selbst in der Stunde der bittersten Erkenntnis nicht ganz von den alten Glaubenssätzen ab: »Ich bin deutsch, die anderen sind undeutsch; ich muss daran festhalten: Der Geist entscheidet, nicht das Blut«, so notierte er am 11. Mai 1942. Und zur Bekräftigung noch einmal, ein paar Wochen später: »Ich bin deutsch und warte, dass die Deutschen zurückkommen; sie sind irgendwo untergetaucht.«

Mit dieser etwas überraschenden Wendung beeindruckt Klemperer vor allem seine national gestimmten Leser. »Sehr viel deutscher kann man nicht sein«, bescheinigte ihm Martin Walser 1995 in einer Rede zur posthumen Verleihung des Geschwister-Scholl-Preises an Klemperer. Walser preist ihn, den Juden Victor

Klemperer, für sein Bekenntnis zum Deutschtum und, implizit, auch für seine Abwendung von der jüdischen Herkunft. Zur Bestätigung zitiert er aus Klemperers Urteil über galizische Juden (»Hätte mir jemand gesagt, ich gehörte mehr zu ihnen als zu meinen deutschen Mitbürgern, ich hätte ihn für wahnsinnig gehalten«) und übernimmt seine – von Walser offenbar als Entlastung verstandene – Behauptung, dass der Antisemitismus durch die Aufklärung eigentlich »längst überwunden« sei.

Walsers Scholl-Preis-Rede, im SPIEGEL 52/1995 dokumentiert, hat das Klemperer-Bild bis heute geprägt. »Die Nazis sind undeutsch«, zitiert Walser seinen Kronzeugen Klemperer – um damit jenen nationalen Traum zu retten, der doch gerade Klemperer zum Verhängnis geworden war. Nein, die Nazis waren leider sehr deutsch, sie waren nicht weniger deutsch, als es Luther, Hegel oder Beethoven waren. 1945 besaßen über acht Millionen Deutsche ein Mitgliedsbuch der NSDAP. Insofern war der Holocaust auch kein Betriebsunfall der deutschen Geschichte, sondern eine deutsche Möglichkeit, vielleicht keine zwangsläufige Folge des aggressiven deutschen Nationalismus, aber bestimmt auch keine zufällige.

Seit 1871 beruhte dieser Nationalismus auf der Ausgrenzung von Minderheiten. Papsttreue Katholiken, Sozialdemokraten, Juden – sie alle wurden als Reichsfeinde und Vaterlandsverräter stigmatisiert und immer wieder bekämpft. Verzweifelt bemühten sich viele Außenseiter im Gegenzug um das Wohlwollen der protestantisch-preußischen Mehrheit. Spätestens 1933 war dieser Assimilationsprozess für die Juden gescheitert. Auch Klemperer kämpfte diesen lebenslangen Kampf um Anerkennung und begab sich damit doch nur in eine für ihn beinahe tödliche Falle. Er, der deutsche Gelehrte, lieferte noch Beweise seiner nationalen Treue, als die Nazis ihn längst vernichten wollten. Er verachtete die Ostjuden, er erklärte den Zionismus zu einer Variante des Rassismus. Und eine Auswanderung nach England oder Amerika lehnte er so lange ab, bis es zu spät dafür war. Außer Gefahr gebracht hätte ihn nur die Preisgabe des Vaterlandes, also jener Kosmopolitismus, den er in seinen Tagebüchern einmal beschworen hatte, aber offenkundig halbherzig.

Nach dem Krieg wurde sein Bedürfnis nach Anerkennung endlich befriedigt. Die Sowjets rehabilitierten Klemperer als Professor, die Studenten feierten ihn, die DDR zeichnete ihn mit Staatspreisen aus, wofür er sich mit Huldigungen an Stalin bedankte.

Bis zu seinem Tod im Februar 1960 hat Victor Klemperer weiter Tagebuch geführt, eine Veröffentlichung aber abgelehnt: »Es belastet die Juden«, lautete eine seiner Begründungen. Klemperer spürte, dass der Antisemitismus auch unter dem DDR-Regime nicht ausgestanden war, und entschied sich, sein Judentum gar nicht erst zum Thema zu machen. Damit wählte er ein letztes Mal jene Strategie der Anpassung, die er stets praktiziert hatte: Er schwieg, aber er schrieb.

Martin Doerry

VICTOR KLEMPERER wurde 1881 in Landsberg/Warthe als achtes Kind eines Rabbiners geboren. 1891 übersiedelte die Familie nach Berlin, wo der Vater Prediger einer Reformgemeinde wurde. Nach dem Besuch verschiedener Gymnasien, unterbrochen durch eine Kaufmannslehre, studierte Klemperer von 1902 bis 1905 Philosophie, Romanistik und Germanistik in München, Genf, Paris und Berlin. Vorübergehend lebte er in Berlin als Journalist und Schriftsteller, bis er 1912 das Studium in München wieder aufnahm und 1913 die Promotion, 1914 dann die Habilitation ablegte. 1912 konvertierte er aus eigenem Entschluss zum Protestantismus. Nachdem er als Kriegsfreiwilliger am Ersten Weltkrieg teilgenommen hatte, wurde er 1919 zunächst außerordentlicher Professor an der Universität München und 1920 ordentlicher Professor für Romanistik an der Technischen Hochschule in Dresden. Wegen seiner jüdischen Herkunft wurde ihm 1935 seine Lehrbefugnis entzogen. Nachdem ihm durch das Benutzungsverbot von Bibliotheken wissenschaftliches Arbeiten unmöglich gemacht wurde, begann Klemperer 1938 mit der Niederschrift seiner Lebensgeschichte »Curriculum Vitae«. 1940 wurde er in ein Dresdener »Judenhaus« zwangseingewiesen, von dem er später in andere »Judenhäuser« verlegt wurde. Nach seiner Flucht aus Dresden im Februar 1945 kehrte Klemperer im Juni aus Bayern nach Dresden zurück. Im November wurde er als Professor an der Technischen Universität Dresden wiedereingesetzt und trat in die KPD ein. 1947 erschien seine Sprachanalyse des Dritten Reiches »LTI« (»Lingua Tertii Imperii«) im Aufbau-Verlag.

Von 1947 bis 1960 lehrte Klemperer an den Universitäten Greifswald, Halle und Berlin. Victor Klemperer starb 1960 in Dresden. 1995 wurde ihm posthum der Geschwister-Scholl-Preis der Stadt München verliehen.

Von Victor Klemperer sind folgende Titel lieferbar:

LTI. Notizbuch eines Philologen
Reclam Leipzig 1996, 2001

Curriculum Vitae. Erinnerungen 1881–1918
2 Bände, Aufbau Verlag/Aufbau Taschenbuch Verlag
1996, 1996

Leben sammeln, nicht fragen wozu und warum.
Tagebücher 1918–1932
2 Bände, Aufbau Verlag/Aufbau Taschenbuch Verlag
1996, 2000

Ich will Zeugnis ablegen bis zum Letzten. Tagebücher 1933–1945
Aufbau Verlag/Aufbau Taschenbuch Verlag
1999, 2006

Das Tagebuch 1933–1945. Eine Auswahl für junge Leser.
Mit Anregungen für den Unterricht
Aufbau Taschenbuch Verlag 2005

So sitze ich denn zwischen allen Stühlen. Tagebücher 1945–1959
2 Bände, Aufbau Verlag 1999

Victor Klemperer. Ein Leben in Bildern
Hrsg. v. Christian Borchert, Almut Giesecke, Walter Nowojski
Aufbau Verlag 1999

Das Tagebuch 1945–1949. Eine Auswahl
Aufbau Taschenbuch Verlag 2003

SPIEGEL Edition DIE BESTSELLER.

01 *Javier Marías* Mein Herz so weiß

02 *Günter Grass* Das Treffen in Telgte

03 *Golo Mann* Wallenstein

04 *Wolfgang Büscher* Berlin–Moskau

05 *Leon de Winter* Hoffmans Hunger

06 *John Updike* Ehepaare

07 *Nelson Mandela* Der lange Weg zur Freiheit

08 *Marion Gräfin Dönhoff* Kindheit in Ostpreußen

09 *Ian McEwan* Abbitte

10 *Thomas Brussig* Helden wie wir

11 *Samuel P. Huntington* Kampf der Kulturen

12 *Oliver Sacks* Der Mann, der seine Frau
mit einem Hut verwechselte

13 *Saul Bellow* Herzog

14 *J. M. Coetzee* Schande

15 *Willy Brandt* Erinnerungen

16 *Stephen Hawking* Eine kurze Geschichte der Zeit

17 *Philip Roth* Der menschliche Makel

18 *Max Frisch* Montauk

19 *Sebastian Junger* Der Sturm

20 *Sigrid Damm* Christiane und Goethe

21 *Isabel Allende* Das Geisterhaus

22 *Martin Walser* Ein fliehendes Pferd

23 *Victor Klemperer* Ich will Zeugnis ablegen bis zum letzten

24 *Hans Magnus Enzensberger* Einzelheiten I & II

25 *Christoph Ransmayr* Die letzte Welt

26 *Milan Kundera* Der Scherz

27 *Martin Doerry* »Mein verwundetes Herz«

28 *Erich Fromm* Haben oder Sein

29 *Michail Bulgakow* Der Meister und Margarita

30 *Salman Rushdie* Des Mauren letzter Seufzer

31 *Joachim Fest* Hitler

32 *Barbara Tuchman* Der ferne Spiegel

33 *Michel Houellebecq* Plattform

34 *Heinrich Böll* Ansichten eines Clowns

35 *Jörg Friedrich* Der Brand

36 *Bill Bryson* Eine kurze Geschichte von fast allem

37 *Zeruya Shalev* Liebesleben

38 *Peter Handke* Der kurze Brief zum langen Abschied

39 *Rüdiger Safranski* Nietzsche

40 *Marcel Reich-Ranicki* Mein Leben

Weitere Informationen zur SPIEGEL-Edition finden Sie unter www.spiegel-edition.de